HERMANN ASCHWER

TRIATHLON: TRAINING AB 40

MITTEL- UND LANGDISTANZ

Meyer & Meyer Verlag

Triathlon: Training ab 40

Bibliografische Information der Deutschen Bibliothek
Die Deutsche Bibliothek verzeichnet diese Publikation in der Deutschen Nationalbibliografie; detaillierte bibliografische Details sind im Internet über <http://dnb.ddb.de> abrufbar.

4. überarbeitete Auflage 2017 von „Triatlontraining ab 40"
Auckland, Beirut, Dubai, Hägendorf, Hongkong, Indianapolis, Kairo, Kapstadt,
Manila, Maidenhead, Neu-Delhi, Singapur, Sydney, Teheran, Wien
Member of the World Sport Publishers' Association (WSPA)
Gesamtherstellung: Print Consult GmbH, München
ISBN 978-3-8403-7527-9
E-Mail: verlag@m-m-sports.com
www.dersportverlag.de

INHALT

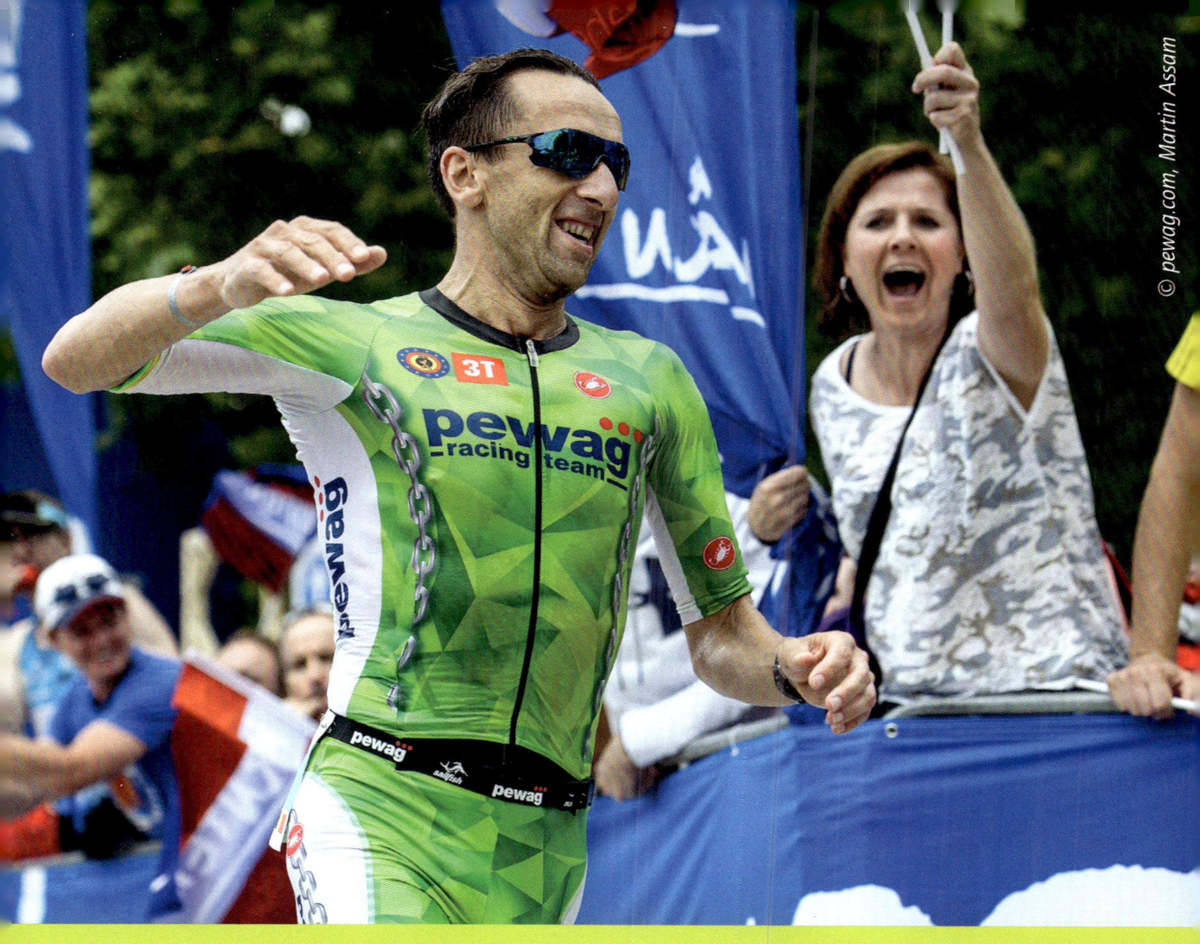

© pewag.com, Martin Assam

VORWORT

VORWORT

„Was will ich?“, fragt der Verstand.

„Worauf kommt es an?“, fragt die Urteilskraft.

„Was kommt dabei heraus?“, fragt die Vernunft.

Unter dieser Kantschen Handlungsprämisse hat Hermann dieses Werk aufgebaut. Theoretische oder gar moralisch-philosophische Anwandlungen können Sie von Hermann nicht erwarten. Er hält es – wenn überhaupt – mit der praktischen Philosophie, er ist ein Pragmatiker.

Die Antwort auf die Frage: „Was will ich?", können Sie sich nur selbst geben. Mein Tipp: erst dieses Buch lesen und dann entscheiden; also Warnung und Hilfestellung zugleich! Womit wir bei der zweiten Frage sind. Denn eine grundlegende Erkenntnis ist zu wissen, wie lange es dauert, bis man Erfolg hat. Diese Erfolgskomponente gilt sicherlich für alle Lebensbereiche. Ja sagen und sprichwörtlich auf der Strecke bleiben, wäre eine selbstverschuldete Niederlage, die sich möglichst jeder ersparen sollte.

In den Anfängen des Triathlons hat Hermann mit seinem persönlichen Erlebnisbericht „Mein Abenteuer Hawaii-Triathlon" viele Sportler inspiriert und begeistert und damit eine Massenbewegung ausgelöst. Dabei hat Hermann nur die Frage: „Was kommt dabei heraus?", für sich ganz individuell beantwortet.

Viele wollten dies auch erleben, aber nur wenige haben es wirklich geschafft. Denn der die Langdistanz ist nicht käuflich – sie muss im wahrsten Sinne des Wortes „erarbeitet werden". Dies hat bei den bisherigen Finishern dazu geführt, für sich eine neue Zeitrechnung aufzumachen: das Leben vor und nach Hawaii.

Wenn Sie sich für eines der größten, sportlichsten und emctionalsten Abenteuer entscheiden, ist Hermann Ihr virtueller Begleiter – übrigens der kompetenteste Coach, den Sie sich aussuchen konnten.

Good luck!

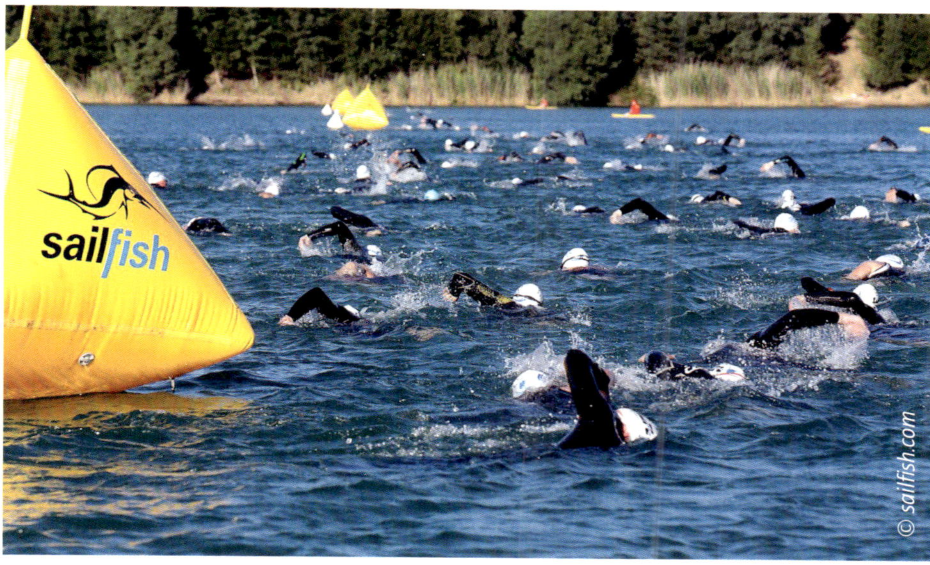

Prof. Georg Kroeger

Hawaii Finisher 1987, 1988, 1989

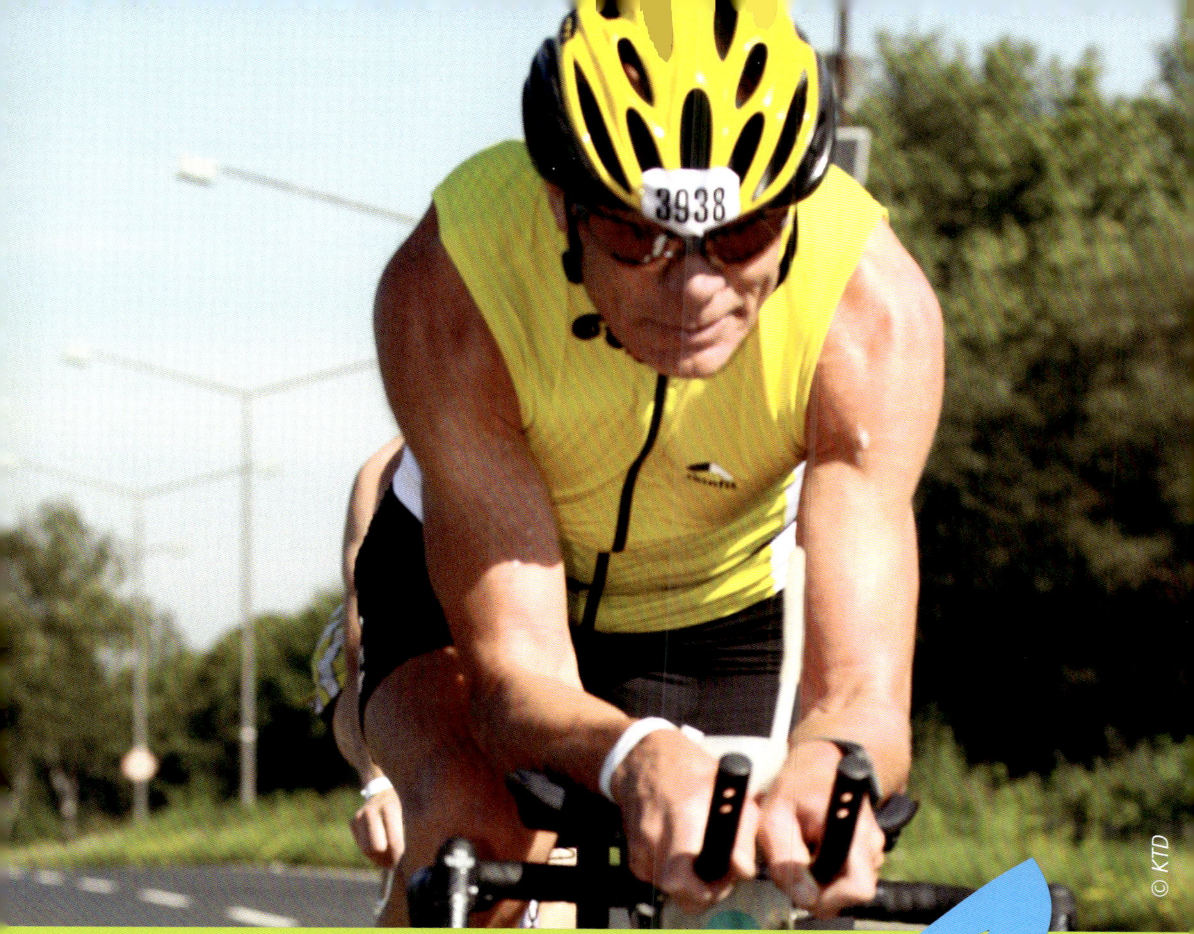

© KTD

1 VORBEMERKUNGEN

1 VORBEMERKUNGEN

Sport ist heute kein Privileg mehr der jungen Generation, schon gar nicht der Ausdauersport. Die Teilnehmerzahlen bei den heutigen Triathlonveranstaltungen, aber auch bei den anderen Ausdauersportarten wie Radfahren, Skilanglauf u. a. sprechen hier für sich. Oft genug sind die Teilnehmer, die die ersten vier Jahrzehnte erreicht und überschritten haben **(Master)**, bereits in der Mehrheit. Auch die Ärzte-Zeitungen weisen immer wieder darauf hin, dass diejenigen, die auch im Alter regelmäßig Sport treiben, ihre Lebenserwartung und ihre Lebensqualität deutlich steigern. Die Alterung von Herz, Stoffwechsel und Muskulatur werde deutlich verzögert. Am besten seien Radfahren, Dauerlauf und Schwimmen. Genau die drei Ausdauersportarten, die der Triathlon miteinander verknüpft. Nachweislich sei der Körper bis zu einem Alter von mehr als 80 Jahren trainierbar, so die Sportmediziner. Auch sei es nie zu spät, mit dem Sport zu beginnen. Positive Beispiele hierzu gibt es gerade im Triathlon sehr zahlreich.

Ziel des Menschen sollte es sein, gesund zu altern. Das ist sowohl mit moderater, sportlicher Betätigung möglich als auch mit sportlich ambitionierter Einstellung, wenn man einige wesentliche Grundprinzipien beachtet:

Altersgemäß trainieren bedeutet:

- Mit Spaß, nicht mit Gewalt.
- Mit Weitsicht, nicht mit Kurzsicht.
- Mit gesunder sportlicher, nicht mit übertriebener, verbissener Einstellung.
- Mit altersgemäßem Ausdauertraining, nicht mit jugendlichem Sprinttraining.
- Mit der Gewissheit, den zwangsläufigen Alltagsstress nicht um sportlichen Stress zu erweitern.
- Mit Körper, Geist und Seele (Trias) den Sport zu erleben, nicht nur mit dem Körper.

Erlauben Sie mir, kurz etwas zum Begriff Wettkampf anzumerken. Ich bin der Meinung, dass im Zusammenhang mit der sportlichen Betätigung von **Mastern** nicht von Wettkampf, sondern zutreffender von Wettbewerb gesprochen werden sollte.

Kämpfe finden leider oft genug in anderen Lebens- und Arbeitsbereichen statt. Selbst wenn im sportlichen Bereich von Wettkampf die Rede sein mag, so verstehe ich darunter höchstens den Kampf gegen sich selbst, niemals gegen andere. Im Profisport mag dies anders sein.

Aus diesem Grunde werde ich versuchen, durchgängig den Begriff Wettbewerb zu verwenden.

Es fällt auf, dass eine große Anzahl hervorragender Master-Athleten erst im fortgeschrittenen Alter mit dem Ausdauersport, dem Triathlon, begonnen hat, während umgekehrt Hochleistungssportler und erfolgreiche Triathlonprofis dem Leistungssport relativ früh den Rücken gekehrt haben. Demnach kann man eine bestimmte Zeit der Beste in seiner Sportart sein, aber offensichtlich ist es nicht möglich, ein ganzes Erwachsenenleben lang der Beste zu sein.

In meiner nun über 30-jährigen Triathlonlaufbahn muss ich auch für mich feststellen, dass ich mir neben dem obligatorischen umfangreichen Regenerationszeitraum im Herbst/Winter ab und an eine größere Pause – mit nur geringen sportlichen Ansprüchen – genommen habe. Dadurch gelang es mir, meine Motivation wieder neu zu entdecken und mich auch mental wieder besser auf den Triathlon einzustellen.

Nach einem Triathlonwettbewerb, der für einen relativ jungen Master offensichtlich weniger zufriedenstellend verlaufen war, hörte ich kürzlich an einer Verpflegungsstelle: „Wenn ich 60 werde und nicht mehr berufstätig bin, dann werde ich erst mal richtig mit dem Training loslegen und euch zeigen, was eine Quali ist." Gemeint war wohl die verpasste Qualifikation für den Ironman Hawaii. Langsam, mein guter Freund, kann ich nur sagen. Im fortgeschrittenen Alter kann man nicht einfach wie 30-jährige Athleten trainieren.

Wer leistungsorientiert trainiert, sollte jetzt und heute seine Möglichkeiten ausschöpfen – so weit ihm das Umfeld dies ermöglicht – und nicht auf später verweisen. Bis zur Rente und darüber hinaus sollte jeder alles tun, um bis ins hohe Alter gesund und in Schwung zu bleiben.

Sportliche Vorbehalte gelten nicht:

- „Sport ist etwas für junge Menschen."
- „Jetzt bin ich schon zu alt."
- „Das schaffe ich doch nicht mehr, ich bin einfach unsportlich."
- „Früher habe ich genug Sport betrieben, heute sollen das andere tun."
- „Wenn ich ja jemand kennen würde, der mitmacht, dann würde ich auch Sport treiben, da es alleine keinen Spaß macht."

Diese Argumente dienen nur als Ausreden, um damit seine eigene Trägheit zu rechtfertigen.

Nicht erst seit heute wissen wir, dass der Mensch in Bewegung bleiben muss, das hält gesund und fit bis ins hohe Alter. Aus mehr Bewegung lässt sich folgern:

- Mehr Gesundheit.
- Mehr Lebensfreude.
- Mehr Wohlbefinden.
- Mehr Lebensqualität!

Die Bewegung beginnt nicht beim Langdistanz-Rennen, sondern bereits bei so banalen Dingen wie dem Treppensteigen, Wandern, Einkaufen mit dem Rad, der Fahrt zur Arbeit – anstatt mit dem Auto mit dem Rad oder sogar per pedes.

Wie nachfolgend noch eingehender erläutert wird, baut der Ausdauersport Stress ab, reguliert das Gewicht, beugt Herz-Kreislauf-Erkrankungen vor, senkt den Cholesterinspiegel, reguliert den Blutdruck und vieles andere mehr. Um von den Vorzügen des Ausdauersports zu profitieren, reicht ein regelmäßiges Triathlontraining im gleichförmigen, ruhigen Trainingstempo. Wer aber nach dem ersten oder zweiten Triathlonjahr mehr will, also noch mehr gesundheitliche Vorzüge, noch weniger Körpergewicht, noch weniger Stress, noch schneller schwimmen, Rad fahren und laufen möchte, dem ist zu raten, systematischer und zielgerichteter zu trainieren.

Dann reichen lockere Spazierfahrten mit dem Rad, ein wenig baden im Sommer und ab und an ein paar Kilometer laufen nicht mehr aus. Aber, keine Sorge, mit einem konkreten und erstrebenswerten Ziel vor Augen trainiert es sich leichter, macht es in der Gruppe noch mehr Spaß und die Faszination für den so variantenreichen Triathlonsport wächst.

Ja, sie darf wachsen, nur nicht ins Uferlose. Dieses Anwachsen der sportlichen Motivation sollte nicht dazu führen, dass jetzt die gesamte Familie, die berufliche Tätigkeit, der Freundes- und Bekanntenkreis, das gesamte Umfeld in Mitleidenschaft gezogen wird, dass außer sportlichen Erfolgen nur noch ein Scherbenhaufen zurückbleibt.

Über gute oder hervorragende Leistungen kann ich mich nur dann mit meinem Umfeld freuen, wenn ich dieses nicht vorher selbst zerstört habe. Dann bleibt halt keiner mehr übrig, mit dem ich mich freuen und meine Genugtuung, meine Selbstbestätigung, meinen Altersklassensieg auskosten kann. In so einem Fall stellt der noch so tolle sportliche Erfolg beim Triathlon für mich keine menschliche Bereicherung dar, sondern er isoliert mich und macht mich menschlich ärmer.

Denken wir daran: Spaß haben wie mit 22 und unbekümmert sein wie mit 11 Jahren – dann ist Triathlon der Fitmacher für Master!

Wer ein oder zwei Jahre Triathlontraining und einige Kurzdistanzen erfolgreich hinter sich gebracht hat, der ist kein Einsteiger, kein Anfänger mehr. Wer jetzt richtig „Blut geleckt hat", sollte sich neue Ziele setzen.

Besser werden heißt es meistens, gemeint ist damit jedoch schneller werden: schneller schwimmen, schneller Rad fahren und schneller laufen.

Das gelingt uns nur, wenn wir unserem Körper neue Trainingsreize setzen.

Wer leistungsorientiert trainiert, möchte seinen ganz persönlichen Traum vom sportlichen Erfolg verwirklicht sehen. Dazu gehört mittel- und langfristig mehr als das Herunterspulen von Schwimm-, Rad- und Laufkilometern. Körper, Geist und Seele – das Zusammenspiel des ganzen Menschen – ist dazu vonnöten.

Es wieder mal geschafft (gefinisht) zu haben, sich rundum durch Sport besser zu fühlen, eine bestmögliche Kondition und Konstitution aufzuweisen, vielleicht sogar für seine Leistung umjubelt zu werden, auf dem Siegerpodest zu stehen, die Bestzeit erreicht, die Qualifikation gepackt zu haben – das können Träume vom sportlichen Erfolg sein.

Um diese Ziele zu erreichen, muss unser Körper gesund und fit sein, müssen wir unsere Leistungen den individuellen Möglichkeiten anpassen. Dazu gehört ein individuell abgestimmtes – optimales – Training, eine bedarfsgerechte Ernährung, eine mentale Stärke, eine gut angepasste Ausrüstung und ein insgesamt positives Umfeld.

Wenn es schon Profitriathleten schwerfällt, ihre optimale Leistung zum richtigen Zeitpunkt zu erbringen, umso schwerer fällt es den leistungsorientierten Triathleten, die ja noch im Beruf und in der Familie eingespannt sind.

Die sportliche Belastung ist die eine Seite, der **Faktor Zeit** eine andere Seite der Medaille in unserem täglichen Dasein. Aber, trösten wir uns. Statistiker haben herausgefunden, dass erwachsene Menschen **1999** täglich sehr viel Zeit vor dem Fernsehgerät verbracht haben, z. B. in Österreich 147 Minuten, in Russland 182 Minuten, in Deutschland 198 Minuten, in Frankreich 199 Minuten, in Italien 229 Minuten, in England 232 Minuten und in den USA sogar 259 Minuten (Quelle: iwd, Institut der deutschen Wirtschaft, Köln 48/2000).

Abgesehen von Österreich, sind das im Mittel 3-4 Stunden täglich. Demnach müsste doch auch Zeit für ein vernünftiges, spaßbetontes Ausdauertraining vorhanden sein. Und wer im Jahresmittel nur 1-2 Stunden täglich für sein Triathlontraining aufwendet, der kann bei annähernd richtigem Training ohne Zweifel Mittel- und Langdistanzen erfolgreich bestreiten.

Wer also 1-2 Stunden täglich im Jahresmittel trainiert, kann laut Statistik demnach immerhin auch noch täglich 1-2 Stunden fernsehen. Demnach dürfte der Faktor Zeit eigentlich kein großes Handicap darstellen.

„Wo liegen meine Grenzen?" Diese hochinteressante Frage stellen sich heute immer mehr Menschen, zu denen auch ich gehöre. Es stellt für viele Athleten eine besondere Herausforderung dar, diese – die eigene – Leistungsgrenze zu erforschen und zu erfahren.

Im physischen Bereich ist das Erkennen dieser Grenze durch bestimmte Wettbewerbszeiten relativ gut möglich, dagegen sind die Grenzen im psychischen und mentalen Bereich nicht so eindeutig bestimmbar.

Für all diejenigen, die auf der Suche nach eben der physischen Grenze sind, bleibt jedoch zu beachten, dass diese nur dann erreichbar ist, wenn auch die richtige psychische und mentale Einstellung dazu vorhanden ist. Wir Menschen können uns nicht streng aufteilen in einen physischen und einen psychischen Bereich. Wer Erfolg haben will, bei dem müssen alle Komponenten erfolgreich arbeiten. Die Grenzen der persönlichen Belastbarkeit sind recht unterschiedlich angelegt. Einige markante Bausteine dabei bilden das Alter, die Regenerationsmöglichkeiten, das Talent, die gesamte Lebenssituation, also eben das gesamte Umfeld des Menschen, des Sportlers.

Aus diesem Grunde kann es keine pauschalen und fixen Vorgaben zur Trainingsbelastung geben. Manche Triathlonprofis bewältigen schadlos bis zu 40 Stunden in der Woche, trainieren also Umfänge von 25 km Schwimmen, 700 km auf dem Rad und auch noch 120 km Laufen. Dagegen kann bei stark beanspruchten Freizeitsportlern bereits bei 2 km Schwimmen, 100 km Radfahren und 35 km Laufen (also ca. 7-8 Trainingsstunden in der Woche) das absolute Maximum erreicht sein.

Die Gesamtbelastung für jeden Sportler ergibt sich immer aus der Kombination von Trainingsumfang und Trainingsintensität. Eine Steigerung des Trainingsumfangs sollte daher nur bei einer gleichzeitigen Reduzierung der Trainingsintensität erfolgen. Weiterhin ist für eine Belastungsverträglichkeit eine langjährige Anpassung mit entscheidend. Hier sind diejenigen Master im Vorteil, die bei ihren sportlichen Ambitionen bereits auf einige Jahre Ausdauersport zurückgreifen können.

Eine zu rasche Erhöhung des Trainingsumfangs wird vom Körper schlecht verkraftet. Eine Erhöhung der durchschnittlichen Wochentrainingszeit um mehr als ein Drittel innerhalb eines Trainingsjahres ist daher problematisch und führt schnell in das Problem des Übertrainings. Insbesondere für Master sind, langfristig betrachtet, zu geringe Belastungen immer weniger problematisch als zu schnelle und zu hohe.

Bevor die einzelnen Bereiche einer erfolgreichen sportlichen Betätigung angesprochen werden, hier eine Erfolgsgeschichte, wie wir sie heute unter Master-Triathleten vielfach hören. Die österreichische Tageszeitung „Kärntner Zeitung" berichtet:

„Stell dir vor, du springst in Sekrin in den Wörthersee, schwimmst bis zum Strandbad in Klagenfurt 3,8 km, steigst auf ein Rennrad, kurbelst die 180 km und streifst dann die Turnschuhe über und läufst noch 42,2 km. Alles zusammen 226 km, und in 17 Stunden muss es bewältigt sein.

Du bist ein Verrückter? In Ordnung, aber dennoch machen es viele. Drüben im fernen Hawaii gibt es dann noch eine ‚Strafverschärfung'. Geschwommen wird im Pazifischen Ozean, geradelt und gelaufen wird überwiegend in einer endlosen Steinwüste.

Aber wenn du es geschafft hast, darfst du dich ‚Ironman' nennen.

Ein Mann aus Eisen! Sicher, mit enormem Trainingseinsatz könnte es hinhauen, mit Willen, Fleiß, Ehrgeiz, totaler Überwindung. Aber was ist, wenn man nicht mehr ganz der Jüngste ist, schon 58 Lenze zählt, bis vor wenigen Jahren den Spitzensport kaum kannte? Unmöglich? Vielleicht, doch ein Kärntner schaffte es und seine Leistung ist höher einzuschätzen als die von sogenannten Superstars. Johann Plajer, Kfz-Mechaniker aus Klagenfurt, ein eiserner Kärntner!

Plajer hat in seiner Jugend wenig Sport betrieben, dann kam der Krieg, später waren das wiedergewonnene Leben, der Beruf, die Tanzsäle, das Vergnügen wichtiger. Familiengründung, Hausbau – noch immer war der Sport zweitrangig und wiedergefunden hat er ihn durch seine Töchter: „Ich musste ja mit ihnen zum Eislaufen, Rodeln, Schifahren. Dann kam das Joggen, der nordische Langlauf, das Radfahren." Mit 54 dann die erste große Herausforderung – Wasa-Lauf, und von da an war Johann Plajer ein Besessener: „Ich habe Feuer gefangen", blickt der Klagenfurter zurück und suchte eine nächste Herausforderung: Triathlon. Nach mehreren Konkurrenzen und motiviert durch den Ironman Hermann Aschwer träumte er auf einmal von Hawaii und realisierte seinen Traum. Nach 14:31:16 Stunden im Ziel und es kullern ihm Tränen über die Wangen, als er dann die Kärntner Fahne ausbreitet und sich niederkniet – es ist ja der 10. Oktober, und er ist ein Kärntner aus Eisen.

„Ich mag den Sport als Selbstbestätigung. Und man lernt daraus auch für das Leben: Ich habe noch nie aufgegeben", so die Philosophie Johann Plajers. „Ich bleibe durch den Sport gesund. Wenn ich meinen Alterskollegen, aber auch jüngeren Freunden, den Rat geben kann, dann macht doch etwas, joggt, marschiert, lauft Ski, am besten zu zweit – macht irgendetwas Sportliches!"

Dieser Hans Plajer ist jenseits der 70 Jahre immer noch in der Lage, bei einem Langdistanz-Wettbewerb zu finishen.

1.1 MASTER – VORBILD FÜR DIE JUGEND

An dieser Stelle möchte ich kurz auf einige der vielen Master-Triathleten eingehen, die für einen Großteil der jungen Athleten zu Vorbildern, zu Idolen, geworden sind. Dies sind sie geworden nicht unbedingt allein durch ihre erreichten Wettbewerbszeiten, sondern durch die Art und Weise, wie sie die Herausforderungen gemeistert haben und mit welcher Einstellung sie dies alles bewerkstelligt haben.

Hier einige weitere Beispiele:

- Das „Twin Team", Dr. Barbara Warren und ihre Zwillingsschwester Angelika, die auch am Ende ihres fünften Lebensjahrzehnts immer und immer wieder erstaunliche Leistungen erbringen. Seien es die vielen Ironman-Teilnahmen auf Hawaii, der Marathon De Sables, Läufe über mehr als 150 km vom tiefsten Punkt Amerikas (Death Valley) zum höchsten Gipfel der USA, dem 4.421 m hohen Mount Whitney oder die erfolgreiche Teilnahme am RAAM, am Race Accross America, der 5.500 km langen USA-Durchquerung.
- Dave Scott, sechsfacher Ironman-Hawaii-Sieger, der mit Anfang und Mitte 40 noch unter den ersten Fünf beim Ironman Hawaii zu finden war.
- Der 73-jährige Hans Plajer aus Klagenfurt, der beim Austria-Ironman im Ziel nach gut 16 Stunden für euphorische Jubelstürme sorgt.
- Der 64-jährige Ludwig Amarell aus Thüringen, der neben mehreren Finnlanddurchquerungen auf Langlaufski mit 64 Jahren seinen ersten Ironman-Wettbewerb (Klagenfurt) in 12:08 h absolvierte.
- Die weltweit erfolgreiche Triathletin Ingrid Mensching aus Berlin, die jenseits der 60 viele Europa- und Weltmeistertitel errang.
- Der „Wetterfrosch" Kalli Nottrodt, der eine beispiellose Erfolgsbilanz in der ersten Dekade seines Master-Alters vorweisen kann.

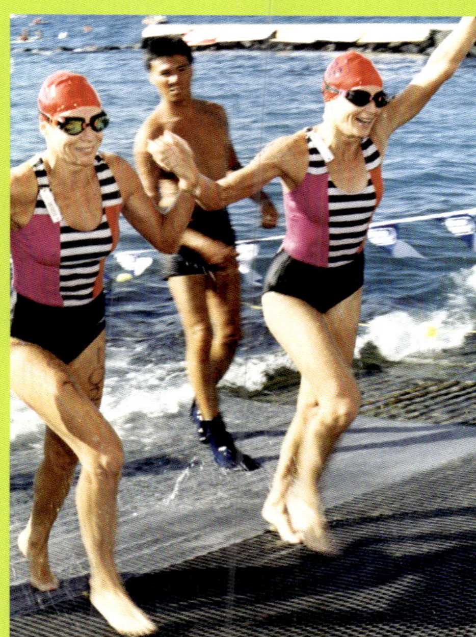

Weitere Master-Athleten dieser Güte gibt es in jeder Region, in vielen Städten und Vereinen weltweit.

Die gesamte Problematik der längeren Triathlondistanzen, also der Mittel- und Langdistanz (die mit der Ironman-Distanz identisch ist), wird in diesem Buch ausführlich erörtert.

Dabei geht es mir nicht allein um Fakten, Zahlen, Pulswerte, Trainingskilometer, sondern auch um die Förderung der Motivation. Ohne eine ausreichende Motivation, eine angemessene Triebfeder für das systematische Triathlontraining wird ein engagierter und ambitionierter Athlet nicht sehr lange Freude an seinem Sport haben.

Die meisten Triathleten träumen von einer erfolgreichen Teilnahme an einem Langdistanz-Wettbewerb und begeben sich damit auf einen reizvollen Weg, der drei Schritte erfordert.

1. **Traum**, Vision, der erster Schritt. Hier wird die mentale Basis gelegt.
2. **Ziel**, der zweiter Schritt. Hier geht es um die Planung eines realistischen Ziels, wenn der gesamte Weg nicht gefährdet werden soll.
3. **Finishline**, der dritter Schritt. Hier geht es um die Ausführung, um die Umsetzung des geplanten Trainings und um das Finish bei einer Langdistanz.

Auf diesem Weg (*Traum – Ziel – Finishline*), der eben aus drei großen Schritten und vielen kleinen Zentimetern besteht, möchte ich Sie begleiten, damit Sie sich Ihren Traum vom Finish bei einem Langdistanz-Wettbewerb erfüllen.

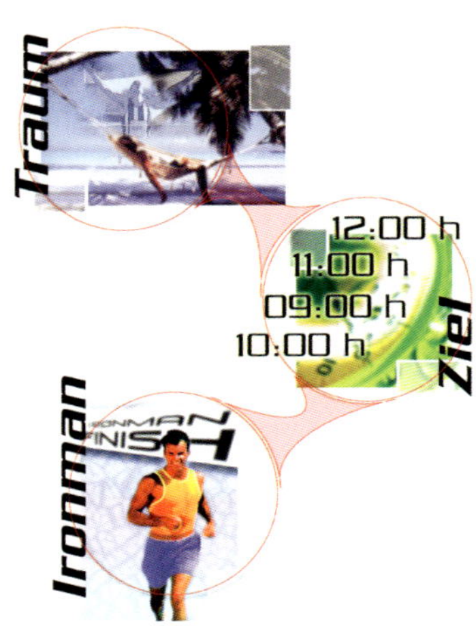

© Simon Kiefel

Ambitionierte Athleten erhalten nachfolgend, je nach Leistungsfähigkeit, konkrete Anleitungen, wie sie sich weiterentwickeln und verbessern können. Diese umfangreiche Thematik beginnt mit der Leistungsdiagnostik in Kapitel 3, erörtert die Voraussetzungen für die Teilnahme an Mittel- und Langdistanzen (Kap. 4), zeigt einen geeigneten Jahresaufbau auf (Kap. 5), erläutert in aller Ausführlichkeit das Training für die schwerste Triathlondisziplin – das Laufen (Kap. 6), das Training für die vermeintlich leichteste Disziplin – Radtraining (Kap. 7), das Training für die technisch anspruchvollste Disziplin – das Schwimmen (Kap. 8) und das Wechseltraining (Kap. 9).

Breiten Raum nehmen die realistischen Trainingspläne für unterschiedliche Ansprüche auf der Mitteldistanz (Kap. 10) und der Langdistanz (Kap. 11) ein. Die wichtigsten Trainingsgrundsätze folgen in Kapitel 12.

Selbst für erfahrene Triathleten sind die Tage vor und nach dem Langdistanz-Wettbewerb etwas ganz Besonderes. Der magische Tag X, the Race Day, wird bei allen Athleten, aber auch bei Betreuern und Zuschauern tiefe Spuren hinterlassen. Die persönliche Schilderung der während eines Ironmans auf Hawaii erlebten Probleme, Schwierigkeiten, aber auch der Gedanken und Gefühle während eines 10:44-stündigen Wettbewerbs, folgen in Kapitel 13 in aller Ausführlichkeit.

Themen wie Trainingscamps, Regeneration, Übertraining, echte Trainingsalternativen, Urlaub und Training, Triathlon – Schaden oder Segen für unser Immunsystem, Verletzungsvorbeugung, Triathlon und Ernährung sowie die Faszination des Hawaii-Triathlons – werden in den nachfolgenden Kapiteln angesprochen.

Die Tabellen über die Pulswerte für das Training befinden sich im Buchanhang (S. 377ff).

1.2 GANZHEITLICHE BETRACHTUNGSWEISE

Die sportliche Leistung oder auch die Würdigung einer sportlichen Leistung sollte niemals nur von der erzielten Endzeit bei einem Wettbewerb abhängen, vielmehr sollten wir Master die gesamten Aspekte unser sportlichen Betätigung sehen.

Zufriedenheit und Einssein mit dem eigenen Körper bildet eine Grundvoraussetzung für das Selbstvertrauen und Selbstwertgefühl eines sportlichen Menschen, unabhängig vom Alter, vom Beruf, von der sozialen Stellung, von seiner Herkunft, von seinen sportlichen Möglichkeiten.

Bei Athleten mit einer Selbstwertproblematik ist es besonders wichtig, Erfolgserlebnisse über die körperliche Fitness und die sportliche Leistungsfähigkeit zu vermitteln.

Bei meinen gesamten Betrachtungen gehe ich immer vom ganzen Athleten, vom ganzen Menschen, aus und sehe ihn damit unter einem ganzheitlichen Ansatz.

Damit meine ich den Athleten, der nicht nur mit seinem Körper trainiert, sondern auch dabei seinen Geist einsetzt und seine Psyche, seine Seele, mitwirken lässt. Hier gilt die Trias „Herz, Hand und Verstand", also der Triathlet, der seinen Sport mit der richtigen physischen und mentalen Einstellung angeht. Hierbei können und sollten wir Master das Stück mehr an Lebenserfahrung – welches wir gegenüber den jugendlichen Sportlern aufweisen – nutzen, um eine Vorbildfunktion wahrzunehmen.

Dass dabei auch wissenschaftliche Erkenntnisse von großer Wichtigkeit sind, ist unbestritten. Allerdings möchte ich mich nicht immer auf rein wissenschaftliche Daten und Fakten berufen, da es auch Beispiele dafür gibt, dass nicht alles wissenschaftlich zu erklären ist. Als Beispiel sei angeführt: Eine Hummel mit einem Körpergewicht von 1,2 g und einer Flügeloberfläche von nur 0,7 cm^2 kann rein wissenschaftlich niemals fliegen – und, sie kann es doch!

Neben all unserem Körpereinsatz und Verstand sollten wir Master nicht vergessen, unser Gefühl, unsere Emotionen, mitwirken zu lassen. Menschen mit wenig Gefühl gehören nach wie vor zu den „armen" Menschen. Um auch diesen wichtigen Part darzustellen, folgt in Kapitel 13 eine ausführliche Beschreibung über das Gefühlsleben eines Athleten während eines Ironman-Spektakels auf Hawaii.

In diesem Sinne wünsche ich uns allen viele spaßbetonte Trainingsstunden und erfolgreiche Wettbewerbe.

Für konstruktive Anregungen bin ich nach wie vor dankbar.

Ihr und euer Hermann

Meine Anschrift:
Dr. Hermann Aschwer
Ameke 40
48317 Drensteinfurt

www.HermannAschwer.de

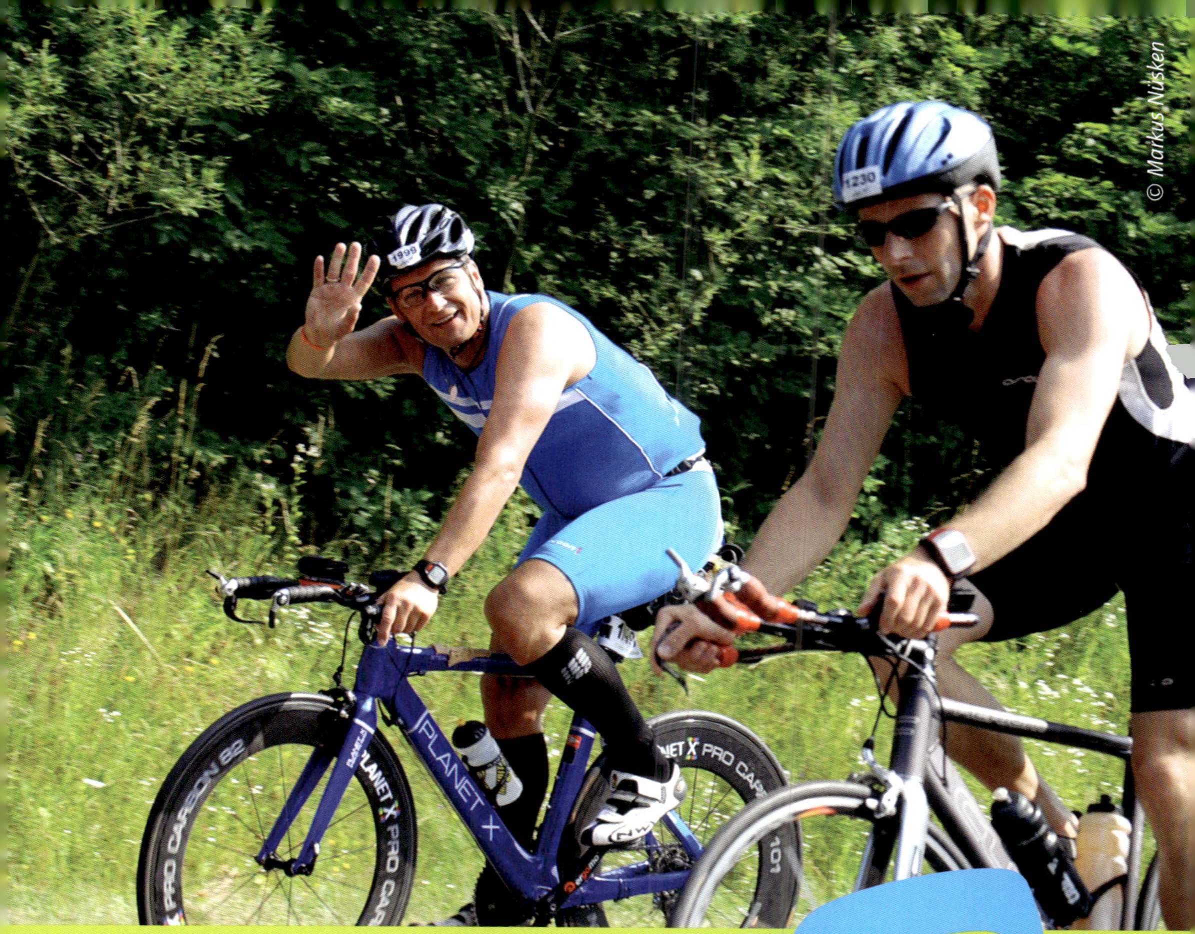

© Markus Nüsken

2

FÜR MASTER GIBT ES NICHT NUR DAS LEISTUNGSMOTIV

2 FÜR MASTER GIBT ES NICHT NUR DAS LEISTUNGSMOTIV

Die Spannweite der Motive, die für eine Ausübung des Triathlonsports sprechen, ist enorm groß. Beginnend mit den vielfältigen gesundheitlichen Vorzügen, dem Leistungsmotiv, dem Faktor Spaß, einer echten Herausforderung usw. bis hin zur sinnvollen Freizeitgestaltung gibt es gute Gründe, sich für den Triathlonsport zu interessieren und ihn zu praktizieren.

Damit wir nicht glauben, dass nur der eine Beweggrund existiert, nämlich der unbedingte Leistungsgedanke, eventuell noch ein wenig Spaß und sonst gar nichts, möchte ich versuchen, nachfolgend weitere Motive für unseren faszinierenden Triathlonsport kurz zu benennen. Möglicherweise wird uns erst bei der Auflistung der vielfältigen Argumente für unseren Sport deutlich, was wir bislang noch gar nicht so recht wahrgenommen oder registriert haben.

Die nachfolgende Aufzählung möglicher Beweggründe für ein Triathlontraining stellt keine Prioritätenliste dar, vermag aber bei eigener kritischer Betrachtung unseres Tuns zu einer Horizonterweiterung beitragen. Ich gestehe dabei jedem Triathleten zu, dass er für sich seine eigenen, individuell begründeten Motive hat.

2.1 DAS LEISTUNGSMOTIV

Sport ohne Leistung ist kein Sport, hört man immer wieder von den ganz verbissenen Sportlern. Ist es das tatsächlich nicht?

Was ist mit den zahlreichen, locker ins Ziel laufenden Triathleten, die als Anfänger bei einer Jedermanndistanz fröhlich lächelnd finishen und sich mit Stolz das Finisher-T-Shirt umhängen? Was ist mit den überglücklichen Langdistanz-Finishern, die die Ziellinie erst bei Dunkelheit erreichen und freudestrahlend ins Publikum winken? Was ist mit den leicht übergewichtigen Damen und Herren, die erstmals bei einem Triathlon das Ziel erreichen und jedem um den Hals fallen, der sich in unmittelbarer Nähe des Zielraums befindet?

All diese Athleten haben ihre persönlichen Gründe für ihre überschäumende Freude. Ich freue mich von Herzen für jeden, der sich so über seine individuelle Leistung freuen kann. Für sie alle zählt die persönliche Leistung, nicht die absolute Leistung der besser Trainierten oder gar der Profis.

Menschen, die in ihrer persönlichen Entwicklung durch ihren besonderen Einsatz und Anstrengungen – eben durch Leistungen – positive Verstärkungen erfahren haben, zeigen oft ein ausgeprägtes Leistungsmotiv. Positive Verstärkungen können dabei besondere Anerkennung, Belobigungen, materielle Anreize, aber auch eine große innere Zufriedenheit sein. Das Leistungsmotiv beinhaltet auch eine deutliche Zielorientiertheit. Wird diese mit realistischen Zielen und an den eigenen Gütemaßstäben ausgerichtet, so kann die Erwartung auf Erfolg genährt werden. Überzogene Zielvorstellungen und der damit verbundene, hohe Erwartungsdruck führen in den Wettbewerben regelmäßig zu Misserfolgen.

Typische Verhaltensweisen für leistungsmotivierte Triathleten sind z. B. Training auch bei schlechter Witterung, zielorientiertes Training mit der Maßgabe, gute und erfolgreiche Wettbewerbe zu bestreiten.

Zweifellos stellt diese Einstellung ein Motiv für viele Sportler dar. Insbesondere für Master bilden jedoch noch zahlreiche andere Motive den Hauptgrund für ihre sportliche Betätigung, zum Glück, wie ich meine.

2.2 WEITERE MOTIVE FÜR DEN TRIATHLONSPORT

- Triathlon stellt eine echte Herausforderung dar.
- Triathlon ist ein Sport für jedermann.
- Triathlonwettbewerbe vermitteln Genugtuung, Freude, Zufriedenheit und Selbstbestätigung.
- Triathlonsport macht einfach Spaß.
- Triathlonwettbewerbe bedeuten noch echtes Erleben und stellen ein kalkulierbares Abenteuer dar.
- Triathlonwettbewerbe schaffen sportliche Anreize, sich in drei Disziplinen zu verbessern.
- Triathlonsport erfordert keine besonderen physischen Voraussetzungen.
- Triathlon bringt Freude an der Bewegung, Zuwachs an Vitalität und Steigerung der Lust.
- Triathlon und bewusste Ernährung gehören zusammen.
- Triathlon stellt eine sinnvolle Freizeitgestaltung dar.
- Triathlon fördert das seelische Gleichgewicht und kompensiert beruflichen Stress.
- Triathlon verbessert die Figur.
- Triathlon fördert die motorischen Entwicklungsmöglichkeiten.

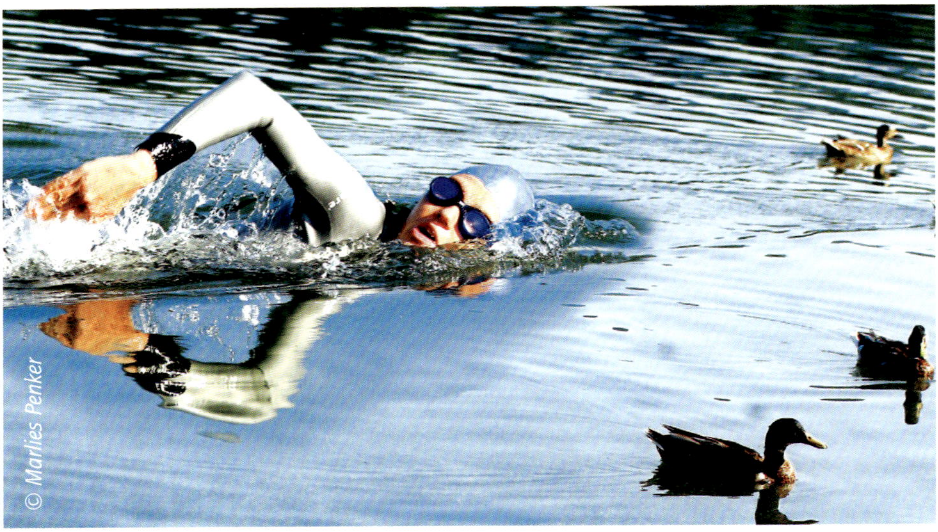

Spaß – ein wichtiger Faktor

2.3 MOTORISCHE ENTWICKLUNGSMÖGLICHKEITEN IM MASTER-ALTER

Kirchner u. a. (1998), die sich intensiv mit den motorischen Entwicklungsmöglichkeiten im fortgeschrittenen Alter auseinandergesetzt haben, kommen zu einer Reihe interessanter Ergebnisse:

Besonders beachtenswert ist die Unterscheidung in Untrainierte und Trainierte.

Mittleres Erwachsenenalter
(30-45 Jahre bei Männern, 35-50 Jahre bei Frauen)
Dies ist der Zeitraum der möglichen Erhaltung hoher und höchster sportlicher Leistungen, aber auch Jahre der allmählichen motorischen Leistungsminderung für Untrainierte.

Als typische Kennzeichen einer sportlichen Motorik werden für Untrainierte angeführt:

- Die Aneignung neuer sportlicher Fertigkeiten ist möglich.
- Schnelligkeit und Schnellkraft sind zunehmend rückläufig.
- Kraft und Kraftausdauer unterliegen Rückbildungserscheinungen.

Für Trainierte gilt:

- Ohne wesentliche Einschränkungen ist ein hohes Maß sportlicher Fertigkeiten erhaltbar.
- Für den Leistungssport gilt bis zum 30. Lebensjahr die „Zone der optimalen Leistung" und bis zum Ende des vierten Lebensjahrzehnts die „Zone der Stabilisierung der Höchstleistung".

Das spätere Erwachsenenalter
(45-65 Jahre bei Männern, 50-70 Jahre bei Frauen)
Dies ist der Zeitraum der verstärkten motorischen Leistungsminderung.

Als typische Kennzeichen einer sportlichen Motorik werden für Untrainierte angeführt:

- Weitergehender Abbau der Ausdauerfähigkeiten, bedingt durch Bequemlichkeiten im Alltag und Beruf, sowie ausgesprochene Bewegungsarmut in der Freizeit.
- Sämtliche Schnelligkeitsfähigkeiten und koordinative Fähigkeiten lassen erheblich nach.

Für Trainierte gilt:

- Mehr oder minder ausgeprägte motorische Leistungsminderung.
- Geschwindigkeit und Ausmaß des Rückgangs ist durch Training jedoch außerordentlich beeinflussbar.
- Der auf Passivität beruhende Altersmuskelschwund kann durch ausreichende Funktionsreize nicht nur verlangsamt, sondern in Muskelzuwachs umgewandelt werden.
- Der Leistungsstand bei Langzeitsportlern weist keinen Niveauunterschied zu 10-20 Jahre jüngeren untrainierten Menschen auf.

Als Empfehlungen für die motorische Anforderung werden ausgesprochen:

- Eine sportliche Betätigung ist notwendiger denn je, da Menschen dieses Alters besonders zur Bequemlichkeit neigen.
- Passivität und Nichtstun wird fälschlicherweise als Entspannung und Erholung bezeichnet.
- Sport ist das beste und erfolgreichste Mittel, um motorische Rückbildungen zu verzögern.
- Zur Aufnahme einer sportlichen Tätigkeit ist es nie zu spät.

Für Untrainierte wird empfohlen:

- Keine Maximalkraftübungen, kein direktes Training von Schnelligkeit und Schnellkraft.
- Im Mittelpunkt sollte die Erhaltung bzw. Steigerung der Ausdauerfähigkeit sowie der koordinativen Fähigkeiten stehen.
- Maßvolle und vielseitige Kräftigung des Stütz- und Bewegungsapparats, besonders haltungsverbessernde Übungen.

Für Trainierte wird empfohlen:

- Auf keinen Fall sich aus der sportlichen Aktivität verabschieden.

Das späte Erwachsenenalter
(65+ bei Männern und 70+ bei Frauen)
Dies sind Jahre der ausgeprägten motorischen Rückbildung.
Die Motorik wird während dieser Phase durch folgende Punkte gekennzeichnet:

Für Untrainierte gilt:

- Die motorische Leistungsminderung wird in der Gesamtmotorik deutlich und unübersehbar. Diese Erscheinungen beginnen bzw. verstärken sich durch die Aufgabe der beruflichen Tätigkeit.
- Die Bewegungsausführung wird verhalten und langsam, eine gewisse Starrheit und Steifigkeit der Bewegungen wird sichtbar.

Für Trainierte gilt:

- Regelmäßige Belastung des Herz-Kreislauf-Gefäßsystems durch Ausdauertraining.
- Die Ausdauerfähigkeit kann bis ins hohe Alter durch eine individuelle Belastungsdosierung erhöht werden. Selbst nach dem 70. Lebensjahr sind noch Verbesserungen nachweisbar!

Als Empfehlungen für die motorische Anforderung gelten:

- Eine altersgemäße sportliche Betätigung sollte keinesfalls ohne zwingende Gründe aufgegeben werden, da sie ein bereicherndes Element der Lebensbejahung, der sozialen Kommunikation und des physischen und psychischen Wohlbefindens ist.
- Kräftigung der Muskelgruppen, die für die Haltung und Bewegung von nöten sind.
- Erhaltung ausreichender Beweglichkeit in den Gelenken.
- Förderung der sinnlichen Wahrnehmung.
- Erhaltung der Fähigkeit, mit anderen Menschen zu kooperieren.
- Aktivierung des Immunsystems durch abhärtende Maßnahmen, wie Sport im Freien, Sauna.

All diese von Kirchner u. a. genannten Argumente treffen auf den Triathlonsport zu: erstaunliche Entwicklungsmöglichkeiten für Master also beim Triathlonsport, der bekanntlich in erster Linie die Ausdauerkomponente fördert, darüber hinaus auch die Kraftausdauer und Koordination.

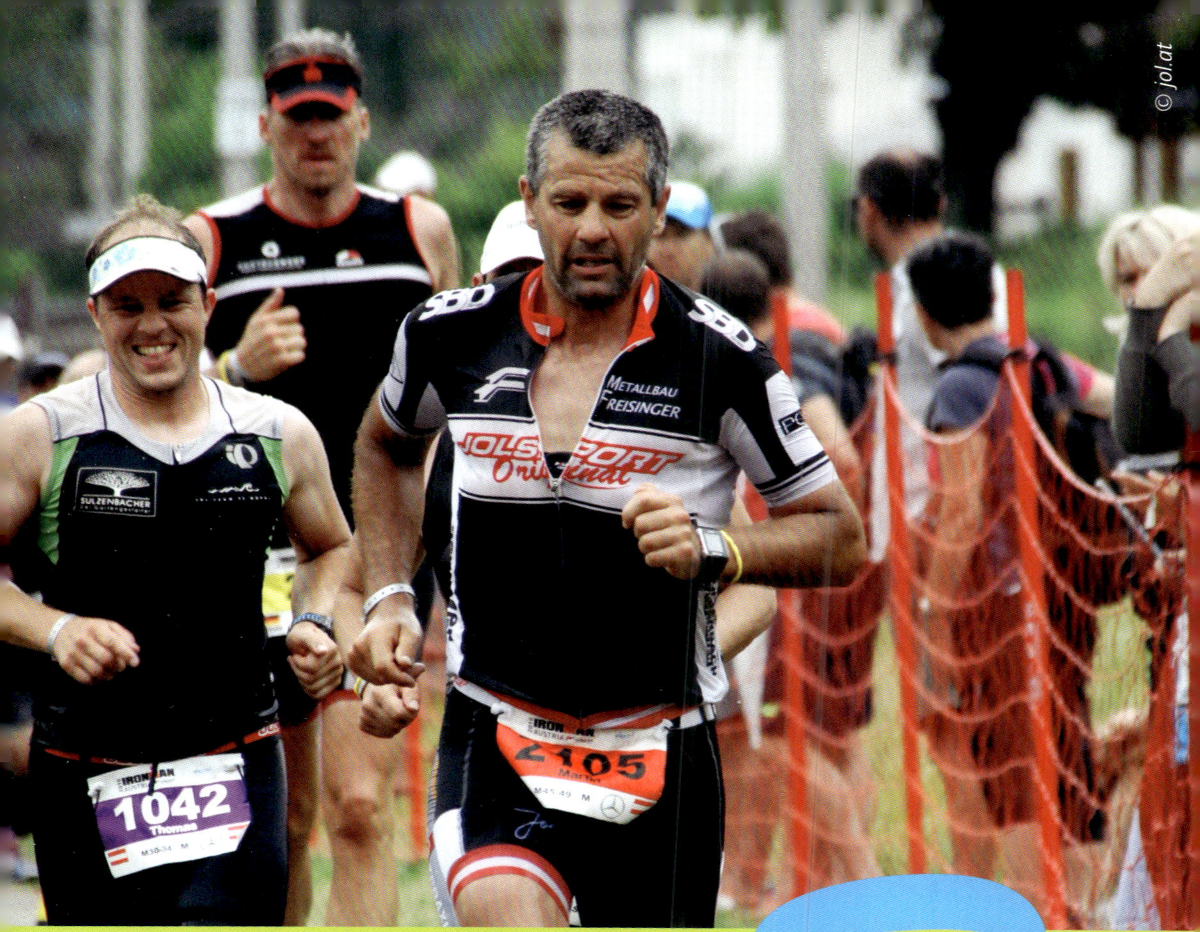

3

LEISTUNGSBEZOGENES TRAINING

3 LEISTUNGSBEZOGENES TRAINING

Wer als Master ambitioniert, also leistungsorientiert, seinen Triathlonsport betreibt, der bringt für seinen Sport eine besondere Motivation mit. Diese Athleten fragen sich:

„Wie leistungsfähig bin ich?“

„Wo liegen meine sportlichen Grenzen?“

„Wie trainiere ich für mich optimal,

um zeitliche Verbesserungen zu erzielen, um mich zu qualifizieren, um AK-Sieger zu werden, um meine Leistungsgrenze zu erreichen?“ Das Training ist dann auf eine bestimmte Leistung ausgerichtet. Hilfreich kann dabei die sogenannte **Leistungsdiagnostik** sein. Mit den hierbei auftretenden Begriffen wie **Pulsmessung, Laktatmessung, VO_2 max, aerobe Schwelle, anaerobe Schwelle** beschäftigen sich heute immer mehr Triathleten, auch Master-Athleten.

Gute Leistungen zu erzielen oder seine individuellen Grenzen kennen zu lernen, ist eine faszinierende Angelegenheit. Die meisten Master-Sportler sind keine Profisportler und haben auch ihren absoluten Leistungszenit überschritten. Von daher müssen bei allen Betrachtungen bezüglich der Leistung auch unsere persönlichen Bedingungen – unser Umfeld – mit berücksichtigt werden.

Da Triathlon sowohl leistungssportlich als auch als Hobby betrieben wird, möchte ich aus der Erfahrung heraus folgende Unterteilungen treffen:

Tab. 1: Trainingsstunden im Triathlon

	Trainingsstunden pro Jahr	**Trainingsstunden pro Woche**
Training als Hobby	Bis 365 h	Bis 7 h
Leistungsgemäßes Training Training mit System (ambitionierte Athleten)	Bis 730 h	7-14 h
Hochleistungstraining – besonders leistungs-motivierte Athleten	Mehr als 730 h	> 14 h

Jeder ambitionierte Triathlet wird sich fragen: „Wie kann ich mich hinsichtlich der Leistung weiter steigern?"

Eine Antwort darauf beinhaltet drei wesentliche Größen:

1. Die Gesundheit als Voraussetzung für ein leistungsbezogenes Training.
2. Die momentane Leistungsfähigkeit.
3. Die richtige Trainingsbelastung.

3.1 DIE GESUNDHEITSUNTERSUCHUNG

Höchste Priorität sollte bei allen Leistungsbetrachtungen die Aufrechterhaltung der Gesundheit haben. Die optimale sportliche Leistung im Triathlon ist der Gesundheit unbedingt unterzuordnen. Letztendlich geht es gleichzeitig auch darum, die gesundheitlichen Risiken zu minimieren. Demnach lässt sich die optimale sportliche Leistung zwischen der größtmöglichen Gesundheit und den kleinstmöglichen Risiken einordnen.

Um die kleinstmöglichen Risiken bei der sportlichen Betätigung anzustreben, sollte sich jeder ambitioniert Trainierende jährlich einer generellen Gesundheitsuntersuchung unterziehen. Weitere sind selbstverständlich bei gesundheitlichen Problemen vonnöten. Dies gilt insbesondere für Master, die sich an neue Herausforderungen heranwagen, wie z. B. die erstmalige Teilnahme an Mittel- oder Langdistanzen.

Größtmögliche Gesundheit	Optimale sportliche Leistung	Kleinstmögliche Risiken

Eine erfolgreiche Gesundheitsuntersuchung stellt das **Ticket** für ein individuell angepasstes Training aus.

Master sollten 1 x jährlich, im Vorbereitungszeitraum, wenn mit dem umfangreichen Training begonnen wird, eine Routineuntersuchung beim Arzt vornehmen.

Dazu gehören:

- Herzdiagnostik,
- Ruhe- und Belastungs-EKG,
- Lungendiagnostik,
- Diagnose von Blut- und Urinstatus sowie
- CRP-Wert (C-reaktives Protein).

Die Tatsache, dass ausdauersportliche Betätigung – wie wir sie beim Triathlon ausüben – vor allem für Master eine vorbeugende Wirkung im Hinblick auf die Entstehung von Herz-Kreislauf-Erkrankungen hat, bestätigt sich in vielen Untersuchungen. Damit sind insbesondere hoher Blutdruck, Herzinfarkt, Schlaganfall und Arteriosklerose gemeint. Der hierfür in unserem Blutzentrum verantwortliche Faktor CRP (Creatives Akute-Phase-Protein) heftet sich an Krankheitserreger. Durch sportliche Betätigung wird dieser Blutwert deutlich gesenkt. Ein hoher CRP-Wert ist behandlungsbedürftig, da er auf eine deutliche Gefäßverkalkung hinweist. Prof. Uhlenbruck (2002) folgert daraus, dass wöchentlich 2.000-2.500 kcal durch Sport zu verbrennen sind, um deutliche gesundheitliche Folgen wahrnehmen zu können. Daher auch seine Empfehlung, das CRP zum Bestandteil

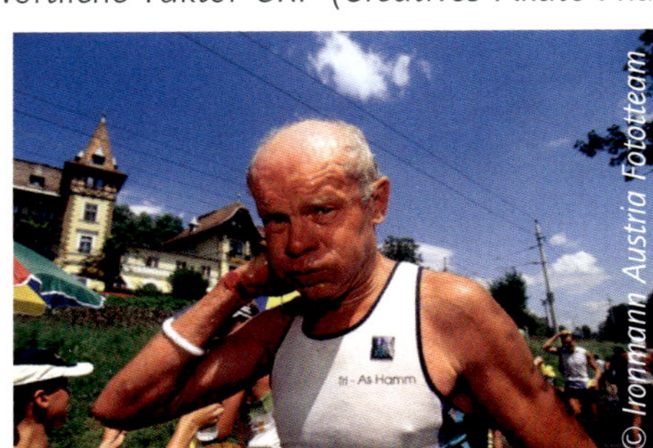

Gesundheit – das wichtigste Gut für die Leistungsfähigkeit

eines allgemeinen Fitnesschecks zu machen. Vorausgesetzt, man hat keinen Infekt, denn dabei gibt es allerdings vorübergehend hohe Werte.

Im Mittelpunkt der Untersuchungen steht das Herz-Kreislauf-System, welches zeitweise enormen Belastungen unterliegt. Erkrankungen oder Schädigungen irgendwelcher Art können dann unerwartete Herzprobleme bis hin zum plötzlichen Herztod nach sich ziehen. Schreckensmeldungen aus der Presse sind uns allen hinlänglich bekannt. Untersuchungen unter maximaler Belastung haben gezeigt, dass das Risiko eines plötzlichen Herztodes bei einem schlechten Trainingszustand um das 56fache höher ist als bei einem besseren Trainingszustand, wo es nur 5 x so hoch ist.

Im jüngeren Lebensalter liegen die Ursachen vor allem in angeborenen Herzerkrankungen, Herzmuskelschädigungen und in infektiösen Herzmuskelschädigungen.

Mit steigendem Alter liegt den Herzzwischenfällen zunehmend eine Herzkranzerkrankung zu Grunde. **Gefährdet** sind damit nach Prochnow & Weiz (2000) am ehesten die älteren Sportler, die sich intensiven und hohen Trainingsbelastungen aussetzen. Ebenso diejenigen, die sowohl den Wiedereinstieg in das Training nach längeren Pausen suchen als auch Personen mit Risikofaktoren und Begleiterkrankungen.

Zum Glück müssen wir jedoch nicht in Panik verfallen. Denn bevor etwas passiert, treten einige Schutzmechanismen des Körpers in Kraft:

- Schwindel und kurzzeitige Ohnmachtsanfälle,
- unerklärliche Leistungseinbußen,
- Atemnot,
- Herzrhythmusstörungen und Herzschmerzen,
- Infekte,
- allgemeine Schwäche und
- Fieber.

Bei diesen gesundheitlichen Problemen gilt sofortiges Trainingsverbot und Inanspruchnahme ärztlicher Hilfe!

Wer die Signale des Körpers jedoch ignoriert und ohne Rücksicht auf Verluste seinem Trainingsplan hinterherhechelt, der muss sich nicht wundern, wenn größere Schäden ausgelöst werden.

Dann ist aber nicht die sportliche Betätigung die Ursache, sondern die aus krankhaftem Ehrgeiz ignorierte oder auch unerkannte Erkrankung.

3.2 FESTSTELLUNG UND BEWERTUNG DER MOMENTANEN LEISTUNGSFÄHIGKEIT

Bei der Feststellung und Bewertung der momentanen Leistungsfähigkeit, die auch häufig unter dem Begriff der **Leistungsdiagnostik** betrachtet wird, gibt es einige Dinge zu beachten.

Bei Profisportlern, die von Erfolgsgagen und Werbeverträgen leben müssen, nimmt der Stellenwert der Leistungsdiagnostik sicherlich einen ganz anderen Stellenwert ein als bei den mehr oder weniger ambitionierten Mastern. Die Profis unterziehen sich in der Regel alle acht Wochen umfangreichen Leistungstests, um zum einen ihre Leistungsfähigkeit zu überprüfen und zum anderen ihr Training exakt zu steuern. Das auch dies nicht immer gelingt, ist an manch enttäuschendem Wettkampfergebnis der Triathlonprofis abzulesen. Im absoluten Hochleistungsbereich ist das richtige Training eine Gratwanderung. Wer ein wenig überzieht, erreicht nicht zum richtigen Zeitpunkt seinen absoluten Leistungshöhepunkt.

Müssen wir Master uns von diesem Ansatz leiten lassen? Ich meine eindeutig nicht, obwohl ich eine reduzierte Form der Leistungsdiagnostik auch für uns Master für sinnvoll erachte.

Werfen wir doch nur kurz einen Blick auf den Langstreckenlauf. Hier dominieren seit Jahren Kenianer und Äthiopier, ohne vielfach einen Pulsmesser, geschweige denn einen Laktattest oder eine Leistungsdiagnostik kennen gelernt zu haben. Die Europäer und insbesondere die Deutschen als „Weltmeister der Leistungsdiagnostik" laufen dafür zumeist hinterher.

Also, wer als ambitionierter Master für sich einen Sinn darin sieht, sollte sich vor dem Trainingsschwerpunkt im Frühjahr einem sportmedizinischen Belastungstest mit einer Leistungsbeurteilung unterziehen. Für diese leistungsdiagnostischen Untersuchungen gibt es mittlerweile ein dichtes Netz von Anbietern. Dazu gehören die sportmedizinischen Institute der Universitäten, aber auch eine Vielzahl von privaten Instituten.

Bevor die Messgrößen der Leistungsdiagnostik angesprochen werden, zwei wesentliche Punkte jedoch vorweg.

1. Eine optimale Überprüfung der Leistungsfähigkeit für den Triathleten war, ist und bleibt die Teilnahme an Triathlonwettbewerben. Geht es speziell um die Lauffähigkeit, so gibt ein Laufwettbewerb darauf eine Antwort. Die Leistungsfähigkeit für das Radfahren kann man bei einem Einzelzeitfahren ermitteln, für das Schwimmen eben bei einem Schwimmwettbewerb. Labortests können eben nicht alle Gegebenheiten der Sportpraxis simulieren.
2. Bei der gesamten Diskussion über Puls- und Laktatmessungen, Leistungsdiagnostik, maximaler Sauerstoffaufnahme, aerober Schwelle, anaerober Schwelle usw. könnte man den Eindruck gewinnen, dass für eine erfolgreiche sportliche Betätigung nur noch Laborwerte, Pulsraten und Ähnliches wichtig sind. Für mich gibt es eine weitere wesentliche Größe, die bei der gesamten Diskussion um Leistungsverbesserungen häufig zu kurz kommt, nämlich das Training nach Gefühl.

Die leicht zu messenden Pulswerte im Training stellen sicherlich eine große Hilfe für uns Ausdauersportler dar, weil sie mithelfen, das richtige Gefühl für die unterschiedlichen Trainingsintensitäten zu gewinnen.

Labordaten vermögen nur die Trainingsfort- oder -rückschritte zu messen, sie ersetzen auf keinen Fall einen erfahrenen Trainer und einen mit Gefühl und Verstand trainierenden Athleten.

Persönlich laufe und radle ich gerne mit Pulsmesser, besonders dann, wenn ich das Training ein wenig intensiviere. Genauso gerne trainiere ich rein nach dem Gefühl. Also, etwa die Hälfte des Trainings mit Pulsmesser, die andere Hälfte ohne. Damit vermeide ich die Gefahr, zu einer laufenden Pulsuhr degradiert zu werden.

Die Messgrößen für die üblichen Belastungsuntersuchungen sind:

- Herzfrequenz,
- Laktatwerte und
- Eventuell maximale Sauerstoffaufnahme (VO_2 max).

3.2.1 DIE HERZFREQUENZ

Bei der **Herzfrequenz**, die nachfolgend, wie bei Ausdauersportlern üblich, als **Pulsfrequenz** oder **Pulswert** bezeichnet wird, sind **Ruhepuls, Maximalpuls** und **Trainingspuls** zu unterscheiden.

Bei der Diskussion über Pulswerte müssen wir uns darüber im Klaren sein, dass diese so unterschiedlich sein können wie die Schuhgrößen der Athleten. Auch bei gleicher Leistung verschiedener Athleten sind deren Pulswerte unterschiedlich. Pulsfrequenzen hängen von verschiedenen Faktoren ab:

- Lebensalter (je 10 Lebensjahre verringert sich der Puls um 5-6 Schläge pro Minute),
- genetische Veranlagung,
- Fitnesszustand sowie
- Geschlecht (Frauen haben um 8-10 Schläge höhere Werte als Männer bei gleicher Belastungsintensität).

Ruhepuls

Wird die Herzfrequenz im Zustand der körperlichen Ruhe gemessen, so spricht man vom **Ruhepuls**. Dieser Wert stellt z. B. bei der Regeneration und bei einer sich anbahnenden Erkrankung eine wichtige Größe dar. Der Ruhepuls bei wenig sportlichen Menschen beträgt etwa 65-80. Bei gut trainierten Triathleten dagegen 40-60. Auch Werte unter 40 sind nicht ungewöhnlich.

Ein sehr niedriger Ruhepuls bedeutet nicht automatisch eine größere Leistungsfähigkeit. Um gute Vergleichswerte zu erhalten, sollte der Ruhepuls am besten frühmorgens im Liegen gemessen werden.

Die Messung des Ruhepulswerts ist in mehrfacher Hinsicht von großer Bedeutung.

- Ein langsam und gleichmäßig abnehmender Puls im Frühjahr gibt Aufschlüsse über den verbesserten Trainingszustand.
- Ein um 8-10 Schläge pro Minute erhöhter Wert weist auf gesundheitliche Störungen hin. Dies ist entweder ein Zeichen von Übertraining oder ein erstes Zeichen für einen gesundheitlichen Infekt, die Gefahr ist besonders groß während oder nach Trainingscamps.
- Bei erhöhtem Ruhepuls sollten Sie sofort Ihr Training reduzieren und nur noch regenerativ oder gar nicht trainieren.

Maximalpuls

Bei körperlicher Belastung steigt die Herzfrequenz an. Die Anzahl der Herzschläge pro Minute ist ein Maß für die momentane körperliche Belastung. Der Maximalpuls, also unser höchster Pulswert, hängt vom Trainingszustand, Alter und Geschlecht ab. Als grober Richtwert wird für Männer häufig die Formel: 220 minus Lebensalter angegeben, für Frauen 226 minus Lebensalter.

Wie sollten wir unseren Maximalpuls messen?

Voraussetzung für die Eigenmessung des Maximalpulswerts ist ein einwandfreier Gesundheitszustand. Liegt dieser nicht eindeutig vor, so sollte diese Messung nur unter ärztlicher Aufsicht, z. B. bei einem Belastungs-EKG, durchgeführt werden.

Da die Maximalpulswerte auf Grund des unterschiedlich großen Muskelanteils beim Laufen, Radfahren und Schwimmen unterschiedlich ausfallen, ist diese Messung in der jeweiligen Disziplin vorzunehmen. Am einfachsten geschieht das mit den heute gängigen, wasserdichten Pulsmessgeräten.

Maximalpuls beim Laufen

15-20 Minuten Einlaufen mit anschließendem 1.000-2.000 m Langsprint, dies sorgt für den maximalen Pulswert beim Laufen. Wer einen 5.000- oder 10.000-m-Wettbewerb bevorzugt, sollte den Maximalpuls beim Zielsprint erreichen.

Maximalpuls beim Radfahren

Nach einer halbstündigen Einrollphase mit kurzen Sprinteinlagen kann in der Ebene eine ca. 3-4 km lange Strecke mit maximaler Geschwindigkeit durchfahren werden. Wer einen längeren Anstieg zur Verfügung hat, kann diesen auswählen, um ihn mit höchstem Einsatz zu bewältigen. Die zu durchfahrende Streckenlänge richtet sich nach der Steigung.

Der Maximalpuls beim Radfahren liegt in der Regel um 5-15 Schläge pro Minute niedriger als beim Laufen.

Maximalpuls beim Schwimmen

Nach einer 500 m Einschwimmphase führt ein 200-400 m Langsprint zu den höchsten Pulswerten im Wasser. Dieser Wert kann zwischen 10 und 15 Schlägen pro Minute niedriger liegen als beim Laufen.

Der Trainingspuls

Der für jeden Sport treibenden Menschen und natürlich für den ambitionierten Triathleten so wichtige Trainingspuls wird im weiteren Verlauf des Buches noch einen breiten Raum einnehmen. Wir Triathleten haben es mit drei unterschiedlichen Ausdauersportarten zu tun, die jede für sich sportartspezifische Aspekte beim Trainingspuls berücksichtigen muss.

Die Pulsfrequenz beim Laufen ist generell die höchste. Die organische Belastung beim Radfahren und Schwimmen ist geringer als beim Laufen, folglich sind auch die entsprechenden Pulswerte niedriger.

Als Merkregel gilt:

- Pulsfrequenz beim Laufen = 5-10 Schläge pro Minute höher als beim Radfahren.
- Pulsfrequenz beim Laufen = 10-15 Schläge pro Minute höher als beim Schwimmen.

Anders ausgedrückt:

- Radpuls = Laufpuls minus 5-10 Schläge pro Minute.
- Schwimmpuls = Laufpuls minus 10-15 Schläge pro Minute.

Eine wichtige **Anmerkung**, was insbesondere uns Master angeht, hat C.-J. Diem (2001) durch intensive Studien herausgefunden.

Vornehmlich bei älteren Sportlern besteht wegen der sich verkürzenden Durchblutungszeit in der Diastole (Erschlaffungsphase des Herzmuskels) die Gefahr einer unzureichenden Sauerstoffversorgung im **Herzmuskel**. Die Herzmuskeldurchblutung ist bei normal weiten

Herzkranzgefäßen auch bei einem Maximalpuls noch ausreichend, sodass keine Herzinfarktgefahr besteht. Liegen jedoch bei älteren Sportlern Risikofaktoren wie Herzinfarktvorkommen in der Familie, hohe Cholesterinwerte, hoher Blutdruck, Zuckerkrankheit usw. vor, so könnten die Herzkranzgefäße Verengungen aufweisen. Diese können dann eine unzureichende Sauerstoffversorgung bewirken. Moderates Tempo mit mäßiger Herzfrequenzerhöhung führt dabei im Gegensatz zu hohen Pulsfrequenzen bei hohem Tempo noch zu keiner Durchblutungsstörung.

Älteren Triathleten oder Einsteigern mit Risikofaktoren ist daher zu empfehlen, den Maximalpuls unter ärztlicher Kontrolle bei einem Belastungs-EKG auf einem Fahrradergometer oder einem Laufband zu bestimmen. Ergeben sich hierbei keinerlei Probleme, dann ist es auch nicht tragisch, wenn im Wettbewerb oder Training der wünschenswerte Puls überschritten wird. Trainingsmethodisch ist dies sogar gelegentlich wünschenswert, um seine Leistungsgrenzen zu verbessern (Kleinmann, 2002).

3.2.2 DIE LAKTATWERTE

Bei hohen und sehr hohen (anaeroben) Belastungen bildet sich aus dem unzureichenden Abbau von Glukose im Muskel Milchsäure. Das Salz dieser Milchsäure wird als **Laktat** bezeichnet. Bei zu großer Anhäufung führt dies zur Übersäuerung, welche die sportliche Leistung stark beeinträchtigt.

Die im Blut befindliche Laktatkonzentration ist das Resultat aus Laktatbildung und -abbau. Wer diese Größe kennt, ist in der Lage, sein Training und seine Wettbewerbe exakter zu planen. Für Triathleten und andere Ausdauersportarten ist die Bildung des Laktats unerwünscht, da es die Muskelarbeit behindert und damit auch die sportliche Leistung beeinträchtigt. Jeder von uns kennt das Gefühl von „dicken Beinen", vom „Sauerwerden" bei einer intensiven Belastung. Die Laktatanhäufung führt zu einem Leistungseinbruch und zu einer völligen Erschöpfung der Muskulatur. Je besser ein Athlet trainiert ist, desto besser funktioniert die Sauerstoffversorgung der Muskulatur und der Abtransport von Laktat bei niedrigen und mittleren Belastungen.

Steady State

Ein Zustand des Gleichgewichts zwischen der Energiegewinnung und dem Energieverbrauch bezeichnet man als **Steady State**. Die Energiegewinnung erfolgt hierbei nur im aeroben Bereich. Der Laktatwert bleibt dabei konstant, also halten sich Laktatproduktion und -abbau die Waage. Dies ist etwa bis zu einer gemessenen Laktatkonzentration von bis zu 3 oder 4 mmol/l möglich. Mit entscheidend hierbei ist auch der Trainingszustand. Bei gut trainierten Athleten liegt dieser Wert höher als bei weniger gut Trainierten.

Aerobe Belastung

Aerob, vereinfacht **mit Sauerstoff**, bedeutet, dass die Muskulatur des Körpers ausreichend mit Sauerstoff versorgt wird.

Bei dieser körperlichen Belastung reicht der von der Lunge aufgenommene und über das Blut in die Muskeln abgegebene Sauerstoff aus, um aus Zucker (Kohlenhydraten) und Fetten die benötigte Muskelenergie bereitzustellen. Diese Stoffwechselprozesse, zwischen Fett- und aerobem Kohlenhydratstoffwechsel, verlaufen nicht strikt getrennt, sondern gleichzeitig nebeneinander. Dieser Belastungsbereich ist insbesondere für das Grundlagentraining wichtig und sollte mindestens einen Anteil von 80 % des Trainings der Master ausmachen. Die restlichen 20 % können dann im aerob/anaeroben Übergangsbereich trainiert werden und führen so zu einer Leistungsverbesserung.

Bei der aeroben Belastung, die mit niedrigen Laktatwerten gekoppelt ist, überwiegt der Fettstoffwechsel. Da wir in unserem Körper große Fettdepots besitzen, ist bei niedrigen Laktatwerten eine lange Ausdauerbelastung möglich.

Die obere Grenze dieser Form des Sauerstoffverbrauchs wird auch als maximales Steady State bezeichnet.

Für den aeroben Belastungsbereich beim Laufen gelten allgemein folgende Regeln:

- Laufen Sie so, dass Sie sich jederzeit unterhalten können.
- Der Pulswert sollte nicht über 80-85 % der maximalen Herzfrequenz ansteigen.
- Das Lauftempo sollte nach Steffny (2000) langsamer sein, als die aktuelle 1.000-m-Bestzeit x 1,25.
  Z. B. 1.000-m-Bestzeit 3:40 min, 3:40 min = 220 s x 1,25 = 275 s = 4:35 min.
  Das Lauftempo sollte also langsamer als 4:35 min gestaltet werden.

Anaerobe Belastung

Hierbei reicht der aufgenommene Sauerstoff nicht aus, um im Muskel die vorhandenen Kohlenhydrate und Fette bis in die Endprodukte aufzuspalten. Laktat bleibt als Rückstand übrig. Um auf das Beispiel vom Laufen zurückzukommen, die anaerobe Schwelle liegt grob bei 85 % der maximalen Herzfrequenz oder bei einem Lauftempo von 1,25 x der derzeitigen 1.000-m-Bestzeit, bei dem zuvor gewählten Beispiel also bei einem Lauftempo von etwa 4:35 min pro Kilometer.

Jenseits der **anaerobe Schwelle** steigt die körperliche Belastung sprunghaft an, dies spüren wir durch den starken Anstieg der Milchsäurekonzentration im Blut (Laktat). Im Training oder Wettbewerb macht sich dieser Zustand durch „dicke Beine" bemerkbar.

Unterhalb dieser Schwelle steht der Muskulatur gerade noch ausreichend Sauerstoff zur Verfügung, sodass keine Milchsäure angehäuft wird.

Leider wird heute in der Leistungsdiagnostik mit zwei unterschiedlichen Größen gearbeitet. Einige Institute arbeiten mit dem festen Wert von 4 mmol/l, andere arbeiten mit der sogenannten „individuellen anaeroben Schwelle (IAS)".

Da dieses Problem wissenschaftlich noch nicht eindeutig geklärt ist, möchte ich beide Größen hier ansprechen, um Sie auf die Problematik aufmerksam zu machen.

Die IAS ergibt sich nach Neumann & Hottenrott (2002) aus dem Krümmungsverhalten der ansteigenden Laktatkonzentration. Die bestimmte Kurvenkrümmung kann zwischen einem Laktatwert von 2-4 mmol/l im Mittel liegen.

Ein vereinfachtes Verfahren sieht wie folgt aus: Der niedrigste Punkt der Laktatkurve stellt die individuelle aerobe Schwelle dar. Zu diesem Wert werden 1,5 mmol/l Laktat hinzugerechnet, um die aerob/anaerobe Schwelle (IAS) zu erhalten.

Erfahrene Läufer können das Lauftempo an der anaeroben Schwelle „erfühlen", indem sie ihre Atmung so eben noch konstant halten können und sich ihre Muskulatur noch nicht durch „dicke oder schwere" Beine bemerkbar macht. Der dazugehörige Pulswert ist dann eben der Pulswert an der anae-roben Schwelle. Wem dieser Eigentest gelingt, kann sehr schnell und häufig seine Schwelle überprüfen. Diese ist nicht für immer an ein bestimmtes Lauftempo gebunden, da sie sich durch ein sinnvolles Training – welches alle Intensitätsbereiche enthält – verbessern lässt. Tritt diese Schwelle erst bei höheren Laufgeschwindigkeiten auf, sind Sie leistungsfähiger, als wenn diese Schwelle bereits bei einer geringeren Laufgeschwindigkeit auftritt.

Der Eigentest kann wie folgt aussehen: Laufen Sie sich ein, dann 3 x 2.000 m in Ihrem Schwellentempo, also knapp unterhalb der anaeroben Schwelle, dann laufen Sie sich wieder aus.

3.2.2.1 WIE SIEHT EINE LEISTUNGSDIAGNOSTISCHE UNTERSUCHUNG AUS?

Bei den gängigen Tests, die, je nach Leistung, ab ca. e 100,- durchgeführt werden, handelt es sich um sogenannte **Stufen-** oder **Schwellentests**. Diese beginnen stets mit einer geringen Belastung, die in konstanten Intervallen um einen festgelegten Wert gesteigert wird. Hierbei gibt es jedoch beträchtliche Unterschiede, die die Vergleichbarkeit der ermittelten Daten sehr erschweren, z. B. gibt es beim Laufbahntest Intervalle von 2.000 m, aber auch 4.000 m, beim Ergometertest Intervalle von drei Minuten, aber auch von fünf Minuten.

Beim Stufentest auf der **Laufbahn** werden jeweils 2.000 m (= fünf Runden entsprechen hierbei einer Stufe), beginnend mit einem sehr lockeren Tempo, gelaufen. Die Pulswerte werden gleichzeitig aufgezeichnet, außerdem am Schluss der Belastungsstufe die Laktatkonzentration im Blut gemessen. Hierfür wird ein Tropfen Blut aus dem Ohrläppchen entnommen. Nach dieser wenige Sekunden dauernden Unterbrechung wird der Lauftest mit einer um ca. 2 km/h höheren Geschwindigkeit fortgesetzt. Um die gleichmäßige Lauf-geschwindigkeit zu gewährleisten, ertönt nach jeweils 100 m auf der Bahn ein Signalton oder der Läufer richtet sich möglichst exakt nach vorgegebenen 100-m-Abschnittszeiten. Der Stufentest ist beendet, wenn die Geschwindigkeit nicht mehr gehalten werden kann.

Beim Stufentest auf dem **Laufband** verläuft die gesamte Untersuchung kontinuierlicher als auf der Laufbahn, da der Tropfen Blut für die Laktatbestimmung während des Laufens entnommen werden kann. Um hierbei die äußerlichen Bedingungen zu berücksichtigen, wird beim Laufband mit einer Steigung des Laufbandes von 1 % getestet. Die unterschiedlich gehandhabten Stufenzeiten von drei bzw. fünf Minuten führen bei der Interpretation der Ergebnisse zu einigen Unklarheiten. Hierzu Weiteres in Kap. 3.2.4 „Schlüsse für die Trainingspraxis".

Beim Stufentest auf dem **Radergometer** sieht der Versuch generell ähnlich aus. Alle drei bzw. fünf Minuten wird die Wattleistung um 50 Watt automatisch hochgeregelt.

Auch hier werden nach jeder Leistungsstufe sowohl die Pulswerte festgehalten als auch die Laktatkonzentrationen bestimmt.

Da die gemessenen Laktatkonzentrationen natürlichen Schwankungen unterliegen, – hierauf hat der Glykogenspeicher einen besonderen Einfluss – sollten folgende Punkte vor einer leistungsdiagnostischen Untersuchung beachtet werden:

- Nur in einem völlig gesunden Zustand den Test ablegen.
- In den letzten zwei Tagen nur noch ruhig trainieren, also weder eine lange Ausdauerbelastung noch eine intensive Trainingseinheit absolvieren. Möglichst einen Ruhetag vor dem Test einlegen.
- Den Test als „kleinen Wettbewerb" betrachten und daher Ess- und Trinkgewohnheiten wie üblich handhaben.
- Auf reguläre äußere Bedingungen achten, also nicht bei Sturm oder Schnee einen Laufbahntest durchführen.

3.2.2.2 IST DIE LEISTUNGSDIAGNOSTIK FÜR MASTER NUN EINE VORAUSSETZUNG FÜR DIE TRAININGSSTEUERUNG ODER IST SIE EINFACH DERZEIT MODERN, EIN LUXUS?

Um es vorwegzunehmen, leistungsdiagnostische Untersuchungen sind kein „Muss" für Master, die Spaß an ihrem Sport haben, aber auch ihre individuellen Leistungsgrenzen ausloten möchten. Sie bieten jedoch eine Chance, den Körper besser kennen zu lernen, um daraus wichtige Schlüsse für das Training zu ziehen. Leistungsdiagnostische Untersuchungen sollen helfen, die Trainingsbelastungen so zu setzen, dass angemessene Leistungssteigerungen möglich sind.

Die Puls- und Laktatwerte spiegeln die Wirksamkeit des Trainings wider. Um Veränderungen des Trainingszustands, hoffentlich Verbesserungen, – leider sind es häufig auf Grund des falschen Trainings Verschlechterungen – ermitteln zu können, sollten zwischen den Tests mindestens zwei Monate liegen. Bei fortgeschrittenen Athleten sind die Veränderungen meistens gering, während sich bei Einsteigern häufig starke Leistungsverbesserungen feststellen lassen. Erkennbar sind diese Fakten anhand geringerer Pulswerte und Laktatkonzentrationen in den einzelnen Belastungsstufen.

Für den ambitionierten Master sollte eine solche Untersuchung 1 x pro Jahr ausreichend sein, falls nicht gesundheitliche Probleme einen früheren Check erforderlich machen.

Vorteile einer laktatgestützten Leistungsdiagnostik, kurz zusammengefasst:

- Feststellung der maximalen Leistungsfähigkeit.
- Bestimmung der Zusammenhänge von Herzfrequenz und Geschwindigkeit bzw. von Laktatkonzentration und Geschwindigkeit.
- Schlussfolgerungen für die unterschiedlichen Trainingsbereiche (Pulsbereiche).
- Wettbewerbsprognosen (z. B. 10-km-Lauf, Halbmarathon, Marathon).
- Leistungsentwicklung bzw. Leistungsabbau.
- Tests in dichter Folge lassen auch massive Trainingsfehler erkennen.
- Laufband-, Laufbahn- oder Fahrradergometertest möglich.

Mögliche Nachteile einer laktatgestützten Leistungsdiagnostik:

- Stures Festhalten an vorgegebenen Pulswerten.
- Ausschaltung des Trainingsgefühls.
- Interpretation und Vergleiche von Laktatmessungen sind oft schwierig, da unterschiedliche Institute mit verschiedenen Schwellenberechnungen arbeiten. Grund hierfür ist die wissenschaftlich noch nicht geklärte Diskussion um die verschiedenen Schwellenwerte.
- Beträchtliche Kosten bei ausführlichen Untersuchungen.

Anhand meiner Leistungskurven möchte ich die Problematik ein wenig verdeutlichen.

Laufbandtest an der UNI in Münster

Geschwindigkeitsstufen: 8, 10, 12, 14, 16, 18 km/h.
Stufendauer: Je drei Minuten.

Blutabnahme für die Laktatbestimmung jeweils nach drei Minuten.
Die gemessenen Werte wurden im nachfolgenden Diagramm dargestellt:

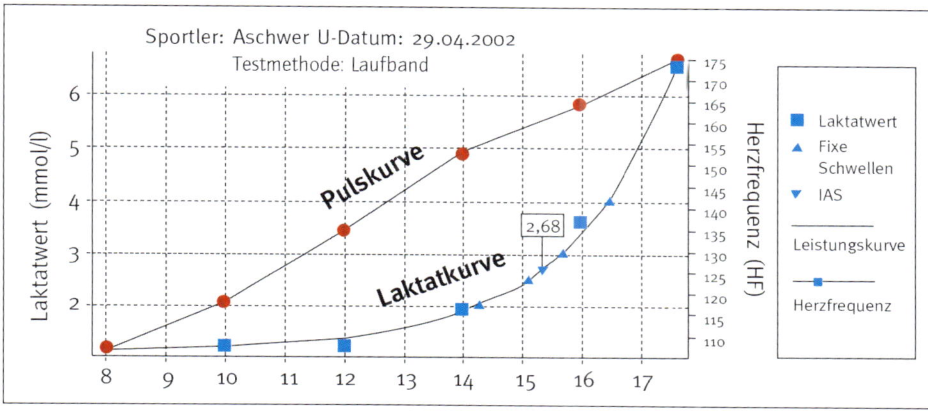

Abb. 1: IAS-Schwelle im Laufbandtest

Das dargestellte Leistungsdiagramm ist wie folgt zu interpretieren:

- Auf der waagerechten Achse ist die Laufgeschwindigkeit beim Laufbandtest dargestellt.
- Die linke senkrechte Achse zeigt die Laktatwerte an.
- Die rechte senkrechte Achse gibt die Herzfrequenz pro Minute an.
- Die Beziehung zwischen der Laufgeschwindigkeit und der Herzfrequenz wird durch die obere Kurve dargestellt.
- Die Beziehung zwischen der Laufgeschwindigkeit und den Laktatwerten zeigt die untere Kurve an.
- Diese untere Kurve weist bei einer Laufgeschwindigkeit von 8 km/h Laktatwerte von ca. 1,18 mmol/l auf, gleichzeitig zeigt die obere Kurve den dazugehörigen Pulswert von 107 an.
- 2 mmol/l werden bei einer Laufgeschwindigkeit von 14,2 km/h erreicht, dazugehöriger Pulswert 154.
- 4 mmol/l werden bei einer Laufgeschwindigkeit von 16,4 km/h und einem Pulswert von 167 erreicht.
- Die IAS ist bei 2,68 mmol/l markiert. Sie ergab sich aus 1,18 mmol/l (Laktatkonzentration bei 8 km/h) + 1,5 mmol/l = 2,68 mmol/l.

3.2.2.3 WAS SAGEN NUN DIE GEMESSENEN DATEN (LAKTATLEISTUNGSKURVEN) AUS?

Mit steigender Belastung steigt der Laktatwert an. Die Kurve verläuft im ersten Bereich nur schwach steigend oder gar waagerecht. Laktatwerte von 0,5 und 1,0 entsprechen der normalen Bewegung im Alltag.

Bis zur 2 mmol/l Laktatkonzentration bewegt sich der Sportler sicher im aeroben Stoffwechsel. Zu den aerob/anaeroben Belastungen zählen Laktatkonzentrationen von 3-7 mmol/l, über 7 mmol/l beginnt die überwiegend anaerobe Stoffwechselbelastung, so die neuesten Daten nach Neumann & Hottenrott (2002).

Für die Interpretation der Laktatkurve gilt vereinfacht Folgendes:

- Je später der deutliche Laktatanstieg zu verzeichnen ist, desto besser ist die Ausdauerfähigkeit des Athleten.
- Verbesserungen im so wichtigen Grundlagenausdauerbereich zeigen sich durch eine Verschiebung der Laktatkurve nach rechts. Dies wird deutlich, wenn man die Punkte aus einem zweiten Laktattest in die erste Kurve des ersten Tests überträgt.

Ein Datenvergleich zwischen verschiedenen Untersuchungsinstituten erweist sich als sehr schwierig, da jeweils der Versuchsaufbau, die Belastungsdauer und die Schwellenkriterien zu berücksichtigen sind. Neumann & Hottenrott (2002) weisen nun auf folgende Problematik hin:

Bei den kurzzeitigen Stufen oder kurzen Streckenlängen (3-5 min oder 1-2 km) im Laufbandtest wird das aerobe Leistungsniveau im Vergleich zur längeren Stufendauer überschätzt. Die kurzen Belastungen führen zu keiner Steady-State-Stoffwechselregulation und täuschen durch den verzögerten Laktatanfall einen besseren Leistungszustand vor. Die Laktatgeschwindigkeitskurve wird dadurch mehr nach rechts verschoben, als es der tatsächlichen Leistungsfähigkeit entspricht. Bleibt dies unberücksichtigt, so wird ein zu schnelles Lauftempo im Grundlagenausdauerbereich vorgegeben. Demzufolge muss bei den kürzeren Stufentests mit einem Korrekturfaktor gearbeitet werden.

Bei Belastungsstufen ab 2 km oder 6-10 Minuten Stufendauer kann es erst zu einem Gleichgewichtszustand zwischen Laktatbildung und -abbau auf den einzelnen Belastungsstufen kommen, so die neuesten Forschungsergebnisse.

Genau diesen Eindruck habe ich nach Durchsicht mehrerer Laktatleistungsstufentests gewonnen, die jeweils nur mit einer Belastungsdauer von drei Minuten je Stufe durchgeführt worden sind.

3.2.2.4 LAKTATLEISTUNGSTEST

Abhängigkeit von Laktat- und Pulswerten beim Laufbandtest

A) **Testart: Laufband** mit 1 % Steigung.
Ergebnisse einer Laufbandanalyse unter folgenden Bedingungen: Steigerung der Laufgeschwindigkeit, beginnend mit 8 km/h, jeweils um 2 km/h.

Belastungsdauer je Stufe: Drei Minuten.

Die wichtigsten Ergebnisse:

Die Untersuchungen wurden im gleichen Institut und unter gleichen Bedingungen durchgeführt:

Tab. 2: Laufbandtest

Laktat mmol/l	Hermann 55 Jahre Pulswerte	Hermann % vom max. Puls (175)	Detlef 47 Jahre Pulswerte	Detlef % vom max. Puls (160)	Martin 40 Jahre Pulswerte	Martin % vom max. Puls (170)	Anmerkungen
1,2	135	77 %					
2,0	154	88 % bei 14,27 km/h	140	87,5 % bei 13,5 km/h	150	88,2 % bei 14,00 km/h	Real. Marathontempo (MT)
2,5	159	90,9 % bei 15,11 km/h	147	91,9 % bei 14,06 km/h	155,5	91,5 % bei 14,72 km/h	Real. Marathontempo (MT)
3,0	162	92,6 %	150	93,1 %	160	94,1 %	HMT Halbmarathon
4,0	167	95,4 %	152	95,0 %	165,5	97,0 %	10-km-Tempo
IAS	160 (2,68 Laktat)	91,4 %					
Maximales Laktat	6,57		7,51		6,42		
Laktat 3 min nach Belastung	8,12		7,21		6,31		
Maximale Laufleistung	18 km/h 2,5 min		18 km/h 1 min		18 km/h 2 min		
Maximale Laufpuls	175		160		170		

Beim Laufen deutet Hermann die höchste Laufgeschwindigkeit an. Dies zeigt sich sowohl bei der 2,0- und 2,5-mmol/l-Laktatgrenze als auch bei der maximalen Laufbelastung.

Die Uni Münster empfiehlt allgemein:

- Grundlagenausdauerorientiertes Training sollte im Bereich von 2 mmol/l Laktat über mindestens 30-40 Minuten liegen.
- Training im intensiven Ausdauerbereich bei 3 mmol/l Laktat.
- Mögliche Marathonzeit bei einer Laktatkonzentration von 2,5 mmol/l.

Die Empfehlung der Uni Münster in Bezug auf eine mögliche Marathonzeit – bei einer Laktatkonzentration von 2,5 mmol/l – empfinde ich als sehr hoch. Alle drei Triathleten, Hermann, Martin und Detlef, waren im Untersuchungszeitraum zwar sehr gut im Grundlagenausdauerbereich trainiert, die bei den Laktatwerten von 2,5 mmol/l erzielten Ergebnisse des Laufbandtests hätte zu diesem Zeitpunkt woh' keiner der drei Athleten bei einem Marathonlauf umsetzen können. Mit einer Pulsrate von mehr als 90 % des Maximalpulses bei einem Marathonlauf anzugehen, sehe ich als sehr risikohaltig an, zumal es sich um nicht mehr ganz junge Athleten handelt.

Dass die kurze Belastungszeit von drei Minuten zu keiner Steady-State-Stoffwechselregulation geführt hat, wird durch einen verzögerten Laktatanfall beim Athlet Hermann sichtbar. Der deutlich höchste Laktatwert (8,12) trat nicht bei der maximalen Belastung (6,57) auf, sondern erst in der Entlastungsphase nach drei Minuten.

Als realistisches Marathontempo (real. MT) bewerte ich die etwa 88 % vom Maximalpuls, die bei der Untersuchung im Bereich von 2,0 mmol/l Laktat aufgetreten sind.

Tab. 3: Radergometer

Abhängigkeit von Laktat- und Pulswerten beim Radergometertest

Interessante Aufschlüsse und Vergleiche zu den Ergebnissen auf dem Laufband zeigen die Resultate auf dem Radergometer.

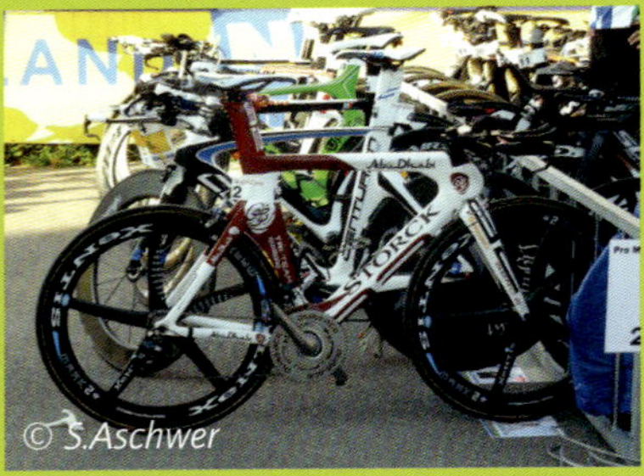
© S.Aschwer

B) **Testart: Radergometertest**
Steigerung der Leistung um 50 Watt, beginnend mit 50 Watt.
Belastungsdauer je Stufe: Drei Minuten.

Laktat	Hermann 55 Jahre Radpuls max. 170	Hermann % vom max. Puls	Martin 40 Jahre Radpuls max. 170	Martin % vom max. Puls	Anmerkun-gen Pulsdiffe-renzen gegenüber dem Laufbandtest bei gleicher Laktatkonzentration
2,0	139	81,8	140	82,3	Hermann -15 Martin -10
2,5	145,5	85,6	148,5	87,3	Hermann -13 Martin -7
3,0	151	88,2	154	90,6	Hermann -11 Martin -6
4,0	157	92,4	161	94,7	Hermann -10 Martin -4
Max.Laktat Max. Puls	9,02 170		8,85 170		Hermann -5 Martin -+0
Laktat 3 min nach Belas-tung	8,67		8,59		
Maximale Leistung	400 Watt 1,2 min		400 Watt 1,2 min		

Obwohl die beiden Athleten einen Altersunterschied von 15 Jahren aufweisen, zeigen sie auf dem Rad ähnliche Leistungsdaten. Die 2,5-, 3- und 4-mmol/l -Grenze erreicht Martin erst bei etwas höherer Ausbelastung und deutet damit auf dem Rad eine etwas höhere Leistungsfähigkeit an.

Also, wichtig ist nicht nur eine Kontinuität der Trainingsarbeit, sondern die Kontinuität der leistungsdiagnostischen Untersuchungen.

3.2.3 MAXIMALE SAUERSTOFFAUFNAHME

Diese wird mit dem Kürzel **VO_2 max** bezeichnet. Es ist die Sauerstoffmenge in Milliliter, die der Körper, bezogen auf ein Kilogramm Körpergewicht, verarbeiten kann. Hohe VO_2 max-Werte zeigen, dass der Körper große Sauerstoffmengen im Blut aufnehmen, transportieren und verarbeiten kann. Sie sind ein Maß für die Leistungsfähigkeit der Athleten auf den langen Distanzen.

Die maximale Sauerstoffaufnahme bei Läufern wird auf dem Laufband gemessen, bei Radfahrern auf dem Ergometer. Damit wird die aktuelle maximale Leistungsfähigkeit eines Athleten bestimmt. Verglichen mit den Werten der Spitzenathleten, kann die Leistungsfähigkeit der Freizeitsportler eingeordnet werden. Absolute Weltspitzenathleten (Männer) aus dem Ausdauerbereich (Triathlon, Langlauf, Skilanglauf, Radfahrer, Ruderer) weisen hier Werte von 80-85 ml/kg x min auf, Frauen 70-75 ml/kg x min.

Die Feststellung der maximalen Sauerstoffaufnahme ist ein relativ aufwän-diges Verfahren. Bei meinen leistungsdiagnostischen Tests am sportmedizinischen Institut der Universität Münster wurde der VO_2-Wert nach dem Radergometertest mithilfe folgender Formel berechnet:

VO_2 max = (maximale Leistung in Watt x 12 + 350)/Körpergewicht

z. B.: (400 x 12 + 350)/79 = 65 ml/min x kg

Als normaler Wert für einen Mann gilt: 42 ± 3 ml/min x kg

für Frauen: 36 ml/min x kg

25-30-jährige Sportler haben einen Wert von 60 aufzuweisen. Pro weiteres Lebensjahr muss man 1 ml/min x kg subtrahieren.

3.2.4 SCHLÜSSE FÜR DIE TRAININGSPRAXIS

Trotz aller Differenzen bei den Tests können diese eine Reihe von Anhaltswerten für das Training und den Wettbewerb geben.

Für kurze, intensive sportliche Belastungen beim Schwimmen, Radfahren oder Laufen, wie sie überwiegend auf den Sprint- und zeitweise auf der Kurztriathlonstrecke abgerufen werden, ist eine hohe Laktatbildungsfähigkeit von großem Nutzen. Für Marathonläufe, Mitteldistanzen und Langdistanzen beim Triathlon bietet dagegen eine niedrige Laktatbildungsfähigkeit Vorteile, da für den erforderlichen Fettstoffwechsel hohe Laktatwerte ein Hemmnis darstellen.

Wer also gerne nach dem Schwimmstart wie eine Rakete losstürmen möchte, wer jede Radattacke am Berg mitgeht oder wer auf der Laufstrecke noch spurten möchte, dem kommt eine große Laktattoleranz zugute. Wer jedoch mit konstanter Geschwindigkeit seinen Wettbewerb absolvieren möchte, der kommt mit einem konstant niedrigen Laktatspiegel bestens über die Runden.

Einen besonders hohen Stellenwert für Master nimmt das Grundlagenausdauertraining ein. Dies ist insbesondere auf den Mittel- und Langtriathlonstrecken von größter Wichtigkeit. Dieses betont lockere Ausdauertraining sollte, je nach Zeitpunkt in der Saison, zwischen 80 und 90 % ausmachen. Hierbei liegt der Laktatspiegel unter der Grenze von 2,0 mmol/l, also im aeroben Bereich. Dieses Training bildet das Fundament, die Basis für vereinzelte intensive Trainingseinheiten.

Maßgebend für die Beurteilung der Ausdauerleistungsfähigkeit ist die erbrachte Lauf- bzw. Radleistung bei den Laktatkonzentrationen von 2 mmol/l und 4 mmol/l bzw. der individuellen anaeroben Schwelle (IAS).

Die Laktatkonzentration von 4 mmol/l kennzeichnet den kritischen, den obers-ten Bereich des aeroben Energiestoffwechsels. Nur über einen Zeitraum von 30-60 Minuten kann eine Leistung bei 4 mmol/l noch aerob gehalten werden. Danach erfolgt eine verstärkte anaerobe Energiebereitstellung, die im Weiteren zu einer vermehrten Laktatanhäufung mit einer drastischen Leistungsminderung führt.

Ein Gleichgewicht zwischen der Bildung und dem Abbau des Laktats (Steady State) stellt sich zwischen 2 und 3 mmol/l Laktat auch bei langen bis sehr langen Belastungen ein. Daher sind Langzeitbelastungen, z. B. der Marathonlauf, nur in diesem Bereich ohne Leistungseinbrüche möglich.

Für die Trainingspraxis bedeutet das:

- Ausdauertraining im Fettstoffwechsel sollte unter 2 mmol/l Laktat erfolgen.
- Ein 10-km-Laufwettbewerb ist im Bereich von 4 mmol/l Laktat möglich.
- Ein Halbmarathonlauf sollte im aerob/anaeroben Übergangsbereich von 2,5-3 mmol/l möglich sein.
- Marathonlauf mit einer Laktatkonzentration von 2,0-2,5 mmol/l, teilweise im Bereich der IAS. Bei einer Belastungsstufendauer von nur drei Minuten beim Laktattest ist m. E. eher der Wert 2,0 mmol/l zutreffend.
- Ein sinnvoller Wechsel der Trainingsintensitäten führt zu einer Leistungssteigerung, monotones Training dagegen zu einer Stagnation.

Mithilfe von Laktatmess- und Pulsgeräten ist es möglich, sowohl die Trainingsbereiche festzulegen als auch die durchgeführten Trainingsintensitäten zu kontrollieren. Dabei können allgemein etwa folgende Zusammenhänge zwischen dem Maximalpuls beim Laufen und den entsprechenden Laktatwerten nach Diem (2001) angenommen werden

Tab. 4. Zusammenhänge zwischen Laktatwerten und dem Maximalpuls beim Laufen

Prozent des Maximalpulses beim Laufen	Laktatwert in mmol/l	Trainingsform
	Ca. 1,0	Normale Bewegung im Alltag
60-70 %	< 1,50	Aerobes Regenerationstraining
70-80 %	1,5-3,0	Aerobes Ausdauertraining (Grundlagenausdauertraining)
80-90 %	3,0-5,0	Aerob-/anaerober Übergangsbereich
90-100 %	> 5	Anaerobes Intervalltraining

Erwarten Sie nicht automatisch den Schlüssel zum großen Erfolg durch eine leistungsdiagnostische Untersuchung.

- Nach wie vor wird für die Umsetzung ein kritischer und mündiger Athlet erwartet.
- Wettbewerbsergebnisse sind den Labor- oder Feldstufentests in der leistungsdiagnostischen Aussagekraft überlegen.
- Das Gefühl bei der sportlichen Betätigung sollte nicht außer Acht gelassen werden.
- Bei vergleichenden Analysen die jeweiligen Vorgaben (Versuchsaufbau, Belastungsdauer, Belastungsstufen) unbedingt mit berücksichtigen.
- Die Ergebnisse der Fahrradergometrie können nicht auf das Laufen übertragen werden, da beim Radfahren die Leistung in Watt, beim Laufen dagegen die Geschwindigkeit gemessen wird.

3.3 TRAININGSSTEUERUNG

Heute weiß man, dass für bestimmte Anpassungsprozesse ganz bestimmte Belastungsreize gesetzt werden müssen. Diese müssen auf der einen Seite eine bestimmte Mindestintensität überschreiten, um überhaupt zu positiven Anpassungen zu führen, auf der anderen Seite dürfen bestimmte Grenzen jedoch nicht überschritten werden, weil somit langfristig eher Schäden die Folge sein können. Die jeweils individuell günstigste Belastungsintensität hängt von mehreren Faktoren ab. Dazu gehören z. B. der Trainingszustand, das Alter, der Trainingszeitraum, die Sportart und das angestrebte Ziel.

Für den rein gesundheitlichen Bereich reicht sicherlich ein Training im Grundlagenausdauerbereich, für leistungsorientierte Sportler ist dagegen ein Training in nahezu allen Belastungsbereichen erforderlich. Ein monotones Training bewirkt keine neuen Reize und hat daher eine Leistungsstagnation zur Folge. Ein zu intensives Training führt bereits mittelfristig – insbesondere für Master – zu einem Übertrainingszustand und damit ebenfalls zu einer Stagnation.

Allerdings sollten wir uns bei aller Mühe um eine exakte Trainingssteuerung nicht zu einem Knecht von Pulsuhren, Laktatmessungen, aerob/anaerobem Training, Leistungsmessungen, Leistungsdiagnostiken u. a. machen lassen. Trotz aller Trainingssystematik, trotz aller Zielorientiertheit, sollten wir den Spaß an unserer faszinierenden Sportart nicht aus dem Auge verlieren. Nur die Freude, der Spaß an Training und Wettbewerb, lässt uns schließlich mittel- und langfristig zu erfolgreichen Sportlern werden. Ich glaube nicht, dass sich all unsere Aufwendungen, unsere Energien darin erschöpfen sollten, einmal ein tolles Ergebnis zu erzielen und dann ..., ja, und dann? Uns sang- und klanglos von unserer sportlichen Betätigung zu verabschieden? Gerade wir Master sollten uns permanent mittel- und langfristige Ziele setzen, um in den Genuss der bereits angesprochenen Vorzüge unseres Triathlons zu gelangen.

Wer die teilweise kostspieligen leistungsdiagnostischen Untersuchungen in einem Institut absolviert hat, der sollte auch auf eine entsprechende notwendige Beratung hinwirken.

Beim Marathonlauf liegt der optimale Laktatwert zwischen 2,0-2,5 mmol/l, aber auch die individuelle anaerobe Schwelle (IAS) kann erreicht werden. Der jeweilige Wert ist stark von den Bedingungen des Leistungstests abhängig. Diskutieren Sie diese Frage mit den Experten, die bei Ihnen die Leistungsdiagnostik durchgeführt haben.

Wer also mit einem Wert von 4 mmol/l anläuft, ist nach einer bestimmten Zeit einfach leer und läuft gegen die berüchtigte „Wand". Wer nur mit einem Wert von 1,5 mmol/l losläuft, kann seine Kohlenhydratvorräte nicht optimal nutzen und bleibt unter seinen Möglichkeiten.

Für die Steuerung des Trainings ist es also wichtig, seinen tatsächlichen maximalen Pulswert für das Laufen und das Radfahren zu kennen. Gesunde Master sollten sich nicht auf die grobe Formel 220 minus Lebensalter verlassen und nach den bereits beschriebenen Methoden zumindest 2 x jährlich ihre Werte überprüfen: einmal bietet es sich innerhalb des Vorbereitungszeitraums an und einmal zu Beginn des Wettbewerbszeitraums. Für mich sind das die Monate Februar/März und Juni/Juli.

Mithilfe dieser recht einfachen, selbst zu ermittelnden Werte lässt sich das Trainingsspektrum in sechs Bandbreiten oder Stufen unterteilen. Je nach Trainingszustand, Alter, Trainingszeitraum, nach den bevorstehenden Wettbewerben und Umfeldern sind jetzt die unterschiedlichen Intensitäten zu kombinieren. Nähere und konkrete Vorschläge finden wir in den Trainingsempfehlungen wieder vor.

Da nicht jeder Athlet umfangreiche und kostspielige leistungsdiagnostische Untersuchungen tätigt, aber jeder gesunde Master in der Lage ist, seinen maximalen Lauf- und Radpuls zu bestimmen, **werden sich alle nachfolgenden Prozentangaben eindeutig auf den maximalen Puls beziehen.**

Ein wichtiger Hinweis sei mir noch erlaubt: Vorsicht bei den Prozentzahlenangaben. Im Zusammenhang mit dem Training wird eine Vielzahl von unterschiedlichsten Prozentangaben gehandelt.

Nehmen wir als Beispiel die Größe 75 %.

Als einfach so dastehende Größe führt sie zu einer großen Verwirrung. Prozent bedeutet nichts anders als „von hundert". Wobei die Betonung auf „von" liegt. Demnach muss sich jede Prozentangabe eindeutig auf eine Basisgröße beziehen.

Als Bezugsgrößen können im Zusammenhang mit dem Training folgende Fälle auftreten:

- 75 % vom maximalen Puls.
- 75 % von der 4-mmol/l-Schwelle AS.
- 75 % von der individuellen anaeroben Schwelle IAS.
- 75 % von der Geschwindigkeit an der individuellen anaeroben Schwelle.
- 75 % von der Geschwindigkeit an der 4-mmol/l-Schwelle.
- 75 % von der maximalen Geschwindigkeit.

Hier ist also größte Vorsicht geboten. In jedem Fall kommt man zu völlig unterschiedlichen Ergebnissen.

Nachfolgend also alle Angaben in Prozent vom maximalen Rad- oder Laufpuls.

3.3.1 DIE SECHS PULSFREQUENZSTUFEN FÜR UNTERSCHIEDLICHE TRAININGSANSPRÜCHE

Tab. 5: Die sechs Pulsfrequenzstufen

Stufe	Beschreibung des Trainings	Lauftraining % vom max. Pulswert	Radtraining % vom max. Pulswert	Trainingsform	Lauftraining z. B. max. Puls 173	Radtraining z. B. max. Puls 168
1	Mühelos, erholsam Regeneration	60-70	55-65	Fettverbrennung Grundlagenausdauer	104-121	93-109
2	Ruhiges Training	70-75	65-70	Grundlagen ausdauer	121-130	109-118
3	Lockeres Training	75	70	Grundlagen ausdauer	130	118
4	Flottes Training	75-80	70-75	Ausdauertraining	130-138	118-126
5	Sehr flottes Training (zügig)	80-85	75-80	Schnelligkeitsausdauertraining	138-147	126-134
6	Hartes Training	85-90	80-85	Tempodauerlauf Tempofahrt	147-156	134-143

Aus den beiden rechten Spalten der Tabelle lässt sich eine einfache Merkregel ableiten:

> Bei gleicher Trainingsstufe ist der Pulswert beim Radfahren um 10 % niedriger als beim Laufen!

3.3.2 ERLÄUTERUNGEN DER SECHS PULSFREQUENZSTUFEN FÜR UNTERSCHIEDLICHE TRAININGSANSPRÜCHE

Wer mit dem Ausdauertraining beginnt, muss folglich in anderen Bereichen trainieren als die leistungsorientierten Athleten. Während für Anfänger die Stufen 1-2 von besonderer Wichtigkeit sind, stellen für die fortgeschrittenen und leistungsorientierten Master die Stufen 1-5 die Hauptanteile ihres Trainings dar.

Stufe 1

Der Fettverbrennungsbereich mit einem Puls von etwa 60-70 % des Maximalpulses

Bei dieser Belastung hat der Körper die Möglichkeit, als Hauptenergielieferant die Fette heranzuziehen. Dies ist dann der Fall, wenn die Belastungsdauer mindestens eine Stunde beträgt. Die Trainingsintensität ist nicht so hoch, dass das anfallende Laktat die Fettverbrennung behindert. Für leistungsorientierte Athleten verkörpert dieser Bereich das regenerative Training.

Stufen 2, 3 und 4

Der aerobe Bereich mit einem Puls von etwa 70-80 % des Maximalpulses

Dieser Bereich gilt im Training als derjenige, in dem Triathleten sich zeitlich am häufigsten bewegen. Er gilt als Standardtrainingsbereich. Das Training in diesem Bereich wird als „mittlere Belastung" oder schon als „Anstrengung" empfunden. Wenn Sie sich hinsichtlich Ihrer Leistung verbessern wollen, also schneller laufen, Rad fahren oder schwimmen wollen, ist dieser Bereich besonders wichtig. Die Energien für die Fortbewegung werden aus den Fetten und den Kohlenhydraten bereitgestellt. Je intensiver die Belastung, umso mehr Kohlenhydrate werden zur Energielieferung benötigt.

Stufen 5 und 6

Der anaerobe Bereich mit einem Puls von etwa 80-90 % des Maximalpulses

In diesem Bereich sollten Sie nur dann trainieren, wenn Sie Ihre anaerobe Kapazität verbessern möchten. Dies gilt für leistungsorientierte Athleten. Das Training in diesem Bereich wird als „hart" oder „sehr anstrengend" empfunden. Voraussetzung für diese Trainingsart ist eine sehr gut entwickelte aerobe Grundlagenausdauer und eine absolute Gesundheit. Auf die Einschränkungen für die reiferen Master-Jahrgänge habe ich bereits in Kap. 3.2.1" hingewiesen.

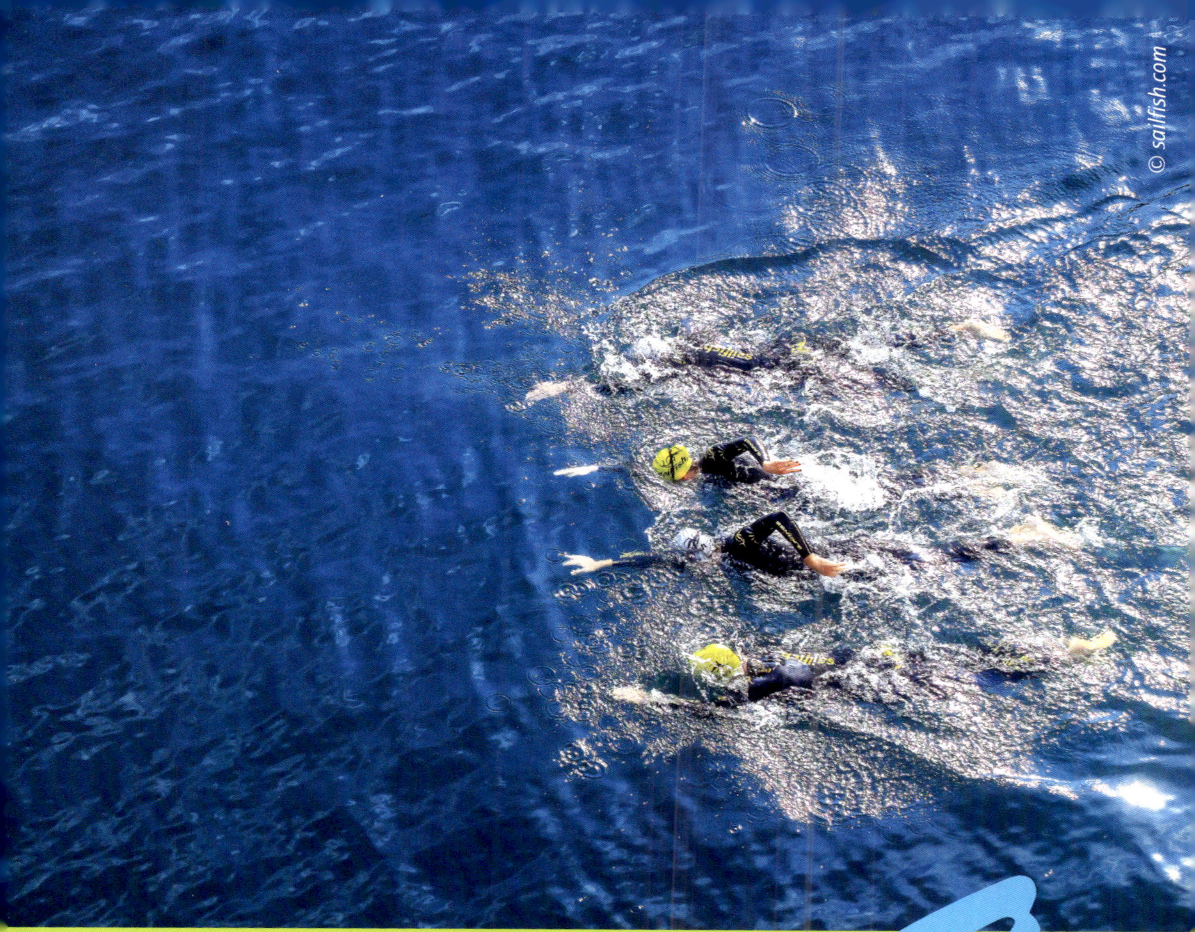

© sailfish.com

4

DAS TRAINING FÜR DIE MITTLEREN UND LANGEN TRIATHLONDISTANZEN

4 DAS TRAINING FÜR DIE MITTLEREN UND LANGEN TRIATHLONDISTANZEN

Bevor ein Athlet mit dem Training für die mittleren und langen Distanzen beginnt, sollte er sich die selbstkritische Frage stellen:

„Welche Voraussetzungen müssen erfüllt sein, um diese Distanzen, genauer gesagt, das Bewältigen dieser Distanzen, in die sportliche Zielplanung einzubeziehen?" Damit eng verbunden ist dann die Frage nach der Zielvorstellung zu beantworten.

Hier müssen wir schon grundsätzlich unterscheiden: Geht es um die Mitteldistanz oder beabsichtige ich, die größte Herausforderung, die Langdistanz, anzugehen?

Vorweg, es sind lohnende Ziele, wenn man mit der richtigen Einstellung da-rangeht und sein individuelles Umfeld mit in die realistischen Betrachtungen einbezieht. Luftschlösser bauen kann jeder und träumen von einem Sieg bei einem Mitteltriathlon, einem Sieg bei einem Langdistanz-Triathlon oder gar vom Sieg beim Ironman auf Hawaii, ist zwar nicht verboten, für die meisten von uns jedoch weit, weit weg. Kurz gesagt, unrealistisch. Beschäftigen wir uns lieber mit realistischen Bedingungen und bleiben mit beiden Füßen auf dem Boden.

Ach ja, der Sieg wäre doch so toll! Aber, ist der Sieg so entscheidend bei unserer sportlichen Betätigung?

Dazu habe ich mich bereits ausführlich geäußert. Immerhin können auch wir, jeder von uns, bei realistischer Einschätzung erfolgreich sein. Und zwar sind wir es dann, wenn man das Ziel erreicht, wenn man die selbst gestellte Herausforderung gemeistert hat, wenn man es gepackt hat, wenn man also gefinisht hat.

Dieser Erfolg winkt wirklich jedem, der realistisch an seine Aufgabe herangeht. Bei einem Teilnehmerfeld von 500 Startern kann nur einer den Gesamtsieg davontragen, also beträgt die Chance, als Gesamtsieger den Platz zu verlassen, in Prozentzahlen ausgedrückt, 0,2 %. Bei 1.800 Startern – wie beim Langdistanz-Wettbewerb üblich – beträgt die Siegchance genau 0,055 %.

Also, versuchen wir, realistisch zu bleiben und uns auf unseren eigenen Erfolg einzustellen.

4.1 WELCHE VORAUSSETZUNGEN SOLLTEN FÜR EINE MITTELDISTANZ ERFÜLLT SEIN?

Ganz bewusst spreche ich nicht von „müssen erfüllt sein", weil es hier doch unterschiedliche Ansichten gibt. Derjenige, der mit Gewalt einmal eine Mitteldistanz absolvieren möchte und danach nur noch seinen Enkelkindern von seinen „Großtaten" erzählen will, den möchte ich nicht unbedingt in meine Betrachtungen einbeziehen. Mir geht es vielmehr um eine solide Basis für eine Mittel- und später eine Langdistanz. Nicht mit Gewalt sollen diese langen Distanzen absolviert werden, sondern mit viel Spaß und einem wohltuenden Erfolgserlebnis. Nur unter diesen Umständen gelingt es uns, langfristig Freude an diesem Sport zu haben und all die vielen Vorzüge ausreichend genießen zu können.

Die gesundheitlichen Voraussetzungen habe ich bereits in Kap. 3.1 ausführlich erläutert.

Im Blut eines Triathleten liegt es, weitere Herausforderungen zu suchen und anzugehen. Für Athleten, die bislang die Kurzdistanz von 1.500 m Schwimmen, 40 km Radfahren und 10 km Laufen erfolgreich bestritten haben und den Traum Langdistanz verwirklichen wollen, stellt die Mitteldistanz einen Riesenschritt in Richtung Langdistanz dar.

Tab 6: Die Distanzen

beim Mitteltriathlon:	beim Ironman 70.3:
1,9-2,5 km Schwimmen	1,9 km Schwimmen
80-90 km Radfahren	90 km Radfahren
20-21,1 km Laufen	21 km Laufen

Diese wird ferner als **Halbdistanz** bezeichnet. Der Grund dafür ist recht einfach. Die Langdistanz (der Ironman), als das Maß aller Dinge im Triathlon, wird als die einfache Distanz bezeichnet, die Hälfte davon eben als **Halb- oder Mitteldistanz**, ein Viertel vom Ironman als **Vierteldistanz**. Diese letzte Bezeichnung trifft in etwa auf die **Kurzdistanz** oder **olympische Distanz** zu.

Beim Mitteltriathlon hat man es bereits mit drei ausgewachsenen Ausdauerdisziplinen zu tun, die alle ein regelmäßiges Training erfordern.

Für sportliche Einsteiger sind diese Distanzen ungeeignet, weil eben alle drei Ausdauersportarten eines bestimmten Trainingsstandards bedürfen, wenn man keine gesundheitlichen Risiken in Kauf nehmen möchte. Quereinsteigern aus anderen Ausdauersportarten kann der Übergang natürlich eher gelingen, da sie ja bereits eine beträchtliche Grundlage mitbringen. Am ehesten ist das noch bei den Marathonläufern und guten Radtouristikfahrern möglich, die muskulär gut gebaut sind und eine hohe Beweglichkeit aufweisen. Probleme beim Schwimmen können von diesen Sportlern oft durch starke Rad- und Laufleistungen überbrückt werden.

Auf dieser Mitteldistanz tummeln sich entweder Triathleten, die mittel- oder langfristig die Langdistanz-Strecke in Angriff nehmen wollen oder halt ausgewachsene Langdistanz-Athleten. Die Letzteren absolvieren diese 2,5/90/20 km gerne vier Wochen vor einer Langdistanz als letzte Generalprobe.

Gute Voraussetzungen für eine erfolgreiche Absolvierung von Mitteldistanzen:

1. Zweijähriges, regelmäßiges Ausdauertraining.
2. Teilnahme an einem Halbmarathonlauf.
3. Radfahrten von 80-100 km Länge.
4. Schwimmeinheiten von 2.000-3.000 m Länge.
5. Zweijährige Erfahrungen auf der Jedermann- und Kurztriathlonstrecke.

Präzise Angaben über die Anzahl der Wettkämpfe in einer Saison lassen sich nur sehr schwer machen, da Mitteldistanzen oft im Wechsel mit Kurz- oder Langdistanzen bestritten werden.

Anhaltspunkte für Triathleten, die nur Kurz- und Mitteldistanzen bestreiten:

- Master-Einsteiger: 2-4 Kurzdistanzen plus zwei Mitteldistanzen.
- Ambitionierte Master: 2-6 Kurz- und 2-3 Mitteldistanzen.

4.2 WELCHE VORAUSSETZUNGEN SOLLTEN FÜR EINE LANGDISTANZ ERFÜLLT SEIN?

Die magische Langdistanz umfasst die folgenden Einzelstrecken:

- 3,86 km Schwimmen,
- 180,2 km Radfahren,
- 42,195 km Laufen,

insgesamt also eine Streckenlänge von 226 km = 140.6 Meilen.

Im Hinterkopf eines jeden Triathleten schwebt ein Gedanke „Irgendwann einmal die Langdistanz zu packen und dann ...?" Ja, und dann den Traum vom echten Hawaii-Ironman als Ziel angehen und realisieren zu können. Diese enorm hohe sportliche Hürde ist jedoch nur für sehr gut ausdauertrainierte Master überwindbar.

Wer einige Kurz- und Mitteldistanzen geschafft hat und willens ist, die Langdistanz zu packen, der hat gute Voraussetzungen, auch hierbei erfolgreich zu sein. Nur, die Umsetzung ist nicht immer und in allen Bereichen einfach. Neben dem physischen Training ist die mentale Einstellung von eminent wichtiger Bedeutung.

Aber, wer glaubt, nur er hätte mental mit diesem Stier „Langdistanz" Probleme, der irrt gewaltig. Jeder, der diese Distanz bewältigen will, hat diese Probleme und Schwierigkeiten zuerst im mentalen Bereich.

Unvorbereitet kommt keiner über diese Distanz. Zum Glück ist dieses sportliche Abenteuer nicht käuflich zu erwerben. Diese Lorbeeren muss sich wirklich jeder für sich allein verdienen durch vernünftiges, ausgewogenes und ruhiges Ausdauertraining.

Gute Voraussetzungen für eine erfolgreiche Absolvierung von Langdistanzen sind:

1. Mehrjähriges, systematisches Triathlontraining.
2. Erfolgreiche Absolvierung einiger Mitteldistanzen.
3. Teilnahme an Marathonläufen.
4. Radtrainingsfahrten von 150 km Länge.
5. Schwimmeinheiten von 3-4 km Länge.

Wie sich jeder Athlet auf diese „magischen" 226 km oder 140.6 Meilen vorbereiten kann, das zeigen die nachfolgenden Buchseiten.

Vereinfachen kann sich jeder dieses Unterfangen dadurch, indem jeder für sich versucht, sein Trainingsprogramm so weit wie möglich in seinen Alltag zu integrieren. Also, das Schwimmen, Radfahren oder Laufen geschickt in den normalen Tagesablauf mit einzuplanen. Reichlich Vorschläge dazu gibt es später. Wem dies gelingt, der hat beste Voraussetzungen geschaffen, sein großes, lohnendes Ziel zu erreichen.

Zur Motivationssteigerung möchte ich einflechten, dass solch ein Triathlon über 226 km nie zur Routine wird. Nach meinen jetzt 36 Lang- und Ironman-Distanzen inklusive einem doppelten Ironman mit den unterschiedlichsten Erfahrungen werden auch die für die Zukunft geplanten weiteren Langdistanz-Wettbewerbe sicherlich nicht zur Routine. Keinen einzigen Langdistanz-Wettbewerb kann man im Vorfeld bereits als erledigt bezeichnen. Selbst ich werde mich vor solchen Torheiten hüten. Jeder einzelne Langdistanz-Wettbewerb wird zu einem neuerlichen sportlichen Abenteuer mit nicht vorherbestimmbarem Ablauf wer-den, dessen bin ich mir sicher. Genau darin liegt für mich ein großer sportlicher Reiz.

4.3 ZIELSETZUNG DER WETTBEWERBSZEITEN

Wer zum ersten Mal eine Mittel- oder Langdistanz bestreitet, wird sicherlich viele Gedanken um seine mögliche Endzeit kreisen lassen.

Hilfreich können zum einen Ergebnisse der Kurz- und Mitteldistanz sein, zum anderen aber auch Wettbewerbszeiten eines nahezu gleich starken Triathleten.

Aber, Vorsicht mit Vergleichen folgender Art: Triathlet X ist auf der Kurzstrecke so schnell wie ich, demzufolge muss ich auf der Langdistanz genauso schnell sein wie er. Ein guter „Sprinter" auf der Kurzdistanz ist noch lange kein guter „Steher" auf der langen Strecke.

Eine Langdistanz-Zeit von 12 oder 13 Stunden können viele Master bereits in ihrem ersten Wettbewerb dieser Art über die magischen 226 km erzielen. Voraussetzung dafür bildet ein systematisches Training und ein entsprechendes Umfeld. Um die 10-Stunden-Marke anzugehen, bedarf es im fortgeschrittenen Master-Bereich schon außergewöhnlicher Voraussetzungen. Dazu gehört bereits ein deutlich höherer Trainingsaufwand, gute sportliche Möglichkeiten, ein Mehr an Stehvermögen, Willenskraft, Talent zur Ausdauer und ein insgesamt positives Umfeld. Ein „Hochpushen" im Training, wie es einige junge Athleten hinbekommen, ist für Master wenig sinnvoll, weil es oft zu gesundheitlichen Problemen und dann zu einem schnellen – zu schnellen – Ende der sportlichen Ambitionen kommt.

Triathlon, die Verknüpfung dreier Ausdauersportarten, erfordert ein über mehrere Jahre kontinuierliches Training. Erfolge im Triathlon lassen sich deshalb nur mittel- und langfristig planen und nur, wer die Geduld hat, über mehrere Jahre systematisch zu trainieren, dem ist der Erfolg sicher. Ein Vergleich zu einem Marathonläufer verdeutlicht dies. Jeder erfahrene Marathonläufer weiß, dass der eigentliche Marathonlauf erst bei km 32 beginnt. Alles andere, was vorher war, zählt nicht mehr. Ab km 32 geht es an das „Eingemachte". Wer dabei auf den ersten 10, 20 oder 30 km sein Pulver verschießt, der büßt dafür jenseits der 30-km-Marke schwer. Geduldig abwarten, heißt es bis km 30. Diese Geduld wird beim Langdistanz-Wettbewerb noch länger, noch weitaus stärker als beim Marathonlauf strapaziert. Dies gilt sowohl im Wettbewerb als ganz besonders im langjährigen Trainingsaufbau.

Daher sollte das Ziel bei der ersten Langdistanz-Teilnahme eigentlich nur lauten: **„finishen"**. Gerade mit Rücksicht auf die so zahlreich vertretenen Master hat man bekanntlich die Wettbewerbszeit bei allen Langdistanz-Wettbewerben auf 17 Stunden festgelegt.

4.4 PARTNERFREUNDLICH TRAINIEREN

Für jeden berufstätigen Master hängt der Erfolg oder Misserfolg beim Triathlon davon ab, inwieweit es gelingt, das umfangreiche Training in den Alltag zu integrieren. Und zwar so, dass sich der zeitliche Aufwand auch vertreten lässt. Master, die nicht mehr berufstätig sind, haben dagegen einen zeitlichen Vorteil, der es ihnen ermöglicht, mit mehr System und Ruhe das Training zu absolvieren.

Lange Anfahrtswege zum Training erschweren insbesondere für berufstätige Master die Bedingungen enorm. Dagegen sollte jeder Athlet in seinem Umfeld eingehend prüfen, ob er nicht eine oder mehrere der folgenden Möglichkeiten zum effektiven Trainingseinsatz nutzen kann:

- Täglich mit dem Rad zum Dienst fahren. Mehr oder weniger lange Umwege ermöglichen die gewünschten Trainingsfahrten.
- Vor Dienstantritt eine Schwimmhalle aufsuchen.
- In der Mittagspause schwimmen oder laufen.
- An einigen Tagen zum Dienst laufen.
- Bei Bekannten- oder Verwandtenbesuchen die Familie mit dem PKW fahren lassen und selbst den Weg mit dem Rad zurücklegen.
- Einen Weg zum Dienst mit öffentlichen Verkehrsmitteln oder Mitfahrgelegenheit nutzen, den Rückweg dann laufend zurücklegen.
- Sich während einer Laufeinheit von einem oder mehreren Familienmitgliedern auf dem Rad begleiten lassen.
- Im Urlaub morgens früh von 7-9 Uhr das Radfahren trainieren, dann herrscht noch kein Verkehr, die Temperaturen sind angenehm und der ganze Tag steht zur freien Verfügung.
- Beim Schwimmen im See sich von Familienmitgliedern im Boot begleiten lassen.
- Gemeinsame Besuche im Freibad.

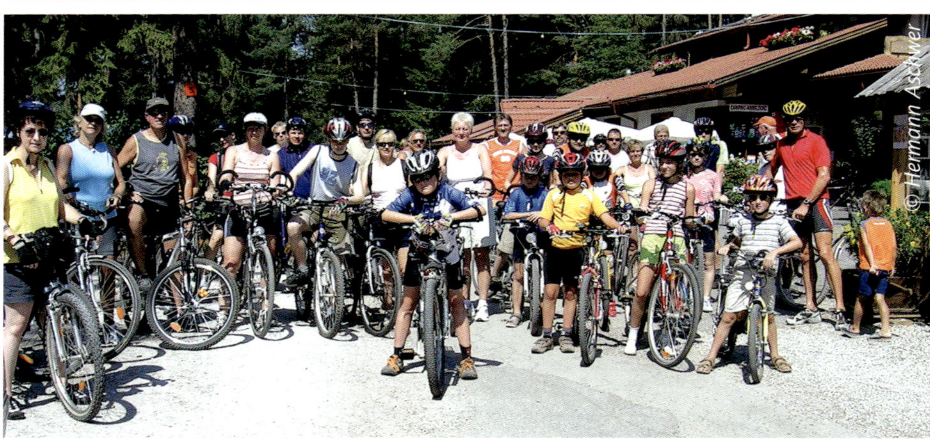

Partnerfreundlich trainieren

Es gibt also eine ganze Reihe von Möglichkeiten, sein Training so an- und einzuordnen, dass es für eine Familie weniger belastend ist.

Neben dieser geschickten Trainingsgestaltung halte ich den Einbezug der Familie, Freundin/Freund in den Sport für eine ganz entscheidende Angelegenheit. Wenn die Freundin, der Freund, die Lebensgefährtin oder die Familie den Sport nicht nur missmutig hinnimmt, sondern auch noch aktiv unterstützt, so kann das nur unserer sportlichen Entwicklung förderlich sein. Als Gegenleistung sollten wir gemeinsam mit unseren Partnern die oft reizvollen Reisen, Kurzurlaube und langen Wochenenden antreten. Dabei muss es ja nicht ausschließlich um Triathlon gehen.

Mit ein wenig Fantasie lässt sich dieser partnerfreundliche Triathlonkatalog sicherlich noch erweitern.

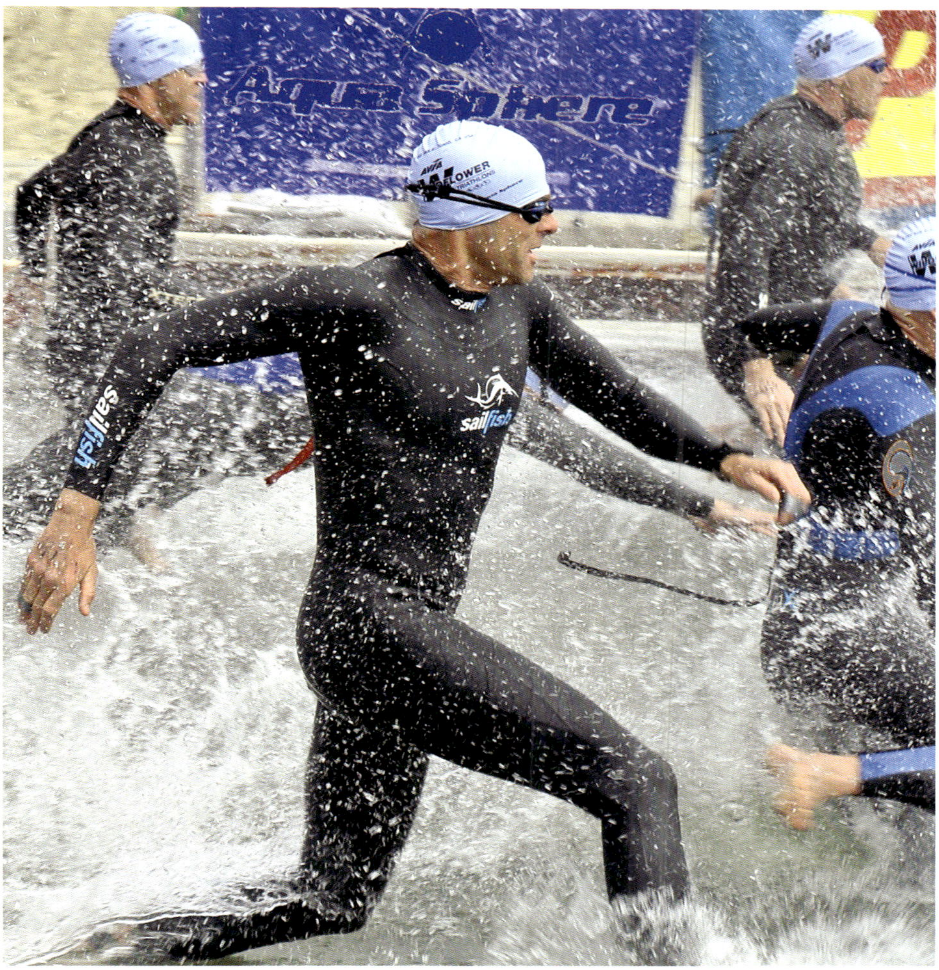

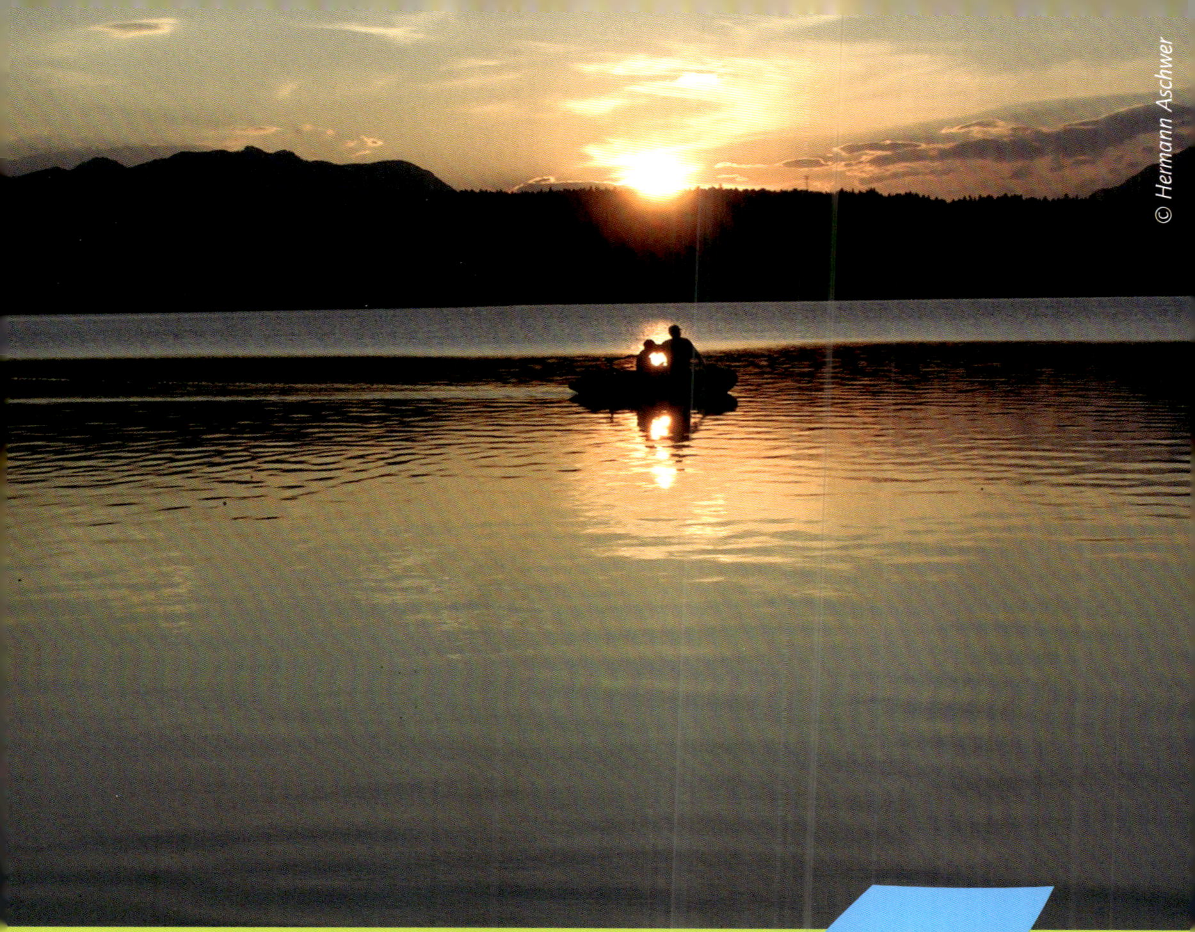

© Hermann Aschwer

5

PLANUNG EINES TRIATHLONJAHRES

5 PLANUNG EINES TRIATHLONJAHRES

Wer als engagierter oder gar als ambitionierter Master Triathlon bestreitet, sollte das Training so gestalten, dass mit der zur Verfügung stehenden Trainingszeit eine möglichst optimale Leistungsfähigkeit erreicht wird. Dabei ist es im Prinzip völlig egal, ob Sie wöchentlich 5, 7, 10 oder auch 15 und eventuell sogar noch mehr Stunden mit dem Training verbringen.

Ein möglichst erfolgreiches Triathlonjahr wird unter Berücksichtigung dreier wichtiger Trainingsgrundsätze in verschiedene Zeiträume eingeteilt.

Die drei wichtigsten Trainingsgrundsätze dabei sind:

1. **Ansteigende Trainingsbelastung**
   Triathlontraining, das durch Monotonie in der Intensität und im Umfang gekennzeichnet ist, ermöglicht dem Athleten keine wesentlichen Leistungssteigerungen. Dagegen verzeichnen Athleten, die das Jahr in Zeiträume, mit unterschiedlichen Trainingsumfängen und -intensitäten, unterteilen, wesentliche Leistungssteigerungen. Zahlreiche Funktionssysteme in unserem Körper reagieren eben auf Belastungen mit einer entsprechenden Anpassung. Hierbei handelt es sich um einen Schutzmechanismus des Körpers, um bei einer ähnlichen Belastung nicht wieder an die Leistungsgrenze gebracht zu werden.

2. **Von der allgemeinen zur speziellen Belastung**
   Die erste Aufgabe in einer beginnenden Triathlonsaison besteht darin, die Funktionssysteme des Athleten, wie das Herz-Kreislauf-System und die allgemeine Athletik, auf die bevorstehenden Belastungen vorzubereiten. Das muss nicht unbedingt durch Schwimmen, Radfahren oder Laufen geschehen, sondern kann auch in der Langlaufloipe, beim Eisschnelllaufen oder im Fitnessstudio stattfinden. Das bedeutet, dass, hinsichtlich der Kraftausdauer, zuerst die allgemeine Ausdauer und die Kraft separat trainiert werden, im Laufe der weiteren Vorbereitung dann die spezielle Kraftausdauer.

3. **Wechsel von Belastung und Erholung**
   Oft wird verkannt, dass der eigentliche Leistungszuwachs, den wir durch unser Training erreichen wollen, nicht während der Belastungsphase erfolgt, vielmehr wird dieser erstrebenswerte Zustand ausschließlich während der Erholungszeit erreicht. Dieser Umstand wird als Superkompensation bezeichnet. Das bedeutet, dass eine Leistungssteigerung nicht während einer kräftezehrenden, 120 km langen Radfahrt erfolgt, sondern erst in der folgenden Erholungsphase. Wird dem Körper dagegen eine ausreichende Zeit der Erholung nicht gewährt, so erfolgt eben ein Leistungsabbau anstatt eines Aufbaus. Wir Master müssen eben unserem Körper mehr Zeit für die Regeneration zur Verfügung stellen, als es bei 20-30-jährigen Athleten der Fall ist. Das Interessante daran ist, dass nach einer ausreichenden Erholungszeit unsere Leistungsfähigkeit über das Ausgangsniveau hinausgeht. Diese Pausen müssen wir unserem Körper also gönnen, wenn wir Leistungssteigerungen erwarten! Das gilt sowohl innerhalb einer Woche, innerhalb eines Monats und ganz besonders innerhalb eines Jahres.

Ein systematischer Jahresaufbau für die langen Triathlondistanzen beinhaltet ebenso wie für die Kurzdistanzen drei unterschiedlich lange Zeiträume:

- Vorbereitungszeitraum (I und II),
- Wettbewerbszeitraum und
- Übergangszeitraum.

Die einzelnen Zeiträume verschieben sich hierbei gegenüber der Kurzdistanz ein wenig, da die Langdistanz oft noch im Oktober bestritten wird.

Einsteigern auf der Langdistanz und Mastern im fortgeschrittenen Alter ist folgende zeitliche Aufteilung zu empfehlen:

Vorbereitungszeitraum:	**Februar-Mai**	**vier Monate**
Wettbewerbszeitraum:	**Juni-September**	**vier Monate**
Übergangszeitraum:	**Oktober-Januar**	**vier Monate**

Ambitionierten und jüngeren Mastern ist Folgendes zu empfehlen:

Vorbereitungszeitraum:	Februar-Mai	vier Monate
Wettbewerbszeitraum:	Juni-Oktober	fünf Monate
Übergangszeitraum	November-Januar	drei Monate

5.1 DER VORBEREITUNGSZEITRAUM

Die Schaffung der Grundlagenausdauer genießt im ersten Teil des Vorbereitungszeitraums die größte Priorität. Hier wird das Fundament geschaffen für das intensivere Training im zweiten Abschnitt und den Wettbewerbszeitraum. Bei geringer bis mittlerer Belastungsintensität wird der Umfang systematisch gesteigert. Trotz allem muss auf die angesprochene Erholung und Regeneration geachtet werden. Trainiert wird überwiegend nach der **Dauermethode**. Auf Grund der Witterungsbedingungen wird überwiegend Laufen und Schwimmen trainiert. Skilanglauf und Radfahren auf der Rolle verbessern ebenfalls die Grundlagenausdauer.

Die allgemeine Kondition kann in diesen Monaten ebenso durch Kraftausdauertraining verbessert werden.

Auf Grund unterschiedlicher Witterungsbedingungen kann es sinnvoll sein, das Winter- und Frühjahrstraining in sogenannte **Blöcke** zu unterteilen. Dieses Blocktraining kann wie folgt aussehen: Januar Schwimmmonat, Februar Laufmonat, März Radmonat. Denkbar ist es auch, alles um einen Monat zu verschieben, oder den Lauf- und Schwimmmonat auszutauschen. Näheres dazu bei den Trainingsempfehlungen.

Eine Bemerkung vorweg noch zum Training in der schwächsten Disziplin. Diese ist bevorzugt zu trainieren, gerade im Vorbereitungszeitraum. Nur hat die Sache zumeist einen Haken: Diese Disziplin macht in der Regel am wenigsten Spaß. Dagegen gibt es ein einfaches Rezept:

Trainiere die schwächste Disziplin unbedingt in einer geeigneten Gruppe. Hier überwindet man die Anfangsschwierigkeiten leichter, weil die Motivation in der Gruppe größer ist und man selbst durch lockere Gespräche von der eigenen Unlust abgelenkt wird. Sobald man jedoch einen gewissen Standard in seiner schwächsten Disziplin erreicht hat, beginnt die Sache echt Spaß zu machen.

Die größten Aussichten auf den angesprochenen Erfolg hat man, wenn die schwächste Disziplin mindestens 3 x wöchentlich trainiert wird.

Der zweite Abschnitt des Vorbereitungszeitraums (6-8 Wochen) ist gekennzeichnet durch eine Reduzierung des Umfangs und eine Steigerung der Intensität. **Intervalltraining**, beim Laufen auch das **Fahrtspiel** oder vereinzelte **Volksläufe** kommen als neue Trainingsvarianten hinzu. Beim Radfahren darf man in der Gruppe auch schon mal die eine oder andere Ortsschildwertung ausfahren.

Das Kombinationstraining, vor allem der Wechsel Rad-Lauf, wird ab April mit ins Trainingsprogramm übernommen. Damit sollen die Übergänge im Wettbewerb besser verkraftet werden.

Mögliche Varianten beim Kombinationstraining Rad-Lauf:

- Kurze, flotte Radeinheit + langer, lockerer Lauf.
- Lange, lockere Radeinheit + kurzer, flotter Lauf.
- Kurze, flotte Radeinheit + kurzer, flotter Lauf.

Wichtig im gesamten Vorbereitungszeitraum ist der Wechsel zwischen Wochen mit normaler und regenerativer Belastung (siehe Kap. 10 und 11).

Während des gesamten Vorbereitungszeitraums ist 1 x pro Woche ein Training mit überlanger Dauer, jedoch mit geringer Intensität, durchzuführen. Dies gilt nicht unbedingt für Einsteiger.

Infrage kommt ein langer Lauf oder eine Radeinheit über mehrere Stunden. Hier soll besonders die für Ausdauersportler so wichtige Fettverbrennung trainiert werden.

Für den Mitteltriathlon kann das ein 25-km-Lauf oder eine 100-km-Radausfahrt sein, für die Langdistanz auch 28 km laufen oder 130 km Radfahren.

5.2 DER WETTBEWERBSZEITRAUM

Jetzt wird es spannend. Der Wettbewerbszeitraum umfasst bei ambitionierten Triathleten 4-5 Monate im Jahr. Er beginnt Ende Mai oder Anfang Juni und erstreckt sich bis in den September, für die, die das große Ziel Hawaii angehen, bis in den Oktober. Kein

Triathlet kann während dieser gesamten Zeit in Hochform sein. Demnach ist es ratsam, sich zwei oder maximal drei Triathlonhöhepunkte zu setzen.

Im ersten Abschnitt dieser Phase werden Aufbauwettbewerbe bestritten. Diese geben dem Athleten die Möglichkeit, neben der Form, dem Material, auch noch verschiedene Taktiken und Ernährungsgewohnheiten auszuprobieren. Zwischen den ersten Testtriathlons wird teilweise noch intensiv trainiert, mit Ausnahme der letzten drei Tage. Normale Trainingseinheiten wechseln mit lockeren, normale Wochen mit lockeren oder regenerativen Wochen. Nach jedem Wettbewerb ist auf ausreichende Regeneration zu achten. Diese hängt natürlich ab von der Triathlonlänge, vom Trainingszustand und vom Wettbewerbsalter.

Athleten mit einem sehr guten Trainingszustand regenerieren schneller als andere. Jüngere Master-Athleten regenerieren ebenfalls schneller als Ältere. Mit entscheidend ist auch die Wettkampfintensität. Betrug diese anstatt der üblichen 100 % nur etwa 90 %, so fällt die Erholungszeit deutlich kürzer aus.

Für die Regeneration nach einem Mitteltriathlon sind 2-3 Wochen erforderlich, bei einem Langdistanz-Wettbewerb gar 3-4 Wochen. In dieser Zeit sollte selbstverständlich an keinen weiteren Wettbewerben teilgenommen werden. Danach beginnt wieder das normale Training.

Obwohl ich diesen Sachverhalt kenne, habe ich persönlich in dieser Hinsicht auch schon „gesündigt".

Die Anzahl der jährlichen Wettbewerbe richtet sich in erster Linie nach der Streckenlänge, aber ebenso nach Trainingszustand, Alter und Einstellung. Mit der Einstellung meine ich Folgendes: Es gibt eine Reihe von Triathleten, die bestreiten Wettbewerbe absolut locker und man merkt ihnen regelrecht die Freude am Triathlon an. Dazu gehört es auch, einfach Freude daran zu haben, sich mit anderen im fairen Wettstreit zu messen, nicht zu bekämpfen. Andere Athleten sind dagegen sehr verbissen, glauben, dass der Triathlon das Wichtigste auf der Welt sei und setzen sich psychisch ungeheuer unter Druck. Sie verkennen völlig, dass unser Sport doch Spaß machen soll.

Hat man im Laufe der Saison seine Form gefunden und diese im Wettbewerb bestätigt, so wird zwischen den weiteren Triathlonteilnahmen weitgehend locker trainiert. Der Trainingsumfang sinkt.

5.3 DER ÜBERGANGSZEITRAUM (GROSSE REGENERATION)

Leider unterschätzen viele Master den wirklichen Sinn und Zweck des Übergangszeitraums, der großen Regeneration. Diese Phase hat sowohl für den mehrjährigen Leistungsverlauf als auch für die Gesundheit des Triathleten eine herausragende Bedeutung.

Die wirklich ruhigen Monate für einen Triathleten beginnen unmittelbar nach dem letzten Saisonwettbewerb. Da dieser Triathlon zumeist auch den letzten Saisonhöhepunkt darstellt, ist jetzt die „Luft raus". Jeder Triathlet freut sich auf die nächsten, lockeren Trainingsmonate. In dieser Übergangszeit sollte keiner auf die Idee kommen, noch schnell die beginnende Crosssaison im Laufen anzuhängen. Vielleicht geht solch ein Unterfangen ein oder zwei Jahre gut. Irgendwann holt sich jedoch der Körper seine Ruhephasen in Form von Verletzungen, oft langwierigen Verletzungen.

Der Triathlet braucht ganz einfach nach Abschluss seiner kräftezehrenden Saison seine große Regeneration, insbesondere der ambitionierte Master. Nun bleibt Zeit und Muße, sich um Hobbys zu kümmern, die im Laufe der Jahre aus zeitlichen Gründen zu kurz gekommen sind. Zu diesen Hobbys sollten vornehmlich die zwischenmenschlichen Beziehungen gehören, also verstärkter Kontakt zu Freunden, Bekannten und selbstverständlich zur eigenen Familie.

Kurz, der Triathlet sollte sich während dieser Zeit sowohl physisch (körperlich) als auch psychisch erholen und dadurch neue Kräfte und Motivation für die nächste Saison sammeln. Der Faktor der Motivation wird sehr häufig unterschätzt. Wer nicht motiviert ist, kann nicht leistungsfähig sein. Die Motivation zählt zu den Voraussetzungen, um erfolgreich Triathlon zu betreiben. Sie schafft die Bereitschaft für das systematische Training.

Trainiert wird spielerisch locker und auch vom Umfang her minimal. Einige Kilogramm Winterspeck sind bei vielen Triathleten das äußere (richtige) Zeichen für eine gute Regeneration. Selbstverständlich ist die umfangreiche Ernährung aus der Saisonvorbereitungszeit ebenfalls zu reduzieren, da auch der Bedarf an täglicher Energie stark zurückgeht. Nicht unterlassen sollte man eine kritische Nachbetrachtung der gesamten Saison. Fragen wie: War die Vorbereitung richtig, die Saisonhöhepunkte richtig gesetzt, die Triathlonergebnisse meinen Möglichkeiten angemessen, das Training vom Umfang und der Intensität her richtig, ist mir die Dreiteilung von Beruf, Privatleben und Sport angemessen gelungen? Fragen über Fragen, die selbstkritisch zu beantworten sind.

Nicht zu vergessen die alles überragende Frage: Standen Aufwand und Nutzen für mich persönlich im richtigen Verhältnis?

Um diese hoffentlich ehrlichen Antworten nicht zu vergessen, sollten diese schriftlich im Trainingstagebuch festgehalten werden.

Ohne tägliche Trainingsaufzeichnungen sind die genannten Fragen nicht zu beantworten.

Eine weitere Möglichkeit der große Regeneration besteht darin, nach einigen intensiven Jahren ein sogenanntes **aktives Ruhejahr** einzulegen. Hierfür wählen einige das letzte Jahr in der Altersklasse aus, um dann in der nächsthöheren Klasse eventuell den großen Traum vom Hawaii-Ironman nicht nur zu träumen, sondern auch zu realisieren. Wer sich in diesem Regenerationsjahr wirklich aktiv erholt, also überwiegend im Grundlagenausdauerbereich mit vermindertem Umfang weitertrainiert, der kann sich besonders auf das erste Jahr in der neuen Altersklasse freuen.

Nähere Angaben über eine sinnvolle Trainingsgestaltung während dieser Phase finden Sie in den jeweiligen Trainingskapiteln 10 und 11.

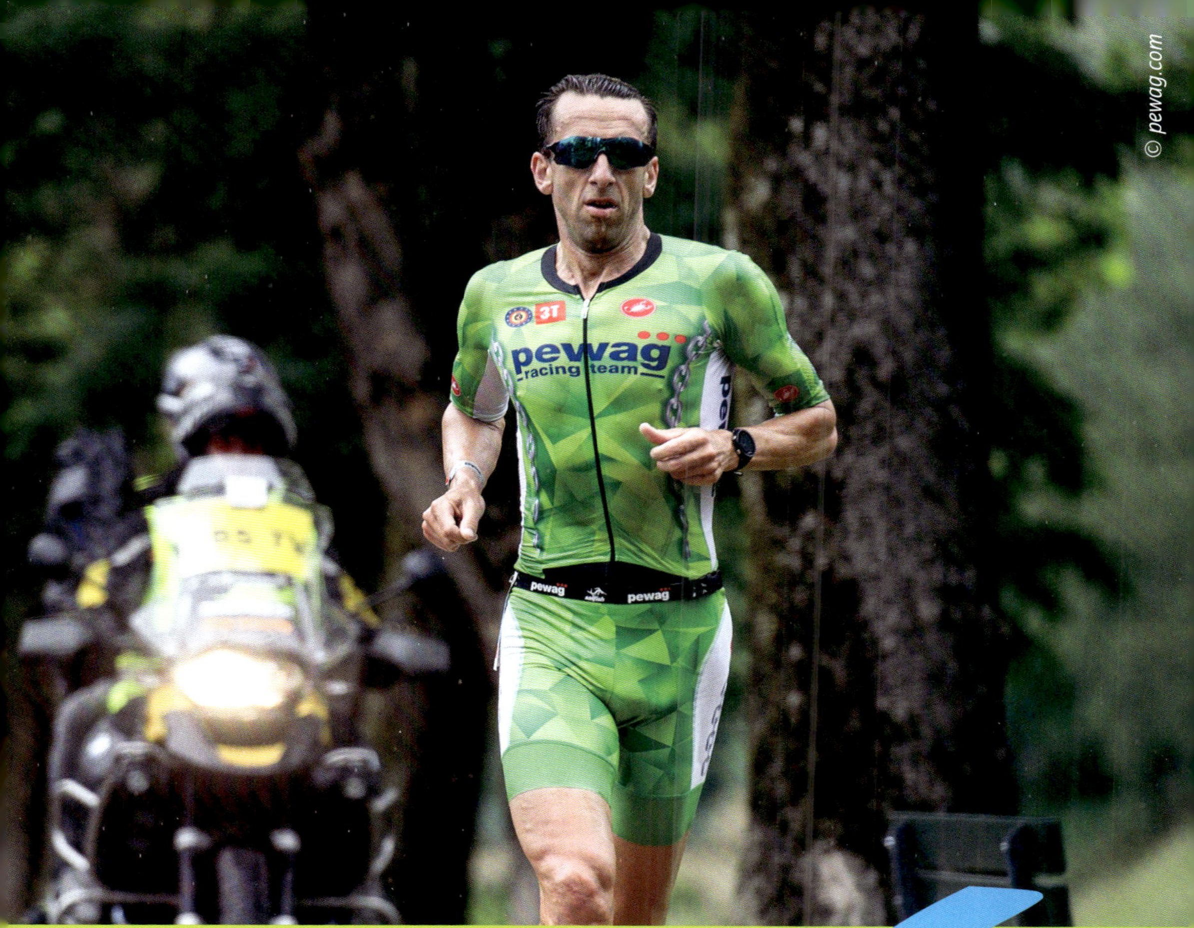

© pewag.com

6

LAUFEN – DIE SCHWERSTE DISZIPLIN?

6 LAUFEN – DIE SCHWERSTE DISZIPLIN?

6.1 LAUFTECHNIK

Jeder Mensch kann doch laufen und kommt auch irgendwie ins Ziel. Der eine lässt die Arme hängen, der andere pendelt mit ihnen, ein Dritter pendelt seitwärts, dabei können kurze oder lange Schritte erfolgen, kann mit dem Vorder-, Mittel- oder Rückfuß (Ferse) aufgesetzt werden. Wie gesagt, irgendwie kommt jeder ins Ziel. Anfängern sollte man diesbezüglich nicht groß mit Kritik und Besserwisserei kommen, sonst verlieren sie schnell den Mut. Ambitionierte Athleten haben jedoch den Wunsch, sich sportlich zu verbessern. Dazu kann auch eine Verbesserung der Laufkoordination dienen. Wohlbemerkt kann, nicht muss. Es gibt nämlich hervorragende Laufästheten unter den Hobbyläufern und Weltklasseläufer mit einem schlechten Laufstil. Erinnern wir uns nur an die „Lokomotive von Prag", den begnadeten Emil Zatopek.

Das Lauf-ABC, wie es seit Jahrzehnten genannt wird, sollte auch für jeden ambitionierten Master zum festen Bestandteil seines Lauftrainings gehören. Wer 2 x pro Woche jeweils auf kurzen Übungsstrecken (etwa 10-25 m) fünf Übungen absolviert, der wird das Zusammenwirken verschiedener Muskeln fördern. Dies sollte nach einer 10-minütigen Einlaufphase mit 2-3-maliger Wiederholung ablaufen.

Nach jeder Übung sollten 20-30 m trabend oder gehend zurückgelegt werden.

Jeder Mensch hat eben seinen individuellen Laufstil, trotzdem. Wer seinen Laufstil verbessert, der wird

- kraftsparender und daher schneller und länger laufen können.
- das Risiko von Überlastungsbeschwerden und Verletzungen verringern.

Folgende sechs Übungen eignen sich zur Verbesserung der Lauftechnik:

1. **Anfersen**
   Die Unterschenkel pendeln bis zum Gesäß. Dies kann einseitig oder auch wechselseitig geschehen. Ebenso möglich: nur rechts anfersen, nur links anfersen, rechts/rechts oder auch links/links. Die Geschwindigkeit beim Anfersen kann ebenfalls variiert werden.

2. **Skippings**
   Skippings (hüpfen, hopsen) oder Fußgelenklauf. Mit geringem Raumgewinn und relativ hoher Bewegungsfrequenz vollführen die Füße einen flüssigen Wechsel rechts/links zwischen Zehenstand und Ganzfußaufsatz. Oberkörper und Hüfte bleiben dabei gestreckt.

3. **Kniehebelauf**
   Die Oberschenkel werden wechselseitig bis zur Horizontalen angehoben. Die Fußballen berühren nur kurz den Boden. Der Oberkörper bleibt dabei aufrecht.

4. **Hopserlauf**
   Wechselseitig erfolgen lockere Sprünge nach vorn oben, ähnlich wie beim Kniehebelauf. Bis hin zum großen Zeh vollzieht sich der Sprungbeinabdruck.

5. **Seitsprünge**
   Das seitliche Springen (90° zur Laufrichtung). Nach ca. 10 m sollte die Seite gewechselt werden.

6. **Seitsprünge über Kreuz**
   Wie bei den Seitsprüngen vollzieht sich diese Bewegung 90° zur Laufrichtung. Hierbei wird jedoch das Nachziehbein 1 x vor und 1 x nach dem Standbein aufgesetzt.

Also:

Reihenfolge: 1-6

Übungsweg: 10-25 m

Rückweg: Trabend, gehend.

Häufigkeit: Die Reihenfolge 1-6 je 2-3 x ausführen.

Je Woche 2 x.

Zeitdauer: Ca. 15 min nach einer 10-minütigen Einlaufphase.

Kombinationsmöglichkeiten:

Skippings/Kniehebelauf oder Kniehebelauf/Anfersen im Verhältnis 4:4. Das bedeutet, vier Übungen der ersten Art mit anschließenden vier Übungen der zweiten Art.

6.2 LAUFSTIL

Jeder Triathlet und jeder Läufer hat seinen eigenen Laufstil. Beim Triathleten kommt erschwerend hinzu, dass die Muskulatur bereits ermüdet ist, wenn es auf die Laufstrecke geht. Trotzdem oder gerade deshalb kann es von Vorteil sein, seinen Laufstil zu verbessern.

Wer durch seinen unökonomischen Laufstil sehr viel Kraft verbraucht, kann weder schnell noch lange laufen. Ein kraftsparender Laufstil bietet dagegen Vorteile.

Werfen wir dabei einen Blick auf unsere Füße und unsere Arme.

Bei Athleten, die einen sehr langen Schritt ausführen, setzt der Fuß zu weit vom Schwerpunkt des Körpers entfernt auf. Dies hat zur Folge, dass der Energiefluss bei jedem Schritt abgebremst wird. Der Laufstil wird dadurch beeinträchtigt. Gleiches gilt für den Fall, dass der Schritt zu kurz ist.

Wir wissen alle, dass Sprinter die längsten Schritte vollführen vor Mittel- und Langstrecklern. Der Grund dafür liegt im größeren Krafteinsatz, der für die schnellere Schrittfolge mit größerer Streckung der Beine und höherem Kniehub erforderlich ist.

Bei Mittel- und Langstrecken im Triathlon kann man Kraft sparen, indem der Schritt flach gehalten wird. Der Körperschwerpunkt soll sich bei einem guten Laufstil nach Möglichkeit wenig auf- und abbewegen. Dabei soll der Fuß jeweils nur wenig vor der Körperachse aufkommen, wobei sich der Körper leicht nach vorn gebeugt zeigt. Eine starke Beugung nach vorn sowie ein vielfach zu beobachtendes Hohlkreuz erschwert das Laufen.

Schrittgeschwindigkeit, Schrittfrequenz

So, wie es beim Radfahren eine optimale Trittfrequenz von 100-110 Umdrehungen pro Minute gibt, so gibt es bei Topläufern eine optimale Schrittfrequenz von 90-95 **Doppelschritten**.

Die meisten Athleten begnügen sich mit ca. 90 Umdrehungen beim Radfahren und 80 Doppelschritten beim Laufen, jeweils in der Minute.

Für das Laufen im Wettbewerbstempo lässt sich diese Schritthäufigkeit pro Minute sowohl auf einer 400-m-Bahn als auch auf einer ebenen Landstraße, die mit Kilometersteinen ausgestattet ist, ermitteln. Dabei zählt man einfach die Bodenkontakte, die z. B. der linke Fuß in einer Minute vollzieht.

Als einfache Regel sollten wir uns merken:

- Radfahren mit 100!
- Laufen mit 90! (90 Doppelschritte)

Ein interessanter Vergleich ist folgender:
Die Pulsfrequenz ist beim Laufen etwa um 10 Einheiten höher als beim Radfahren, dagegen ist die Schrittfrequenz beim Laufen um 10 Einheiten niedriger als beim Radfahren die Trittfrequenz.

Demnach ist:
Pulsfrequenz plus Schrittfrequenz beim Laufen =
Pulsfrequenz plus Trittfrequenz beim Radfahren

6.3 TRAININGSFEHLER BEIM LAUFEN

Bevor ich ausführlich auf das richtige Lauftraining eingehe, möchte ich Ihnen die typischen Lauffehler vor Augen führen, damit Sie möglichst von ihnen verschont bleiben.

- **Falsche Einstellung**
  Wer verbissen seine sportlichen Ziele verfolgt, wird nicht lange Triathlonsport betreiben. Der Spaß ist eines der wichtigsten Motive für unseren faszinierenden Sport. Rennen Sie niemals starren Trainingsplänen hinterher. Lieber mal eine Einheit ausfallen lassen, als ständig unter Druck zu stehen. Ebenso wichtig ist die Zufriedenheit über die erzielten Wettbewerbsergebnisse. Warum sollen wir nach teilweise großem zeitlichen Trainingsaufwand und häufig nicht minder großem finanziellen Einsatz mit den erzielten Ergebnissen so unzufrieden sein? Unser Triathlonsport soll doch u. a. Ausgleich für unsere anderen täglichen Belastungen sein, warum dann zusätzlicher Stress über nicht erreichte Ergebnisse?

- **Falsche Ernährung**
  Wer ein Auto fährt, der weiß, dass er auch den entsprechenden, technisch hochwertigen Treibstoff tanken muss. Genauso ist es bei Triathleten. Wer viel von seinem Körper verlangt, der muss ihm auch die richtige Nahrung zuführen. Wer seinen Körper als Müllverbrennungsmaschine betrachtet, der wird mittel- und langfristig wenig leistungsfähig sein.

- **Keine Trainingsplanung**
  Wer sich sportlich verbessern will, benötigt realistische Ziele, auf die er hinplant. Ausgangspunkt einer Trainingsplanung ist der derzeitige Leistungsstand. Das Führen eines Trainingstagebuchs lässt Fehler erkennen und ermöglicht frühzeitige Korrekturen.

- **Zu hohes Tempo**
  Master, die ständig mit einem zu hohen Tempo trainieren, befinden sich fortwährend an ihrer Leistungsgrenze. Sie schwächen sich selbst und können sich im Wettbewerb nicht mehr steigern.

- **Zu hohe Umfänge**
  Zu hohe Umfänge gehen auf Kosten einer guten Leistung, zu geringe ebenfalls. Daher muss jeder Master für sich herausfinden, welche Umfänge und welche Intensitäten er trainieren kann.

- **Zu viele Wettbewerbe**
  Wer meint, an jedem Wochenende einen oder gar zwei Triathlonwettbewerbe bestreiten zu müssen, – in den Wintermonaten Crossläufe, im Frühjahr und Herbst noch zahlreiche Marathonläufe – der muss sich weder über Verletzungen, Erkrankungen, fehlende Motivation, Eintönigkeit, soziale Isolation u. a. negative Erscheinungen wundern. Er fördert all diese negativen Begleiterscheinungen und vermindert dadurch seine Lebensqualität beträchtlich.

- **Verzicht auf ausreichende Regeneration**
  Nach jeder sportlichen Belastung muss eine Phase der Erholung folgen, ansonsten brennt der Körper aus und die Leistungsfähigkeit nimmt nicht zu, sondern ab. Einen bzw. zwei absolut sportfreie Tage sollte sich auch der ambitionierteste Master gönnen.

  Wer seine sportliche Leistungsfähigkeit nicht ausreizen möchte, bei dem dürfen es auch zwei oder drei freie Tage in der Woche sein. Nicht zu vernachlässigen ist die große Regeneration in den Herbst- und Wintermonaten, die einige Monate umfassen sollte.

- **Motivationsprobleme**
  Neue Zielsetzungen, die Teilnahme an besonderen Wettbewerben, Training in der Gemeinschaft, variable Trainingsintensität und -umfang und auch Tage ohne Sport können die Motivation fördern und erneuern.

- **Kein Stretching**
  Mithilfe einer angemessenen Dehngymnastik werden die Muskeln geschmeidiger und leistungsfähiger. Von den Läufern weiß man, dass nur ca. jeder Dritte sich regelmäßig und ausreichend dehnt. Durch Stretching wird die Elastizität der Muskeln gestärkt, die Beweglichkeit der Gelenke wird verbessert, womit Überlastungen vorgebeugt wird.

6.4 LAUFTIPPS

42 Tipps für den Halbmarathon- und Marathonlauf sollen helfen, die als schwer geltende Triathlondisziplin so zu trainieren, dass die verbreitete Angst vor dem abschließenden Lauf sich in Vorfreude verändert.

6.4.1 14 TIPPS ZUM LAUFTRAINING

- Sechs lange Läufe (25-32 km) benötigen Sie in der Marathonvorbereitung, ohne lange Radeinheiten.
- Vier lange Läufe (25, 27, 29, 30 km) benötigen Sie in der Marathonvorbereitung, wenn Sie zusätzlich 3-4 lange Radeinheiten (> 100 km) absolviert haben.
- In den letzten drei Monaten vor dem Marathonlauf mindestens die Marathondistanz pro Woche zurücklegen, also mindestens 42 km pro Woche.
- In den letzten beiden Trainingswochen das Training drastisch reduzieren. Mit einem schlechten Trainingsgewissen für die letzten 10 Tage an den Start gehen.
- Trainingsstrecken variieren. Auch mal einen Besuch bei Freunden „läuferisch" abstatten, das motiviert und bringt Zeitersparnis.
- Trainingspartner motivieren zum regelmäßigen Training. Allerdings müssen es vom Lauftempo her Partner sein, die zusammenpassen. Der Schwächere gibt dabei das Lauftempo vor. Es darf kein Gruppenzwang daraus werden, indem der Stärkste das Tempo angibt.
- Humorvolle Unterhaltung beim Training regt zum Lächeln an.

- Atmen Sie beim Laufen mit dem Bauch, diese Atmungsform ist effektiver als die Brustatmung. Bei der Brustatmung wird nur der obere Teil der Lungenflügel genutzt, bei der Bauchatmung die gesamte Lunge.
- Die Bauchatmung können Sie mithilfe dieses Buches trainieren. Legen Sie sich auf den Rücken und dieses Buch auf Ihren Bauch. Mit jeder Ein- und Ausatmung hebt und senkt sich langsam das Buch.
- Laufen im hügligen Gelände stärkt die Beinmuskulatur.
- Partnerfreundlich trainieren: Läuft Ihr Partner nicht mit, so kann er Sie auf dem Rad begleiten. Gemeinsame Freizeitgestaltung mit Fitnessaktivitäten.
- Das Training sowohl mit als auch ohne Pulsmesser absolvieren. Damit laufen wir nicht Gefahr, zu einem „Knecht unseres Pulsmessers" zu werden.
- Auch trainingsfreie Tage gehören zum Alltag eines Triathleten. Ohne eine entsprechende Regeneration können wir nicht leistungsfähig werden und bleiben.
- Es gibt wichtigere Dinge im Leben als Schwimmen, Radfahren und Laufen. Dazu gehört die Familie, der Beruf, Freunde, Partner. Ein Triathlet ist kein „Schwimmradläufer", sondern ein Mensch, der u. a. eben auch ein Sportler ist.
- Nicht monoton, sondern variantenreich trainieren. Das hebt die Motivation, aber insbesondere auch die Leistungsfähigkeit im Ausdauersport. Für ambitionierte Master das Erfolgsrezept.

6.4.2 14 TIPPS ZUR RICHTIGEN ERNÄHRUNG

- **Das Immunsystem stärken**

  Triathleten unterliegen während der intensiven Trainingsphase einem größeren Infektrisiko als beim normalen Training. Dies gilt insbesondere für Trainingscamps. Unsere Polizisten im Blut, die weißen Blutkörperchen, sind nach einer längeren Trainingseinheit vermindert fähig, eindringende Viren zu bekämpfen: daher die größere Anfälligkeit für Erkältungskrankheiten. Wir sollten bei langen Belastungen ein Sportgetränk mitnehmen, das u. a. ca. 25 % Glukoseanteil enthält. Damit werden die weißen Blutkörperchen aktiviert.

  Ein halbes Gramm Vitamin C pro Tag verringert das Erkältungsrisiko. Bei den ersten Anzeichen einer Erkältung lieber gar nicht oder nur regenerativ trainieren.

- **Stress vermeiden, ausreichend schlafen**

  In Zeiten hoher Trainingsumfänge sollte möglichst Stress vermieden werden. Wer kann das jedoch im Beruf oder in der Familie immer vermeiden? Ausreichender

Schlaf schützt unser Immunsystem. Höhere Trainingsbelastungen erfordern einfach mehr Schlaf. Beim Laufen gibt es die einfache Formel: Für eine Mehrbelastung von 20 km pro Woche benötigt der Körper pro Nacht eine halbe Stunde mehr Schlaf.

- **Bei hoher Trainingsbelastung mehr essen und mehr trinken**
  In den ersten beiden Stunden nach dem Training lagert der Körper die meisten Kohlenhydrate ein. Das sollten wir in der trainingsintensiven Zeit für die Aufnahme zusätzlicher Energien nutzen.

  Regelmäßiges und ausreichendes Trinken während und nach dem Training ist nicht nur im Sommer, sondern auch im Winter erforderlich. Jede Stunde ein Glas Wasser, zu den Mahlzeiten und nach dem Training besonders viel trinken. Vorsicht bei Kaffee, Tee und Alkohol, sie entwässern den Körper.

- Bei Läufen über zwei Stunden Dauer die Getränkeaufnahme trainieren. Ein Gemisch aus Brottrunk® + Apfelsaft + stillem Mineralwasser (1:1:1) enthält den notwendigen Anteil an Kohlenhydraten (ca. 50 g/l), Brottrunk® und das stille Mineralwasser den notwendigen Anteil an Natrium, Kalium, Kalzium und Magnesium.

- Besonders in den letzten Tagen vor dem Marathon viel Eiweiß zu sich nehmen. Eiweißproteine stimulieren, während tierische Fette die Gehirnfunktion verlangsamen. Gehirnnahrungsmittel sind:

  Meeresfrüchte, Sardinen, Hering, Thunfisch, rote Beete, Möhren, Sellerie, Gerste, Vollkornreis, Hafer, mageres Rindfleisch, getrocknete Bohnensprossen, Nüsse und Körner, dunkelgrünes sowie orangefarbenes Obst und Gemüse, Weintrauben, Birnen, Äpfel, Basilikum, Ingwer, Lakritz, Rosmarin, Weizenkeime, Brauhefe und Lezithin.

- Seien Sie mit Fett sparsam.

- Am Vortag des Marathonlaufs die letzte kohlenhydratreiche Mahlzeit am Mittag einnehmen. Abends Fisch essen. Tagsüber viel trinken.

- 2-3 Stunden vor dem Marathon ein leichtes Frühstück einnehmen. Zwei Scheiben Weiß-/Mischbrot mit Honig, Rübensirup und Marmelade. Eventuell noch eine Banane. Kaffee treibt und sollte gemieden werden.

- Eigene Versorgung mit Getränken auf der Strecke rechtzeitig organisieren.

- Bis etwa eine halbe Stunde vor dem Lauf regelmäßig trinken.

- Im Wettbewerb bereits frühzeitig mit dem Trinken beginnen. Bei Wärme ab 5 km, ansonsten ab 10 km jede 15 Minuten einen vollen Becher Flüssigkeit austrinken.

- Sich über die gereichten Flüssigkeiten im Marathonlauf bereits im Vorfeld informieren. Bei unbekannten Flüssigkeiten diese unbedingt mit Wasser verdünnen, also je zwei halb gefüllte Becher zu einem Becher zusammenmixen und dann trinken.
- Feste Nahrungsaufnahme ist nicht erforderlich, eventuell kleine Bananenstückchen und Bisquit aufnehmen.
- Nach dem Marathon – Gleiches gilt selbstverständlich auch für nach dem Triathlon – möglichst zügig mit einer kohlenhydratreichen Ernährung und der Flüssigkeitsaufnahme beginnen. Brot, Rosinen, Nudeln, Reis, Kartoffeln, Kuchen, Suppen, Obstsäfte mit Wasser verdünnt und Brottrunk® eignen sich besonders.

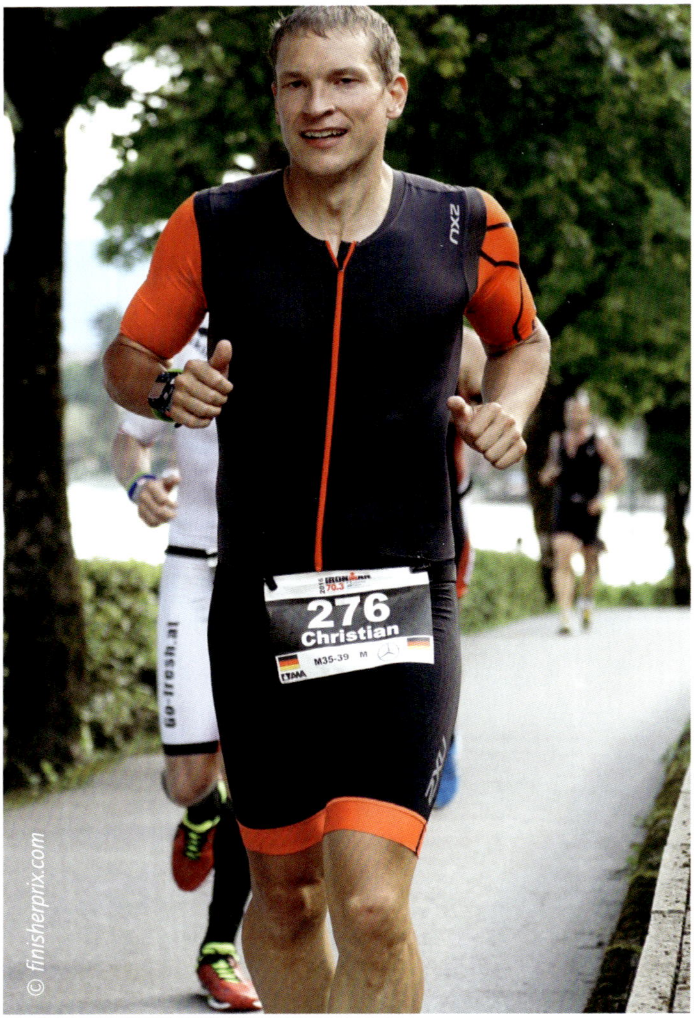

© finisherprix.com

6.4.3 14 TIPPS ZUM WETTBEWERB

- Realistische Ziele und Teilziele setzen (s. Tabelle, Kap. 6.7.1, S. 124).
- Witterungsbedingungen und Streckenprofil bei der Planung unbedingt mit berücksichtigen.
- Nur eingelaufene Schuhe und auch eingelaufene Strümpfe tragen.
- Brustwarzen gegen Aufscheuern mit Pflaster versehen.
- Wer in der letzten Nacht wenig schläft, muss sich keine Sorgen machen. Wichtiger ist die vorletzte Nacht. Der Körper ist durch das stark verminderte Training in der letzten Woche eh ausgeruht.
- Achten Sie vor dem Start auf den richtigen Sitz der Schuhe, einschließlich einer doppelten Schnürung. Bei hohen Temperaturen unbedingt Laufmütze tragen.
- Halbmarathon- und Marathonläufe möglichst gleichmäßig laufen.
  Je gleichmäßiger der Lauf, desto geringer ist der Leistungsabfall im letzten Teil der Strecke.
- Vor allem auf den ersten Kilometern unbedingt das richtige Tempo einhalten. Mit eigener Stopp- und Pulsuhr die Zeiten auf den ersten Kilometern überprüfen. Der richtige Belastungspuls stellt sich erst ab km 3 ein und sollte bis km 33 in etwa konstant bleiben. Danach steigt er an.
- Die 42,195 km in 5-km-Abschnitte einteilen. Sich während des Laufens mit folgendem Gedankengut beschäftigen:
  „5-km-Marke, erst gerade eingelaufen. 10-km-Marke, eine wichtige Durchgangsstation, eventuell muss hier die Zielzeit bereits korrigiert werden. 15-km-Marke, mehr als ein Drittel bereits geschafft. 20 km, die Hälfte steht kurz bevor. War der zweite 10-km-Lauf O. K.? Halbmarathon, die erste Hälfte gepackt! Die zweite Hälfte kann kommen! 25 km, ein wichtiger Eckpunkt. Jetzt beginnt so langsam der Marathon. Nur noch 17 km! 30-km-Marke, der dritte Zehner, jetzt nur noch einen Zehner und ein paar Meter. Ab jetzt wird jeder Kilometer rückwärts gezählt. Nur noch 12, 11, 10, ab jetzt wird nicht mehr auf den Puls geschaut, 9, 8, für 8 km ziehe ich sonst keine Laufschuhe an – und schon ist die 35-km-Marke erreicht. Es wird schwer, es darf schwer werden, jetzt zeigt sich, ob ich richtig trainiert habe. Es wird spannend. Bei gleichmäßigem Tempo überholt man viele Mitstreiter. Nur noch 6, 5 km, die Hochrechnung auf eine realistische Endzeit beginnt. Vorfreude kommt auf, nur noch 4, nur noch 3 und die 40-km-Marke ist erreicht. Die letzten 2,195 km sind die Schönsten des gesamten Laufs, dafür habe ich trainiert, der Erfolg liegt mir zu Füßen, 41-km-Marke, die vielen Menschen sind meinetwegen gekommen, ich darf sie nicht enttäuschen, der Ziellautsprecher, ich erhalte Flügel, nur noch wenige 100 m, die Zielflagge, geschafft, gefinisht! Der Sieger bin ich, ja ich, mein eigener Sieger!"

- Bei Krämpfen Muskulatur dehnen, bis sich der Krampf löst.
- Bei Seitenstichen kräftiges und langes Ausatmen, ruhig weiterlaufen.
- Wenn es hart wird, Ablenkung von den eigenen Schwierigkeiten durch:
    - Bewusste Wahrnehmung der Umgebung.
    - Mitstoppen der Kilometerzeiten.
    - Beobachtung der anderen Athleten, die noch größere Probleme haben.
    - Kurze Unterhaltungen einstreuen.
    - Zuschauerreaktionen beachten.
    - Eigene Endzeit hochrechnen.
    - Bei Wendepunktstrecken alle vorauslaufenden Athleten mitzählen.
    - An etwas Erfreuliches, Schönes denken.
- Nach dem Zieldurchlauf beginnt die Regeneration mit leichten Geh- und Dehnübungen. Trockene Kleidung. Die Flüssigkeits- und Nahrungsaufnahme beginnt. Duschen, eventuell Massagen und viele Gespräche.
- Zu Hause ein Entspannungsbad und tags darauf eine lockere Lauf-, Rad- oder Schwimmrunde.

6.4.4 IST ES SCHWER, EINEN MARATHON ZU LAUFEN?

Mit ein wenig Geduld, Willenskraft und sportlichem Einsatz kann jede Frau, jeder Mann zu einem erfolgreichen Sportler werden. Ich versichere Ihnen, dies ist ein erstrebenswertes Ziel. Als Beispiel möchte ich Ihnen einen Mann vorstellen, der bis zum 55. Lebensjahr kaum mit **ausdauer**sportlichen Aktivitäten in Berührung gekommen ist, außer dem Schulsport vor rund 40 Jahren. Als engagierter **Manager** hat er Jahrzehnte nur für den Beruf gelebt. Lassen wir ihn besser selbst erzählen:

„Ich habe 1984 mit dem Laufen begonnen. Nachdem ich mit großen Schlafproblemen zu kämpfen hatte, las ich, dass mit Ausdauersport das Unterbewusstsein in den Griff zu bekommen ist. Fast unter Ausschluss der Öffentlichkeit versuchte ich es mit Laufen. Nach einer Strecke von 200 m bekam ich Seitenstechen, musste ein Stück gehen, versuchte es aber von Neuem. Immer wieder. So war ich eines Tages stolz auf mich, 3,5 km durchlaufen zu können – und zusätzlich konnte ich wieder gut schlafen.

Seit diesem selbst erwirkten Heilprozess weiß ich, wie ich nach einem anstrengenden Tag mein Unterbewusstsein wieder säubern kann.

Laufe ich einmal drei oder vier Tage nicht, fragt mich meine Frau, ob ich denn nicht laufen wolle. Sie merkt – wie ich selbst auch – dass ich innerlich unrund bin.
Seitdem laufe ich mindestens 3 x pro Woche.

1995 lernte ich anlässlich eines Campingurlaubs am Faaker See Dr. Hermann Aschwer kennen. Nach einigen Tagen lud er mich ein, mit ihm zu laufen. Ich erschrak, da mir bekannt war, dass er ein mehrfacher Hawaii-Ironman und Autor vieler Triathlonfachbücher ist. Ich riskierte es – und wir liefen gemeinsam und plauderten über die schönen Tage am See. Es war nicht das letzte Mal. Somit stärkte Hermann – heute ein lieber Freund – mein Selbstvertrauen, Marathon zu laufen. Seine Aussagen: **Ich mach mir ein paar schöne Stunden,** oder bei Triathlonwettbewerben gar: **Ich mache mir einen schönen Tag,** führten dazu, dass ich tatsächlich mit 57 Jahren meinen ersten Marathon gelaufen bin.

Es war im Jahr 2000 in Berlin in 3:50:28 h – und ich habe die ganze Strecke, ohne zu leiden, als schön empfunden. Im Gegenteil, als auf den letzten Kilometern vor dem Ziel hunderttausende Zuschauer jubelten und die Welle machten, musste ich mich zurückhalten und langsamer laufen. Mein Ziel war zu finishen – und da durfte ich nichts riskieren.

Fünf Wochen später in Amsterdam lief ich nach demselben Rezept 3:35:36 h!

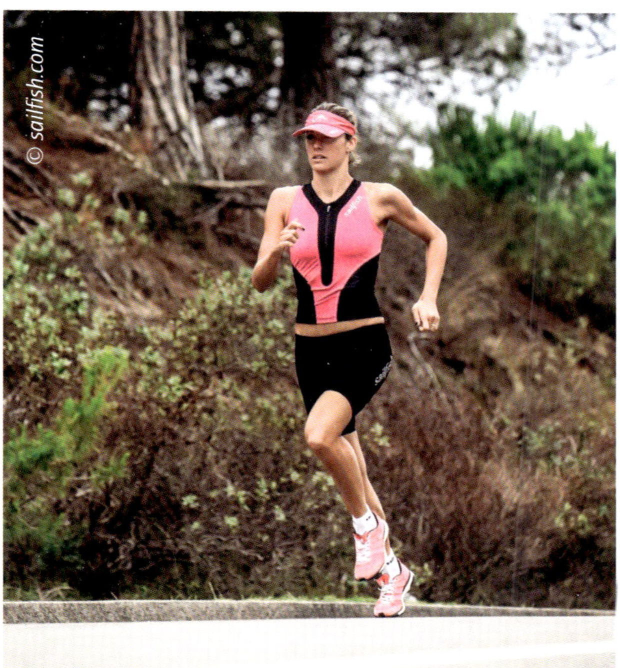

Mittlerweile erfreue ich mich an vielen weiteren schönen Laufstunden bei Halbmarathon- und Marathonläufen. Ob beim „Brolobet" von Kopenhagen nach Malmö mit 90.000 Läufern, auf Seerundkursen, über Almen, oder mit einigen hundert Läufern beim Pferdeeisenbahnmarathon auf der Trasse der ersten Eisenbahn Europas (1838). Jeder Lauf war ein positives Erlebnis. Wobei ich jedes Mal Hermann zustimme: **„Auch ich mache mir ein paar schöne Stunden!"**

6.4.5 DIE SECHS TRAININGSSTUFEN BEIM LAUFEN

Bei den nachfolgenden Trainingsplänen gehe ich von folgender Staffelung aus:

Tab. 7: Trainingsstufen beim Laufen

Stufe	Prozent vom max. Puls	Trainingsform	Trainingsart	Beispiel max. Puls 175	Beispiel max. Puls 165
1	60-70 %	Erholsames müheloses Training	Regenerationstraining Langer, langsamer Lauf; (3-L-)Lauf	105-122	99-116
2	70-75 %	Ruhiges Training	Grundlagen-ausdauer	122-131	116-124
3	75 %	Lockeres Training	Grundlagenausdauer	131	124
4	75-80 %	Flottes Training	Dauerlauf	131-140	124-132
5	80-85 %	Sehr flottes (zügiges) Training	Fahrtspiel, z. B 2-3 x 5.000 m	140-149	132-140
6	85-90 %	Hartes Training	Tempodauerlauf Halbmarathonlauf Marathonlauf	149-158	140-148
7	100 %	Wettbewerb	5.000-m-Wettbewerb	175	165

Trainingsstufe 1

60-70 % vom Maximalpuls: **Erholsames, müheloses Training.**

- Regenerationstraining bis 45 Minuten.
- Langer, langsamer Lauf (3-L-).
- Fettverbrennungsbereich.

Beim regenerativen Dauerlauf läuft man mit dem niedrigsten Trainingstempo. Hier ist nicht die Pulsrate entscheidend, sondern die aktive Bewegung, bei der z. B. Laktat besser abgebaut wird als im Zustand der Ruhe. Kurze Läufe werden nur zur Erholung nach harten Trainingsläufen oder nach Wettbewerben durchgeführt.

Die langen Dauerläufe im niedrigen Lauftempo dienen der Verbesserung und Optimierung der Langzeitausdauer. Für Athleten, die die Langdistanz anstreben, eine elementare Basisgröße, um die so wichtige Fettverbrennung zu trainieren.

Trainingsstufe 2

70-75 % vom Maximalpuls: **Ruhiges Training**

In den Stufen 2, 3 und 4 wird am häufigsten trainiert (Master mindestens vier Fünftel des Umfangs). Für ambitionierte Athleten sind mehrstündige Ausdauerbelastungen in diesen Intensitätsbereichen entscheidende Größen. Es sind die wichtigsten Intensitätsbereiche. Hierbei wird die Grundlagenausdauer trainiert. Beim ruhigen Training kann man sich noch durchgehend unterhalten und umfassend die Natur genießen.

Sehr gut trainierte Athleten absolvieren in diesem Bereich ihre 3-L-Läufe über 2-2,5 Stunden.

Trainingsstufe 3

75 % vom Maximalpuls: **Lockeres Training.**

Hier gelten die gleichen Anmerkungen wie für Trainingsstufe 2.

Die Messung der Pulsfrequenz hat hier zwei wichtige Funktionen zu erfüllen. Einerseits soll sie die Begrenzung des Pulswerts nach oben gewährleisten, andererseits dient sie als Motivator, wenn das Tempo zu langsam wird. Allerdings ist zu beachten, dass die richtigen Pulswerte erst nach der Aufwärmphase, also nach etwa 10-15 Minuten, die tatsächliche Belastungsintensität wiedergeben.

Trainingsstufe 4

75-80 % vom Maximalpuls: **Flottes Training.**

In diesem Bereich wird der flotte Dauerlauf trainiert.
Belastungsdauer bis 90 Minuten.
Die Ausdauer entwickelt sich hierbei auf einem höheren Niveau.

Trainingsstufe 5

80-85 % vom Maximalpuls: **Zügiges Training (sehr flott).**

Das schon belastende Training eignet sich für ambitionierte Athleten, der Anteil am Training ist gering. Dieser richtet sich nach Trainingszustand, Trainingszeitraum und Alter.

Z. B.:
45-jähriger Einsteiger: 1 x 14-tägig.
45-jähriger erfahrener, ambitionierter Athlet: 1 x wöchentlich.
65-jähriger erfahrener Athlet: 1-2 x 14-tägig.

Bei dieser Trainingsintensität läuft man im aeroben/anaeroben Stoffwechselbereich. Eine durchgehende Unterhaltung ist für viele Athleten nicht mehr gegeben.

Die längeren Tempodauerläufe als Vorbereitung auf den Marathonlauf, wie 3 x 5.000 m, 4 x 15 min, 2 x 30 min oder 1 x 60 min, werden in diesem Bereich gelaufen. Weiterhin kann auch das Fahrtspiel zu dieser Stufe gehören.

Laktatwerte etwa 2,5 mmol/l. Bei dieser Stufe geht es sowohl um die Ausprägung der Grundlagenausdauerfähigkeit als auch um die Erhöhung der aeroben Ausdauerfähigkeit. Gleichzeitig gewöhnt sich die Muskulatur an eine höhere Laufgeschwindigkeit und passt sich dieser besser an.

Trainingsstufe 6

85-90 % vom Maximalpuls: **Hartes Training,** Tempodauerlauf, Wettbewerbstraining Halbmarathonlauf, Marathonlauf.

Laufgeschwindigkeiten in diesem Bereich sind im Training (verdammt) hart, im Wettbewerb durch den ausgeruhten Zustand und die besondere Motivation dagegen „nur" anstrengend.

Dieser Bereich sollte für Master nur im Vorfeld von Wettbewerben über ca. acht Wochen und höchstens 1 x pro Woche zur Anwendung gelangen. Jüngere Master verkraften diese harten Trainingseinheiten, wie 5-6 x 1.000 m, 3 x 2.000 m, 4 x 2.000 m oder 3 x 3.000 m, natürlich schneller als die etwas älteren Master.

Weiterhin wird dieser Bereich bei der Fahrtspielmethode erreicht. Die lohnende Pause zwischen den Intervallen sollte mindestens so lange ausgedehnt werden, bis die Pulsfrequenz auf höchstens 110, bei einem fortgeschrittenen Master auf unter 100 Schläge pro Minute gefallen ist.

Erfahrene Triathleten können in diesem Intensitätsbereich (90 %) ihren Halbmarathon laufen, den Marathonlauf knapp darunter (ca. 85-88 %)

Hier erfüllt der Pulsmesser eine wichtige regulative Funktion.

Bei dieser Trainingsform geht es um die

- Verbesserung der wettbewerbsspezifischen Leistungsfähigkeit,
- Verbesserung der Laktattoleranz (Vergrößerung des Laktatpuffers) und um
- die Gewöhnung an die Wettbewerbsgeschwindigkeit.

Da ich persönlich diese Form des harten Trainings gar nicht mag, habe ich zwei Möglichkeiten gefunden, wie mir dieses Training ab und an doch Spaß macht:

- Die Begleitung durch einen geeigneten Trainingspartner.
- Der Start bei einem Volkslauf. Allein durch die Wettbewerbsmotivation fällt es mir wirklich leicht, diese Form des Trainings zu praktizieren.

6.5 TRAININGSFORMEN FÜR DAS LAUFEN

6.5.1 SCHAFFUNG DER GRUNDLAGENAUSDAUER DURCH LANGE, LANGSAME LÄUFE (3-L-LÄUFE)

Die langen, langsamen Läufe, die ich mit 3-L kennzeichnen möchte, sind für Triathleten von entscheidender Wichtigkeit. Sie bilden zusammen mit den langen, ruhigen Radeinheiten „die" Trainingseinheiten auf dem Weg zu einem erfolgreichen Finish bei den Triathlonlangdistanzen. Sie schaffen die Voraussetzungen für einen Erfolg auf den langen Wettbewerbsstrecken, der Halbdistanz oder der Langdistanz.

Die 3-L-Läufe helfen uns ganz entscheidend, unsere Langzeitausdauer zu verbessern und ohne die geht es bei Wettbewerben, die zwischen vier und 15 Stunden andauern können, eben nicht. Wer versucht, diese Wettbewerbe über 100 km nur mit flotten Tempotrainingseinheiten zu bestreiten, mag das Schwimmen und Radfahren noch überstehen, beim Laufen fehlt ihm dann die Erfahrung aus den langen Läufen.

Der lange Dauerlauf beginnt bei 100 Minuten Dauer. Seine Intensität ist mit zwei Drittel des Maximalpulses relativ gering. Geht er über zwei Stunden hinaus, so sollten 60 % des Maximalpulswerts angestrebt werden. Wer nicht mit einem Pulsmesser trainiert, der sollte das Tempo für seine langen Läufe so wählen, dass er pro Kilometer 1-1,5 Minuten langsamer läuft als bei seinem Marathonlauf.

Das kann heißen: Marathonlauf in 3:31 h, dann sollten die 3-L-Läufe nicht schneller sein als:

2:30-2:42 h über 25 km
2:48-3:02 h über 28 km
3:00-3:15 h über 30 km
3:12-3:28 h über 32 km

Tab. 8: Zeittabelle für die 3-L-Läufe:

Marathonlauf in h	Marathonlauf in min/km	3-L-Lauf in min/km	3-L-Lauf 25 km in h	3-L-Lauf 28 km in h	3-L-Lauf 30 km in h	3-L-Lauf 32 km in h
2:49	4	5:00-5:30	2:05-2:17	2:20-2:34	2:30-2:45	2:40-2:56
3:09	4:30	5:30-6:00	2:17-2:30	2:34-2:48	2:45-3:00	2:56-3:12
3:31	5	6:00-6:30	2:30-2:42	2:48-3:02	3:00-3:15	3:12-3:28
3:52	5:30	6:30-7:00	2:42-2:54	3:02-3:16	3:15-3:30	3:15-3:30 (auf 30 km)

Generell gilt jedoch: lieber etwas langsamer als zu schnell. Eine Unterhaltung muss während der gesamten Strecke möglich sein. Bei diesen Läufen geht es um die Muskelanpassung, nicht um die Geschwindigkeit!

Bei den 3-L-Läufen verbrennt unser Körper überwiegend Fette und schont dabei unsere im Körper befindlichen, beschränkten Glykogenvorräte. Da der Energiegewinn aus unseren Fettsäuren doppelt so hoch ist wie aus unseren Kohlenhydraten und Eiweißen, erfordert dieser Prozess auch deutlich mehr Sauerstoff. Dies ist eben nur über eine geringere Laufintensität möglich.

Die Kohlenhydratvorräte unseres Körpers reichen bis zu 30-33 km, je nach Vorwettbewerbsernährung. Diese Grenze soll beim Laufen häufiger angetastet werden, ohne jedoch in den Erschöpfungszustand zu laufen. Somit wird der 3-L-Lauf insbesondere für Master im Vorbereitungszeitraum zu einer entscheidenden Trainingsstütze.

Die Laktatwerte befinden sich bei diesen Läufen im Bereich des Ruhelaktatwerts.

Diese 3-L-Läufe trainieren neben der Fettverbrennung auch die Fähigkeit der Muskulatur, über einen langen Zeitraum zu kontrahieren und den Sauerstoff besser zu verarbeiten. Dies geschieht, indem die Anzahl der kleinen Blutgefäße und der **Mitochondrien** in der aktiven Muskulatur erhöht wird. Die **Mitochondrien** sind ja bekanntlich unsere „kleinen Kraftwerke" im Körper und sorgen dafür, dass wir insgesamt leistungsfähiger werden (aus einem Zweizylinder wird durch diese Trainingsform ein Zwölfzylinder).

Zurück zu den Glykogenvorräten. Da diese, wie erwähnt, begrenzt sind, schaltet der Stoffwechsel des Körpers zunehmend auf die Energiegewinnung durch Fettverbrennung um. Unerfahrene Athleten spüren das beim Marathonlauf knapp jenseits der 30-km-Marke, indem sie „wie gegen eine Wand laufen". Das bedeutet, dass sie ihre Geschwindigkeit reduzieren müssen, weil der Körper eben auf den Fettstoffwechsel umgestellt hat und dieser mehr Sauerstoff benötigt. Dies ist eben nur bei reduzierter Geschwindigkeit möglich.

Erfahrene Marathonläufer umgehen dieses Problem, indem sie von Beginn des Marathonlaufs an eine Geschwindigkeit laufen, bei der sofort der Mischstoffwechsel aus Glykogen und Fett aktiviert wird. Dadurch lassen sich die begrenzten Glykogenvorräte eben bis zur Ziellinie strecken. Dies ist durch den 3-L-Lauf trainierbar, da die Muskulatur hierbei lernt, nicht so schnell zu ermüden. Ähnliches gilt später bei den langen Radausfahrten.

Weiterhin lässt sich bei den 3-L-Läufen die Getränkeaufnahme trainieren.

Auf die mentale Einstellung bei den langen Lauf- und Triathlondistanzen wird an anderer Stelle ausführlich eingegangen. Nur eins dazu, wenn es im Kopf nicht mit der Einstellung stimmt, so werden die Beine dies auch nicht richten können. Neben der großen Zeitdauer lassen sich im Training auch manche, nicht erwartete Probleme erkennen oder erahnen.

Dazu gehören: die gleichmäßige Einteilung der Kräfte, das Beißen auf den letzten Kilometern, das Überwinden mancher Tiefpunkte, die Beseitigung oder das Durchstehen von unvorhersehbaren Dingen, wie das plötzliche Drücken der Schuhe, das Scheuern von Strümpfen und Trikot, unpassende Sportbekleidung oder Ähnliches.

Viele dieser möglichen Unannehmlichkeiten, die im Wettbewerb oft das Scheitern bedeuten, treten während dieser langen Läufe auf und können entsprechend berücksichtigt werden. Nach wie vor gilt beim Marathonlauf die alte Regel: Der richtige Marathonlauf beginnt erst ab km 32.

Wer sich auf die Triathlonlangdistanzen vorbereitet und im Frühjahr, aus dem Wintertraining heraus, einen Vorbereitungsmarathon bestreiten möchte, dem kann ich nur empfehlen, von den Trainingsstrecken 25, 28, 30 und 32 km her, insgesamt 6 (3-L-)Läufe zu bestreiten (je Woche einen 3-L-Lauf), wenn noch keine langen Radausfahrten möglich sind. Werden jedoch bereits regelmäßig 4-5-stündige Radausfahrten trainiert, so reichen 4-5 lange Läufe. Erfahrene Master können auch mit vier langen Läufen auskommen.

Triathleten mit mehr als 85 kg Körpergewicht sollten sich mit vier langen Läufen (maximal 3 h) begnügen und dafür mehr die langen, ruhigen Radausfahrten praktizieren.

Das flotte Ausdauertraining kann bis zu einem Umfang von 90 Minuten ausgeführt werden.

Generell gilt:

Je länger die Laufzeit, umso ruhiger wird gelaufen.
Je kürzer die Laufzeit, umso flotter kann (nicht muss) gelaufen werden!

6.5.2 SCHNELLIGKEITSAUSDAUERTRAINING, FAHRTSPIEL – TEMPODAUERLAUF

Fahrtspiel, (FS) besser **Kinderspiel,** als kurzer Tempodauerlauf!

Wer Kinder beim Spielen beobachtet, stellt ganz schnell eines fest:

Kinder bewegen sich in den unterschiedlichsten Geschwindigkeiten. Sie laufen locker, zügig, schnell, sie sprinten und traben. Diese Art des Laufens entspricht genau dem Wesen des Fahrtspiels, eigentlich müsste es **Kinderspiel** heißen.

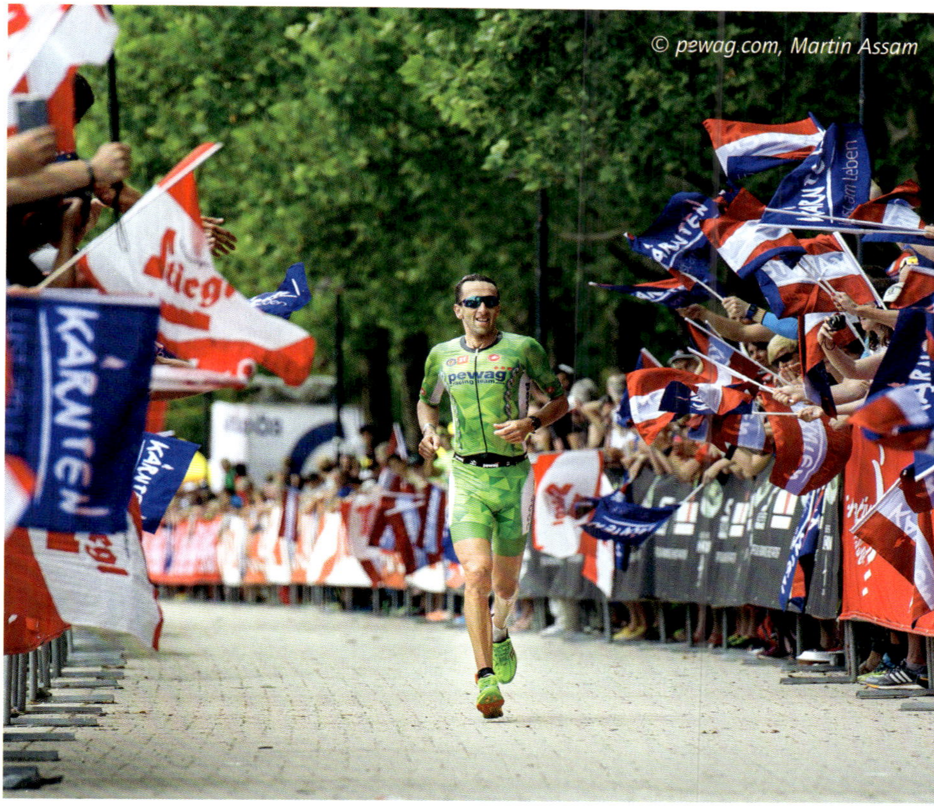

© pewag.com, Martin Assam

Betrachten wir dagegen Läufer, die etwas für ihr Lauftempo tun wollen, so drehen sie ihre Runden im Stadion, laufen auf vermessenen Strecken auf der Landstraße oder eben auf einer seit Jahren bekannten Strecke im Wald. Nach Möglichkeit stets immer dieselbe Trainingseinheit, immer dasselbe Laufprogramm, immer dieselbe Strecke, immer dieselben Leute, immer dieselben Gesprächsthemen usw. Monotonie pur. Diese Langeweile lässt sich auf kindliche Art und Weise unterbrechen und damit das Laufen wieder interessanter gestalten.

Machen wir es so wie die Kinder. Spielen wir im Training mit dem Tempo.

Nach einer Aufwärmphase geht es los. Sprinten Sie über 80-120 m, führen Sie schnelle Abschnitte von 1-3 Minuten durch oder zügige Passagen von eben mehr als drei Minuten. Dazwischen traben Sie locker über einen selbst festgelegten Zeitraum. Diese Spielereien können auch in der Gruppe durchgeführt werden, bei der jeder einen Vorschlag unterbreitet.

Z. B. beschleunigen Sie bis zum nächsten Haus, zum Endes des Waldes, bis zur nächsten Tanne, zu irgendeiner selbst gesteckten Markierung. Nachdem dieser flotte Abschnitt vorüber ist, folgt ruhiges, erholsames Laufen oder gar Traben bis zur Erholung. Belastung und Erholung müssen auch beim Fahrtspiel im richtigen Verhältnis stehen, damit das Training zu einer Leistungsverbesserung führt.

Verspüren Sie wieder Lust, beginnt das Spielchen von vorn. Das Tempo bestimmt der Athlet selbst. Fahrtspiel ist also intensiv, frei von Zwängen und ohne vorgeschriebene Streckenlängen und Tempo. Der Triathlet läuft so, wie er an dem Tag gerade Lust verspürt, schnell zu laufen. Fahrtspiel ist Tempoarbeit, aber spielerisch und kreativ. Zudem hat es den großen Vorteil, dass diese kindliche Variante keine abgemessene Strecke oder eine 400-m-Bahn benötigt.

Lockeres Auslaufen und leichtes Stretching beendet das Fahrtspiel.

Tempodauerlauf

Der sogenannte **Tempodauerlauf** für unseren Halbmarathon- und Marathonlauf geht von den jeweiligen realistischen Wettbewerbszeiten aus.

Wer diese Läufe angeht, sollte über eine ausreichende Basis im Grundlagenausdauerbereich verfügen. Tempodauerläufe werden, je nach Anspruch (10, 42 km) und Leistungsfähigkeit, zwischen 15 und 60 Minuten ausgeführt. Sie werden etwa bei 85 % vom Maximalpuls in gleichmäßigem Tempo absolviert und beanspruchen damit unseren aerob/anaeroben Mischstoffwechsel. Die Messung der Pulswerte ist hierbei besonders wichtig, um tatsächlich den angestrebten Pulswert einerseits zu erreichen, andererseits eben nicht zu überschreiten. Es empfiehlt sich, diese Läufe auf einem möglichst ebenen Terrain durchzuführen. Hilfreich dabei sind geeignete Trainingspartner, weil einem das Laufen in einer Gruppe leichter fällt, als wenn man diese „harten Brocken" alleine bestreiten muss.

Beim Marathonlauf entspricht der Tempodauerlauf dem Wettbewerbstempo. Der Anteil am Training sollte gering sein. Maximal 1 x pro Woche für Master, die 3:15 h und schneller über die Marathondistanz laufen können. Wer mehr als 3:30 h benötigt, darf auch 2 x in der Woche sein Wettbewerbstempo über 30-60 Minuten laufen.

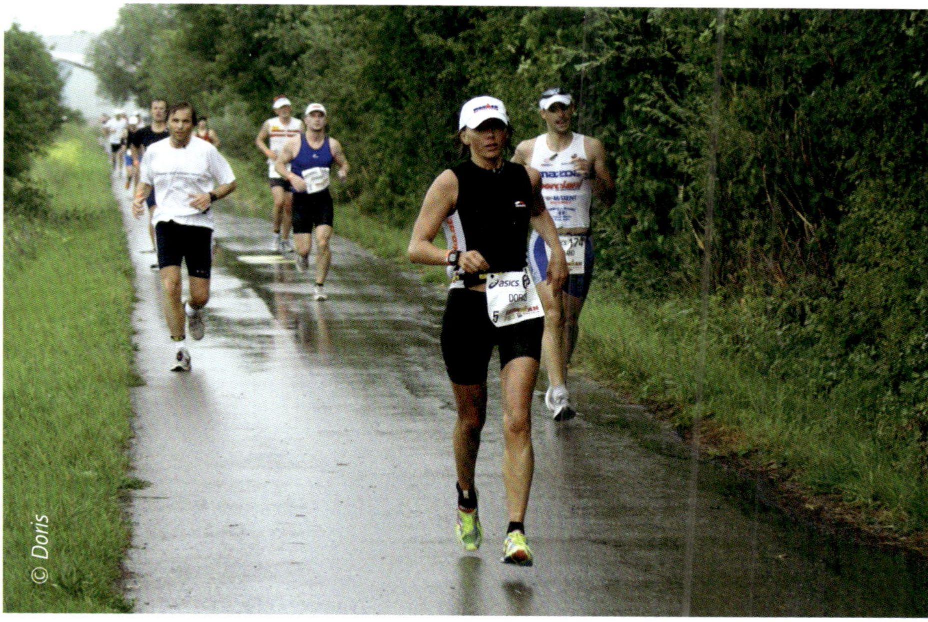

6.5.3 TEMPOTRAINING, INTERVALLE

Im Gegensatz zu den Dauermethoden, bei denen die Geschwindigkeit während des gesamtes Laufs bzw. des Radfahrens auf einem möglichst gleichmäßigen Niveau gehalten wird und der Lauf durch eine Aufwärm- und Auslaufphase eingerahmt wird, sind Intervallläufe durch einen planmäßigen Wechsel von Belastungs- und Erholungsphasen charakterisiert. Hierbei werden die Erholungsphasen, die auch als lohnende Pausen bezeichnet werden, nicht bis zur vollständigen Regeneration ausgedehnt. Je nach Intervalllänge dauern sie einige Minuten. Ein wichtiges Merkmal hierfür liefert der Pulswert. Während gut trainierte Athleten die lohnenden Pausen bis zu einem Pulswert von ca. 120 ausdehnen, sollten wir Master diese bis auf unter 110 für die jüngeren Master – und ansonsten bis zu einem Pulswert von unter 100 – ausdehnen.

Diese Läufe werden im Bereich der anaeroben Schwelle durchgeführt.

Für Verbesserungen auf der 5.000-m-, 10.000-m-, Halbmarathon- und Marathonstrecke sind für Master folgende Tempodauerläufe oder Intervalle geeignet:

Tab. 9: Geeignete Intervalle und Tempodauerläufe zur Verbesserung der Laufzeiten

ZT: 10-km-Renntempo

MT: Marathonrenntempo oder Marathontempo

Anzahl	Intervalllänge in m	Geschwindigkeit	Besonders geeignet für folgende Strecken
4-8	1.000	10.000-m-Tempo (ZT)	5 km, 10 km, Marathon
2-4	2.000	10.000-m-Tempo (ZT)	5 km, 10 km, Marathon
2-3	3.000	10.000-m-Tempo oder Marathontempo (MT)	10 km, Marathon
2-3	5.000	Marathontempo (MT)	Halb- und Marathonlauf
1	Eine Stunde	Marathontempo (MT)	Marathon

Die Häufigkeit dieser anzuwendenden Methoden richtet sich nach dem Leistungsstand, dem Leistungsvermögen und dem Alter. Näheres dazu in den Trainingsempfehlungen.

Tempowechselläufe oder -fahrten

Wer gerne mit dem Tempo beim Laufen oder Radfahren spielt, für den gibt es eine weitere Möglichkeit, die Tempowechselläufe oder -fahrten. Sie lassen sich nahezu in jedes Ausdauertraining einbauen. Nach einer Aufwärmphase werden 6 x 2 Minuten im Belastungsbereich 85-90 % gelaufen oder mit dem Rad gefahren. Dazwischen traben Sie wieder, bis Sie sich erholt haben.

6.5.4 CRESCENDO

Wer das variantenreiche Training liebt, dem wird es ab und an Spaß machen, seine Laufgeschwindigkeit häufiger zu wechseln. Nehmen Sie sich eine 3-5 km lange Laufrunde und beginnen Sie im **ruhigen** Tempo, steigern dann auf eine **lockere**, dann auf eine **flotte**, bis hin zu einer **zügigen** Belastungsintensität. Also etwa von 70 %, auf 75 %, dann auf 80 % und 85 % des Maximalpulswerts. Ich wähle dazu gerne eine 4-km-Runde und absolviere sie eben 4 x. Wenn ich mich gut fühle, habe ich auch nichts dagegen, wenn sich mein Puls der 90 %-Marke nähert.

6.5.5 HÜGELTRAINING

Bitte Vorsicht, beim Hügeltraining erreichen Sie schnell den anaeroben Bereich. Für das Hügeltraining eignet sich eine 10-13 %ige Steigung über eine Länge von 500-600 m. Auf den Fußballen mit verkürzter Schrittlänge geht es den Berg hinauf. Oben wird 500 m locker ausgelaufen und anschließend den Hügel hinabtraben.

Mit 3-4 Hügelläufen wird das Schnelligkeitsausdauertraining begonnen und jede Woche um einen Lauf gesteigert. Neben der Schnelligkeitsausdauer wird die Kraftausdauer trainiert.

6.6 10.000-M-BESTZEIT

Für engagierte und ambitionierte Triathleten, die eine besondere Vorliebe für das Laufen haben oder aus dem Läuferlager zum Triathlon gekommen sind, ist es häufig einfach interessant zu wissen: „Was kann ich derzeit auf der 10.000-m-Strecke für eine Zeit laufen?"

Darüber hinaus liefert diese Laufzeit auch aufschlussreiche Informationen über die Möglichkeiten auf der Halbmarathonstrecke und der Marathonstrecke. Auch auf mich hat die 10.000-m-Strecke eine große Faszination ausgeübt. Erst als ich meine „Traumzeit" unterboten hatte, ließ der große Reiz auf eine Verbesserung der Laufzeit abrupt nach.

Wenn von 10.000 m gesprochen wird, so ist in Läuferkreisen damit ein Lauf auf der Stadionbahn gemeint. Dagegen bedeutet 10-km-Strecke ein Lauf auf einer vermessenen Straße, also ein Straßenlauf.

Nachfolgend werde ich nicht zwischen Bahnlauf und Straßenlauf unterscheiden.

Nun gibt es mehrere Möglichkeiten für uns Triathleten, den Versuch zu unternehmen, möglichst schnell die 10-km-Strecke zu absolvieren. Da wir keine reinen Läufer sind, können wir uns auch nicht laufspezifisch auf den Bestzeitversuch vorbereiten.

Ich sehe zwei ausgezeichnete Möglichkeiten, eine gute 10-km-Zeit zu erzielen:

- Im Zusammenhang mit dem Training für einen Frühjahrsmarathonlauf bzw. Herbstmarathonlauf sowie
- zum Abschluss der Triathlonsaison.

In beiden Fällen ist das Erreichen einer guten 10-km-Zeit durch einige wenige, sehr flotte Trainingseinheiten möglich. Diese 4-6 Trainingseinheiten können wöchentlich 1 x eingestreut werden. Selbstverständlich kommt das Ein- und Auslaufen hinzu.

Tab. 10: 10.000-m-Bestzeit

ZT: angestrebte 10-km-Zeit — *Z. B. 40 min, d. h. 4:00 min/km*
Z. B. 45 min, d. h. 4:30 min/km
Z. B. 50 min, d. h. 5:00 min/km
Z. B. 55 min, d. h. 5:30 min/km

Woche	Anzahl	Intervalllänge m	Tempo	Trabpause min	Bemerkung
1	5	1.000	ZT	5-6 min	
2	3	2.000	ZT + 5 s	10 min	
3	6	1.000	ZT	5-6 min	
4	4	2.000	ZT + 5 s	10 min	
Evtl. 5	8	1.000	ZT + 5 s	5-6 min	
Evtl. 6	5	1.000	ZT	5-6 min	

10 Tipps hierzu:

- Die Intervallläufe sollten in relativ ausgeruhtem Zustand durchgeführt werden.
- Suchen Sie sich einen geeigneten Trainingspartner für diese harten Läufe.
- Laufen Sie die Intervalle in Ihren Wettbewerbsschuhen.
- Wem das zu viel wird, der ersetzt eine Einheit durch ein ausgiebiges Fahrtspiel.
- Das Baistraining, die lockeren Dauerläufe, dürfen nicht vernachlässigt werden.
- Der letzte Tempolauf sollte mindestens fünf Tage vor dem Wettbewerb absolviert werden.
- Laufen Sie nur auf eine gute Zeit, wenn Sie sich gesundheitlich topfit fühlen.
- Versuchen Sie im Wettbewerb unbedingt, ein gleichmäßiges Tempo zu laufen.
- Wer mit dem Pulsmesser läuft, kann 95 % des Maximalpulswerts erreichen. Allerdings nur von km 3 bis einschließlich km 8. Danach entscheidet Ihre Muskulatur, wie schnell Sie noch laufen können.
- Ein schneller 10-km-Lauf lässt sich für Marathonläufer auch sehr gut zwei Wochen vor oder zwei Wochen nach einem Marathonlauf bestreiten.

Nun wieder zur praktischen Umsetzung. Wie so ein Versuch, eine gute 10.000-m-Zeit zu laufen, bei mir in der Praxis aussah, zeigen die nachfolgenden Daten.

Zeitraum: September, also nach Abschluss der Triathlonsaison.

Vom Training der Mitteltriathlondistanz zur 10-km-Bestzeit

Zu den angegebenen Radkilometern kommen noch die täglichen Fahrten mit dem Rad zur Arbeit hinzu (4-5 x pro Woche, je 18 km hin und 18 km zurück).

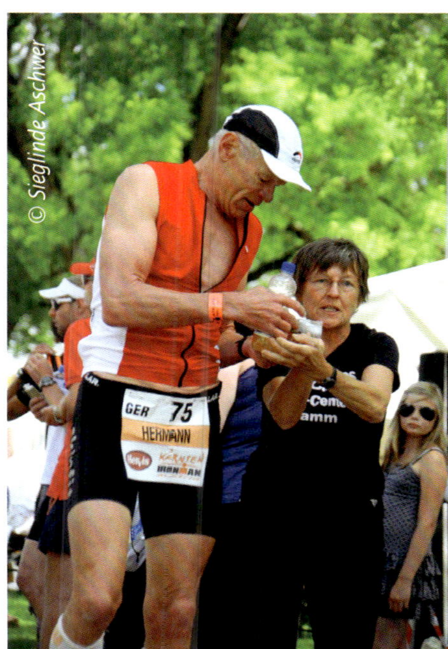

© Sieglinde Aschwer

Angemerkt werden muss, dass diese Pläne aus meiner Zeit als junger Master stammen und der Trainingsumfang in diesem Kalenderjahr knapp 15 Stunden pro Woche betrug. Die beiden Mitteltriathlondistanzen galten als Saisonhöhepunkte. Die Wettbewerbe waren von daher eingebettet in eine entsprechende Trainingsintensität und -umfang. Bereits im Frühjahr dieses Jahres gelang mir mit 2:44 h meine schnellste Marathonzeit in Hamburg.

Tab. 11: Trainingspläne 10-km-Zeit

Trainingsschwerpunkt: Mitteldistanz Datum: vom 22.8. bis 28.8.								Woche:			
Tag	Gewicht kg (mo)	S		R		L		Sonstige sportliche Betätigung	Kommen-tar	Puls	Gewicht kg (ab)
		Distanz m	Zeit h	Distanz km	Zeit h	Distanz km	Zeit h			Ruhe/ Belas-tung	
Mo.		500				8	0:34				
Di.						15	1:09				
Mi.				80	Ruhig						
Do.		2.000				15	1:08				78,5
Fr.						10	0:43				
Sa.											
So.	76,7	2.500	49:30	80	2:48	20	1:23		Mittel-distanz 5:06:55 h		
Summe		**5.000**		**160**		**68**					

Trainingsschwerpunkt: Regeneration Datum: vom 29.8. bis 4.9.								Woche:			
Tag	Gewicht kg (mo)	S		R		L		Sonstige sportliche Betätigung	Kommentar	Puls	Gewicht kg (ab)
		Distanz m	Zeit h	Distanz km	Zeit h	Distanz km	Zeit h			Ruhe/ Belastung	
Mo.											
Di.						15	1:11				
Mi.				60	Ruhig						
Do.		1.700				12	0:54				
Fr.											
Sa.		1.000	20	40	1:10	9,6	35:30	2:11	Triathlon Kurzdistanz nur 85-90 %		
So.				55	Ruhig						
Summe		2.700		155		36,6					

Trainingsschwerpunkt: Mitteldistanz, Triathlon Saisonabschluss Datum: vom 5.9. bis 11.9.								Woche:			
Tag	Gewicht kg (mo)	S		R		L		Sonstige sportliche Betätigung	Kommentar	Puls	Gewicht kg (ab)
		Distanz m	Zeit h	Distanz km	Zeit h	Distanz km	Zeit h			Ruhe/ Belastung	
Mo.		1.500				12	0:49		L: 5.000 m in 18:56		78,4
Di.		1.500				25	1:57				
Mi.				25							
Do.		1.000				13	1:00				
Fr.											
Sa.											
So.	76,7	2.000	49:30	86	2:41	20	1:23		Mitteldistanz 4:54 h		
Summe		**6.000**		**111**		**70**					

Trainingsschwerpunkt: Regeneration Datum: vom 12.9. bis 18.9.								Woche:			
Tag	Gewicht kg (mo)	S		R		L		Sonstige sportliche Betätigung	Kommentar	Puls	Gewicht kg (ab)
		Distanz m	Zeit h	Distanz km	Zeit h	Distanz km	Zeit h			Ruhe/ Belastung	
Mo.											
Di.						12	0:55				
Mi.											
Do.		1.200				15	1:10				
Fr.						12			L: 4 x 1.000 m in 3:30 min		
Sa.						25	2:00				
So.											
Summe		1.200				64					

Trainingsschwerpunkt: Intervalle, 10-km-Straßenlauf Datum: vom 19.9. bis 25.9.								Woche:			
		S		R		L				Puls	
Tag	Gewicht kg (mo)	Distanz m	Zeit h	Distanz km	Zeit h	Distanz km	Zeit h	Sonstige sportliche Betätigung	Kommentar	Ruhe/ Belastung	Gewicht kg (ab)
Mo.						17			L: 6 x 1.000 m 3:18-3:22		
Di.						15					
Mi.		1.200									
Do.		1.000				12					
Fr.											
Sa.						10 Ein/Aus			Straßenlauf 35:33 h		
So.						12	Ruhig				
Summe		**2.200**				**66**					

Trainingsschwerpunkt: Laufen, 10.000-m-Bahnlauf Datum: vom 26.9. bis 2.10.								Woche:			
Tag	Gewicht kg (mo)	S		R		L		Sonstige sportliche Betätigung	Kommentar	Puls	Gewicht kg (ab)
		Distanz m	Zeit h	Distanz km	Zeit h	Distanz km	Zeit h			Ruhe/ Belastung	
Mo.						6			Sehr schwer		
Di.						5 x 1.000 m 5.000 m	je 3:30 min 19:30 min	Sportfest			
Mi.											
Do.		1.300				12	Ruhig				
Fr.		1.000									
Sa.						Ein/Aus 10.000 m	Bahnlauf	5.000 m 17:07 min	Bahnlauf 10.000 m 34:56 min		
So.						12	Regeneration				
Summe		**2.300**				**70**					

6.7 HALBMARATHONTRAINING

Wer eine Halbdistanz beim Triathlon absolvieren möchte, schwimmt zuerst 1,9-2,5 km, fährt 90 km Rad und läuft abschließend einen Halbmarathonlauf. Häufig ist die Laufstrecke auch nur 20 km lang. Auch hierbei ist das Laufen die schwierigste und härteste Disziplin von den dreien. Wer diesen Halbmarathonlauf erfolgreich durchlaufen möchte, dem ist ein entsprechendes Lauftraining dringend anzuraten. Allein mit einem 10-km-Lauftraining ist der Halbmarathonstrecke nicht beizukommen. Wer jedoch in sein Training einige 90-120 Minuten lange Läufe einbaut, der hat große Chancen, gut über die Runden zu kommen. Selbstverständlich ist ein Marathontraining mit den entsprechenden langen Laufeinheiten als Vorbereitung geeignet, um einen Halbmarathon zu bestreiten.

Wer sich jedoch speziell auf eine Halbdistanz vorbereitet und noch keinen Marathon bestritten hat, für den gelten nachfolgende Empfehlungen.

Mit einem Lauf über 21,1 km ist man auf dem besten Wege, ein Maratholäufer zu werden. Man muss es allerdings nicht. Wer als Triathlet sein Ziel darin sieht, einige Halbdistanzen zu bestreiten, der muss nicht unbedingt einen Langdistanz-Wettbewerb anpeilen. Aber, seien wir mal ehrlich, wer im Triathlon die sogenannte **Halbdistanz** bestreitet, befindet sich in der Regel auf dem Weg zur Langdistanz. Dieser Weg ist auch der richtige und hat sich in der Sportpraxis bestens bewährt. Bereits 1993 habe ich das Stufenmodell in meinem Buch Triathlontraining – vom Jedermann zum Ironman beschrieben und erläutert. Der große Anklang des Buches zeigt mir, dass es ein vernünftiger Weg ist, um sich den Traum vom Ironman zu erfüllen. Dazu gehört natürlich ein systematisches Training über mehrere Jahre.

Dieses Halbmarathontraining kann für engagierte und ambitionierte Master nicht nur aus einem reinen Ausdauertraining bestehen, es sollte (nicht muss) auch einige flotte und sehr flotte Unterdistanzläufe beinhalten, um die läuferischen Möglichkeiten zu verbessern. Wer als Triathlet mittelfristig eine Halbdistanz plant, der sollte vorab einige Halbmarathonläufe bestreiten, um die wirkliche Scheu oder teilweise auch Angst vor der letzten Disziplin, dem Laufen, zu verlieren.

Eine Halbmarathondistanz kann sowohl zum Abschluss einer Kurztriathlonsaison als auch im Frühjahr als Vorbereitung auf die bevorstehende Halbdistanz absolviert werden.

Wer also bereits einige Kurztriathlons erfolgreich gefinisht hat und gesund ist, der hat die Voraussetzungen erfüllt, um einen Halbmarathonlauf zu bestreiten. Das Alter setzt uns hierbei keinerlei Grenzen. Wir alle wissen, wie viele Master im fortgeschrittenen Alter ihren ersten Halb- und auch ganzen Marathon bestritten haben. Und dies ohne jegliche Blessuren, im Gegenteil. Bei einer vernünftigen Trainingsvorbereitung ist der Halbmarathonlauf ein erstrebenswertes Ziel und eine gute Basis, die Triathlonmitteldistanz zu meistern.

12-15 km lange Läufe sind Ihnen aus dem Kurztriathlontraining bekannt. Jetzt fehlen nur noch einige längere Läufe über 90-120 Minuten. Das Problem hierbei ist für die meisten Athleten nicht die Lauflänge, sondern die Laufgeschwindigkeit. Das Lauftempo muss wirklich langsam sein. Das fällt vielen Athleten sehr schwer. Oft bestimmt der schnellste „Hirsch" in der Gruppe das Tempo und alle laufen hinterher, einfach so hinterher, ohne jeglichen Widerspruch. Keiner will sich die Blöße geben und abreißen lassen, also wird gebissen bis zum bitteren Ende – und, wieder war es nichts mit dem langen, ruhigen Lauf. Bleiben Sie stur und richten sich in etwa nach dem Pulsmesser, das ist eine Möglichkeit. Die zweite wäre, Sie suchen sich einen langsameren Läufer, als Sie es sind, aus und laufen mit ihm 12 oder 15 km, danach hängen Sie noch eine ruhige Runde an. Ebenso denkbar ist es, wenn Sie Ihren Partner oder Kinder für eine Radbegleitung gewinnen können. Jetzt brauchen Sie kein schlechtes Gewissen wegen der längeren Abwesenheit von zu Hause zu haben und können sich obendrein in Ruhe unterhalten.

Engagierte Läufer können sich über eine einfache Formel aus der 10-km-Laufzeit eine realistische Endzeit über die Halbmarathonstrecke ausrechnen. Diese lautet:

10-km-Zeit x 2,222 = erreichbare Laufzeit über die Halbmarathonstrecke

Sie können z. B. die 10 km in 50 Minuten durchlaufen. Die erreichbare Laufzeit über 21,1 km beträgt dann etwa 50 min x 2,222 = 111,1 min = 1:41 h.

An dieser Zeit können Sie sich orientieren. Selbstverständlich spielen die äußeren Bedingungen auch noch eine Rolle. Diese können jedoch im Vorfeld nicht berücksichtigt werden.

Zweites Beispiel: Laufzeit über 10 km glatte 40 Minuten.
40 x 2,222 = 88, 88 min = 1:29 h.

Bei 55 Minuten: 55 x 2,222 = 122,21 min = 2:02 h
Bei 60 Minuten: 60 x 2,222 = 133,32 min = 2:13 h

Weitere Daten dazu, siehe Tabelle 11 Kap. 6.7.1.

Ein Halbmarathonlauf lässt sich für einen Marathonläufer sehr gut vier Wochen vor einem Marathonlauf mit ins Programm aufnehmen.

6.7.1 ZWEIMONATSPLAN FÜR EINEN HALBMARATHONLAUF IM FRÜHJAHR

So könnte eine zweimonatige Vorbereitung auf einen Halbmarathonlauf im Frühjahr aussehen.

Das Schwimmtraining und die gelegentlichen Radausfahrten, die sich, je nach Witterung, einschieben werden nicht besonders aufgeführt.

Tab. 12: Zweimonatsplan für einen Halbmarathon

Wo Nr.	Mo. Frei	Di. Zügige Abschnitte 80-85 %	Mi. Frei	Do. Locker 75 %	Fr. Frei	Sa. Langer Lauf (65-70 %)	So. Locker (75 %) evtl. Rad
1		60 min mit FS		65 min		70 min	45 min
2		3 x 1.000 m ZT, Ein/Aus		45 min		10-km-Wettbewerb	2 h Rad
3 Reg.		50 min mit FS		45 min		50 min	30 min
4		70 min 2 x 5.000 m HMT		60 min		90 min	45 min
5		60 min 4 x 1.000 m ZT		45 min		10-km-Wettbewerb	2 h Rad
6 Reg.		60 min mit FS		40 min		60 min	30 min
7		85 min 3 x 4.000 m HMT		60 min		90 min	45 min
8		60 min mit FS		80 min		70 min	35 min
9		60 min 3 x 1.000 m im ZT		30 min		Halbmarathonwettbewerb	1-2 h Rad

Erläuterungen zu den Trainingsangaben:

ZT: 1.000-m-Abschnitte im 10-km-Renntempo mit je 1.000 m Trabpause, bis Puls < 110.

HMT: 4.000-m- bzw. 5.000-m-Abschnitte im Halbmarathonrenntempo mit je 10 min Trabpause, bis Puls < 110.

Reg. Regenerationswoche.
Montags: Trainingsfrei.
Dienstags: FS: Fahrtspiel: Der Läufer bestimmt Anzahl, Länge und die Geschwindigkeit der zügigen Abschnitte selbst. Während der Regenerationswochen nur kurze, zügige Abschnitte.
Mittwochs: Trainingsfrei.
Donnerstags: Lockeres Training (75 %), 15 Minuten Lauf-ABC.
Freitags: Trainingsfrei.
Samstags: Lange Dauerläufe (65-70 %), 15 Minuten Lauf-ABC.
Sonntags: Locker: Ruhige Radausfahrten, Trittfrequenz 90-100 Umdrehungen pro Minute. Bei ungünstiger Witterung verschieben.

Selbstverständlich sind die Trainingseinheiten und -tage austauschbar, auch der Sa. und So.

1-2 x pro Woche Lauf-ABC, also über 10-30 m je drei Serien folgende Übungen durchführen: Fußgelenklauf (Skipping), Anfersen, Kniehebelauf, Hopserlauf, Sprunglauf.

Je nach Ambitioniertheit, Können und Wollen lassen sich diese Pläne natürlich verändern. Wichtig ist und bleibt, dass jeder Athlet unter Berücksichtigung seines individuellen Umfeldes den Plan auf seine Verhältnisse ummünzt.

So meistern Sie den Halbmarathonlauf am besten

Auch ein Halbmarathonlauf ist nicht von „Pappe" und erfordert ein möglichst gleichmäßiges Renntempo. Viele Athleten rennen auf den ersten Kilometern los wie bei einem 10-km-Rennen. Das dicke Ende folgt dann spätestens ab der 15-km-Marke.

Erfolg versprechend dagegen ist ein gleichmäßiges Tempo, wobei jeder im Vorfeld eine realistische Endzeit anvisieren muss. Diese Endzeit gilt es dann, auf die Kilometerzeit umzurechnen. Vom Gefühl her erscheinen die ersten 3 km wirklich locker zu sein, wenn man sich an die Vorgaben hält. Für dieses trügerische Gefühl gibt es zwei Gründe: Erstens ist jeder für den anstehenden Wettbewerb besonders motiviert und zweitens hat man das Training in den letzten 10 Tagen reduziert, um eben sein Leistungspotenzial ausschöpfen zu können.

Wer losläuft wie ein „Besessener", läuft auch genauso schnell über seine anaerobe Schwelle und bildet bereits auf den ersten Kilometern so viel Laktat, das ihm ab der 15-km-Marke dann in Form von „dicken Beinen" schwer zu schaffen macht.

Nach meinen Erfahrungen kann der Halbmarathonlauf mit einer Pulsrate gelaufen werden, die bei 90 % vom Maximalpuls liegt. Erfahrene Master können auch mit 90-92 % durchlaufen. Anfängern und reiferen Mastern rate ich zu etwas vorsichtigerem Handeln, für sie reichen auch einige Pulsschläge pro Minute weniger.

Allerdings ist eines dabei ganz wichtig. Der Belastungspuls stellt sich erst ab km 3 ein. Auf den letzten drei Kilometern sollten Sie ebenfalls nicht mehr auf Ihren Pulsmesser achten. Die Pulsrate steigt auf Grund der Körpererwärmung an.

6.8 MARATHONLAUF – ECKPFEILER FÜR MITTEL- UND LANGDISTANZEN

Das Laufen stellt für die meisten Triathleten die schwierigste Disziplin dar, vor allem für diejenigen Athleten, die aus anderen Ausdauersportarten (Schwimmen, Radfahren) zum Triathlon gewechselt sind. Aber auch für die Triathleten, deren sportliche Herkunft die Laufszene war, gibt es eine Reihe von Fakten, die das Laufen im Triathlon vom reinen Laufen unterscheidet.

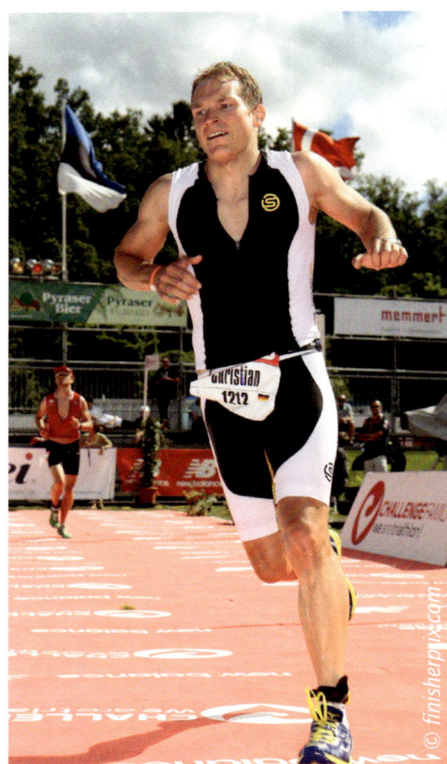

Dies gilt insbesondere für den Langdistanz-Triathlon.

Ich möchte nachfolgend trennen zwischen einem Laufmarathon und einem Langdistanz-Marathon.

Tab. 13: Unterschiede zwischen einem Laufmarathon und einem Langdistanz-Marathon

Laufmarathon	Langdistanz-Marathon
Der Start erfolgt in ausgeruhtem Zustand.	Der Start erfolgt nach 3,8 km Schwimmen und dem 180 km langen Radfahren in stark ermüdetem Zustand. Dies gilt sowohl physisch (körperlich) als auch psychisch.
Die Witterungsbedingungen sind über den absehbaren Wettbewerbszeitraum von drei oder vier Stunden gut einzuschätzen.	Anpassung an sich verändernde Witterungsverhältnisse ist nur bedingt möglich, da der Langdistanz-Wettbewerb in der Früh um 7 Uhr beginnt, das Laufen jedoch erst in den Mittags- und Nachmittagsstunden beginnt und abends oft erst bei Dunkelheit beendet wird.
Durch entsprechendes Einlaufen findet der Läufer sofort zu seinem Laufrhythmus.	Die Umstellung von der langen Radfahrt zum Laufen erschwert das Finden des richtigen Laufrhythmus.
Die Planung des Lauftempos ist relativ exakt möglich, auch unter Berücksichtigung der herrschenden Witterungsbedingungen.	Die Planung des Lauftempos ist auf Grund der Vorbelastungen nur bedingt möglich.
Es kann mit einer vorgegebenen Pulsrate jenseits der 3-km-Marke gelaufen werden.	Bereits zu Beginn des Laufens ist nicht nur die Pulsrate, sondern auch die Vorbelastung des Stütz- und Bewegungsapparats sowie der Muskulatur mit zu berücksichtigen.
Körpersignale deuten sich erst im späteren Verlauf des Laufmarathons an. In der Regel geschieht dies im letzten Drittel des Laufs.	Die Vorbelastungen erfordern einen feinfühligen Übergang vom Radfahren zum Laufen und ein frühzeitiges Beachten von Körpersignalen.
Die Verpflegungsaufnahme ist exakt planbar.	Die Verpflegungsaufnahme muss deutlich umfangreicher ausfallen.
Der optimale Laufschuh kann leichter ausfallen.	Die andersartige Beanspruchung der Muskulatur beim Radfahren hat Auswirkungen auf die Lauftechnik. Diese Tatsache erfordert einen stabileren Laufschuh.
Ein Ausstieg beim Lauf ermöglicht innerhalb kurzer Zeit einen Neustart, um so das Negativerlebnis zu kompensieren.	Die psychische Belastung wird durch die lange Wettbewerbsdauer höher, daher ist die mentale Einstellung noch wichtiger als beim Laufmarathon. Ein Ausstieg kann langfristige Frustrationen auslösen, da die Möglichkeit der Wiederholung oft ein Jahr auf sich warten lässt. Eine schwache Laufleistung – man wird von vielen Athleten überholt – kann demoralisierend, zermürbend wirken und daher leicht zum Ausstieg führen.

Aus den vorgenannten Gründen ist gerade das Lauftraining in Bezug auf den Langdistanz-Wettbewerb von eminenter Bedeutung. Um auch die psychische Barriere Marathon zu beseitigen, kann ich nur jedem Langdistanz-Aspiranten dringend empfehlen, einen Marathonlauf in der Vorbereitungszeit zu bestreiten. Selbstverständlich kommt auch ein Athlet, der die Mitteldistanz bestreiten möchte, mit einem vorher absolvierten Marathonlauf risikoärmer über die Runden.

6.9 DER MARATHONLAUF IM VORBEREITUNGSZEITRAUM

Das Training der fortgeschrittenen Master (Master in den höheren Jahrgängen) muss natürlich vorsichtig dosiert werden, da die Regeneration einfach länger dauert. Das Training darf nicht zu belastend werden. Erfahrene Master sind oft wettbewerbsfreudig und können anstatt der flotten und zügigen Tempodauerläufe und Intervalle im Training besser an Wettbewerben teilnehmen. Zu diesen Lauftypen gehöre auch ich. Im Training fallen mir Läufe im Marathonrenntempo (MT) über 2-3 x 5.000 m oder 6 x 1.000 m im 10-km-Tempo (ZT) relativ schwer. Das gleiche Tempo bei irgendeinem Volks- oder Straßenlauf fällt mir dagegen wirklich leichter, ohne mich dabei verausgaben zu müssen.

Lange, langsame Läufe (3-L) werden von Mastern gut verkraftet und gehören unbedingt ins Trainingsprogramm.

Für Master gibt es zwei Gründe, warum es sinnvoll sein kann, das Training in der Vorbereitung auf eine Mittel- und/oder Langdistanz zu blocken. Das heißt ganz konkret, für jeweils ca. vier Wochen wird entweder das Schwimm-, das Lauf- oder das Radtraining als Schwerpunkt betrieben, jeweils unter Vernachlässigung der anderen beiden Disziplinen.

Zum einen kann in den Wintermonaten das Wetter mit Schnee und Eis jedem Ausdauersportler das Training auf dem Rad vermiesen, zum Zweiten benötigen Master eine längere Übergangszeit oder große Regenerationszeit, in der sie sich von den sportlichen Anstrengungen des Vorjahres erholen sollen und müssen, um sich dann im neuen Jahr eben gut regeneriert an neue sportliche Großtaten heranzuwagen. Um danach wieder schneller Tritt zu fassen, hat sich das Blocktraining bewährt.

Es empfiehlt sich ein Blocktraining in der Form, dass z. B. im Februar mit dem Schwimmblock begonnen wird, dabei das Grundlagenausdauertraining im Laufen forciert wird, im März dann der echte Laufblock mit den ersten Radausfahrten folgt, bevor im April dann der Radblock mit vermindertem Schwimm- und Lauftraining folgt.

Anfang oder Mitte April lässt sich dann ein Marathonlauf einplanen. Für diejenigen, die erst später in die Triathlonsaison starten, lässt sich der Marathonlauf auch hervorragend nach dem Radschwerpunkt absolvieren. Hierbei kommen jedem Athleten die langen Ausdauerfahrten auf dem Rad auch beim Marathonlauf sehr entgegen, da diese einfach schonender für die Gelenke, Sehnen und Muskulatur sind als die langen Läufe über 30-32 km.

6.9.1 WELCHE LAUFZEITEN SIND FÜR MICH IM MARATHONWETTBEWERB MÖGLICH?

Für eine konkrete Trainingsplanung ist die Frage nach einer realistischen Marathonzeit von großer Wichtigkeit, da dieses Tempo im Training regelmäßig „gelernt" werden muss.

Die Antwort hängt von vielen Faktoren ab, z. B. Grundschnelligkeit, Trainingsumfang und -intensität, Talent, Willenskraft, mentale Einstellung u. v. a. m. Also, alles das, was ich mit dem Umfeld des Läufers bereits angesprochen habe.

Konkrete Hilfestellungen zur Beantwortung der Frage nach der möglichen Marathonzeit liefern folgende drei Faktoren:

1. Erzielte Wettbewerbszeiten während der Marathonvorbereitung,
2. das Laufgefühl und die
3. Puls- und Laktatwerte.

6.9.1.1 ERZIELTE WETTBEWERBSZEITEN IM VORFELD DES MARATHONLAUFS

Für die meisten Läufer wirkt eine Zeitvorgabe beim Marathonlauf recht motivierend. Es lässt sich damit einfach besser trainieren. Allerdings sollte das gesteckte Ziel einer realistischen Einschätzung entspringen.

Hierbei sind uns die im Vorfeld erzielten Wettbewerbszeiten über 10 und 21,1 km besonders hilfreich. Sie stellen Eckdaten für eine mögliche Marathonzeit dar. Ich persönlich halte sie neben dem Laufgefühl und den Puls- und Laktatwerten für sehr wesentlich, wenn es im Vorfeld des Großereignisses um die heikle Frage nach der anzustrebenden Marathonzeit geht.

Mit einer guten Grundschnelligkeit und dem sowieso erforderlichen Ausdauertraining ist man auf einer Marathonstrecke gegenüber demjenigen im Vorteil, der eine geringere Grundschnelligkeit aufweist: wohlbemerkt bei gleich guten Ausdauerfähigkeiten.

Tab. 14: Ermittlung einer möglichen Marathonzeit auf Grund erzielter 10-km- und Halbmarathonzeiten

Erzielte 10-km-Zeit in Minuten	Entspricht 5.000-m-Zeit in Minuten	Entspricht 1.000-m-Zeit zeit in Minuten	Erzielte Halbmarathon-zeit in Stunden	Mögliche Marathonzeit in Stunden
35	17:30	3:30	1:18	2:43
36	18:00	3:36	1:20	2:48
37	18:30	3:42	1:22	2:53
38	19:00	3:48	1:24	2:57
39	19:30	3:54	1:27	3:02
40	20:00	4:00	1:29	3:07
41	20:30	4:06	1:31	3:11
42	21:00	4:12	1:33	3:16
43	21:30	4:18	1:36	3:21
44	22:00	4:24	1:38	3:25
45	22:30	4:30	1:40	3:30
46	23:00	4:36	1:42	3:35
47	23:30	4:42	1:44	3:39
48	24:00	4:48	1:47	3:44
49	24:30	4:54	1:49	3:49
50	25:00	5:00	1:51	3:53
51	25:30	5:06	1:53	3:58
52	26:00	5:12	1:56	4:03

53	26:30	5:18	1:58	4:07
54	27:00	5:24	2:00	4:12
55	27:30	5:30	2:02	4:17
56	28:00	5:36	2:04	4:21
57	28:30	5:42	2:07	4:26
58	29:00	5:48	2:09	4:31
59	29:30	5:54	2:11	4:36
60	30:00	6:00	2:13	4:40

Die errechneten Werte gehen von folgenden, allgemeingültigen Zusammenhängen aus:

Halbmarathonzeit = 10-km-Zeit x 2,222
Marathonzeit = 10-km-Zeit x 4,666 bzw. 10-km-Zeit x 14/3

An der vorgenannten Tabelle ist auch Folgendes abzulesen:

Addiert man zur Halbmarathonzeit fünf, sechs oder sieben Minuten, so ergibt sich damit für den Marathonlauf die Durchgangszeit bei km 21,1.

6.9.1.2 DAS LAUFGEFÜHL

Der mündige Athlet hat im Laufe der vielen Trainingskilometer ein Gefühl für seinen Körper und für das richtige Tempo gewonnen. Besonders hilfreich sind dabei selbstverständlich Pulsmessuhren während des Trainings, vor allem dann, wenn im MT (Marathontempo) gelaufen wird.

Neben den erreichten Laufzeiten in der Marathonvorbereitung, den entsprechenden Pulswerten, ist selbstverständlich auch das Gefühl des Läufers mit entscheidend für den Erfolg beim Marathonlauf. Die Voraussetzungen dafür müssen jedoch im Training gelegt werden, denn nur hier entwickelt sich das Gefühl für die richtige Geschwindigkeit. Vornehmlich geschieht dies während der Tempodauerläufe, wenn also über eine ganze

Stunde im Marathontempo trainiert wird oder wenn es heißt 3 x 5.000 m im Marathontempo (MT). Schließlich soll die angestrebte Laufgeschwindigkeit ja nicht nur über eine, sondern eben über drei oder vier Stunden beibehalten werden. Mit entscheidend ist dabei auch die Tatsache, dass es gilt, gleichmäßig seinen Rhythmus zu laufen. Der größte Fehler, den Sie beim Marathonlauf machen können, ist, einfach ungestüm draufloszulaufen und sich zu sagen: „Was ich weg habe, habe ich weg!" Die Quittung dafür kommt mit absoluter Sicherheit jenseits von km 30. Jede gewonnene Minute verliert man dann fünffach. Hier können wir wieder von den absoluten Topläufern lernen. Diesen gelingt es sogar, die zweite Hälfte des Marathonlaufs um eine, zwei oder drei Minuten schneller zu laufen als die erste Hälfte. Der Grund dafür ist recht einfach. Auf diese Weise schonen sie ihre Kohlenhydratreserven zu Beginn des Rennens und können diese dann auf den letzten Kilometern, in der entscheidenden Laufphase, einsetzen.

6.9.1.3 PULS- UND LAKTATWERTE

Wie in Kap. 3.3 ausführlich dargestellt, sind für den Marathonlauf zwei Aussagen relevant.

1. Der Marathonlauf kann mit 85-88 % vom maximalen Pulswert gelaufen werden! Diese Angabe gilt allerdings nur von km 3 bis km 33! Vorher ist der Pulswert geringer, zum Schluss wird der Puls auf Grund einer erhöhten Körpertemperatur deutlich ansteigen. Anfänger sollten sich eher mit 85 % begnügen, stark leistungsorientierte und erfahrene Marathonläufer können sich auch der 88-90 %-Marke des maximalen Pulses nähern.

2. Der Marathonlauf kann mit einer Laktatkonzentration von 2,0-2,5 mmol/l absolviert werden! Wer seine exakten Pulswerte zum Laktatwert von 2,0-2,5 mmol/l kennt, hat die Möglichkeit, diese Werte im Marathonlauf anzustreben. Bei einer Belastungsdauer von nur drei Minuten auf dem Laufband ist wohl eher der 2,0-mmol/l-Laktatwert relevant.
   Nähere Ausführungen dazu siehe Kap. 3.2.2.4.

Und nun viel Spaß bei der *Herausforderung zweiundvierzigtausendzweihundertundeinundneunzig* Meter zu bewältigen.

Mit der richtigen Einstellung und dem richtigen Tempo bereitet der Marathonlauf wirklich viel Spaß. Erinnern wir uns daran, die meisten Menschen wären froh, wenn sie dieses Ziel angehen könnten!

6.10 TRAININGSPLANUNG FÜR DEN MARATHONLAUF AUF KONKRETE ENDZEITEN HIN

Wie in Kapitel 5 (Trainingsplanung) erläutert, könnten die Monate Oktober (eventuell), dann der November, der Dezember und der Januar die große Regenerationsphase darstellen. Während dieser Übergangsphase sollten die ambitionierten Master nach einem vierwöchigen Trainingsloch mit nur sporadischem Training zwei lockere Läufe in der Woche absolvieren, dazu 1-2 Schwimmeinheiten und gelegentliche Radausfahrten.

Hieran anschließen könnte sich:

Februar als **Schwimmmonat** mit drei Schwimm-, drei Lauf- und gelegentlichen Radtrainingseinheiten. Hier muss der Laufmonat vorbereitet werden.
März als **Laufmonat** mit vier Lauf-, 1-2 Schwimm- und 1-2 Radtrainingseinheiten.
April als **Radmonat** mit 3-4 Rad-, 1-2 Schwimm- und zwei Lauftrainingseinheiten.

Der Marathonlauf könnte in der ersten Aprilwoche, also eine Woche nach dem Laufblock, oder auch Ende April, wenn eben die meisten Marathonläufe stattfinden, gestartet werden.

Ende April bedeutet dann zwar innerhalb des Radblocks, was aber für einen Triathleten nicht problematisch ist. In der letzten Woche vor dem Marathonlauf wird eben nur sehr ruhig, also regenerativ, Rad gefahren und nur noch 1-2 x zur Beruhigung gelaufen. Der Radblock sollte dann um eine Woche verlängert werden.

Für einen Triathleten ist nicht ein reiner Läufertrainingsplan von Wichtigkeit, sondern einer, der im Vorbereitungszeitraum alle drei Ausdauersportarten miteinander verknüpft. Demnach stehen uns für den Marathonlauf nach den Regenerationsmonaten die Monate Februar, März und April als direkte Marathonvorbereitung zur Verfügung.

6.10.1 PLAN 1: ANGESTREBTE MARATHONZEIT: 4:12 H

Voraussetzungen:

- 10 km in 54 min (ZT = 5:24 min/km)
- Halbmarathonlauf in 2:00 h
- Marathontempo (MT) = 6:00 min/km
- Fahrtspiel (FS)

Tab. 15: Plan 1: Angestrebte Marathonzeit von 4:12 h

Woche: 1-12	Lauftraining	Schwimm-training	Radtraining	Bemerkung
1 Februar	1 x 18 km locker 1 x 12 km mit FS 10-km-Wettbewerb (90 %)	Schwimmblock Drei Einheiten pro Woche	Februar Gelegentliche Radausfahrten	Schwimmblock 3 x S
2 Februar	1 x 18 km locker 1 x 12 km mit FS 1 x 25 km ganz ruhig	Ebenso	Ebenso	Ebenso
3 Februar	1 x 18 km locker 1 x 12 km mit FS 25 km ganz ruhig	Ebenso	Ebenso	Ebenso
4 Februar	1 x 18 km locker 1 x 12 km mit FS **10-km-Wettbewerb** (90 %)	Ebenso	Ebenso	Ebenso
5 März	1 x 18 km ruhig 1 x 12 km mit FS 1 x 1 h MT 25 km ganz ruhig	1-2 Schwimm-einheiten	1-2 Radaus-fahrten Locker kurbeln	Laufblock 4 x L
6 März	1 x 18 km locker 1 x 12 km mit FS 1 x 1 h MT 28 km ganz ruhig	Ebenso	Ebenso	Ebenso
7 März	1 x 18 km ruhig 1 x 12 km locker 1 x 4 x 1.000 m ZT Halbmarathon in 2:00 h	Ebenso	Ebenso	Ebenso
8 März	1 x 18 km locker 1 x 12 km mit flotten Abschn. 1 x 25 km ganz ruhig	Ebenso	Ebenso	Ebenso
9 April	1 x 13 km locker 1 x 1 h MT 1 x 25 km ruhig	1 x Schwimm-einheit	4 x Radtraining	Radblock 3-4 x R

Woche: 1-12	Lauftraining	Schwimm-training	Radtraining	Bemerkung
10 April	1 x 12 km, locker Di/Mi. 3.000 m (MT) **Marathonlauf**	1 x Schwimm-einheit	3 x Radtraining Locker	Ebenso
11 April	3 x lockere Radeinheiten, 1 x Dauerschwimmen, 1 x Laufen			
12 April	4 x Radtraining, 1-2 x Schwimmtraining, 2 x lockeres Lauftraining			

Vergessen Sie bitte nicht, die wichtigsten Trainingsgrundsätze (Kap. 12) einzuhalten! Nach dem Marathonlauf erfolgt eine dreiwöchige Regenerationsphase!

6.10.2 PLAN 2: ANGESTREBTE MARATHONZEIT: 3:31 H

Voraussetzungen:

- 10 km in 45 min (ZT = 4:30 min/km)
- Halbmarathonlauf in 1:40 h
- Marathontempo (MT) = 5:00 min/km
- Fahrtspiel (FS)

Tab. 16: Plan 2: angestrebte Marathonzeit von 3:31 h

Woche: 1-12	Lauftraining	Schwimm-training	Radtraining	Bemerkung
1 Februar	1 x 18 km locker 1 x 12 km mit FS 10-km-Wettbewerb (90 %)	Schwimmblock Drei Einheiten pro Woche	Februar Gelegentliche Radausfahrten	Schwimmblock 3 x S
2 Februar	1 x 18 km locker 1 x 12 km mit FS 1 x 25 km ganz ruhig	Ebenso	Ebenso	Ebenso
3 Februar	1 x 18 km locker 1 x 12 km mit FS 25 km ganz ruhig	Ebenso	Ebenso	Ebenso

Woche: 1-12	Lauftraining	Schwimm-training	Radtraining	Bemerkung
4 Februar	1 x 18 km locker 1 x 12 km mit FS **10-km-Wettbewerb** (95 %)	Ebenso	Ebenso	Ebenso
5 März	1 x 18 km ruhig 1 x 12 km mit FS 1 x 1 h MT 30 km ganz ruhig	1-2 Schwimm-einheiten	1-2 Radaus-fahrten Locker kurbeln	Laufblock 4 x L
6 März	1 x 18 km locker 1 x 12 km mit FS 1 x 1 h MT 28 km ganz ruhig	Ebenso	Ebenso	Ebenso
7 März	1 x 18 km ruhig 1 x 12 km locker 1 x 5 x 1.000 m ZT Halbmarathon in 1:40 h	Ebenso	Ebenso	Ebenso
8 März	1 x 10 km ruhig 1 x 18 km locker 1 x 12 km mit flotten Abschn. 1 x 25 km ganz ruhig	Ebenso	Ebenso	Ebenso
9 April	1 x 13 km locker 1 x 1 h MT 1 x 25 km ruhig	1 x Schwimm-einheit	4 x Radtraining	Radblock 3-4 x R
10 April	1 x 12 km, locker Di/Mi. 3.000 m (MT) **Marathonlauf**	1 x Schwimm-einheit	3 x Radtraining Locker	Ebenso
11 April	3 x lockere Radeinheiten, 1 x Dauerschwimmen, 1 x Laufen			
12 April	4 x Radtraining, 1-2 x Schwimmtraining, 2 x lockeres Lauftraining			

Vergessen Sie bitte nicht, die wichtigsten Trainingsgrundsätze (Kap. 12) einzuhalten! Nach dem Marathonlauf erfolgt eine dreiwöchige Regenerationsphase!

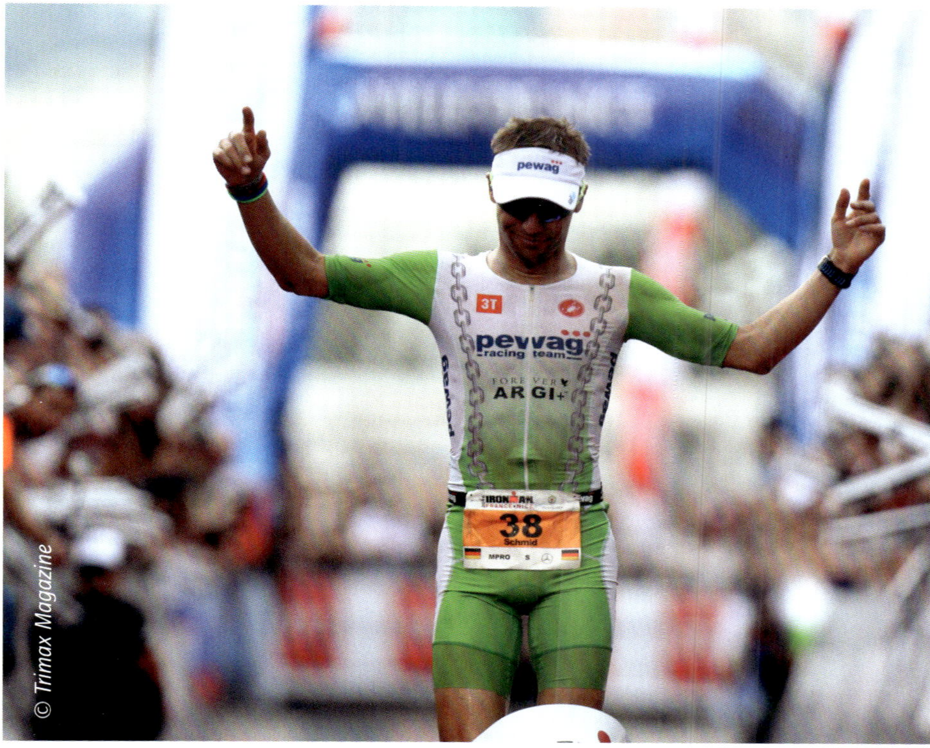

© Trimax Magazine

6.10.3 PLAN 3: ANGESTREBTE MARATHONZEIT: 3:15 H

Voraussetzungen:

- 10 km in 42 min (ZT = 4:12 min/km)
- Halbmarathonlauf in 1:33 h
- Marathontempo (MT) = 4:37 min/km
- Fahrtspiel (FS)

Tab. 17: Plan 3: angestrebte Mrathonzeit 3:15 h

Woche: 1-12	Lauftraining	Schwimm-training	Radtraining	Bemerkung
1 Februar	1 x 18 km locker 1 x 12 km mit FS 10-km-Wettbewerb (90 %)	Schwimmblock Drei Einheiten pro Woche	Februar Gelegentliche Radausfahrten	Schwimmblock 3 x S
2 Februar	1 x 18 km locker 1 x 12 km mit FS 1 x 25 km ganz ruhig	Ebenso	Ebenso	Ebenso
3 Februar	1 x 18 km locker 1 x 12 km mit FS 25 km ganz ruhig	Ebenso	Ebenso	Ebenso
4 Februar	1 x 18 km locker 1 x 12 km mit FS **10-km-Wettbewerb** (95 %)	Ebenso	Ebenso	Ebenso
5 März	1 x 18 km ruhig 1 x 12 km mit FS 1 x 1 h MT 30 km ganz ruhig	1-2 Schwimm-einheiten	1-2 Radaus-fahrten Locker kurbeln	Laufblock 4 x L
6 März	1 x 18 km locker 1 x 12 km mit FS 1 x 1 h MT 28 km ganz ruhig	Ebenso	Ebenso	Ebenso
7 März	1 x 18 km ruhig 1 x 12 km locker 1 x 5 x 1.000 m ZT Halbmarathon in 1:33 h	Ebenso	Ebenso	Ebenso

Woche: 1-12	Lauftraining	Schwimm-training	Radtraining	Bemerkung
8 März	1 x 10 km ruhig 1 x 18 km locker 1 x 12 km mit flotten Abschn. 1 x 25 km ganz ruhig	Ebenso	Ebenso	Ebenso
9 April	1 x 13 km locker 1 x 1 h MT 1 x 25 km ruhig	1 x Schwimm-einheit	4 x Radtraining	Radblock 3-4 x R
10 April	1 x 12 km, locker Di/Mi. 3.000 m (ZT) **Marathonlauf**	1 x Schwimm-einheit	3 x Radtraining Locker	Ebenso Locker
11 April	3 x lockere Radeinheiten, 1 x Dauerschwimmen, 1 x Laufen			
12 April	4 x Radtraining, 1-2 x Schwimmtraining, 2 x lockeres Lauftraining			

Vergessen Sie bitte nicht, die wichtigsten Trainingsgrundsätze (Kap. 12) einzuhalten! Nach dem Marathonlauf erfolgt eine dreiwöchige Regenerationsphase!

6.10.4 PLAN 4: ANGESTREBTE MARATHONZEIT: 2:59 H

Voraussetzungen:

- 10 km in 38:00 min (ZT = 3:48 min/km)
- Halbmarathonlauf in 1:24 h
- Marathontempo (MT) = 4:15 min/km
- Fahrtspiel (FS)

Tab. 18: Plan 4: angestrebte Marathonzeit 2:59 h

Woche: 1-12	Lauftraining	Schwimm-training	Radtraining	Bemerkung
1 Februar	1 x 18 km locker 1 x 12 km mit FS 10-km-Wettbewerb (90 %)	Schwimmblock Drei Einheiten pro Woche	Februar Gelegentliche Radausfahrten	Schwimmblock 3 x S
2 Februar	1 x 18 km locker 1 x 12 km mit FS 1 x 25 km ganz ruhig	Ebenso	Ebenso	Ebenso
3 Februar	1 x 18 km locker 1 x 12 km mit FS 25 km ganz ruhig	Ebenso	Ebenso	Ebenso
4 Februar	1 x 18 km locker 1 x 12 km mit FS 10-km-Wettbewerb (95 %)	Ebenso	Ebenso	Ebenso
5 März	1 x 18 km ruhig 1 x 12 km mit FS 1 x 1 h MT 30 km ganz ruhig	1-2 Schwimm-einheiten	1-2 Radaus-fahrten Locker kurbeln	Laufblock 4 x L
6 März	1 x 18 km locker 1 x 12 km mit FS 1 x 1 h MT 28 km ganz ruhig	Ebenso	Ebenso	Ebenso
7 März	1 x 18 km ruhig 1 x 12 km locker 1 x 5 x 1.000 m ZT **Halbmarathon in 1:24 h**	Ebenso	Ebenso	Ebenso
8 März	1 x 12 km ruhig 1 x 18 km locker 1 x 12 km mit flotten Abschn. 1 x 25 km ganz ruhig	Ebenso	Ebenso	Ebenso
9 April	1 x 13 km locker 1 x 1 h MT 1 x 25 km ruhig	1 x Schwimm-einheit	4 x Radtraining	Radblock 3-4 x R

Woche: 1-12	Lauftraining	Schwimm-training	Radtraining	Bemerkung
10 April	1 x 12 km, locker Di/Mi. 3.000 m (ZT) **Marathonlauf**	1 x Schwimm-einheit	3 x Radtraining Locker	Ebenso
11 April	3 x lockere Radeinheiten, 1 x Dauerschwimmen, 1 x Laufen			
12 April	4 x Radtraining, 1-2 x Schwimmtraining, 2 x lockeres Lauftraining			

Vergessen Sie bitte nicht, die wichtigsten Trainingsgrundsätze (Kap. 12) einzuhalten! Nach dem Marathonlauf erfolgt eine dreiwöchige Regenerationsphase!

6.10.5 PLAN 5: WER NOCH SCHNELLER WILL UND KANN! MARATHONZEIT 2:45 H

Um den positiven Einfluss des Radfahrens hier bereits zu untermauern, möchte ich für die flotten Master nachfolgend zwei unterschiedliche Trainingsaufzeichnungen wiedergeben: Beide stammen aus meiner Zeit als junger Master.

Plan I:

Nahezu ausschließlich Lauftraining, zeitweise jedoch täglich 2 x 18 km mit dem Rennrad zur Arbeit. Marathontermin: Ende April.

Plan II:

Drei Jahre später Lauftraining als Bestandteil meines Triathlontrainings. Marathontermin: Ebenfalls Ende April.

Tab. 19: Marathonzeit 2:45 h

	Plan I		Plan II	
2. Märzwoche	**Laufkilometer**	**Bemerkungen**	**Laufkilometer**	**Bemerkungen**
Mo.	12 km	36 km Rad		
Di.	25 km	36 km Rad	2 x 12 km	
Mi.		36 km Rad	13 km	
Do.	18 km	36 km Rad		
Fr.	18 km	36 km Rad		
Sa.	23 + 16 km	Lauftrainingslager	36 km, 3:12 h	
So.	26 km	Lauftrainingslager	12 km, 56 min	
Summe:	**138 km**	**180 km Rad**	**85 km**	**7 km Schwim. 150 km Rad**

	Plan I		Plan II	
3. Märzwoche	**Laufkilometer**	**Bemerkungen**	**Laufkilometer**	**Bemerkungen**
Mo.	9 km			
Di.	21 km, 1:36 h		2 x 12 km	
Mi.	15 km			
Do.	12 km		15 km, 1:00 h	
Fr.		36 km Rad		
Sa.	25 km in 1:34:55 h	25-km-Laufwettbewerb	24 km, 1:51 h	73 km Rad Trainingscamp Rad
So.				78 km Rad, 3:14 h
Summe:	**82 km**	**36 km Rad**	**63 km**	**151 km Rad 5 km Schwim.**

	Plan I		Plan II	
	Laufkilometer	**Bemerkungen**	**Laufkilometer**	**Bemerkungen**
4. Märzwoche		Osterurlaub		Urlaub
Mo.	21 km 1:45 h		24 km, 1:53 h	50 km Rad
Di.	16 km, 12 km	Morgens, abends	16 km	102 km Rad
Mi.	20 km, 10 km		8 km	144 km Rad
Do.	25 km		8 km	100 km Rad
Fr.	19 km, 14 km	2 x 7 km in 28 min	16 km	85 km Rad
Sa.	18 km			55 km Rad
So.	25 km, 1:56 h		42,195 km in 2:48 h	Marathonlauf innerhalb des Radtrainingscamps
Summe:	**180 km**		**72 + 42,2 km**	**536 km Rad**

	Plan I		Plan II	
	Laufkilometer	**Bemerkungen**	**Laufkilometer**	**Bemerkungen**
1. Aprilwoche		Urlaub		Urlaub
Mo.	18 km, 5 km	Morgens, abends	10 km, 52 min	
Di.	21 km, 1:33 h			160 km Rad
Mi.	19 km, 10 km		8 km, 44 min	100 km Rad
Do.	25 km			200 km Rad
Fr.			24 km, 1:45 h	Rückflug
Sa.	19 km		15 km, 1:00 h	80 km Rad
So.	16 km, 12 km			83 km Rad
Summe:	**145 km**		**57 km**	**623 km Rad**

	Plan I		Plan II	
	Laufkilometer	Bemerkungen	Laufkilometer	Bemerkungen
2. Aprilwoche		Urlaub		Urlaub
Mo.	16 km, 12 km	Morgens, abends	12 km, 6x1.000 m in 3:25 min	
Di.	12 km, 18 km	18 km, sehr flott	26 km, 2:05 h	3 km S
Mi.	12 km, 24 km			100 km Rad
Do.	16 km	Müde	15 km, 1:08 h	3 km S
Fr.				
Sa.	20 km	Stundenlauf 16.180 m	10-km-Volkslauf in 35:40 min	
So.	25 km, 1:57 h			
Summe:	**155 km**		**63 km Rad**	**6 km Schwim. 100 km Rad**

	Plan I		Plan II	
3. Aprilwoche	Laufkilometer	Bemerkungen	Laufkilometer	Bemerkungen
Mo.	18 km	Sehr flotte Abschnitte	34 km, 2:40 h	36 km Rad 2 km Schwim.
Di.	34 km, 2:40 h			43 km Rad
Mi.				53 km Rad, 3 km S
Do.	18 km, 1:18 h		18 km, 1:18 h	48 km Rad
Fr.	30 km, 2:25 h			48 km Rad
Sa.	12 km		7 x 1.000 m, je 3:40 min	72 km Rad
So.	25 km, 1:52 h		24 km, 2:00 h	2 km Schwim.
Summe:	**137 km**		**83 km**	**300 km Rad 7 km Schwim.**

	Plan I		Plan II	
4. Aprilwoche	**Laufkilometer**	**Bemerkungen**	**Laufkilometer**	**Bemerkungen**
Mo.				50 km Rad
Di.	18 km, 1:28 h		19 km, 5 km in 18:30 min	36 km Rad 2 km Schwimmen
Mi.	16 km	8 km in 29:02 min		86 km Rad
Do.	12 km, 57 min		16 km	36 km Rad
Fr.				36 km Rad, 2 km Schwimmen
Sa.				
So.	Marathonlauf 2:45:51 h		Marathonlauf 2:44:21 h	
Summe:	**46 km + 42,2 km**		**35 km + 42,2 km**	**244 km Rad** **4 km Schwimmen**

Zu Plan I: Umfänge seit Beginn des Jahres (vier Monate)

Wöchentlich:
125 Laufkilometer
30 Radkilometer
Ca. 11 Stunden Zeitaufwand für das reine Training.

Zu Plan II: Umfänge seit Beginn des Jahres (vier Monate)

Wöchentlich:
75 Laufkilometer
160 Radkilometer
Vier Schwimmkilometer
Ca. 13 Stunden Zeitaufwand für das reine Training

Drei Wochen später erfolgte dann der erste Kurztriathlon der Saison. Einige Anmerkungen dazu.

Plan I: Die Laufzeit von 2:45:51 h wurde mit einem sehr großen läuferischen Umfang von 125 Laufkilometern in der Woche erzielt. Dies entspricht auch in etwa dem in der Laufliteratur angegebenen Umfang. Die wenigen Radkilometer waren vernachlässigbar klein. Probleme bereiteten zeitweise die Achillessehne und die Knie.

Plan II: Die Laufzeit von 2:44:21 h wurde mit nur einem sehr geringen läuferischen Umfang von nur 75 Laufkilometern in der Woche erzielt. Überrascht war ich selbst über die sehr flotte Laufzeit innerhalb des Radtrainingscamps.

6.10.6 ERZIELTE MARATHONLAUFZEITEN IN ABHÄNGIGKEIT VOM ALTER

Unter Berücksichtigung der Altersklassenkoeffizienten nach Cepelka ergeben sich für Master interessante Vergleichszahlen.

Tab. 20: Laufleistungen über 42,195 km in Abhängigkeit vom Alter

Alter	Alters-koeffizient	2:40 h	3:00 h	3:20 h	3:40 h	4:00 h
27	1,0000	2:40:00	3:00:00	3:20:00	3:40:00	4:00:00
30	0,9927	2:41:10	3:01:20	3:21:28	3:41:37	4:01:45
35	0,9690	2:45:07	3:05:46	3:26:24	3:47:02	4:07:40
40	0,9411	2:50:00	3:11:16	3:31:31	3:53:46	4:15:01
45	0,9132	2:55:20	3:17:06	3:39:01	4:00:54	4:22:49
50	0,8854	3:00:42	3:23:18	3:45:53	4:08:28	4:31:04
55	0,8575	3:06:35	3:29:55	3:53:14	4:16:54	4:39:52
60	0,8252	3:13:54	3:38:09	4:02:22	4:26:36	4:50:49
65	0,7817	3:24:41	3:50:16	4:15:51	4:41:22	5:07:01
70	0,7253	3:40:36	4:08:10	4:35:45	5:03:19	5:33:53

Aus der Tabelle lassen sich z. B. folgende Beziehungen herauslesen:

- Wer mit 60 Jahren in der Lage ist, 4:02 h über die Marathonstrecke zu laufen, erbringt eine vergleichbare Leistung wie der Hauptklasseathlet, der eine Zeit von 3:20 h läuft.
- Eine Marathonzeit von 3:00 h, erzielt mit 50 Jahren, entspricht einer Leistung von 2:40 h eines 26-27-jährigen Hauptklasseläufers.
- Eine Laufzeit von 4:50 h eines 60-jährigen Athleten ist vergleichbar mit 4:01 h eines 30-jährigen Athleten.
- Die 2:44 h eines 45-jährigen Master entsprechen demnach 2:44 h = 164 Min. 164 x 0,9132 = 149,8 Min = 2:29:48 h.

Ein interessanter und motivierender Zahlenvergleich für uns Master.

6.11 MARATHONLAUF AM ENDE DES WETTBEWERBSZEITRAUMS

Für wen ist es sinnvoll, am Ende einer Triathlonsaison einen Marathonlauf zu bestreiten?

a) Für denjenigen, der im laufenden Jahr einen oder mehrere Mitteltriathlonwettbewerbe bestritten hat und im kommenden Jahr eine Langdistanz plant.

b) Für denjenigen, der einfach Spaß hat, eine gute Zeit im Marathon zu laufen.

c) Für denjenigen, der nach einer kurzen Triathlonsaison eine weitere sportliche Herausforderung sucht.

All denjenigen kann ich nur sagen, die Chancen auf eine gute Laufzeit sind am Ende einer Triathlonsaison hervorragend, wenn man die Gesetzmäßigkeiten des Marathonlaufs nicht aus den Angeln heben will. Näheres dazu siehe Kap. 6.3 und 6.4.

Das Training verschiebt sich ein wenig zu Gunsten des Laufens, wobei eine Schwimmeinheit pro Woche und ruhige Radausfahrten nach wie vor beibehalten werden sollten. Jeder kann also in die vorgegebenen Pläne einsteigen und fügt eine Laufeinheit mit ein wenig Fahrtspiel (FS) ein. Aber, Vorsicht, die Regeneration, die Ruhetage pro Woche, dürfen nicht zu kurz kommen. Es sollte mindestens 1-2 absolute sportliche Ruhetage pro Woche geben, je nach fortgeschrittenem Alter und sportlicher Erfahrung.

Über die Effektivität von Radeinheiten innerhalb des Marathontrainings muss nach dem vorgenannten Vergleich der beiden Trainingspläne (Plan I und Plan II) nicht mehr lange diskutiert werden. Näheres dazu im nächsten Kapitel, dem Radtraining.

6.12 LAUFEN: REGENERATION UND WINTERTRAINING

Das Laufen unterscheidet sich vom Schwimmen und Radfahren wohlwollend dadurch, dass man es das ganze Jahr ausüben kann. Bei jedem Wetter – außer bei Blitzschlag und Glatteis – lässt es sich überall ausführen. Zudem bleibt damit auch während des Übergangszeitraums, also während der großen Regenerationsphase, die Grundkondition erhalten. Sicherlich kann man auch einen ganzen Monat mit dem Laufen aussetzen und nur ein wenig schwimmen oder radeln, ohne dabei völlig aus dem Tritt zu kommen. Bei einem Aufwand von 2 x pro Woche ein lockeres, einstündiges Läufchen – wer sehr gerne läuft, darf auch ein drittes Mal seine Laufschuhe anziehen – und einem einmaligen Schwimmtraining regeneriert man sich sehr gut und kann während dieser Zeit bereits Pläne für die neue Saison schmieden. Lange Winterabende eignen sich dafür auch im Rahmen der Familie ganz ausgezeichnet und lassen bereits die Vorfreude auf wärmere Zeiten aufkommen.

Warnen möchte ich jedoch vor einer Fortführung der Wettbewerbe im Herbst, im Winter und im Frühjahr. Wer im Herbst noch mehrere Marathonläufe voll bestreitet, im Winter keinen Crosslauf auslassen kann und im Frühjahr ebenfalls Marathonläufe ernsthaft bestreitet, der muss sich nicht wundern, wenn er im Sommer mit einer Reihe von Verletzungen, Krankheiten und einer großen Lustlosigkeit zu kämpfen hat. Master benötigen halt eine längere Regenerationszeit und mehr Ruhetage pro Woche als 20-30-jährige Athleten.

6.13 LAUFANEKDOTE

Im Frühjahr unternehmen meine Frau und ich eine Reise nach Neuseeland und Hawaii. Außer uns sind noch ein paar Freunde mit dabei. Diesmal ist weder in Neuseeland noch auf Hawaii irgendein sportliches Abenteuer der Anlass unserer Reise, sondern unsere soeben gefeierte Silberhochzeit. Die dreiwöchige Reise beginnt mit dem Flug nach Neuseeland. 26 Stunden sind erforderlich, um von Frankfurt, über Los Angeles nach Auckland, Neuseeland, zu fliegen, ein langer Tag mit wenig Bewegungsmöglichkeiten.

Etwa zwei Stunden vor der lang herbeigesehnten Ankunft in Auckland blättere ich etwas müde und verschlafen im Flugmagazin der Air Neuseeland herum und werde bei folgender Meldung stutzig. „Größte Sportveranstaltung der Welt am 20. März in Auckland".

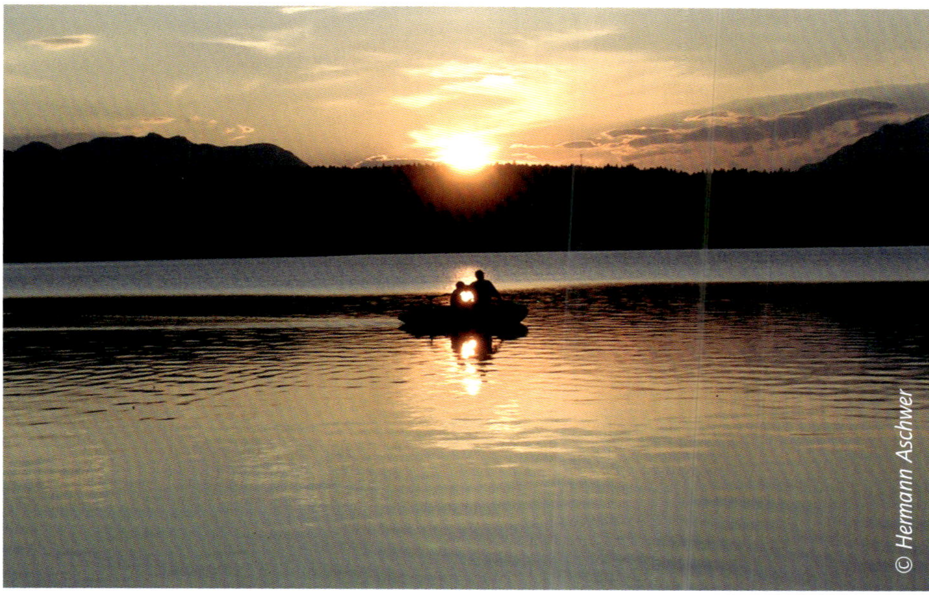

In diesem Bericht ist die Rede von 70.-80.000 Startern beim Lauf „Round the Bays", einem 8,4-km-Lauf rund um die vielen Buchten von Auckland.

Die Startzeit ist mit 9:15 Uhr angegeben. Sofort werde ich hellwach. Der 20. März, der kommt mir doch bekannt vor, sage ich zu meiner Frau. Durch die 12-stündige Zeitverschiebung, durch das Überfliegen der Datumsgrenze und die lange Flugzeit bin ich ein wenig unkonzentriert und unsicher, welcher Tag und welches Datum wir denn bei unserer Ankunft in Auckland tatsächlich haben.

Nach Rückfragen wird mir bestätigt, ja, wir haben heute den 20. März. Ortszeit 6 Uhr früh. Sofort kombiniere ich:

- Wenn der Flieger um 7:30 Uhr pünktlich landet,
- wenn wir unseren vorgebuchten PKW zügig erhalten,
- wenn wir ohne große Zeitverluste den Weg in die City und zum Startplatz finden,
- wenn ich noch rechtzeitig eine Startnummer erhalte und
- wenn ich dann noch aus meinen Gepäckstücken geeignete Laufbekleidung finde,

dann – ich zögere ein wenig, als ich meiner Frau dies erzähle – ja, dann kann ich tatsächlich an der größten Sportveranstaltung der Welt teilnehmen.

70.-80.000 Starter, ich versuche, mir das vorzustellen. Das ist genauso, als wenn alle Zuschauer eines großen Fußballstadions sich zu einem Lauf einfinden und die üblichen 22 Akteure eben die Zuschauer darstellen. Zwar völlig ungewöhnlich, jedoch ein gesundes Verhältnis.

Ich bin plötzlich hellwach und treffe im Flieger bereits die ersten Vorkehrungen für eine mögliche Teilnahme an diesem einmaligen Event. Laufschuhe trage ich grundsätzlich im Flugzeug, von daher benötige ich, je nach Witterung in Auckland, nur noch ein paar andere Laufutensilien.

Als ich den anderen Teilnehmern unserer kleinen Reisegruppe von meinen Plänen erzähle, werde ich ein wenig belächelt. Nach diesem 26-stündigen Flug bei einem Lauf an den Start gehen? Einige zweifeln ganz kräftig an meinem ungewöhnlichen Vorhaben. Hermann, die Chance wirst du nur einmal in deinem Leben erhalten, an der größten Sportveranstaltung teilzunehmen. Damit wische ich alle Zweifel vom Tisch. Mit größter Sportveranstaltung ist hier eindeutig das größte Teilnehmerfeld bei einer sportlichen Veranstaltung gemeint. Ansonsten gelten sicherlich die Olympischen Spiele oder für Triathleten der Ironman Hawaii als die größten, besser als die höchsten Sportereignisse.

Mit einer halbstündigen Verspätung landet unser Flieger in Auckland. Ich sitze bereits seit knapp zwei Stunden wie auf heißen Kohlen und kann gar nicht schnell genug aus dem Flieger heraus. Aber knapp 500 Passagiere müssen erst einmal aufstehen, das Gepäck aufnehmen und sich dann langsam hinausbewegen. In Eile erledige ich die gesamten Einreiseformalitäten und begebe mich zügig zur Autovermietung. Leider bin ich nicht der Erste an diesem Morgen. Als ich das Auto endlich in Empfang nehmen kann, ist es bereits 8:30 Uhr. Mein Countdown läuft.

Der Start ist bereits in 45 Minuten. Bin ich dabei oder darf ich doch nur hinterhersehen? Schnell eine Bremsprobe mit dem Automatikwagen und ab geht es an diesem frühen Sonntagmorgen in die City. Ich befürchte ein Chaos bei dieser Teilnehmerzahl. Der Weg in die City von Auckland ist gespenstisch leer, wo sind denn die vielen Starter? Da kein Startort in dem Artikel angegeben ist, gerate ich in Sorge, wo denn die riesige Menschenmenge zu finden ist. Zweimaliges Fragen bringt mich in die Nähe der Startkartenausgabe. Freie Parkplätze in der City von Auckland, ich kann es kaum glauben. Wo sind denn die 80.000 Teilnehmer, frage ich mich.

Zuerst die Startnummer, dann die Laufbekleidung, lautet meine Rangordnung. Ich habe Glück und erhalte tatsächlich um 9:05 Uhr meine Startnummer. Auf meine Frage nach dem Startplatz erklärt man mir, dieser sei etwa 1 km entfernt. Da es sonnig und ca. 20° C warm ist, benötige ich nur kurze Laufbekleidung, die ich bei einer kleinen Wühlaktion in meinem Koffer finde.

Mit meiner Frau verabrede ich mich, gegen 10 Uhr wieder an unserem Mietwagen zu sein. Für die 8,4 km plane ich etwa 35 Minuten ein, für die außergewöhnlichen Umstände gebe ich noch großzügig 10 Minuten dazu. Meine Frau begleitet mich noch ein Stück in Richtung Startplatz. Wir biegen aus der City nach rechts ab und blicken plötzlich nur noch in ein riesiges Menschenknäuel. Wie Ameisen bewegen sich die Menschen genau zwei Minuten vor dem Startschuss in eine Richtung. Dort muss es sein, das Startband ist aus dieser Entfernung überhaupt nicht auszumachen. Es dürfen bestimmt noch 800 m bis zum Start sein. Dicht gedrängt kommen die vielen tausend Starter hier bereits fast zum Stehen. Außergewöhnlich bunte Trikots zeugen von Firmenzugehörigkeiten, ganze Familien versammeln sich, um an diesem Ereignis teilzunehmen. Großeltern schieben Sportwagen mit ihren Enkelkindern. Es ist ein buntes Treiben.

Ich versuche, in den letzten Sekunden irgendwie weiter zur Startlinie zu kommen. Nur mühsam ist dies möglich. Plötzlich ein Riesenknall, und? Nichts tut sich, nichts bewegt sich. Lange Zeit bewegt sich nichts. Drängeln hat keinen Zweck, warum auch? Ich möchte dieses Laufspektakel erleben, genießen und bewundern. Wo hat man schon 70.-80.000 aktive Teilnehmer? Ganze sieben Minuten benötige ich, um bis zur Startlinie vorzukommen. An Laufen ist immer noch nicht zu denken, nur langsames Traben ist möglich. Es macht mir großen Spaß, inmitten dieser sich langsam in Bewegung setzenden Menschenmenge zu sein. Von sportlichem Wettbewerb oder gar Wettkampf keine Spur, absolut keine Spur.

Die Müdigkeit möchte ich mir aus den Gliedern laufen und einfach dabei sein, herrlich. Die teilweise recht breite Straße, die sich um die Bucht von Auckland schlängelt, ermöglicht mir einen regelrechten Slalomlauf. Viele tausend Läufer kann ich dabei überholen. Menschen über Menschen, nichts als Menschen. Von der herrlichen Bucht bekomme ich nicht viel zu sehen. Mein Blick ist bei dem unablässlichen Strom von Menschen nur auf die Vorder- und Seitenmänner gerichtet. Etwa nach 20 Minuten kann ich meinen Rhythmus laufen, ca. vier Minuten pro Kilometer. Dabei überhole ich ganze Menschenscharen, oft im schlangenförmigen Bewegungsablauf. Eine ungewöhnliche, sicherlich nie wiederkehrende Angelegenheit. Der Zielkanal besteht hier nicht aus einem typischen kanalförmigen, also enger werdenden Einlaufbereich, sondern er ist weit aufgefächert, sodass bestimmt 50 Teilnehmer gleichzeitig, nebeneinander über die Ziellinie laufen können. Meine Zeit: 41:15 Minuten. Ich bin einfach happy.

Durch den verschlungenen Streckenverlauf bin ich mir gar nicht sicher, ob ich mich wieder in der Nähe unseres Startpunkts befinde. Dort wartet ja nun schließlich meine Frau auf mich, jetzt nach etwa 45 Minuten. Leider hatte ich vor dem Start nicht mehr die Möglichkeit, mich über den Streckenverlauf zu informieren. Dies muss ich wohl jetzt nachholen, wird mir klar. Ich glaube meinen Ohren nicht, was mir der erste Läufer auf meine Frage, wie ich zum Start zurückkomme, antwortet und frage deshalb einen zweiten Läufer. Ja, ja, ich durfte oder musste die gleiche Strecke zurücklaufen, um zum Startpunkt zurückzukehren. Hermann, das heißt 8,4 km hin und noch einmal 8,4 km zurück. Ist das denn wohl wahr?

Es nutzt alles nichts. Eine mögliche Abkürzung durch die 800.000 Einwohner zählende Stadt ist mir zuwider. Also, locker zurücktraben, heißt die Parole. Das alles nach dieser Flugstrapaze. 2 x 8,4 km, das reicht sicherlich aus, um mir die Müdigkeit aus den Gliedern zu schütteln! Meine Frau wird in der Zeit bis zu meiner Rückkehr das schöne Wetter genießen, so hoffe ich. Kaum habe ich den Schock über meine 16,8 km verdaut, noch ein paar Becher Flüssigkeit zu mir genommen, folgt schon der Nächste. Wie soll ich denn gegen die noch eintreffenden Läufer, Jogger und Walker anlaufen? Es müssen noch einige Zehntausende unterwegs sein, resümiere ich.

Meine Frau wartet auf mich, da musst du durch, Hermann. Eine ganz verrückte Angelegenheit. Zuerst überhole ich einige zehntausend Läufer, um sie dann noch einmal vor mir zu haben. Wer hat schon die Gelegenheit, Zehntausenden entgegenzulaufen? Wo gibt es das noch? Etwa vier Kilometer kämpfe ich mich schlangenförmig trabend durch die Menschenmenge, eben in entgegengesetzter Richtung. Einfach lustig, verrückt, finde ich das. Die letzten 4 km sind dann endlich frei von Menschen. Jetzt habe ich auch die Möglichkeit, endlich die herrlichen Naturschönheiten dieser vielen kleinen Buchten von Auckland zu genießen.

„Das war aber ein langer Lauf", höre ich von meiner Frau. „Wir sind ja auch auf der anderen Hälfte der Erdkugel, da läuft man eben jede Strecke 2 x", entgegne ich ihr ein wenig müde lächelnd.

Dieser 2 x 8,4-km-Lauf wird mir zeitlebens in Erinnerung bleiben!

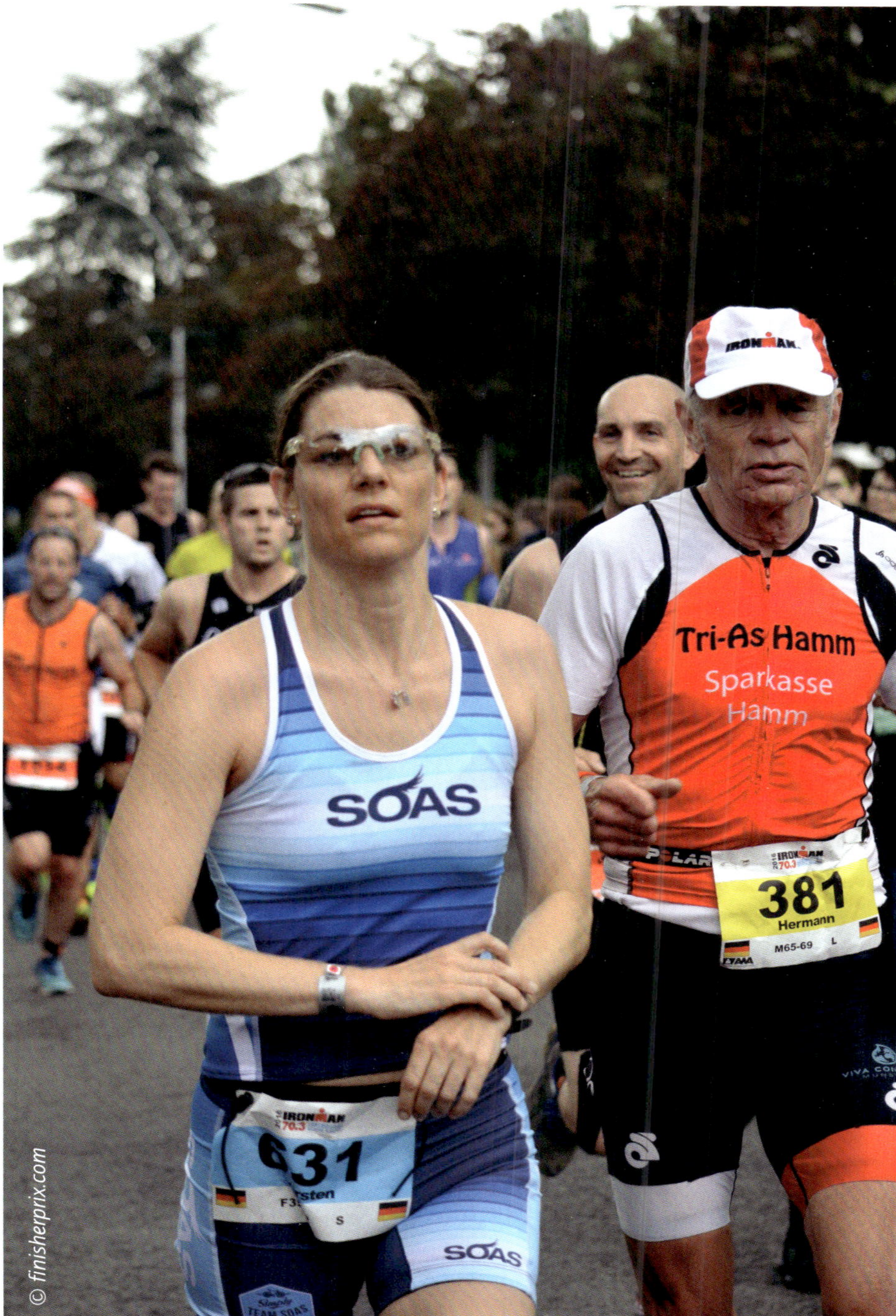

© finisherprix.com

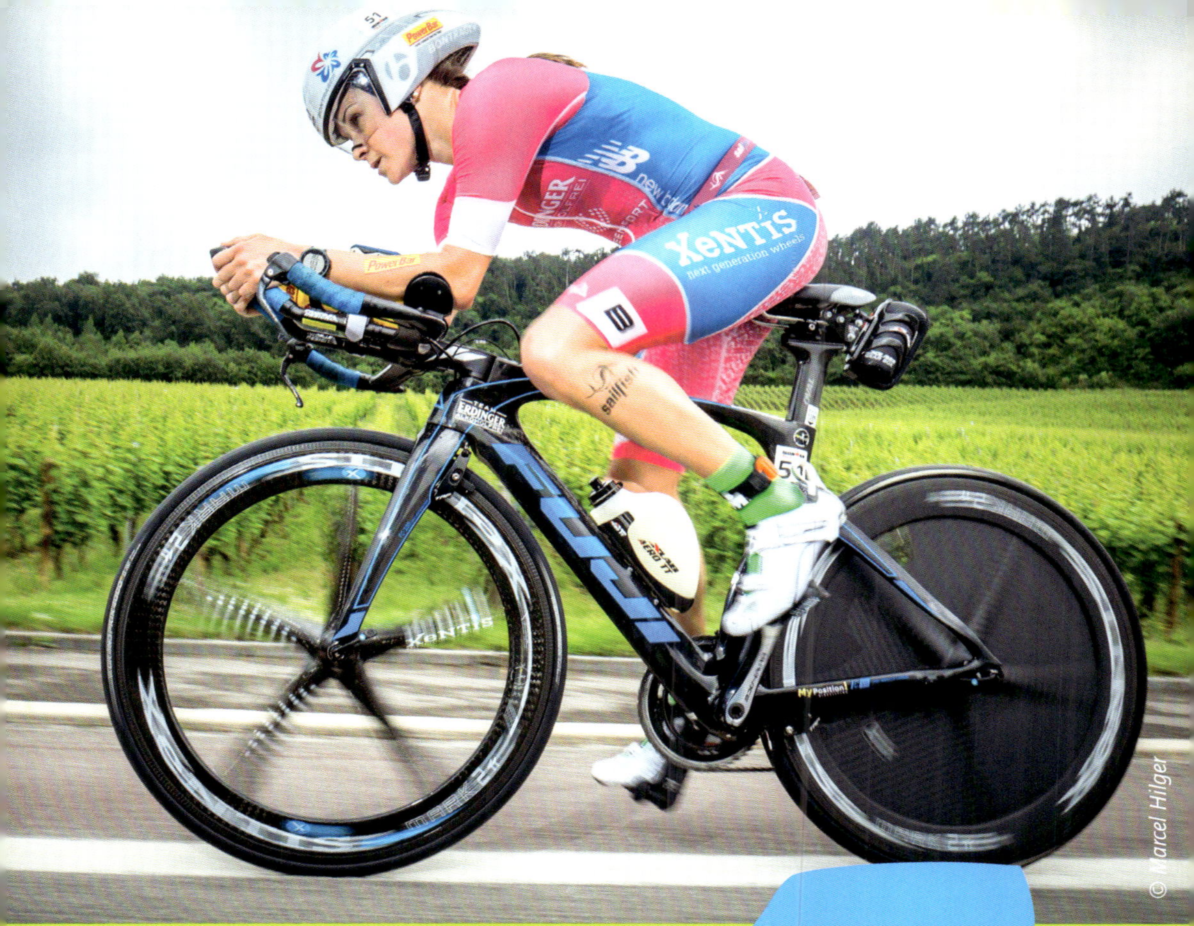

© Marcel Hilger

7

RADFAHREN – DIE LEICHTE DISZIPLIN?

7 RADFAHREN – DIE LEICHTE DISZIPLIN?

Radfahren kann doch jeder Triathlet. Sicher, aber, was für Distanzen von 40 km gilt, muss nicht unbedingt auch für 90 oder gar 180 km gelten. „Bolzen, bis einem die Oberschenkel platzen", wie es so schön heißt, mag über eine Stunde möglich sein, für die langen Distanzen gelten andere Gesetzmäßigkeiten. Hier muss mit Übersicht ein Tempo gewählt werden, welches über mehrere Stunden möglichst gleichmäßig gehalten werden kann. Hinzu kommt die Tatsache, dass anschließend auch noch ein langer Lauf zu absolvieren ist.

Die Kombination aus langer Schwimm-, Rad- und Laufeinheit macht nun den besonderen Reiz bei der Absolvierung von Mittel- und Langdistanzen (Ironman-Distanzen) aus. Für jeden Triathleten ist es eine große Herausforderung, diese Distanzen anzugehen und zu bewältigen. Selbst nach meinen 41 Lang- und Ironman-Distanzen ist ein Start über diese Distanz eine Besonderheit, etwas ganz Besonderes, etwas Herausragendes in meinem Leben. Etwas, was man nicht einfach so nebenbei erledigt.

Schaut man sich die Zeitverteilung bei Mittel- und Langdistanzen an, so ergibt sich eine interessante Feststellung:

Tab. 21: Allgemeine Verteilung der Wettbewerbszeiten bei der Mitteldistanz und der Langdistanz

Distanz in km	Schwimm-zeit in h	Radzeit in h	Laufzeit in h	Gesamt-zeit in h	Schwimm-zeit in %	Radzeit in %	Laufzeit in %
Mittel 1,9/90/21	0:40	2:40	1:30	4:50	14	55	31
Mittel	0:46	3:00	1:40	5:26	14	55	31
Langdistanz 3,8/180/42	0:50	4:20	2:48	7:58	11	54	35
Langdistanz	1:07	5:15	3:25	9:47	11	54	35
Langdistanz	1:15	5:48	4:00	11:03	11	53	36
Langdistanz	1:30	6:30	4:30	12:30	12	52	36
Langdistanz	1:55	7:30	5:00	14:25	13	52	35

Vom reinen Zeitaufwand bei Mittel- oder Langdistanz-Wettbewerben werden **11-14 %** für **das Schwimmen, 52-55 %** für **das Radfahren** und **31-36 %** für **die Laufdisziplin** benötigt.

Beim Radfahren wird also deutlich der größte Zeitanteil im Wettbewerb benötigt. Von daher lässt sich auch beim Radfahren sehr viel Zeit gewinnen oder auch verlieren.

Damit das Rennradfahren Spaß macht, benötigt man natürlich ein passendes Rad. Hier hat sich gerade für die längeren und langen Radstrecken ein typisches Triathlonrad durchgesetzt. Um es vorwegzunehmen, für einen Teil der Trainingsfahrten reicht selbstverständlich auch ein normales Rennrad. Allerdings sollte regelmäßig auf dem Triathlonrad, dem Wettbewerbsrad, gefahren werden, damit man es auch in schwierigen Wettbewerbssituationen, wie starken Steigungs- und Gefällstrecken, sicher beherrscht.

Wie bereits bei der Jahresplanung angesprochen, erfordert die Renndistanz von 90 bzw. 180 km ein Training, welches von großer Kontinuität geprägt sein sollte. Viele Triathleten leben allerdings in Regionen, in denen diese Kontinuität oft nur bedingt möglich ist. Deshalb müssen Trainingsalternativen gesucht und praktiziert werden. Diese sollen nachfolgend ausführlich vorgestellt werden.

Die 90 und 180 km langen Radstrecken werden nahezu im aeroben Energiebereich zurückgelegt, daher gilt es auch, entsprechend zu trainieren. Der Schwerpunkt im Training liegt eindeutig im Bereich der Grundlagenausdauer, die es nach Möglichkeit auch auf dem Rad ganzjährig zu trainieren gilt. Um diese zu verbessern, sind einige kürzere und flottere Trainingssequenzen erforderlich. Wichtig beim Radfahren ist ebenfalls die Kraftausdauer. Zur Palette des Radtrainings zählen die nachfolgend erläuterten Trainingsformen und -intensitäten.

7.1 REGENERATIVE RADAUSFAHRTEN

Regenerative Radausfahrten sind mühelose, erholsame Trainingseinheiten. Sie eignen sich besonders:

- nach Wettbewerben,
- nach größeren Trainingsbelastungen, z. B. langen Läufen, intensivem Radtraining, innerhalb des Laufblocks, innerhalb des Schwimmblocks und
- nach seltenen Radausfahrten im Winter.

Radausfahrten mit solch geringer Intensität (55-65 %) sorgen dafür, dass die Erholung verbessert wird. Nach langen Wettbewerben erfolgt die notwendige Regeneration mithilfe dieser Radausfahrten schneller als durch absolute Passivität. Also, eine mühelose Radausfahrt, die noch keine Trainingsfahrt darstellt, sorgt für eine schnellere Regeneration als das Liegen auf dem Sofa.

7.2 FETTSTOFFWECHSELTRAINING

Für Athleten, die die Mittel- und Langdistanz absolvieren möchten, ist das Training innerhalb des Fettstoffwechsels von großer Wichtigkeit. Da unsere Glykogenreserven beschränkt, unsere Fettreserven dagegen unbeschränkt sind, gilt es, diese zu trainieren. Der Fettstoffwechsel lässt sich besonders gut bei relativ geringer Intensität von 60-65 % des maximalen Pulswerts und größerer Zeitdauer trainieren. Besonders hier ist es also angebracht, auch den maximalen Pulswert beim Radfahren zu kennen. Das Fettstoffwechseltraining erfordert eine Zeitdauer, die größer als 2-3 Stunden sein soll. Auf Grund der geringen orthopädischen Belastung des Körpers beim Radfahren eignen sich gerade diese langen Trainingseinheiten, um sich über einen langen Zeitraum zu belasten. Bei der Trittfrequenz sollten 100 Umdrehungen pro Minute angestrebt werden. Das regelmäßige Fettstoffwechseltraining fördert die Zunahme und Vergrößerung der Mitochondrien, also der kleinen Kraftwerke in den Muskelzellen. Durch dieses Training kann also aus dem Zweizylindermotor, ein Vier-, Sechs-, Acht-, Zehn-, oder gar ein Zwölfzylindermotor werden.

Besonders effektiv ist ein Fettstoffwechseltraining im nüchternen Zustand. Wer also nüchtern sein Radtraining in lockerer Fahrweise absolviert und die feste Verpflegungsaufnahme (Banane, Trockenobst, Brötchen) erst nach zwei Stunden beginnt, kann sich auf diese Weise einige Trainingsstunden ersparen.

Diese Methode wende ich gerne im Urlaub an. Ich steige um sieben Uhr nüchtern auf mein Rad, das selbstverständlich mit zwei große Flaschen Flüssigkeit bestückt ist. Für den auftretenden Hunger befindet sich eine Banane und Trockenobst in meinem Radtrikot. Da ich weiß, dass nach meinem zweieinhalbstündigen Radtraining das Frühstück wartet, komme ich fast immer ohne feste Nahrungsaufnahme aus.

7.3 GRUNDLAGENAUSDAUER

Grundlagenausdauertraining, der Begriff spricht bereits für sich. Hiermit soll die Grundlage für die lange Ausdauer trainiert werden. Diese Grundlagenausdauer bildet das Fundament, die Basis, für das spätere flotte und zügige Training. Zu Beginn heißt es, kleines Blatt und 100 Umdrehungen kurbeln, bei einer Intensität, die bei etwa 65-70 % des maximalen Pulswerts liegt. Bei kürzeren Fahrten, etwa von einer Stunde, können auch 75 % erreicht werden.

Diese Trainingsform gilt es, nicht nur im Vorbereitungszeitraum anzuwenden, sondern ganzjährig, da sie die Plattform für Leistungssteigerungen stellt. In langen, ruhigen, lockeren Ausfahrten bis zu mehreren Stunden Dauer wird die Ausdauerfähigkeit verbessert.

Wer seinen höchsten Radpulswert nicht kennt, kann sich an der folgenden Tabelle von Neumann u. a. (2000) orientieren. Angegeben werden untere und obere Pulswerte in Abhängigkeit vom Alter.

Tab. 22: Pulswerte zur Entwicklung der Grundlagenausdauer für Master beim Radfahren

Alter in Jahren	Belastungsdauer bis 90 min	Belastungsdauer bis 150 min	Belastungsdauer über 150 min
40-50	130-145	125-140	120-135
50-60	125-140	120-135	115-130
Über 60	120-135	115-130	110-125

7.4 SCHNELLIGKEITSAUSDAUERTRAINING, FAHRTSPIEL AUF DEM RAD

Wie bereits beim Laufen angesprochen, bietet das Fahrtspiel eine variantenreiche Trainingsform. Das Spiel mit der Geschwindigkeit schult die Schnelligkeitsausdauer und sorgt für Abwechslung im Training. Sehr leicht lässt es sich auch in der Gruppe durchführen. Die Ortsschildwertung und Mofawertung gehören dazu. Auch das Fahren in der Gruppe zählt zum Spiel mit der Fahrt. Der Führende fährt mit einer hohen Intensität, während das Fahren am Hinterrad eine deutlich reduzierte Intensität darstellt.

Für Triathleten, die häufig alleine trainieren, bedeutet das Fahrtspiel eine interessante, kurzweilige Abwechslung zu den längeren und langen Trainingsausfahrten. Das Spiel mit der Geschwindigkeit mit Intensitäten bis 85 % des Maximalpulswerts stellt erhöhte Anforderungen an das Herz-Kreislauf-System und verbessert die Grundlagenausdauer. Allerdings sollten Master nicht aus jeder Trainingsfahrt ein Fahrtspiel machen, da die Intensität für die Erarbeitung einer soliden Grundlagenausdauer zu hoch ist. Jedoch sollte 1 x in der Woche ein Schnelligkeitsausdauertraining oder Fahrtspiel zum Trainingsprogramm gehören, um eine Verbesserung der Radleistung zu erreichen.

7.5 TEMPOFAHRTEN AUF ZEIT, 10, 20, 30 KM

Tempofahrten gehören auf keinen Fall in die erste Phase des Vorbereitungszeitraums. Voraussetzung hierfür ist ein ausgeprägter Unterbau im Grundlagenausdauerbereich. Mit diesen intensiven Trainingseinheiten auf dem Rad gerät man in den aerob/anaeroben Bereich und sollte die Tempofahrten daher, je nach Leistungsfähigkeit und Alter, behutsam einsetzen. Hilfreich ist auch hierbei eine kleine Trainingsgruppe mit annähernd der gleichen Leistungsfähigkeit. Jede Tempofahrt beginnt und endet mit einer 30-minütigen lockeren Fahrt. Die Intensität beträgt 80-85 % vom maximalen Pulswert.

Möglichkeiten, sich auf die Mittel- und Langdistanz vorzubereiten, sind:

- nach 3-5 x 10 km, Pause, je 15 Minuten lockeres Kurbeln.
- nach 2-3 x 20 km, Pause, je 20 Minuten lockeres Kurbeln.
- nach 1-2 x 30 km, Pause, 30 Minuten lockeres Kurbeln.

Jüngere Master können diese langen Tempoeinheiten häufiger in ihr Trainingsprogramm einstreuen als reifere Master.

7.6 KRAFTAUSDAUERTRAINING

Eine allgemeine Kraftausdauer erwirbt man sich auf dem Rad gleichzeitig mit der Grundlagenausdauer. Kraftausdauertraining am Berg sollte sicher nicht in den ersten Radwochen des Jahres erfolgen, sondern erst nach einer mehrwöchigen Trainingsphase. Bei einer Radausfahrt in einem bergigen Gelände erfolgt das Kraftausdauertraining vornehmlich an den Anstiegen, die entweder sitzend oder im Wiegetritt befahren werden. Hierbei können schon Belas-tungsspitzen bis zu 90 % vom Maximalpuls auftreten. Auf den Abfahrten oder in den Flachstücken kann dann durch lockeres Kurbeln das Laktat in der Muskulatur wieder abgebaut werden.

Wer keine längeren Anstiege in seinem Trainingsgebiet vorfindet, kann das Kraftausdauertraining auch in der Ebene durch eine große Übersetzung und nur 60-70 Umdrehungen pro Minute absolvieren. Wichtig hierbei ist wiederum das Ein- und Ausfahren.

Auch hierbei gilt für die reifen Master-Jahrgänge: Man muss nicht an jedem Anstieg mit den Youngstern mithalten können.

7.7 SCHWERPUNKT RADFAHREN

Triathleten, die das Glück haben, in Regionen zu wohnen, in denen das ganze Jahr über gute Bedingungen zum Radfahren vorherrschen, haben die Wahl zwischen einem kontinuierlichen Trainingsaufbau oder einem ausgesprochenen Schwerpunkt Radfahren. Für viele Athleten ist auf Grund der klimatischen Bedingungen ein Schwerpunkt Radfahren (Radblock) von Vorteil. Zeitlich sollte dieser Schwerpunkt bereits 3-4 Monate vor dem Langdistanz-Wettbewerb liegen. Hierbei kann durch wöchentliche lange und ruhige Radausfahrten die Grundlagenausdauer trainiert werden. Dafür wird allerdings sehr viel Zeit benötigt. Um diesen Zeitaufwand zu reduzieren, sollte nach Möglichkeit der Weg zur Arbeit mit dem Rad zurückgelegt werden. Eine Dusche und ein Schrank, um einen Kleiderwechsel vorzunehmen, lässt sich oft irgendwie auftreiben.

Durch geeignete Umwege lassen sich die Heimwege leicht auf die gewünschte Streckenlänge ausdehnen.

Achtung: Vor dem Radschwerpunkt sollte auf jeden Fall noch einmal die richtige Sattelhöhe kontrolliert werden. Dazu setzen Sie sich mit Ihren Rennschuhen auf das Rad. Eine Tretkurbel befindet sich in Verlängerung des Sitzrohrs in unterster Stellung. Ihr Schuhabsatz berührt bei richtiger Sattelhöhe und ausgestrecktem Bein die Pedale. Achtung! Nicht seitlich vom Sattel herunterrutschen!

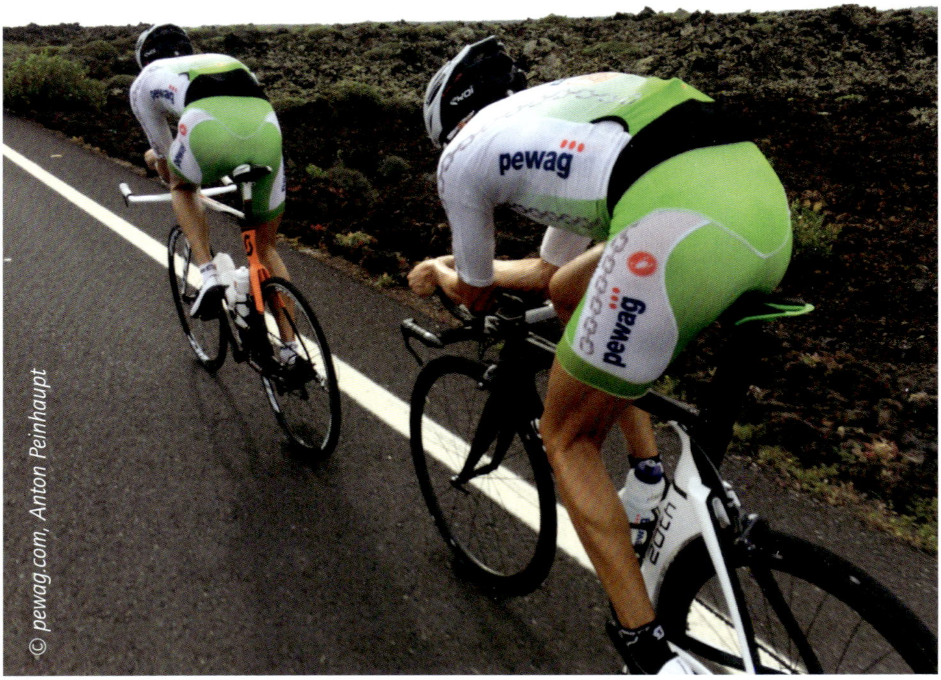

© pewag.com, Anton Peinhaupt

Radmonat: Wer sich einen ganzen Monat als Radschwerpunkt auswählt, sollte darauf achten, dass möglichst 4 x in der Woche ein Radtraining auf dem Programm steht. Zusätzlich 2 x Schwimmen und 2 x Laufen. Da die zeitliche Beanspruchung während dieser Zeit relativ groß ist, ist eine vorherige Abstimmung innerhalb des Umfeldes ratsam.

Von den Intensitäten her gilt das Gleiche wie beim Laufen: je länger die Strecke, umso geringer die Geschwindigkeit. Für die Langdistanz-Vorbereitung sollte 1 x pro Woche eine Fahrt deutlich über 100 km dabei sein. Vielleicht lässt sich bei der langen Fahrt mit 100 km beginnen und man steigert diese wöchentlich um 10 km. Während einer kürzeren Fahrt darf auch mit der Geschwindigkeit gespielt werden, also ein Fahrtspiel eingebaut werden. Ansonsten wird der runde Tritt geschult bei einer Drehzahl von 100-110 Umdrehungen pro Minute, bei kleinem Kettenblatt.

Denkbar ist auch eine Schwerpunktbildung an den Wochenenden. An vier Wochenenden oder freien Arbeitstagen kann es also heißen: freitags, samstags und sonntags lange Radeinheiten.

Tab. 23

Woche	Freitags km	Samstags km	Sonntags km
1	80	90	100
2	90	100	110
3	100	110 + 5-km-Lauf	120
4	110	90 + 8-km-Lauf	130

7.7.1 RADTRAININGSAUFENTHALTE

Diejenigen, die auf Grund mangelnder Radmöglichkeiten während des Übergangszeitraums im Vorbereitungszeitraum einen ein- oder zweiwöchigen Radblock in südlichen Gefilden einlegen, sollten auf Folgendes achten:

Im Vorfeld des Schwerpunkts Radfahren sollte jede Gelegenheit genutzt werden, um mindestens einige hundert Radkilometer zu absolvieren. Nur so ist gewährleistet, dass sich das punktuell umfangreiche Grundlagentraining während des Trainingsaufenthalts in wärmeren Gefilden auch wirklich auszahlt.

Diese wichtige Trainingsphase dient allein dem Grundlagentraining und stellt somit die Basis für eine gezielte Trainingsarbeit kurz vor und im Wettbewerbszeitraum dar. In langen, ruhigen Ausfahrten bis zu mehreren Stunden Dauer wird vorwiegend die Ausdauerleistungsfähigkeit verbessert und der Stoffwechsel trainiert. Kleine Gänge und Trittfrequenzen zwischen 100 und 110 sind hier wichtig. Anstiege sollten daher möglichst in kleinen Gängen im Sattel sitzend bewältigt werden.

Wer den Wiegetritt wählt, der betont die Kraftausdauer. Diese sollte nicht unbedingt in der ersten Trainingswoche im Vordergrund stehen. Anstiege, bei denen mehr die Kraftausdauer trainiert wird, sollten in den zweiten Teil eines Trainingsaufenthalts gelegt werden.

Der dritte Tag während eines Trainingsaufenthalts – mit größerem Klimawechsel – sollte, bedingt durch Stoffwechselvorgänge im Körper, stets ein aktiver Ruhetag sein. Sinnvoll ist daher nur ein ganz ruhiges Kurbeln über 1-2 Stunden.

Warnen möchte ich davor, dass jede ruhig geplante Trainingsfahrt zu einem Rennen, oft bis zur völligen Erschöpfung, ausartet. Spätestens nach einer Woche ist dann das Feuer restlos verbrannt. In der zweiten Woche kann dann vielfach gar nicht mehr täglich trainiert werden, weil sich die ersten Verletzungen eingestellt haben. Die restlichen Tage verstreichen dann nutzlos. Der Körper holt sich seine Ruhephasen dann eben durch Verletzungen und Erkältungen.

Wie kann so ein Radblock aussehen? Dazu ein konkretes eigenes Trainingsbeispiel.

Das Trainingsziel muss jeweils lauten: Auch am letzten Tag des Trainingscamps sollte man noch in der Lage sein, normal zu trainieren. Also, nicht Abbau-, sondern Aufbautraining sollte geleistet werden. Mein Saisonziel war hier die Teilnahme am Langdistanz-Triathlon.

Als wichtige Parameter gelten der morgentliche Ruhepuls und das Trainingsgefühl. Ist der Ruhepuls um 7-8 Schläge pro Minute erhöht, sollte nur eine kürzere, besonders lockere Radeinheit oder eine Trainingspause folgen.

Die Ausgangslage Mitte April: 700 km auf dem Rad und wöchentliche Laufumfänge zwischen 30 und 50 km.

Tab. 24: Zweiwöchiger Radblock auf Mallorca

Tag	Radumfang in km	Intensität	Weiteres Training
1	90	Ruhig	
2	115	Locker	11 km laufen
3	50	Ganz ruhig	Regeneration
4	125	Locker	
5	–		13 km laufen
6	100	Hügeliges Gelände	1 km schwimmen im Meer
7	155	Ruhig, teilweise bergig	
8	–		12 km laufen
9	125	Mit flotten Abschnitten	
10	96	Bergig	
11	–		1 km schwimmen, 12 km laufen
12	70	Locker	12 km zügig laufen
13	135	Sehr bergig	
14			12 km laufen

Insgesamt also 1.061 km auf dem Rad, 72 Laufkilometer und 2 Schwimmkilometer in 14 Tagen. Durchschnittliche Radgeschwindigkeit 25-26 km/h. Die Pulswerte beim Radtraining betrugen im Mittel zwischen 120 und 125 Schlägen/min. Tägliche Dehn- und Kräftigungsübungen ergänzten das Programm.

Im Anschluss daran folgte eine echte Regenerationswoche mit einigen Radfahrten zur Arbeit und zwei Läufen über 12 und 15 km.

7.8 HINWEISE ZUM RADTRAINING

- Stets mit Helm fahren.
- Reserveschläuche und Mindestreparaturset mitführen.
- Mehrere Flaschenhalterungen am Rad anbringen.
- Auf optimale Drehzahl von 100-110 pro Minute achten.
- Bei längeren Trainingsfahrten reichlich Flüssigkeit und Verpflegung aufnehmen.
- Immer etwas Essbares mitführen, um einem Hunger vorzubeugen.
- Bei Anstiegen rechtzeitig schalten.
- Die ersten sechs Wochen in der Vorbereitungszeit nur mit kleinem Kettenblatt kurbeln.
- Eine Sonnenbrille schützt vor Sonne, Mücken und Wind.
- Zuerst den Trainingsumfang, dann erst die Intensität erhöhen.
- An einem Trainingstag kann einem Krafttraining ein Ausdauertraining folgen – aber nicht umgekehrt.
- Regenerationswochen einhalten.
- Beim Intervalltraining unbedingt 15-20 Minuten ein- und ausfahren.
- Langsame Gewöhnung an das angestrebte Tempo.
- Mit kurzen Streckenabschnitten beginnen.
- Intervalle auf das Saisonziel ausrichten.
- Intervalltraining regelmäßig durchführen, jedoch höchstens 1 x wöchentlich und höchstens über vier Wochen, danach zwei Wochen aussetzen und wieder höchstens vier Wochen lang. Alternativer Rhythmus: Zwei Wochen je 1 x Intervalle, eine Woche aussetzen und wieder zwei Wochen Intervalltraining.
- Intervallpausen lang genug wählen, dabei locker weiterkurbeln, bis der Puls unter 110 Schläge pro Minute fällt.
- Beim Radtransfer per Flugzeug niemals Druckluftpatronen mitführen!

7.9 RADFAHREN IM WETTBEWERB

Im Wettbewerb ergeben sich beim Radfahren einige Besonderheiten, die hier in aller Kürze zusammengefasst werden:

- Die Stirn nicht mit Sonnenschutzcreme behandeln, da der Schweiß auch wasserfeste Creme löst und zu unangenehmen Augenreizungen führt.
- Es gilt nach wie vor die Straßenverkehrsordnung, also niemals über die Mittellinie hinausfahren.
- Hilfe von außen ist nicht erlaubt.
- Radstrecke eventuell einen Tag vor dem Bewerb mit dem Auto oder gaaaanz langsam mit dem Rad abfahren.
- Radschuhe von innen einpudern, sofern ohne Socken gefahren wird.
- Reifen bei großer Hitze nicht mehr als 8 bar aufpumpen.
- Startnummern an einem Gummiband befestigen.
- Radschuhe mit Klettverschluss tragen.
- Sonnenbrille als Schutz vor Sonneneinstrahlung und Fliegen tragen.
- Rad mit geeignetem Gang und gefüllter Getränkeflasche bereitstellen.
- Mit hoher Trittfrequenz beginnen.
- Mit der Flüssigkeitsaufnahme frühzeitig anfangen.
- Feste Nahrung in kleinen Happen aufnehmen.
- Nie trocken fahren, rechtzeitig Getränke annehmen.
- Optimale Drehzahl im Wettbewerb: 90 Umdrehungen pro Minute.
- Am Berg rechtzeitig schalten, niemals den Berg hochwürgen.
- Eng anliegende Radbekleidung wählen.
- Bei kühler, feuchter Witterung dünne Regenjacke im Radtrikot für alle Fälle mitführen.
- Die letzten Minuten mit etwas weniger Druck fahren, um die Muskulatur für das Laufen zu lockern.
- Radhelm erst nach dem Abstellen des Rades öffnen und absetzen. Frühzeitiges Öffnen des Kinnriemens kann zur Disqualifikation führen.

7.10 TRAININGSALTERNATIVEN BEI UNGÜNSTIGER WITTERUNG

Ideal wäre es, auch während des Übergangszeitraums, in den Monaten Oktober bis Februar, das Radfahren beizubehalten. In vielen Gegenden ist das in der Regel nur auf der ungeliebten Rolle oder bei vereinzelten Ausfahrten am Wochenende möglich. Daher wählen viele Triathleten eine andere Variante. Sie stellen in der kalten und ungemütlichen Jahreszeit das Radfahren ganz ein und behalten lediglich das Schwimmen und das Laufen bei. Dann empfiehlt sich jedoch bereits im ersten Teil des Vorbereitungszeitraums ein Radblock, um die spezielle Radmuskulatur rechtzeitig wieder aufzubauen.

Wer jedoch die Möglichkeit besitzt, während der großen Regenerationsphase vereinzelte Radtouren zu machen, sollte dies ohne jegliche Geschwindigkeitsvorstellung und ohne jeglichen Druck ausführen. Lockeres Kurbeln lautet hierbei die Devise.

Während dieser Zeit bietet sich auch das Mountainbiketraining als hervorragendes, spaßbetontes Ausdauertraining an. Ebenso bleibt Raum für weitere Alternativen wie Skilanglauf, Training auf der Rolle oder Spinning.

Mountainbike

Sollte der Straßenzustand für ein Rennrad kritisch oder gar zu gefährlich sein, kann das Mountainbike eine Übergangslösung für die Straße sein. Wer ein waldreiches und bergiges Gelände vorfindet, kann die radspezifische Kraftausdauer sehr gut mit dem Mountainbike trainieren. In Waldstücken ist man bei relativ niedrigen Temperaturen noch gut geschützt und kann, nach einer lockeren Aufwärmphase von 15-20 Minuten, 30 Minuten im bergigen Gelände mit hoher Übersetzung fahren. Lockeres Ausfahren von 10 Minuten kann dann diese Trainingseinheit beenden.

Allerdings ist bei größeren Minustemperaturen der Auskühlungseffekt und damit das Erkältungsrisiko zu groß.

Training auf der Rolle

Das Training auf der Rolle bietet eine ganze Reihe von Vorteilen, aber auch einige Nachteile.

Vorzüge des Rollentrainings:

- Im Haus statt im Schmudelwetter durchführbar.
- Das eigene Rad kann eingespannt werden, somit ist keine Geometrieumstellung erforderlich.
- Jederzeit verfügbar.
- Geringer Kostenaufwand, ca. 150,- € für die einfache Rolle.
- Die Trainingsdauer und -belastung kann individuell gewählt werden.
- Ein Kombinationstraining Laufen-Radfahren ist möglich.
- Computergesteuerte Einheiten ermöglichen eine Simulation von Radstrecken.

Nachteile des Rollentrainings:

- Große Monotonie, die eventuell durch das Fernsehen abgefedert werden kann.
- Die ständige Verfügbarkeit der Rolle kann als Ausrede für eine ständige Verschiebung dienen.
- Durch fehlende Luftbewegung ist die Schweißbildung sehr stark.

Wem es während der ungünstigeren Witterungsperiode gelingt, regelmäßig 2 x wöchentlich auf der Rolle 30-60 Minuten zu trainieren, der kann seinen runden Tritt sicherlich beibehalten. Für die ersten Radausfahrten in der Vorbereitungszeit ist er gut gerüstet.

Spinning

Spinning-Kurse werden in Fitnessstudios angeboten. Gruppen von 5-10 Teilnehmern werden von einem Trainer betreut. Dieser gibt, unterstützt von lauter und, je nach Situation, schneller oder langsamer Musik die Trittfrequenz vor. Zumeist mit ruhiger Musik beginnt der Kurs auf eben den Spinning-Fahrradergometern. Unter flotten Klängen werden dann auch Trittfrequenzen bis 120 Umdrehungen in der Minute erreicht. Durch unterschiedlich starke Widerstände lassen sich Kraftintervalle durchführen.

Das Fahren in der Spinning-Gruppe und bei Musik ist sicherlich für viele motivierender, als allein im Keller auf der Rolle zu sitzen.

7.11 DIE RADTRAININGSPULSSTUFEN

Für die nachfolgenden Trainingsempfehlungen möchte ich auch bei den Radeinheiten auf eine abgestimmte Trainingsintensität eingehen. Die nachfolgende Tabelle zeigt die dabei zu Grunde gelegten Intensitäten auf, die sich jeweils auf Prozentangaben vom maximalen Pulswert beziehen.

Tab. 25: Trainingsstufen beim Radtraining

Stufe	Beschreibung des Trainings	Radtraining % vom max. Pulswert	Trainingsform	Radtraining Mein max. Puls	Vergleich zum Lauftraining % vom max. Pulswert
1	Mühelos, erholsam Regeneration	55-65	65 Fettverbrennung Grundlagenausdauer		60-70
2	Ruhiges Training	65-70	Grundlagenausdauer		70-75
3	Lockeres Training	70	Grundlagenausdauer		75
4	Flottes Training	70-75	Ausdauer-training		75-80
5	Sehr flottes Training (zügig)	75-80	Schnelligkeitsausdauertraining		80-85
6	Hartes Training	80-85	Tempofahrt		85-90

Beim Radfahren liegen die Pulswerte auf jeder Stufe um jeweils 5 % unter denen des Lauftrainings.

7.12 RADANEKDOTE

Zwei Master auf ihrer Königsetappe oder 99 km in 12 Stunden

Jedes Trainingscamp wird allgemein mit einer sogenannten **Königsetappe** beendet. So auch mein zweiwöchiges Radtrainingscamp auf Mallorca. Mit meinem thüringischen Freund Ludwig sollte es auf Mallorca eben die „König-Ludwig-Etappe" werden. Ludwig, ein Vorbild für alle jugendlichen Sportler, wagte sich im Jahr zuvor an seinen ersten Langdistanz-Wettbewerb heran und finishte diesen in erstaunlichen 12:08 h.

„Also, zusammen seid ihr heute, am Tag der Königsetappe, 118 Jahre reif", stellen unsere Damen am frühen Morgen fest. Alt genug, um allein die geplanten 150 km mit vielen Höhenmetern zurückzulegen. Punkt 9 Uhr schwingen sich Ludwig und ich uns auf unsere Räder und verabschieden uns bis gegen 15 Uhr von unseren Frauen. Unsere Planungen waren klar: von der Playa de Palma nach Inca, Anstieg zum Kloster Lluc, Abfahrt nach Sa Calobra und das Ganze wieder retour.

In Richtung Inca geht also die lockere, unterhaltsame Fahrt los, ein Tag wie gemalt, ein strahlend blauer Himmel und ausnahmsweise kein Wind. Durch das ruhige Radtraining der vergangenen 12 Tage, in denen wir annähernd 800 km gestrampelt sind, sind wir gut gerüstet. Kurz vor Inca, nach etwa 50 km, ist die Gebirgskette an der Westküste für uns zum Greifen nahe. Den 10 km langen Anstieg zum Kloster Lluc nehmen wir beide in flotter Fahrt, jeder in seinem gewohnten Bergrhythmus. Mir als Flachländer macht das Fahren im Gebirge besonders große Freude, ich genieße jeden nur möglichen Ausblick – auch wenn es nur für einen kurzen Augenblick jeweils ist –, bewundere die Bergbauern bei ihrer mühsamen Arbeit und merke dabei nicht, dass ich ja selbst mühsam den Anstieg – teils im Wiegetritt – hochfahre. Nur mein Puls mit 140-150 Schlägen pro Minute sagt mir: „Hermann, es gibt Höhenluft!" Auf diese Bergtouren habe ich mich bereits mehrere Monate gefreut. In der ersten Woche unseres Trainingscamps sind wir allerdings überwiegend im flachen, teils hügeligen Teil der Insel geradelt, um den runden Tritt zu schulen.

„Hier in den Bergen können wir unsere Kraftausdauer trainieren, Ludwig. Das bekommt uns gut und unseren Frauen auch, da sie ja einen fitten Mann haben möchten!" Die 13 km lange Abfahrt in die „Hölle Mallorcas" nach Sa Calobra, bereitet uns mehr Probleme als der imposante Wiederaufstieg. Die vielen engen Kehren erfordern wieder häufiges Fahren im Wiegetritt. Ich bewundere den 65-jährigen Ludwig, wie er diese Anstiege nimmt. Da werden viele Youngster neidisch. Eben ein Allrounder, im Winter ein exzellenter Skilangläufer im klassischen und auch im Skatingstil, im Sommer ein unverwüstlicher Radfahrer und Läufer, der das Schwimmen allerdings nicht zu seinen Stärken zählt. Da er auch das Kanu beherrscht, hat er es mittlerweile zum mehrfachen Master-Weltmeister im Quadrathlon (Schwimmen, Radfahren; Kanufahren und Laufen) gebracht. Ohne Probleme erreichen wir wieder die hochgelegene Westküstenstraße. Mehrfach haben wir uns über diesen Traumtag in den höchsten Tönen unterhalten. An einem weiteren, kurzen Zwischenstopp sagt Ludwig ganz auffordernd: „Hermann, sollen wir nicht heute den Anstieg zum Puig Major mitnehmen? Dann nach Sóller die 13 km lange, heiße Abfahrt herunterfetzen, um dann zur Playa de Palma zurückzufahren?" Ich hatte im Stillen auch bereits daran gedacht, mochte diesen Wunsch allerdings nicht dem 65-jährigen Ludwig vortragen.

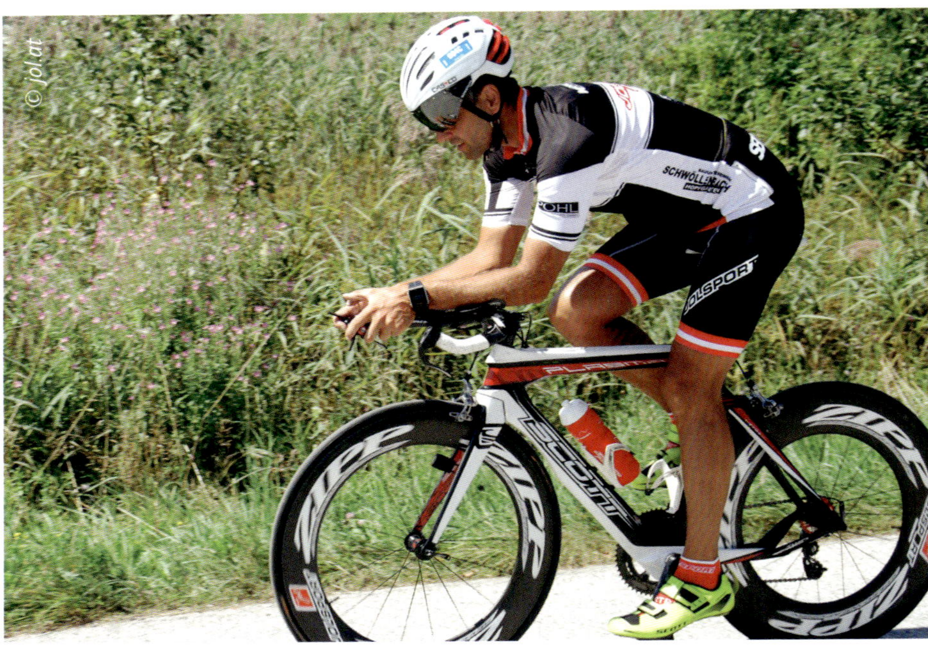

„Ich als Flachländer bin dabei", meine spontane Antwort. Also, nichts wie hinauf auf den Puig Major. Wir haben ja heute erst ca. 1.400 Höhenmeter in den Beinen, stelle ich fest. Das Traumwetter, der wenige Verkehr und die warmen Temperaturen, es passte einfach alles auf unserer Königsetappe, heute, am 25. April. „Was wird aus unserem Erdbeertorteessen heute Nachmittag bei Paco?", frage ich Ludwig. „Die schmeckt auch noch um 17 Uhr", bekomme ich zu hören.

Kurz vor unserem höchsten Punkt am Puig Major entdecke ich ein Hinweisschild, das uns zu einer Naturquelle führt. „Ludwig, lass uns hier unsere Wasserflaschen wieder nachfüllen! Hierzu zweigt ein kurzer, giftiger, steiler Anstieg nach links ab." Mit meinem gesamten Körpergewicht von 80 kg stemme ich mich im Wiegetritt dem kurzen Anstieg entgegen und ... knack, einfach knack! Ich strauchle und kann mich mit letzter Mühe noch auf meinen Sattel setzen ... und lasse mich langsam zur Seite fallen. Nur einbeinig habe ich noch Halt an meinem Pedalsystem. Die linke Tretkurbel baumelt an meinem Radschuh herum. Aus, ich muss wohl sehr dumm dreingeschaut haben, als mich Ludwig fragt: „Hermann, was ist los?"

„Meine Tretlagerachse ist gebrochen und baumelt halt an meinem Radschuh herum!" „Tretlager gebrochen, das ..., das gibt's doch gar nicht. Das habe ich ja noch nie gehört und gesehen, das habe ich ja nicht mal zu DDR-Zeiten erlebt!" Aber eben heute an meinem Triathlonrad.

„Ich fahre als Einbeiner weiter", behaupte ich im ersten Moment. Als Einbeiner die Anstiege und Abfahrten? Unmöglich! Nein, nein, das geht auch nicht, das ist einfach zu gefährlich! „Also, mein lieber Ludwig, du wirst wohl die Heimreise allein antreten müssen. Ich schlage mich schon irgendwie durch, selbst wenn ich noch 80 km zum Hotel habe." Wir fragen einige Urlauber, die mit dem Pkw unterwegs sind, ob sie mich bis in die nächste Stadt oder bis Palma mitnehmen können.

Ich habe Glück und werde von einer Familie aus Süddeutschland, die mit einem größeren Van unterwegs ist, bis in die nächste Stadt – Sóller – mitgenommen.

Gleichzeitig macht sich auch Ludwig auf den Weg, allein. Wir wünschen uns eine gute Fahrt. Unsere gemeinsame Königsetappe hat ein abruptes Ende gefunden.

Das alles bei diesem Postkartenwetter. Nach einigen hundert Metern überholen wir Ludwig mit dem Van, ich winke ihm zu. „Ich werde schon mal vorab meine Erdbeertorte essen", denke ich.

Die Abfahrt nach Sóller ist wirklich eine heiße Sache: 13 km nur bergab und überwiegend auf breiter Straße mit einem glatten Belag, ich beneide Ludwig darum.

Insgeheim ärgere ich mich doch ein wenig wegen der fetzigen Abfahrt, dem erneuten Anstieg am Puig Sóller und der verlorenen Radkilometer. Der Ludwig, der hat's gut, denke ich mehrfach. Ich hier, zum Nichtstun verdammt und der Kerl erlebt nicht nur einen herrlichen Urlaubstag, sondern auch noch eine Königsetappe, wie sie im Buche steht. Ist gut, dass ich zu dieser Zeit noch völlig unwissend bin. Wenn ich geahnt hätte, dass Ludwig mehrere Stunden nur wenige hundert Meter von mir entfernt mit ganz anderen Problemen zu kämpfen hatte, ob ich ihn dann noch beneidet hätte?

Endlich, um 19 Uhr die Fahrt im altehrwürdigen Zug nach Palma. Durch viele Tunnels rauscht und poltert der Zug mit seinen Holzwagen. Dicht gedrängt sitzen und stehen die Menschen im überfüllten Zug. Während der langen Wartezeit hatte ich mir eine Plastiktüte für meine Schuhe und für die abgebrochene Kurbel gesucht. Viele Menschen schauen mich verdutzt an, wohl wegen meiner interessanten Fußbekleidung. Mittlerweile sind meine herrlich weißen Socken an der Unterseite und im unteren Randbereich nicht mehr weiß, sondern eben bitumenschwarz. Die werde ich als Mallorca-Souvenir daheim hoch in Ehren halten. Gegen 20:20 Uhr rollt dann der Zug im Bahnhof von Palma ein. Schnell ein Taxi und ab ins Hotel. Bis 21 Uhr gibt es noch etwas zu essen. Das wär's auch noch, aufs Essen verzichten zu müssen. Pünktlich um 20:45 Uhr treffe ich mit zerlegtem Rad am Hotel ein. Meine Frau empfängt mich bereits auf dem Parkplatz. „15 € fürs Taxi, bitte!" Nanu, was war los? Irgendetwas stimmt da nicht. „Der Ludwig, der Ludwig!", vernehme ich während der Geldübergabe an den Taxifahrer.

Sie macht mir einen ganz aufgelösten Eindruck. „Der Ludwig ist auch erst vor 10 Minuten mit dem Taxi hier eingetroffen!" „Ludwig, auch erst seit 10 Minuten hier?", frage ich mit einem ungläubigen Kopfschütteln zurück. „Was ist passiert?" „Ludwig hat einen Radsturz gehabt, er sitzt im Hotelrestaurant." Ich stürze hinauf zu ihm. Währenddessen höre ich, dass er in Sóller mit seinem Vorderrad in eine Bahnschiene geraten und dabei gestürzt ist.

Ludwig war bei seiner Ankunft so niedergeschlagen, dass er kaum etwas Informatives von sich geben konnte, höre ich von meiner Frau. Selbst Fragen nach Hermann konnte er nicht sofort beantworten. Einige Minuten später dann sagte er: „Hermann ist nichts passiert, nur sein Rad ist zerbrochen." Jetzt verstehe ich die Sorge meiner Frau.

Ich sehe Ludwig wie einen armen Sünder mit verbundenem Arm hinter einem Pfeiler sitzen, seine Gudrun mit Sorgenfalten auf der Stirn daneben. Wir fallen uns stillschweigend um den Hals. „Au! Mein Arm!" „Entschuldigung!" Nach zwei Minuten finde auch ich meine Fassung wieder.

„Ludwig, wir beiden Master sind noch zu jung für solch eine Königsetappe!"

Danach gibt es bereits ein herzhaftes Lachen von beiden. Ludwig noch mit schmerzverzerrtem Gesicht. Jetzt erzählt er ganz leise seine Story:

„Die 13 km lange Abfahrt nach Sóller hinunter ist ein tolles Erlebnis. Nur ein Schlagloch, welches genau in einem schattigen Bereich liegt, hat mich fast vom Sattel geholt. In Sóller fahre ich dann einige hundert Meter neben der Bahnlinie entlang und erfreue mich an den herrlichen Orangenhainen. Plötzlich macht es – Wum, ... und ich liege auf der Straße. Einfach so. Urlauber kommen mir zu Hilfe, heben mich auf und räumen mein Rad zur Seite. Ich kann mich kaum bewegen, meine Schulter, meine Rippen, ich spüre alle Knochen im Körper. Jetzt sehe ich den Schienenstrang, in den ich irgendwie hineingeraten bin. Ein Krankenwagen wird gerufen, dieser will jedoch nur mich mitnehmen und nicht mein Rad. Ohne mein Rad fahre ich nicht mit, mache ich den Spaniern klar. Letztlich geht es doch. Also, zum kleinen Krankenhaus nach Sóller.

Dort gibt es kein Röntgengerät. Weiter geht es dann per Krankenwagen nach Palma ins Krankenhaus. Ich, Ludwig, liege bei dem Wetter im Krankenwagen und muss mich nach Palma fahren lassen! Scheußlich, grässlich! Zum Glück hat man im Krankenhaus keine Brüche festgestellt, eben nur schwere Prellungen, hatte ja auch meinen Helm auf. Diese Fahrerei nach Palma, die Krankenhausaufenthalte, das dauert und dauert. Schließlich verlangt man von mir 450,- € für die gesamten Krankenleistungen. Nach langen Diskussionen reicht vorläufig die Angabe meiner Personalien und meiner Krankenkassennummer aus. An Radfahren ist nicht mehr zu denken. Per Taxi bin ich dann um 20:40 Uhr hier im Hotel eingetroffen. Alles andere kennst du ja bereits."

Da haben wir beide ja den Nachmittag in der gleichen Stadt, nur wenige hundert Meter voneinander getrennt, verbracht, wird uns gemeinsam klar. Lieber wäre uns die gemeinsame Königsetappe und der Verzehr einer Erdbeertorte gewesen!

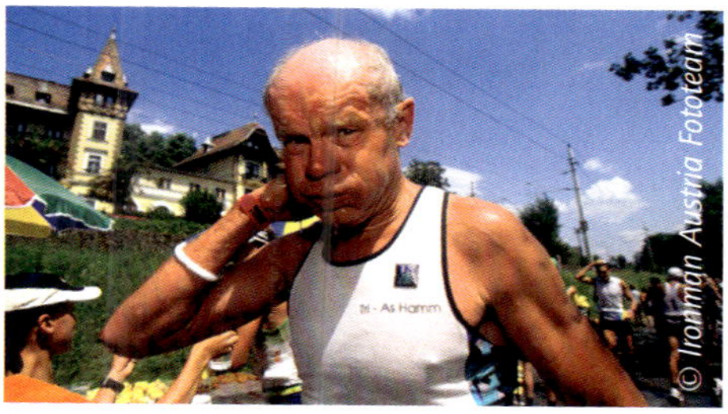

„Ludwig, diese Königsetappe müssen wir eines Tages wiederholen und sei es in der M 70!"

„Ja, ja, wenn die Master auf Tour gehen. Beim nächsten Mal gibt es ein Begleitfahrzeug", vernehmen wir von unseren Damen. Zum Glück können wir eine halbe Stunde später bereits wieder herzlich lachen. Ludwig kann dabei seine Schmerzen nicht verbergen.

Tags darauf geht es für Ludwig heim. Er kann nicht einmal seine Koffer packen, so schmerzhaft sind seine Blessuren. Meine zerbrochene Tretlagerachse kann ich in einem größeren Radshop austauschen. „In 20 Jahren habe ich keinen Schaden dieser Art erlebt", sagt uns der gute Radmechaniker!

Zum Glück konnte Ludwig bereits eine Woche später seine Radqualitäten bei einem Zeitfahren in Thüringen wieder unter Beweis stellen. Ich hatte noch drei Tage Zeit, um meine leichte Wut wieder in Radkilometer umzumünzen. Die Triathlonsaison konnten wir beide trotz allem recht erfolgreich gestalten.

Seither ist mir klar, dass im „Rundumsicherheitspaket" eines Triathleten auf längeren Touren Ausweis, Handy und Geld nicht fehlen dürfen.

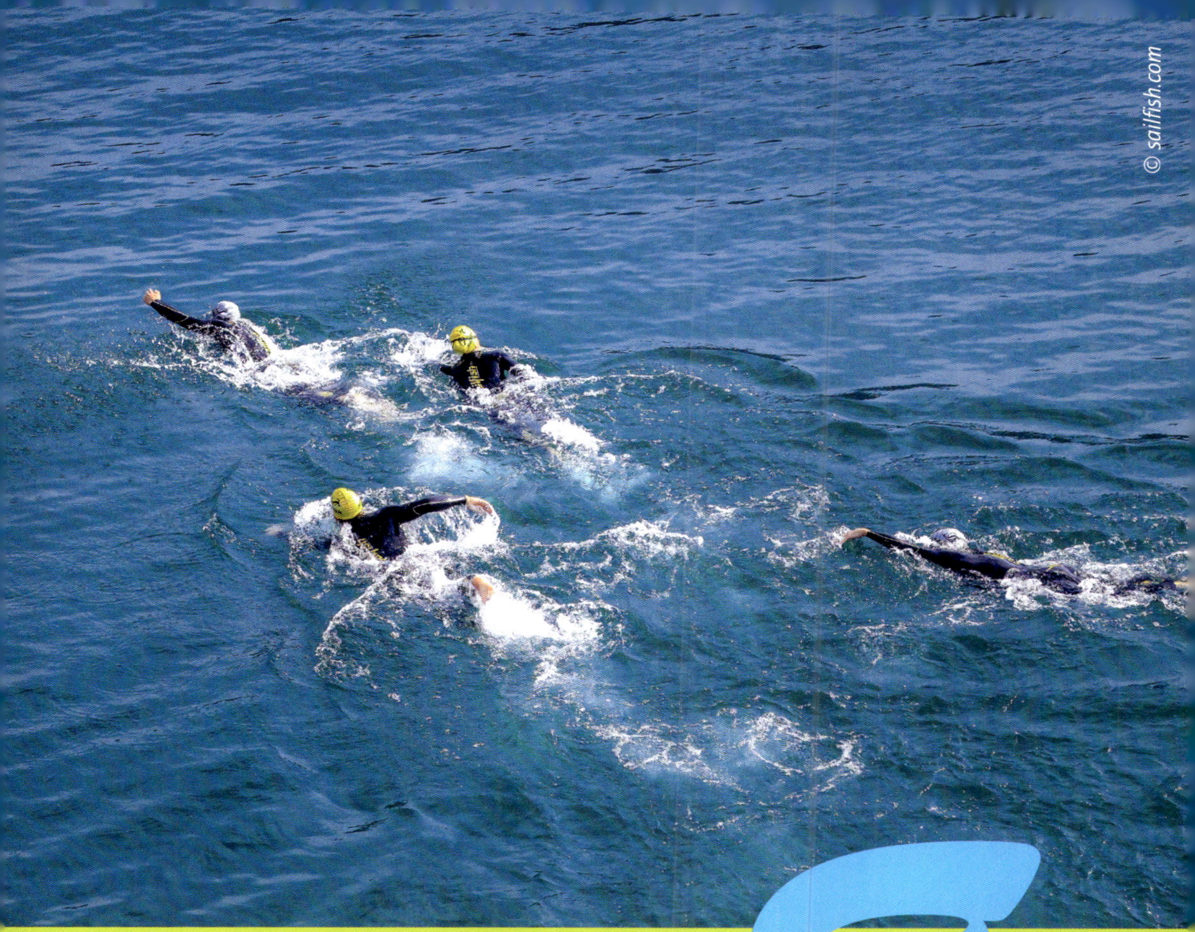

8

SCHWIMMEN – DIE SCHWIERIGSTE DISZIPLIN FÜR MASTER!

8 SCHWIMMEN – DIE SCHWIERIGSTE DISZIPLIN FÜR MASTER!

Schwimmen ist für die meisten Master vielfach die Schwierigste der drei Disziplinen, es sei denn, man heißt Kalli Nottrodt und kommt aus dem Schwimmerlager. Hier gilt für viele: „Was Hänschen nicht lernt, lernt ...." Schwimmen ist einfach komplizierter in der exakten Ausführung als Laufen und Radfahren und gleichzeitig auch trainingsintensiver.

Zudem muss man sich seine gute Form im Schwimmbecken aufbauen und soll dann alles noch wirksam im Freigewässer bei 2.000 Startern anwenden!

Doch es gibt einige Tricks, mit denen man sich optimal auf das Schwimmen im See oder Meer vorbereiten kann.

Wie aus Tabelle 20 in Kapitel 7 zu entnehmen ist, beträgt der zeitliche Anteil für das Schwimmen auf der Mittel- und Langdistanz zwischen 10 und 14 %. Trotzdem ist das Schwimmtraining von großer Wichtigkeit. Wer im Freigewässer bei 2.000 Startern nicht einen kühlen Kopf behält, der geht zwar nicht unter, verliert aber eine Menge Zeit. Zeit, die ihm später für eine gute Platzierung, für die Qualifikation, für ..., für ... einfach fehlt.

Beim Schwimmen trainiert man die Koordination, die Schnelligkeit, die Kraftausdauer, beansprucht alle Muskelgruppen und schont dabei Bänder und Gelenke. Der bessere Zustand der Oberkörpermuskulatur bei einem regelmäßigen Schwimmtraining macht sich auch beim Radfahren positiv bemerkbar. Da das Brustschwimmen die Nackenmuskulatur und die Knie belastet und diese während der beiden anderen Disziplinen Radfahren und Laufen besonders beansprucht werden, empfiehlt es sich, die schnellere Kraultechnik anzuwenden.

8.1 SCHWIMMTRAINING

Das Schwimmtraining für Master, die für die Mittel- und Langdistanz trainieren, zeichnet sich gegenüber dem Training der Hauptklasseathleten in erster Linie durch die längeren Intervalle und häufiger eingestreutes Dauerschwimmen aus. Das Schwimmen bietet die einmalige Möglichkeit, die Trainingsinhalte von Trainingseinheit zu Trainingseinheit zu wechseln. Davon sollte man häufig Gebrauch machen, um nicht in einen monotonen Rhythmus, wie z. B. 4 x 500 m oder 2 x 1.000 m, zu verfallen. Wer sich im Schwimmen verbessern will, sollte schon 2-3 x in der Woche das Schwimmbecken aufsuchen. Während der direkten Vorbereitung auf die Triathlonsaison ist auch das Schwimmen im Neoprenanzug zu üben. Dazu eignet sich das Freigewässer besser als das Schwimmbecken.

Während des Schwimmmonats sollte versucht werden, 3-4 x pro Woche das Becken aufzusuchen, um sich somit eine solide Basis für die gesamte Saison zu schaffen. Mit welchen Schwimmprogrammen Sie dabei arbeiten können, zeigt Ihnen die nachfolgende Aufstellung von 14 unterschiedlichen Trainingsinhalten. Diese lassen sich entweder erweitern oder auch häufiger im Training praktizieren.

Jedes Schwimmtraining sollte in fünf Schritten erfolgen:

- Dehnübungen (Stretching)
- Einschwimmen
- Schwimmprogramm
- Ausschwimmen
- Stretching

Das Stretchen oder Dehnen vor dem Training, also im kalten Zustand, sollte deutlich behutsamer ausgeführt werden als nach dem Training.

Das Einschwimmen von 200-400 m erfolgt spielerisch mit einigen kurzen Sprints.

Das Ausschwimmen über 100-200 m erfolgt in beliebiger Lage und beendet jedes Schwimmtraining.

Nachfolgend werden 14 Schwimmprogramme aufgeführt, aus denen Sie Ihr individuelles Programm selbst zusammenstellen können. Des Weiteren lassen sich alle Programme leicht ab-, umwandeln, erweitern und verkürzen.

8.2 DIE 14 SCHWIMMPROGRAMME FÜR BAD UND FREIGEWÄSSER

Tab. 26

Nr.	Schwimmprogramme	Gesamtstrecke in m
1	Einschwimmen 400 m beliebig, Lagen wechseln 4 x 500 m Kraul, Fünfer-, Vierer-, Dreier-, Zweierzüge Lockeres Tempo, saubere Technik Dazwischen je 100 m ruhig Ausschwimmen, 200 m Brust	2.900 m
2	Einschwimmen, 200 m ruhig Brust, 200 m beliebig 100 m Kraul, abschlagen 200 m Kraul, Fünferzug 300 m, 100 m nur rechter Armzug, 100 m nur linker Armzug, 100 m normal 400 m, 50 m nur Beine + 150 m ganze Lage, alles 2 x 300 m, Steigerungen kurz vor und nach der Wende 200 m Kraul, Dreierzug 100 m Sprint 4 x 50 m, 25 m locker, 25 m zügig, Pause 1 min Ausschwimmen, 200 m beliebig	2.400 m
3	Einschwimmen, 200 m beliebig 2 x 1.000 m Kraul, locker, bewusstes Atmen Ausschwimmen, 400 m Kraul – Technikübungen	2.600 m
4	Einschwimmen, 400 m beliebig 10 x 200 m Kraul, Pause 45 s 100 m ruhig – mit geballter Faust 5 x 100 m Kraul, jeden 100ter etwas schneller Ausschwimmen, 200 m Brust	3.200 m

Nr.	Schwimmprogramme	Gesamtstrecke in m
5	› Einschwimmen, 200 m Brust › 6 x 200 m Kraul und Brust im Wechsel, Pause 45 s › Brust ruhig, Kraul zügig › 200 m ruhig › 3 x 150 m Kraul, dabei je 50 m Fünfer-, Vierer-, Dreierzug › 50 m ruhig › 800 m Kraul, besonders auf gute Technik achten! › Ausschwimmen, 200 m Brust	3.100 m
6	› Einschwimmen, 400 m beliebig › 800 m Kraul, Dreierzug › 400 m Kraul, 100 m nur rechter Arm, 100 m nur linker Arm, 100 m Abschlag, 100 m normal › 200 m, nur Kraul, Beine › 100 m, nur Kraul, Arme › 8 x 50 m Kraul, Beine, Pause 40 s › Ausschwimmen, 400 m ruhig	2.700 m
7	› Einschwimmen, 200 m Brust, 200 m Kraul, 200 m Rücken-Altdeutsch › 10 x 100 m Kraul, Pause 30 s › 500 m Kraul mit Steigerungen › Ausschwimmen, 500 m alle Lagen	2.600 m
8	› Einschwimmen, 400 m locker mit Technikübungen, u. a. Faust, hoher Ellbogen › 10 x 150 m Kraul im 1.000-m-Wettbewerbstempo › Ausschwimmen, 200 m Rücken-Altdeutsch	2.100 m
9	› Einschwimmen, 200 m Brust, 200 m Rücken › 1.000 m mit Atemübungen, 2 min über Bestzeit › Pause 2 min › 1.000 m mit Technikübungen, 2 min über Bestzeit › Ausschwimmen, 500 m alle Lagen	2.900 m

Nr.	Schwimmprogramme	Gesamtstrecke in m
10	› Einschwimmen, 400 m Kraul › 6 x 200 m Kraul (Beine, Arme, ganze Lage) › 200 m Brust › 5 x 100 m Kraul, zügig, Tempo, Pause je 1 min. › 200 m Brust locker › 4 x 50 m Kraul, 25 m locker, 25 m Sprint, Pause 30 s › Ausschwimmen, 200 m beliebig	2.900 m
11	› Einschwimmen, 200 m beliebig › Pyramidenschwimmen Kraul 50 m/100 m/150 m/200 m/250 m/250 m/200 m/150 m/100 m/50 m, abwechselnd locker und zügig, Pause je 20-30 s › 200 m Brust › Ausschwimmen, 300 m alle Lagen	2.200 m
12	› Einschwimmen, 300 m beliebig › 100 m/200 m/300 m/400 m/400 m/300 m/200 m/100 m › Jeweils eine Hälfte locker, andere Hälfte zügig Ausschwimmen, 300 m beliebig	2.600 m
13	› Schwimmen im Freigewässer › Ca. 10 Minuten einschwimmen › Seebreite, Seelänge oder Strecke bis zu einer Boje (Insel) als Intervallstrecke nutzen. › Abwechselnd vorgegebene Strecke locker und zügig schwimmen. › Alternativ: 100 Atemzüge locker, 50 Atemzüge zügig, 200 Atemzüge locker, 100 zügig	3.000-5.000 m

Nr.	Schwimmprogramme	Gesamtstrecke in m
14	› Schwimmen im Freigewässer › Dauermethode: Einschwimmen, 30 min oder 60 min › Dauerschwimmen, Ausschwimmen › Alternativ: 30 min zügig, 30 min locker › Fahrtspiel im Wasser mit oder ohne Neoprenanzug › Üben des Schwimmstarts durch 200 m Sprint und anschließend 500 m normale Schwimmgeschwindigkeit. › Üben des Ausstiegs: Schwimmen, bis Bodenberührung mit den Händen möglich ist.	3.000-5.000 m

Um die Kraftausdauer beim Schwimmen zu verbessern, empfiehlt sich der gelegentliche Einsatz eines Paddels. Mithilfe des Pullbuoys, der zwischen die Oberschenkel geklemmt wird, lässt sich zudem der Armzug besser kontrollieren. Hierzu besonders hilfreich ist eine Schwimmbrille, die einen 180°-Blick ermöglicht.

Das Schwimmen für die Mittel- und Langdistanzen erfolgt allgemein im offenen Gewässer. Hier gibt es eine Reihe von wichtigen Punkten, die gegenüber dem Schwimmen im Becken zu beachten sind.

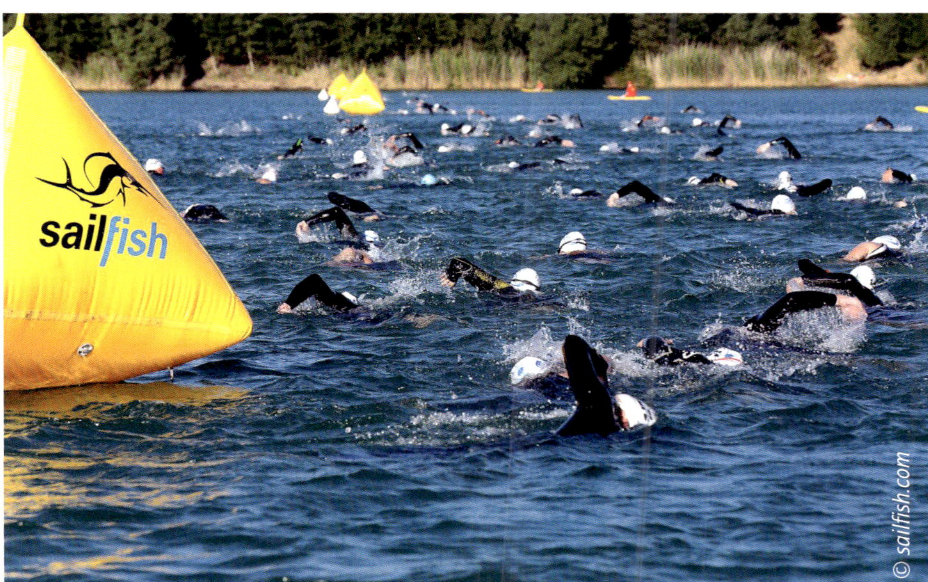

8.3 SCHWIMMEN IM OFFENEN GEWÄSSER: WIE KANN MAN SICH DARAUF VORBEREITEN?

Das Schwimmen im offenen Gewässer unterscheidet sich in einigen wichtigen Punkten vom Schwimmen im Becken.

Da die langen Distanzen ausnahmslos im offenen Gewässer stattfinden, ist es ratsam, sich rechtzeitig darauf einzustellen. Gegenüber dem tiefblauen Schwimmbecken gibt es folgende Unterschiede:

- Trübes Wasser.
- Fehlende Orientierung innerhalb des Wassers, es ist nur eine äußere Orientierung möglich.
- Niedrigere Temperaturen als im Bad.
- Wechselnde Strömungsverhältnisse und Wellengang.
- Eventuell Salzwasser.
- Massenstart mit mehr als 1.000 Teilnehmern.
- Schwimmen im Neoprenanzug.
- Ausstieg am Strand.

Als einzig positiver Faktor gegenüber dem Beckenschwimmen stellt sich das Schwimmen im Neoprenanzug dar. Dieser ermöglicht durch die bessere Wasserlage auch schnellere Schwimmzeiten. Schwächere Schwimmer profitieren davon ganz beträchtlich. So kann es sein, dass die Schwimmzeit im Neoprenanzug um zwei Minuten pro Schwimmkilometer besser ist als ohne Anzug. Allerdings muss man sich rechtzeitig auf die Enge im Neoprenanzug und auf den veränderten Armzug sowie Beinschlag einstellen. In Hawaii ist allerdings auf Grund der hohen Wassertemperatur kein Neoprenanzug erlaubt.

Trotz allem gibt es, was die Schwimmtechnik anbetrifft, nur unwesentliche Unterschiede zwischen dem Schwimmen draußen und drinnen. Hierzu zählt sicherlich die geringere Beinarbeit auf den langen Schwimmstrecken und die Tatsache, dass der Rhythmus und die Atmung den oft wechselnden Bedingungen anzupassen sind.

Die geringere Beinarbeit beim Schwimmen im Triathlonwettbewerb lässt sich erstens damit begründen, dass die Beine bei den beiden folgenden Ausdauersportarten noch kräftig gefordert werden und zweitens wird durch den Neoprenanzug eine verbesserte Wasserlage erreicht.

Athleten, die fast ausschließlich im Schwimmbecken trainieren, müssen sich im Vorfeld mental mit größeren Unterschieden auseinandersetzen und darüber hinaus versuchen, in den Sommermonaten häufiger freie Gewässer aufzusuchen, um sich zumindest teilweise an einige Unwägbarkeiten zu gewöhnen. Welche Auswirkungen haben nun die Unterschiede zwischen dem Freibad- und dem Freiwasserschwimmen?

Der im offenen Wasser wechselnde Wellengang und die unterschiedlichen Strömungen können es erforderlich machen, den Schwimmrhythmus und die Atmung den veränderten Bedingungen anzupassen. Ganz konkret kann dies einen Wechsel vom Dreier- zum Zweierzug bedeuten, was zwar eine Beeinträchtigung des Schwimmstils darstellt, aber auf Grund der äußeren Bedingungen für den Schwimmer eben notwendig erscheint.

Im taktischen Bereich ergeben sich wesentliche Unterschiede. Im Triathlon wird grundsätzlich nicht einzeln gestartet. Bei den üblichen Gruppen- und Massenstarts – es spielt keine Rolle, ob Sie ins Wasser hineinlaufen oder aus dem Wasser heraus starten – sind immer die vielen Mitstreiter einzukalkulieren. Bedingt durch unweigerliche Behinderungen ist es deutlich schwerer, seinen eigenen Schwimmrhythmus und die eigene Schwimmgeschwindigkeit zu finden. Umgehen können Sie das Problem, indem Sie versuchen, entweder den äußeren Rand des Teilnehmerfeldes zu suchen oder aber, Sie sind ein sehr guter Schwimmer und können sich durch einen Startsprint vom übrigen Feld absetzen.

Ein weiteres Problem beim Triathlonschwimmen im offenen Gewässer stellt die Richtungshaltung dar. Was im normalen Becken durch schwarze Linien angezeigt wird und dazu verleitet, sich nur ungern durch Blicke nach vorne zu orientieren, ist draußen eine unabdingbare Notwendigkeit. Der Blick nach vorn auf ein fixiertes Ziel ist etwa alle 10 Züge anzuraten. Was nützt es dem guten Schwimmer, wenn er durch Orientierungslosigkeit einige 100 m zu viel schwimmt? Auf den Vordermann sollten Sie sich im offenen Gewässer nicht verlassen, denn auch der kann sich verschwimmen.

Welche Probleme können beim ungewohnten Salzwasserschwimmen auftreten? Hier sind zwei Tipps von Wichtigkeit: Zum einen kann ein Urlaubsaufenthalt einige Monate zuvor am Meer die gewünschte Anpassung erbringen, zum anderen sollten Sie unmittelbar vor Aufenthalten im Salzwasser keine Milch und keine Milchspeisen zu sich nehmen. Bei einer Reihe von Athleten führt dies zu Übelkeit und Brechreiz.

Da nach dem Schwimmen zwei weitere ausgewachsene Ausdauerwettbewerbe folgen, macht es wenig Sinn, wenn Sie auf den letzten 300 m zum Endspurt ansetzen und dabei eine Sauerstoffschuld eingehen. Ein Schwimmer kann sich die damit verbundene

Übersäuerung der Muskulatur erlauben, denn nach dem Schwimmen ist sein Wettbewerb beendet. Für einen Triathleten beginnt er erst richtig nach dem Schwimmen. Wer übersäuert aus dem Wasser steigt, dabei vielleicht einige Sekunden gewinnt, verliert mit Sicherheit während der erforderlichen Regeneration auf dem Rad eventuell einige Minuten. Reduzieren Sie besser auf den letzten 200 m das Tempo und ermöglichen Sie sich dadurch einen zügigen Schwimm-Rad-Wechsel.

Da seit einiger Zeit bei verschiedenen Langdistanz-Wettbewerben auch kurze Landgänge beim Freiwasserschwimmen üblich sind, sollte auch dieser im Wettbewerbszeitraum trainiert werden. Da das Schwimmen auf jeden Fall schneller ist, als früh aufgerichtet im Wasser zu gehen, also so lange schwimmen, bis die Fingerspitzen den Boden berühren. Dann aufstehen und laufen.

Aus Sicherheitsgründen sollte das Schwimmtraining parallel zum Strand durchgeführt werden, es sei denn, es wird in der Gruppe geschwommen oder es erfolgt eine Begleitung per Boot.

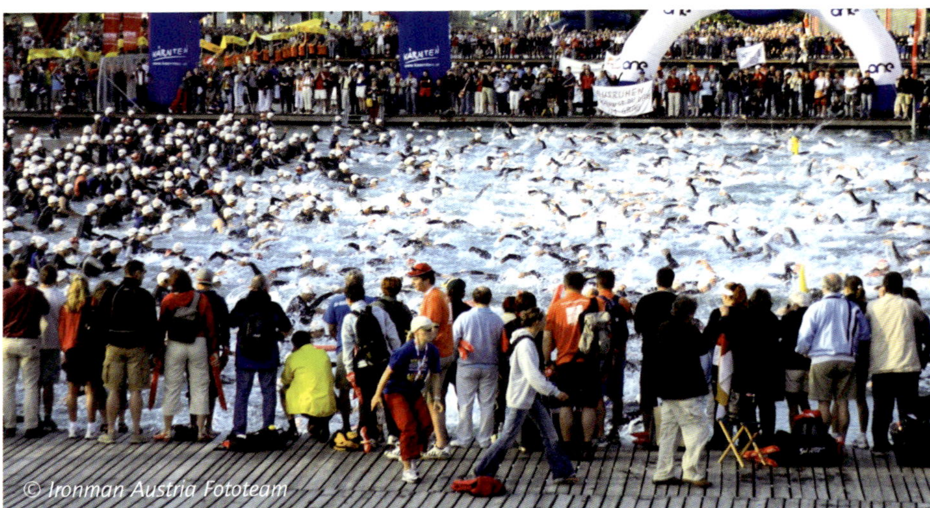

- Sehr rechtzeitig anreisen.
- Längere Zeit vor dem Start den Startplatz genau begutachten.
- Den Verlauf der Schwimmstrecke rechtzeitig klären. Welche Bojen sind wie zu umschwimmen?
- Zehn Minuten vor dem Start einschwimmen.
- Orientierungshilfen (Bojen, Gebäude, Türme, Bäume im Hintergrund und Ähnliches) rechtzeitig ausfindig machen.
- Realistische Einordnung in das Starterfeld.
- Möglichst schnell versuchen, eine gute Schwimmposition zu erreichen, eine Position, in der Sie relativ ungehindert schwimmen können. Ich persönlich nehme dafür auch längere Wege in Kauf.
- Versuchen Sie, möglichst schnell Ihren eigenen Schwimmrhythmus zu finden.
- Nicht in Schulterhöhe anderer Athleten schwimmen, da das aufgewühlte Wasser während der Atmungsphase leicht in den Mund geraten kann. Besser ist, in Hüfthöhe des anderen zu schwimmen. Es unterstützt ein optimales Gleiten im Wasser.
- Eigene Orientierungspunkte anpeilen. Sich nicht nur auf die Vorderleute verlassen.
- Alle 5-10 Zweier- oder Dreierzüge sich durch kurzes Drehen des Kopfs nach vorn orientieren.
- Sich auf die eigene Technik konzentrieren.
- Nicht alle „Körner" bereits bei der ersten Disziplin verschießen, es folgen noch zwei lange und kraftraubende Strecken.
- Die letzten 200 m bewusst ruhig schwimmen und sich auf den ersten Wechsel vorbereiten.
- Erst dann im Wasser aufrichten, wenn Bodenkontakt mit den Händen möglich ist.
- Vorsicht beim Eincremen der Stirn vor dem Wettbewerb. Zum einen läuft man Gefahr, dass durch die Creme die Schwimmbrille leicht verrutschen kann, vor allem, wenn man die große Brille mit dem 180°-Rundumblick trägt. Zum anderen kann sich diese wasserfeste Cremeschicht während des Radfahrens durch starke Schweißabsonderungen lösen und verursacht dann so starke Reizprobleme im Auge, dass mehrmaliges Absteigen und eine gründliche Reinigung der Augen erforderlich wird.

8.5 SCHWIMMANEKDOTE

Langdistanz mit gebrochenen Zehen?

Das verrückteste Ereignis für mich erlebte ich bei meiner ersten Langdistanz im niederländischen Almere. Neun Wochen vor meinem ersten Ironman-Start auf Hawaii, 1985, sollte für mich die Generalprobe dazu in den Niederlanden stattfinden. Blitz und Donnerschlag verhinderten einen pünktlichen Start der ersten Europameisterschaft auf der Langdistanz um 7 Uhr. Genau eine Stunde später, um 8 Uhr, dann der Start im 17° C Grad kalten Isselmeer. Wegen der niedrigen Wassertemperatur wurde die Schwimmstrecke auf 2.400 m verkürzt. Eine richtige Entscheidung, da es 1985 kaum Neoprenanzüge gab und diese nur von einigen wenigen Triathleten getragen wurden. Nun, an diesem ominösen 17. August 1985, an dem ich also meine erste Langdistanz bewältigte, geschah Folgendes:

„Als mäßiger Brustschwimmer, der für die ursprünglich geplanten 3,86 km mindestens 1:38 h eingeplant hatte, halte ich mich bei der Startaufstellung aus den vordersten Reihen heraus und stelle mich schön brav dort auf, wo ich meine, hinzugehören, im letzten Drittel.

Der Startschuss fällt und mehr als 600 energiegeladene Triathleten stürzen ins Wasser. Ein wildes Geschlage, insbesondere bei den 95 % Kraulschwimmern. Immerhin waren mehr als 1.200 Arme und 1.200 Beine daran beteiligt. Alle mit dem gleichen Ziel, die erste Wendeboje nach ca. 1.100 m zu erreichen. Ich als Brustschwimmer mit 100 Trainingskilometern in diesem Jahr, benötige für meinen Beinbereich viel Platz. Unfreiwillige Körperkontakte zu den Vorder-, Hinter- oder Seitenmännern lassen sich einfach nicht vermeiden. Das Wasser ist doch alles andere als angenehm und die starken, kurzen Wellen stören meinen Schwimmrhythmus gewaltig. Trotz allem, schwimmen heißt die Devise. Die auf Grund des kalten Wassers verkürzte Schwimmstrecke kommt mir als „Badender" natürlich entgegen. Badender deshalb, weil mein Schwimmstil eher einem Badenden als einem Brustschwimmer ähnelt. Ohne Schwimmbrille halte ich meinen Kopf immer schön hoch aus dem Wasser heraus, wohlwissend, dass sich meine Wasserlage dadurch extrem verschlechtert. Trotzdem bin ich mir sicher, dass ich diese Schwimmstrecke packe. Eine Stunde in diesem kalten Wasser wird dir noch lang genug werden, rede ich mir selbst ein. Nur die Ruhe bewahren. Meine Gedanken schweifen schon bis zum Radfahren aus. Tritte und Schläge signalisieren mir jedoch: „Hermann, du bist im Wasser."

Rechts von mir kämpft seit einigen Metern ebenfalls ein richtiger Brustschwimmer gegen das salzige, nicht sehr gut riechende, aufgewühlte Wasser. Plötzlich werde ich wie von einem Pferd getroffen! Mein rechter Vorderfuß schmerzt wie verrückt. „Ach, du lieber Himmel, da hat dir jemand die Zehen abgetreten, verdammter Mist, das fehlt dir gerade noch! Kaum 100 m geschwommen und dann dieser Keulenschlag, die Zehen sind kaputt, sch ...", und ähnliche Fluchkanonaden gingen halblaut über meine Lippen.

Jetzt ist alles aus! Mit zerschlagenen Zehen noch 225 km absolvieren? Unmöglich, ging es weiter. 50 m vor mir eine Boje. Bis dorthin schwimmst du noch und schaust nach, ob überhaupt noch alle Zehen dran sind, so meine weiteren Gedankengänge. Den rechten Vorderfuß nur so mitschleppend, schwimme ich die rote Boje an. Ich klammere mich fest, ziehe meinen rechten Fuß an und betrachte mir die Bescherung. Gott sei Dank, alle fünf Zehen noch vorhanden, aber – zwei oder drei Zehen sind veilchenblau unterlaufen und weisen eine starke Krümmung nach rechts auf. Wie ein Äffchen an einem Schleifstein hänge ich an dieser Boje. Noch einmal betrachte ich meinen stark lädierten Fuß. Der Vorderfuß ist gleichfalls blau angelaufen.

„Ach, du meine Güte! Wohin schwimme ich nun? Zurück, oder versuche ich die restlichen 2.300 m zu schaffen?" Ich überlege nicht lange und trete die Flucht nach vorn an. Die Zehen und der rechte Vorderfuß schmerzen erbärmlich. Helfer, die sich auf Surfbrettern befinden, kommen mir zu Hilfe. Dankend lehne ich ab, weil es ja auch das Aus für mich bedeuten würde. „Weiter geht's, Hermann", mache ich mir Mut. Das kühle Wasser schadet bestimmt nicht. „Da ist mit Sicherheit etwas gebrochen, verdammter Mist", schimpfe ich weiter. 180 km Radfahren und auch noch 42,195 km Laufen, das ist schier unmöglich.

Mir ist zum Heulen zu Mute. Meine Superform nutzt mir nichts mehr. Alles umsonst! Die vielen, vielen Trainingsstunden. Und Hawaii in genau neun Wochen?

Mir wird fast schwindelig vor Augen. Das Schwimmen bringe ich zu Ende, ja, zu Ende, verspreche ich mir selbst trotzig. Aufgeben? Noch nie, in mehr als 100 Triathlon- und Laufwettkämpfen habe ich nie aufgegeben. Und heute, in dem bisher Wichtigsten für mich, soll ich den Wettbewerb abbrechen? Eine Vielzahl von Gedankengängen spukt bei mir im Kopf herum. Mittlerweile habe ich die Wendemarke bei 1.200 m erreicht. Der Fuß schmerzt weiterhin, größer ist der Schmerz jedoch nicht geworden. Sollte es gar besser werden? Ich habe Hoffnung auf Fortsetzung des Wettbewerbs, nein, des Wettkampfs. „Jetzt wird es ein Kampf, Hermann". Wie häufig habe ich auf dem zweiten Teil der Schwimmstrecke meine Meinung diesbezüglich geändert? Kaum zu zählen. Es wird besser ..., nein, doch nicht ..., vielleicht geht es ..., es wäre zu schön, wenn ..., nein, die Zehen wollen nicht. Zum Verrücktwerden. Dabei heißt es trotz allem schwimmen, ... schwimmen ..., schwimmen ...

Kann ich eventuell doch Radfahren? Ja, ich versuche es ...

Nach 6:06 Stunden für die 180 km auf dem Rad, nehme ich, tiefgefroren, den Trikot- und Schuhwechsel zum Laufen vor.

Die Wechselzone befindet sich in Almere in einer großen Sporthalle. Nach einigem Durcheinander innerhalb der Halle finde ich ein Plätzchen zum Umziehen. Einige vor mir angekommene Triathleten stehen bereits unter der Dusche. Das mache ich auch, um wieder Leben in die eiskalten Glieder zu bekommen. Mehr als vorsichtig gehe ich voller Spannung an meinen rechten lädierten Fuß heran. Radschuhe und Strümpfe aus. Meine drei blauen Zehen sind nicht stärker als nach dem Schwimmen geschwollen. Jaaa ... nicht irgendwo anstoßen, dann kann ich gleich hier sitzen bleiben.

Mein rechter Nachbar hier in der Wechselzone, der meine eigenartigen Bewegungsabläufe registriert, wirft einen Blick auf meine Zehen und sagt auch noch mitleidig bis arrogant: „Du armer Hund." Es war zwar nicht beleidigend gemeint, dennoch diese Art – wie abfällig er das aussprach – wurmte mich enorm. „Abwarten," entgegnete ich ihm in Eile. „Dir werd ich's zeigen", grollte ich ihm hinterher. Er läuft los. Ich hinke unter die heiße, wohltuende Dusche. Bis zum Nacken habe ich den Straßenschmutz sitzen. Abtrocknen, eincremen der Brustwarzen und Lauftrikot an.

Wiederum habe ich gut 10 Minuten für meinen ungewöhnlich vorsichtigen Wechsel – mit Duscheinlage – benötigt. Ganz besonnen laufe ich aus der Sporthalle hinaus. Den rechten Vorderfuß butterweich aufsetzend, durch die riesige Zuschauerkulisse hindurch, sehe meine Frau, die mich anfeuert, rufe ihr zu: „Habe mir beim Schwimmen einige Zehen gebrochen."

Damit war sie vorgewarnt, wenn ich bereits nach wenigen Minuten oder erst nach vielen Stunden zurückkomme. Hätte ich vielleicht doch nicht sagen sollen, fällt mir kurz darauf ein. Jetzt ist sie bestimmt sehr beunruhigt. Sie kennt mich jedoch, tröste ich mich wieder selbst. Sie weiß, dass ich zwei elementare Grundsätze beherzige, beruhige ich mich.

„Für jedes Problem gibt es eine Lösung", und

„Aus jeder Situation das Beste machen".

Oh je! Der erste Kilometer. Obwohl ich den Lauf behutsam, aber doch recht forsch angehe, bereiten mir die kurzen Steigungen hinauf zu den Erdwällen einige Probleme. Ich überlege und komme zu dem Schluss, dass auf diesen wenigen Metern Anstieg besonders der Vorderfuß belastet wird. In der Ebene kann es dann nicht so schlimm werden. Nach etwa 3 km resümiere ich: Zwar merke ich jeden rechten Fußauftritt recht deutlich, aber die Schmerzen sind nicht so stark, dass ich aufgeben muss. Hoffentlich bleibt das so!

Genau an der 5-km-Marke, die ich nach 23 Minuten passiere, treffe ich meinen ‚armen Hund' wieder. Relativ leicht, das rechte Bein zugegebenerweise ein wenig seltsam aufsetzend, laufe ich an ihm vorbei. Auf meine Frage: „Wie ist es?", folgt ein mehr als pessimistisches: „Noch geht's." Ich kann mir nicht helfen, ein wenig schadenfroh bin ich wegen seiner gezeigten Arroganz schon.

Diese Einlage bringt mir neuen Auftrieb und ich laufe gestärkt weiter. Ans Aufhören verschwende ich nun keinen Gedanken mehr. Mit dem großen Erfolg vor Augen, bei meiner ersten Langdistanz, trotz aller Probleme, zu finishen, überhole ich noch viele Athleten und laufe wie auf Händen getragen durch das so innig und lang herbeigesehnte Ziel. 10:55:45 Stunden, zeigt die Uhr an, geschafft, ich habe es geschafft und bin mächtig stolz auf mich!

Montagmorgen, vor Dienstantritt, Besuch beim Sportorthopäden Dr. Lewandowski in Hamm. Bei ihm, dem früheren polnischen Mittelstreckler, Olympiateilnehmer und Weltrekordler, fühle ich mich in den richtigen Händen. Ich beichte ihm alles. „Damit sind Sie Marathon gelaufen? Sie müssen ein verdammt harter Hund sein. Damit gehen Sie in die Medizingeschichte ein", bekam ich zu hören. Eine Röntgenaufnahme brachte es dann schwarz auf weiß an den Tag. „Zeh 3 und 4 vom rechten Fuß sind gebrochen. Die Saison ist für Sie vorbei, die können Sie abschreiben", musste ich mir mit bestimmter Stimme anhören. „Vorbei, vorbei", stotterte ich. Beinahe wäre ich vor Schreck von der Liege gefallen. „In neun Wochen muss ich doch nach Hawaii", kam es mir zaghaft über die Lippen. „Hawaii, Hawaii, das ist vorbei", erwiderte der Mediziner recht barsch!

So, da hatte ich meine Bescherung. Mein K. o. für Hawaii?

Sechs Wochen Laufpause müsse ich mindestens einlegen, vernahm ich nur im Unterbewusstsein. In drei Tagen, wenn die Schwellung abgeklungen sei, solle ich wiederkommen. Mit dem dann angelegten Spezialverband könne ich Schwimmen und Radfahren.

Ich war wie versteinert. War Hawaii tatsächlich für mich vorbei?

Auf dem Weg zur Arbeit simulierte ich ständig. Niedergeschlagen wie ein Boxer nach einem schweren K. o., berichtete ich dort meinen Kollegen von den Ereignissen der letzten zwei Tage. Die für mich zweifelsohne große sportliche Leistung trat völlig in den Hintergrund. Dabei hätte ich Grund genug zur Freude gehabt. Eine sportliche Genugtuung verspürte ich trotz allem.

Die Feststellung eines Kollegen, dass Hawaii damit für mich gestorben sei, beantwortete ich instinktiv mit einem bestimmten: „NEIN!" Schlagartig hatte ich meine alte selbstsichere Fassung wiedererlangt und ergänzte: „Jetzt erst recht!" Wie, das wusste ich auch noch nicht. Ich musste einen völlig neuen Anlauf nehmen. Mithilfe meiner beiden „Problemlösungsthesen" werde ich es schon schaffen.

Von diesen Minuten an war ich trotz allem gewillt, in neun Wochen beim Ironman auf Hawaii an den Start zu gehen.

Und, es klappte: Nach 11:41 h finishte ich erstmals beim Ironman auf Hawaii. Diese tief greifenden Eindrücke habe ich dann unmittelbar nach meiner Rückkehr in meinem ersten Triathlonbuch „Mein Abenteuer Hawaii-Triathlon niedergeschrieben."

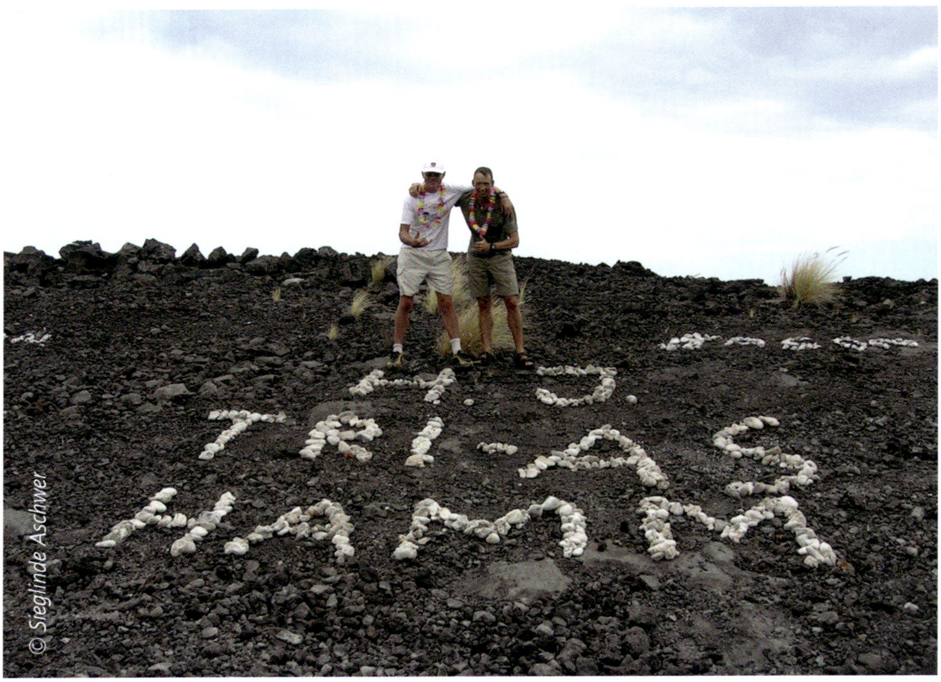

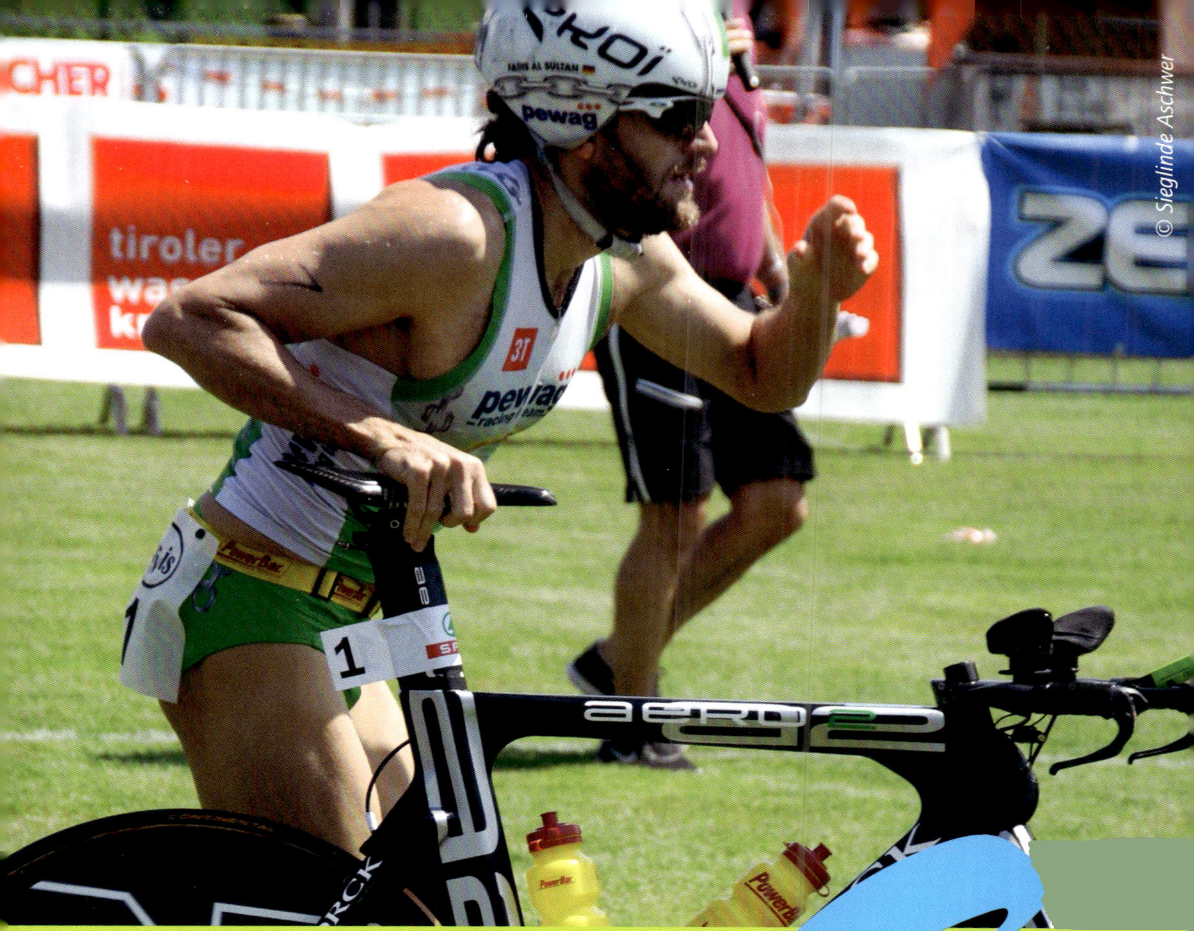

9

KOMBINATIONSTRAINING

9 KOMBINATIONSTRAINING

9.1 DER WECHSEL RAD/LAUF

Regelmäßiges Kombinationstraining, also die unmittelbare Ausführung zweier Disziplinen des Triathlons hintereinander, sollte unbedingt vor und in der Wettbewerbssaison regelmäßig trainiert werden. Der erste Wechsel beim Triathlon vom Schwimmen zum Radfahren ist in erster Linie ein organisatorischer Wechsel. Muskulär bereitet er weniger Probleme, da auf den längeren Schwimmstrecken und besonders durch das Tragen von Neoprenanzügen die Beinarbeit beim Schwimmen auf ein Minimum reduziert wird.

Die zweite Kombination beim Triathlon Rad/Lauf hat es dagegen in sich. Wer diesen Übergang nicht regelmäßig trainiert, läuft mit ungewohnt schweren Beinen los und kommt somit sehr spät in seinen gewohnten Laufrhythmus. Zeitverluste sind dabei zwangsläufig die Folge.

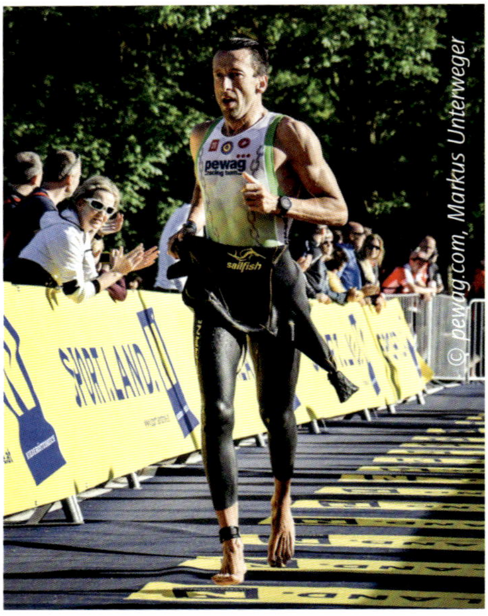

Ratsam ist es, auf den letzten 2-3 km der Radstrecke den Druck auf die Pedale zu vermindern und mit etwas höherer Drehzahl die Muskulatur ein wenig zu lockern.

Beim Kombinationstraining für die langen Triathlondistanzen kann man diesen Übergang in drei unterschiedlichen Formen trainieren:

- Lange, lockere Ausdauerfahrt auf dem Rad mit einem unmittelbar anschließenden flotten, aber kurzen Lauf.
  Z. B. 100 km Rad, locker + 6-8 km Lauf, zügig.
- Kurze und zügige Trainingsfahrt auf dem Rad mit einem unmittelbar anschließenden ruhigen, langen Lauf.
  Z. B. 60 km Rad, zügig + 20 km Lauf, ruhig.
- Zügiger Lauf, vorher bitte einlaufen, mit einer unmittelbar anschließenden, kurzen und flotten Radausfahrt.
  Z. B. 8 km Lauf, zügig + 30 km Rad, flott.

Wer diese Situation regelmäßig trainiert, hat deutliche Vorteile bei dem für alle Triathleten schwierigen zweiten Rad-Lauf-Wechsel.

Der erste Wechsel Schwimmen-Rad ist überwiegend ein organisatorischer Wechsel. Hierbei gilt es, alle notwendigen Utensilien vorrätig zu haben, in Ordnung zu haben und in der richtigen Folge in der Wechselzone zu deponieren. Dabei sollte beachtet werden, lieber eine Jacke zu viel zurechtzulegen, als auf dem Rad lange Zeit frieren zu müssen.

Dass aber auch in der Wechselzone verrückte Dinge passieren können, darüber berichten die nachfolgenden Zeilen.

9.2 WECHSELANEKDOTE

Drei Männer an einer Badehose!

Merkwürdige Dinge oder gar Verrücktheiten passieren im Triathlon nicht nur beim Schwimmen, beim Radfahren oder beim Laufen, auch die Wechsel vom Schwimmen zum Radfahren und vom Radfahren zum Laufen bieten Möglichkeiten, etwas Besonderes zu erleben. Nach meiner Umstellung vom Brust- zum Kraulstil hieß es in Essen 1.000 m Schwimmen, 64 km Radfahren und 15 km Laufen.

„Auf Bahn drei ziehe ich seit einigen hundert Metern meine Bahnen, als wenn ich schon immer zu den Kraulschwimmern gehört hätte. Mit einem Supergefühl und einer Zeit von erstmals unter 20 Minuten, genau 18:55 Minuten, steige ich aus dem Grugabad, um mich für die Raddisziplin umzukleiden. Ich benötige eine trockene Radhose und ein Radtrikot, weil die Außentemperaturen mit weniger als 20° C recht frisch sind. Meine Wechselzone habe ich mir kurz neben dem Schwimmbecken eingerichtet. Ich schwebe auf Wolke 7 und möchte am liebsten gleich aufs Rad stürzen, so motiviert bin ich. Schnell die Badehose ausziehen und alles andere sollte wie in gewohnter Form verlaufen. Schnell die Badehose herunterziehen, ja, ja, schön wär's. Offensichtlich habe ich vor dem Schwimmen meine Badehose recht gut verknotet, sodass sie mir während des Schwimmens nicht aufgehen kann. Der Knoten hat sich während des Schwimmens so festgezogen, dass selbst meine harten Fingernägel jetzt dran glauben müssen. Verdammt, warum geht die Kordel denn nicht auf? Ich versuche es 2 x und ein drittes Mal, es will einfach nicht klappen. Mir ist jetzt alles egal, ich zerre an der gesamten Badehose und versuche, sie zu zerreißen. Es klappt beim besten Willen nicht. Auch ein kräftiges Baucheinziehen bringt nicht den gewünschten Erfolg.

Meine Mannschaftskameraden, die ihren Start erst später absolvieren, rufen mir gleichzeitig mehrere Ratschläge zu. Ich probiere alles, ich zupfe wie verrückt an meiner blauen Badehose, die Schnur lässt sich nicht öffnen, kaputtgehen will sie auch nicht. Eine tolle Schwimmzeit und nun verbringe ich bereits mehrere Minuten damit, meine Badehose auszuziehen. Mittlerweile kommt mir ein Mannschaftskollege zu Hilfe. Gemeinsam zerren wir. Sie lässt sich weder ausziehen noch zerreißen, das gute Stück. Ein zweiter Sportler kommt zu Hilfe. Zu dritt ziehen und reißen wir an der Badehose, aber nichts tut sich. Zum Verrücktwerden!

Eine ganze Reihe Zuschauer hat sich bereits in unserer Nähe eingefunden und – ich weiß nicht, ob sie uns – belächeln, bedauern oder bemitleiden ob meiner Dussligkeit. Das gute Stück will einfach nicht herunter. Rote Druckringe zeichnen sich bereits an meinem Bauch ab. Jetzt wird noch einmal zu dritt an der Hose gezerrt und gerissen, ... endlich. Die zwei Badehosenhälften ermöglichen mir den Ausstieg ... und die Fortsetzung meines Wettbewerbs.

Ein Blick auf meine Uhr verrät mir, 6:30 Minuten Badehosewechselzeit. „Reif für das Guinnesbuch der Rekorde", rufe ich meinen Mannschaftskameraden zu und setze meinen Trikotwechsel und meinen Wettbewerb fort.

Ein mehrmaliges Wechseltraining daheim hätte mir genau 6:30 Minuten an Zeitvorteil gebracht.

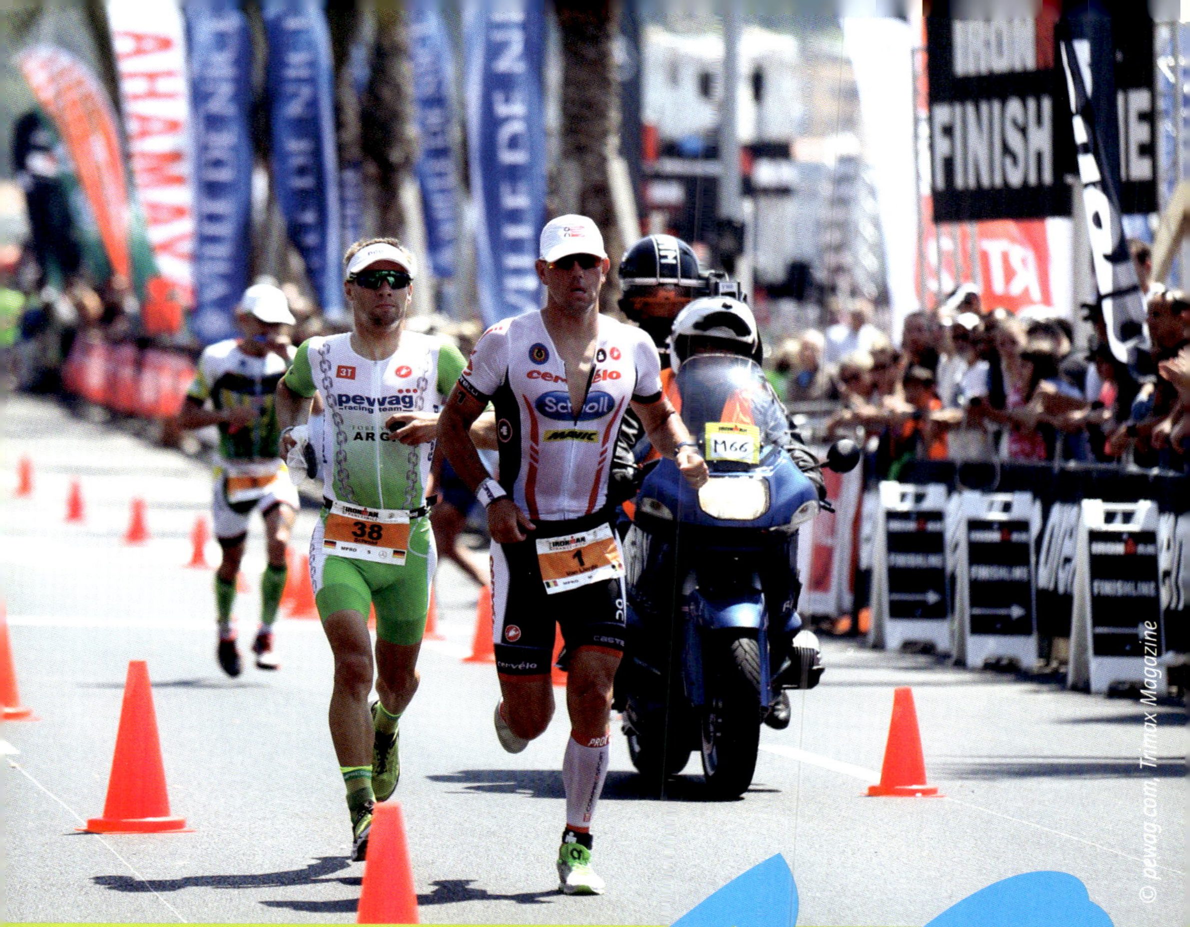

© pewag.com, Trimax Magazine

10

TRAINING FÜR DIE MITTELDISTANZ

10 TRAINING FÜR DIE MITTELDISTANZ

Dass man eine Mitteldistanz über 2/90/21 km, also insgesamt 113 km (70.3 Meilen), nicht ohne ausreichende Vorbereitung angehen darf, ist bereits in Kap. 4 erläutert worden. Dazu wurden auch bereits die Voraussetzungen für die erfolgreiche Bewältigung dieser interessanten und herausfordernden Distanz erläutert. Jetzt geht es um das konkrete Trainingsgeschehen.

Die nachfolgenden Trainingspläne zeigen Ihnen eine Möglichkeit auf, wie Sie erfolgreich Ihr Training gestalten können.

10.1 TRAININGSPLÄNE FÜR EINSTEIGER

Die Basis für das Training der Mitteldistanz bildet eine gute bis sehr gute Grundlagenausdauer. Einsteiger auf der Mitteldistanz sind keine Triathlonanfänger, sondern Athleten, die von der Kurztriathlondistanz in die nächsthöhere, die Mitteltriathlon(-klasse), aufsteigen wollen. Damit rückt für viele das große Ziel Langdistanz immer näher, womit gleichzeitig die Motivation weiter zunimmt.

Vor dem ersten Mitteltriathlon, der nicht vor Ende Juni auf dem Programm steht, ist zumindest ein Kurztriathlon einzuplanen. Dieser kann aus dem vollen Training heraus bestritten werden. Gleichzeitig dient er als echter Form- und Materialtest. Ein zweiter Mitteltriathlon ist dann im August oder Anfang September als Saisonabschluss möglich. Zwischendurch bleibt dann Zeit und Gelegenheit für einige Kurzwettbewerbe.

Voraussetzung für solch ein Triathlonprogramm ist ein regelmäßiges Wintertraining mit den Schwerpunkten Laufen und Schwimmen. Ab Januar sollte ein 1-2-maliges Schwimmtraining in der Woche stattfinden, dazu dann ruhige Dauerläufe. Wer aus dem Läuferlager kommt, wird eventuell für den Monat März/April seinen Frühjahrsmarathon einplanen. Nach einer anschließenden dreiwöchigen Regenerationszeit, in der dann besonders das Schwimmen und Radfahren locker trainiert wird, beginnt dann das Wechseltraining.

Ohne den erwähnten Marathonlauf und ohne Schwerpunktbildung könnte ein wöchentliches Training wie folgt aussehen:

Januar:

- 1-2 x Schwimmen (Programmbeispiele Kap. 8).
- Laufen, 1 x 20-25 km am Wochenende, ruhig.
- 1 x 14 km Fahrtspiel, 1 x 12 km locker, Stretching.

Februar:

- 2 x Schwimmen, erste Radausfahrten, eventuell Rolle.
- 2 x Laufen, 1 x 2 h, ruhig, 1 x 1:15 h mit Fahrtspiel.

März:

- 2 x Schwimmen.
- 3 x Laufen, 1 x 20-25 km, ruhig, 1 x 1:15 h, locker, 1 x 10 km Tempodauerlauf mit 80-85 % Intensität, oder in Abständen von zwei Wochen Teilnahme an 10-15-km-Straßenläufen, Stretching.
- Wochenende zur Radausfahrt nutzen.

April:

- An den Wochenenden und Feiertagen Radschwerpunkt.
- 40, 60 und 80 km oder auch mal 100 km ruhige Ausfahrten, locker kurbeln, insgesamt 3 x Rad pro Woche.
- 1-2 x Schwimmen, Intervalle 3 x 500 m; 10 x 100 m, 5 x 200 m, Pyramide.
- 2 x Laufen, 1 x 20-25 km ruhig, 1 x Fahrtspiel 15 km.

Mai:

- 2 x Schwimmen, 2 x Laufen, 2 x Radfahren, Stretching.
- Die letzten sechs Wochen bis zum ersten Mitteltriathlon siehe nachfolgende Wochenpläne.

Mitteltriathlontraining mit dem Ziel Finishen

Tab. 27

Trainingsschwerpunkt: Radfahren + Schwimmen Datum: vom bis								Woche: 1			
Tag	Gewicht kg (mo)	S		R		L		Sonstige sportliche Betätigung	Kom-men-tar	Puls	Gewicht kg (ab)
		Distanz m	Zeit h	Distanz km	Zeit h	Distanz km	Zeit h			Ruhe/ Belas-tung	
Mo.				40	Locker						
Di.		1.000	Interv.								
Mi.				80	Flott						
Do.						15	Ruhig	Stretching*			
Fr.											
Sa.				50	Locker	20	Flott	*	Wech-seltrai-ning R + L		
So.		2.000	Ausd.								
Summe		**3.000**		**170**		**35**					

Trainingsschwerpunkt: Laufen, Halbmarathonlauf über 21 km **Datum: vom bis**								**Woche: 2**			
Tag	**Gewicht kg (mo)**	**S**		**R**		**L**		**Sonstige sportliche Betätigung**	**Kom-men-tar**	**Puls**	**Gewicht kg (ab)**
		Distanz m	**Zeit h**	**Distanz km**	**Zeit h**	**Distanz km**	**Zeit h**			**Ruhe/ Belas-tung**	
Mo.						18	Ruhig	*			
Di.		1.500	Interv.	60	FS						
Mi.						15	Locker	*			
Do.				70	Ruhig						
Fr.								*			
Sa.						21			Halbma-rathon-wettbe-werb		
So.		2.000	Ausd.								
Summe		**3.500**		**130**		**54**					

Trainingsschwerpunkt: Regeneration Datum: vom bis								Woche: 3			
Tag	Gewicht kg (mo)	S		R		L		Sonstige sportliche Betätigung	Kom-men-tar	Puls	Gewicht kg (ab)
		Distanz m	Zeit h	Distanz km	Zeit h	Distanz km	Zeit h			Ruhe/ Belas-tung	
Mo.						8	Reg.	*			
Di.		2.000	Interv.						S. 3 x 500 m Aus-dauer		
Mi.				50	Ruhig						
Do.						15	Locker	*			
Fr.											
Sa.				50	Flott	12	Ruhig	*	Wech-seltrai-ning R + L		
So.		2.000	Locker								
Summe		4.000		100		35					

Trainingsschwerpunkt: Radfahren Datum: vom bis								Woche: 4			
Tag	Gewicht kg (mo)	S		R		L		Sonstige sportliche Betätigung	Kommentar	Puls	Gewicht kg (ab)
		Distanz m	Zeit h	Distanz km	Zeit h	Distanz km	Zeit h			Ruhe/ Belastung	
Mo.				40	Zügig			*	R: 3 x 8 km zügig		
Di.		1.500	Interv.			15	Locker	*			
Mi.				60	Locker						
Do.						25	Locker	*			
Fr.											
Sa.				110	Flott	5	Ruhig	*	Radtouristik R + kurzer L		
So.		2.000	2 x 1.000 m								
Summe		3.500		210		45					

Trainingsschwerpunkt: Schwimmen, Radfahren, Laufen Datum: vom bis								Woche: 5			
Tag	Gewicht kg (mo)	S		R		L		Sonstige sportliche Betätigung	Kommentar	Puls	Gewicht kg (ab)
		Distanz m	Zeit h	Distanz km	Zeit h	Distanz km	Zeit h			Ruhe/ Belastung	
Mo.				40	1 h Tempo			*			
Di.		1.500	Ausd.			15	FS	*			
Mi.				60	Locker						
Do.						25	Langs.	*	3-L-Lauf		
Fr.											
Sa.				80	Flott	8	Ruhig	*	Wechseltraining R + L		
So.		2.500	Interv.								
Summe		4.000		180		48					

Trainingsschwerpunkt: Mitteldistanz Datum: vom bis								Woche: 6			
Tag	Gewicht kg (mo)	S		R		L		Sonstige sportliche Betätigung	Kom-men-tar	Puls	Gewicht kg (ab)
		Distanz m	Zeit h	Distanz km	Zeit h	Distanz km	Zeit h			Ruhe/ Belas-tung	
Mo.				50	FS			*			
Di.		1.200	Locker			15	Kur-zes FS	*			
Mi.											
Do.				30	Ruhig						
Fr.											
Sa.		2.000		90		21		*	Mittel-triath-lon		
So.				30	Ruhig Reg.			*			
Summe		**3.200**		**200**		**36**					

Wer in ähnlicher Form, wie hier dargestellt, für seinen ersten Mitteltriathlon trainiert, kann mit einem ruhigen Gewissen an den Start gehen. Selbstverständlich kann man mit dem geringen Trainingsaufwand nicht zu den Sieganwärtern gehören, Spaß sollte es auf jeden Fall machen. Das gesetzte Ziel heißt ja auch Finishen und nicht Gewinnen.

Wer mehr Zeit in das Training investieren möchte (z. B. nicht mehr berufstätigen Master), kann das gerne tun. Er sollte dann besonders die allgemeinen Trainingsgrundsätze (Kap. 12) beherzigen: Regenerationswochen, Training in der Gruppe, in der Regel ein Trainingstempo wählen, bei dem man sich unterhalten kann und viele Dinge mehr.

In der letzten Woche vor dem Mitteltriathlon nur so wenig trainieren, dass man ein schlechtes Gewissen bekommt. Ein paar lockere Einheiten sollten es trotzdem sein.

Die unmittelbaren Wettbewerbsvorbereitungen und der Wettkampftag selbst laufen so ab, wie in Kap. 13 ausführlich beschrieben.

Die Wechselphase muss nicht ganz so hektisch ablaufen wie bei einer Kurz- oder Sprintdistanz. Bei kühler Witterung ist das Abtrocknen und Umkleiden nach dem Schwimmen mehr als sinnvoll, es ist notwendig. Was sind schon 60 Sekunden gegen möglicherweise gesundheitliche Risiken wie Nierenprobleme und andere?

10.2 TRAININGSPLÄNE FÜR AMBITIONIERTE

Wer auf der Mitteldistanz mehr als nur Finishen möchte, hat bereits reichlich Erfahrungen im Triathlon. Zu dieser Gruppe gehört ein Großteil der Master. Sie haben zumeist den Vorteil einer bereits jahrelang ausgeübten sportlichen Tätigkeit und verfügen daher über eine gute bis sehr gute Grundlagenausdauer.

Wer ambitioniert die Mitteldistanz betreiben möchte, sollte versuchen, folgende Einzelleistungen zu erreichen:

2.000 m Schwimmen < 42 Minuten

40 km Radfahren < 1:12 h

10-km-Lauf < 42 Minuten

Auf dieser Basis lässt sich aufbauen.

Detaillierte Angaben zum Schwimmen, Radfahren oder Laufen finden Sie in den jeweiligen Kapiteln 6, 7 und 8.

Bei den nachfolgenden Angaben gehe ich davon aus, dass im Juni der Hauptwettbewerb stattfindet. In Regionen, in denen die Wettbewerbe früher oder später stattfinden, verschieben sich die Zeitangaben entsprechend.

Möglicher Jahresaufbau

Übergangszeitraum: Oktober, November, Dezember und eventuell Januar. 2 x wöchentlich lockeres Traben in 1-1:15 h, wenn möglich, leichte Radausfahrt, 1-2 x wöchentlich lockeres Schwimmen mit Technikübungen. Analyse der vergangenen Saison, Planung der neuen Saison.

Vorbereitungszeitraum I und II: Februar, März, April, Mai.

Wettbewerbszeitraum: Ende Mai-September.

Januar

Erster Teil des Vorbereitungszeitraums. Der Trainingsumfang steigt bei geringer körperlicher Belastung, Pulswert 130. Skilanglaufmöglichkeiten nutzen. Mithilfe von Stretching und leichten Kraftübungen wird die vielseitige Durchblutung des Körpers unterstützt.

Laufen, ca. 50-60 km, gleichmäßige Dauerläufe, 1 x wöchentlich langer, ruhiger Lauf über 25 km. Wer seinen Frühjahrsmarathon laufen möchte, legt 28 km zurück. Gelegentliche Teilnahme an Volksläufen, jedoch nicht mit vollem Einsatz.

Bei offener Witterung am Wochenende 1 h lockere Radausfahrt. Wer Lust hat, auf der Rolle zu fahren, sollte damit sein Radtraining vorbereiten.

Schwimmen: 2-3 x je Woche, Techniktraining, Ausdauerschwimmen und Intervalle.

Februar: **Schwimmmonat**

Hier gilt es, so oft wie möglich zu schwimmen. Wer in der Nähe eines Bades wohnt oder in der Mittagspause die Gelegenheit hat, wird dies häufiger tun, als jemand, der 20 km fahren muss. Ideal wären 4 x pro Woche je 2.000-2.500 m. Näheres zum Schwimmtraining, siehe Schwimmprogramme Kap. 8.

Laufen: Jeweils 1 x 12 km, 15 km mit Fahrtspiel, 20 km ruhig.

Radfahren: Je nach Witterung lockere Ausfahrten, jeweils 100 Umdrehungen/min.

März: **Laufmonat**

Neben dem normalen Schwimmtraining 2-3 x pro Woche laufen, 1 x Ausdauer und 2 x Intervalle. Am Wochenende und 1 x in der Woche stehen Radausfahrten auf dem Programm. Der Radmonat April muss schließlich vorbereitet werden. Mit dem Rad zum Dienst wäre ideal.

Schwerpunkt des Monats ist das Laufen. Denkbar und realisierbar ist natürlich auch: Januar Schwimmmonat, Februar Laufmonat, März Radmonat und Mitte/Ende April der Frühjahrsmarathonlauf. 3-4 Laufeinheiten sollten es sein. 1 x lang 25 km, ein flotter Lauf + zwei lockere Läufe. Ausführliche Anleitungen zu Marathonläufen in Kap. 6.

Wichtig auch hier: Das Stretchen und Dehnen der besonders beanspruchten Körperpartien nicht vergessen.

April: **Radmonat**

Wer seinen Frühjahrsmarathonlauf absolviert hat, kann sich neben dem lockeren Laufen in der Marathonregeneration ausgiebig dem Schwimmen und Radfahren widmen. Radschwerpunkte liegen an den Wochenenden und den Osterfeiertagen. Touren bis 100 km Länge mit 100-110 Umdrehungen auf dem kleinen Kettenblatt sind wichtig. Z. B. freitags 70 km, samstags 100 km + 8 km laufen, sonntags 90 km, mittwochs 50 km. Hier geht es vor allem um die Grundlagenausdauer beim Radfahren, darum sind die ersten Intervalle frühestens am Monatsende sinnvoll.

Ortsschildwertungen beleben diesen Radmonat. Ideal wäre natürlich ein zweiwöchiger Aufenthalt in einer sonnigen Region. Da wäre dann neben dem Training selbst noch reichlich Zeit für ein ausführliches Privatleben. Dort sind 1.200 km in zwei Wochen eine gute Basis für die bevorstehende Saison. Laufen 2-3 x 1:00-1:15 h.

Mai

An den Wochenenden Wechsel Rad/Lauf trainieren. Jeweils eine Einheit locker, die andere dagegen flott. 1 x pro Woche zügige Einheit auf dem Rad. Z. B ein/aus 3 x 3 km Intervall, gleiche Strecke zwischendurch locker kurbeln; 3 x 5 km mit je 5 km locker.

Rhythmus der Wochen: N:N:R (normal/normal/regenerativ).

Schwimmen wie im April, Intervalle, 1 x Dauerschwimmen.

Laufen: 1 x pro Woche. Intervalle: ein/aus 2 x 5.000 m 85 %, 6-8 x 1.000 m im 10-km-Renntempo, Trabpause 1 km, bis Puls 110.

Kurztriathlonwettbewerb als Generalprobe.

Juni

Siehe Trainingspläne.

Juli

Nach dem Mitteltriathlon folgen zwei Wochen regeneratives (R) Training, danach normal (N), also R:R:N. Weitere Kurz- und Mitteltriathlons sind in den Monaten August und September möglich.

Im Juni könnte ein Triathlontraining für die Mitteldistanz für ambitionierte Master wie folgt aussehen:

Anmerkung: Dieser „Musterplan" kann nicht Ihre Möglichkeiten berücksichtigen, sondern nur eine Übersicht geben, wie man es machen kann. Sie müssen diesen Plan, auf Ihr Umfeld bezogen, entsprechend umgestalten.

Die unmittelbare **Wettbewerbsvorbereitung** und der **Tag des Wettbewerbs** selbst wird im Zusammenhang mit dem Langdistanz-Wettbewerb (Kap. 13) ausführlich erörtert und dargestellt.

Vier-Wochen-Trainingsplan für die Mitteldistanz

Tab. 28

Trainingsschwerpunkt: Radfahren, Wechseltraining, Vorwoche und 1. Teil der Woche Regeneration Datum: vom bis								Woche:			
Tag	Gewicht kg (mo)	S		R		L		Sonstige sportliche Betätigung	Kom-men-tar	Puls	Gewicht kg (ab)
		Distanz m	Zeit h	Distanz km	Zeit h	Distanz km	Zeit h			Ruhe/ Belas-tung	
Mo.											
Di.		2.000	Interv.			12	Locker	Stretching*			
Mi.				100	Ruhig			*			
Do.				80	Flott			*			
Fr.											
Sa.				70	Flott	12	Locker	*	Wech-seltrai-ning R + L		
So.		2.500	Ausd.			15	Mit FS	*			
Summe		**4.500**		**250**		**39**					

Trainingsschwerpunkt: Schwimmen, Radfahren, Laufen, Wechseltraining Datum: vom bis								Woche:			
Tag	Gewicht kg (mo)	S		R		L		Sonstige sportliche Betätigung	Kommentar	Puls	Gewicht kg (ab)
		Distanz m	Zeit h	Distanz km	Zeit h	Distanz km	Zeit h			Ruhe/ Belastung	
Mo.											
Di.		2.500	Interv.			15	Zügig	*	L: 2 x 5.000 m		
Mi.				100	Ruhig			*			
Do.		2.000	Interv.	50	4 x 5 km zügig			*	R: 4 x 5 km zügig		
Fr.						24	Ruhig	*			
Sa.		2.000	Ausd.	90	Flott	5	Locker	*	Wechseltraining R + L		
So.		2.500	Ausd.			15	Ruhig	*	S + L		
Summe		**9.000**		**240**		**59**					

Trainingsschwerpunkt: Vorletzte Woche mit den letzten langen Lauf- und Radeinheiten Datum: vom bis								Woche:			
Tag	Gewicht kg (mo)	S		R		L		Sonstige sportliche Betätigung	Kommentar	Puls	Gewicht kg (ab)
		Distanz m	Zeit h	Distanz km	Zeit h	Distanz km	Zeit h			Ruhe/ Belastung	
Mo.											
Di.		2.000				15	Zügig Abschn.	*	L: 6 x 1.000 m ZT		
Mi.				110	Locker			*			
Do.		2.000									
Fr.				60	Zügige Abschn.	24	Ruhig	*	R: 3 x 10 km zügig		
Sa.				80	Ruhig	12	Locker	*			
So.		3.000	Ausd.								
Summe		**7.000**		**250**		**51**					

Trainingsschwerpunkt: Mitteltriathlon-Wettbewerb, vorab Regeneration
Datum: vom bis **Woche:**

Tag	**Gewicht kg (mo)**	**S**		**R**		**L**		**Sonstige sportliche Betätigung**	**Kom-men-tar**	**Puls**	**Gewicht kg (ab)**
		Distanz m	**Zeit h**	**Distanz km**	**Zeit h**	**Distanz km**	**Zeit h**			**Ruhe/ Belas-tung**	
Mo.									Reg.		
Di.				50		12	Ruhig	*	R: 20 km 85 %		
Mi.						10		*	L: 4 km 90 %		
Do.		2.000	Locker	45	Locker						
Fr.		1.000	Ausd.								
Sa.						5	Traben	*			
So.		2.200		90		21		*	Mittel-triath-lon		
Summe		**5.200**		**185**		**48**					

ZT= 10-km-Tempo

Alternativ möchte ich einen sechswöchigen Plan darstellen, der aus der Triathlonpraxis stammt.

Hier fließen die Stärken und Schwächen des Athleten mit seinem individuellen Umfeld voll mit ein.

Training für Mitteldistanz, die letzten sechs Wochen

Master-Athlet, 53 Jahre, 17. Triathlonsaison, Trainingsaufwand: 380 h/Jahr.

April: Zwei Wochen Radblocktraining mit 1.200 km Rad, 60 km Laufen und 2 km Schwimmen.

Erläuterungen zu diesem Plan:
2 x 12 km Radfahren, sind die Radkilometer von und zur Arbeit.

Der eigentliche Wochenplan: Zwei Tage Belastung, ein Tag Pause, drei Tage Belastung, ein Tag Pause konnte in der Realität nicht eingehalten werden. Grund sind eben die allgemein bekannten Gründe wie: Beruf, Familie, Witterung, Freizeit u. v. a. m.

Bedingt durch die kurzen Wettbewerbe wie Sprinttriathlon und Duathlon, konnte das normale Training natürlich ruhiger ausfallen als ohne Wettbewerbe.

Tab. 29

Trainingsschwerpunkt: Regeneration Datum: vom 1.5 bis 7.5								**Woche: 1 Mitteltriathlon**			
Tag	**Gewicht kg (mo)**	**S**		**R**		**L**		**Sonstige sportliche Betätigung**	**Kom-men-tar**	**Puls**	**Gewicht kg (ab)**
		Distanz m	**Zeit h**	**Distanz km**	**Zeit h**	**Distanz km**	**Zeit h**			**Ruhe/ Belas-tung**	
Mo.											
Di.								*		46	
Mi.				12 + 12		15	1:13 h	Stretching*	Puls 127		
Do.				12 + 12							
Fr.				25	Ruhig	12	Locker	*			
Sa.											
So.		500	10:10	20		5		1:08:50 h*	Sprint-triath-lon		
Summe		**500**		**93**		**32**					

Trainingsschwerpunkt: Schwimmen im Freigewässer + Laufen Datum: vom 8.5 bis 14.5								Woche: 2 Mitteltriathlon			
Tag	Gewicht kg (mo)	S		R		L		Sonstige sportliche Betätigung	Kom-men-tar	Puls	Gewicht kg (ab)
		Distanz m	Zeit h	Distanz km	Zeit h	Distanz km	Zeit h			Ruhe/ Belas-tung	
Mo.		1.800		12 + 12		12	1:00 h	*			
Di.											
Mi.				12 + 12		15	1:08 h FS	*			79,9
Do.	78,3			12 + 118	27,6er			*			
Fr.		2.000	See			17	1:20 h	*	Laufpuls 130		
Sa.		3.000	See							48	
So.		4.000	See			17	1:25 h				
Summe		10.800		178		61					

Trainingsschwerpunkt: Duathlonwettbewerb, vorab Regeneration Datum: vom 15.5 bis 21.5								Woche:			
Tag	Gewicht kg (mo)	L		R		L		Sonstige sportliche Betätigung	Kom-men-tar	Puls	Gewicht kg (ab)
		Distanz m	Zeit h	Distanz km	Zeit h	Distanz km	Zeit h			Ruhe/ Belas-tung	
Mo.				12 + 12		13	Ruhig				
Di.				12 + 12				*			
Mi.						15	1:12	*	Puls 130		
Do.				12 + 50							
Fr.				40	Ganz ruhig				Rad Spazier-fahrt		
Sa.								*			
So.		10	Lauf	42	Rad	5	Lauf	*	Duath-lon 2:26 h		
Summe		**0**		**192**		**43**					

Trainingsschwerpunkt: Radfahren + Laufen, Sprinttriathlon Datum: vom 22.5 bis 28.5								Woche: 4 Mitteltriathlon			
Tag	Gewicht kg (mo)	S		R		L		Sonstige sportliche Betätigung	Kommentar	Puls	Gewicht kg (ab)
		Distanz m	Zeit h	Distanz km	Zeit h	Distanz km	Zeit h			Ruhe/ Belastung	
Mo.		1.800	3 x 500	12 + 12		12	0:59 h	*	Abends hundemüde		
Di.										53	
Mi.				12 + 12		27	2:15 h	*	Lauf, locker		
Do.				12 + 12		9			Radbegl. Enkelkind		
Fr.				150	27,5er	10		*	Wechseltraining R + L ruhig		
Sa.										46	
So.		500	10:04 min	21	36er	5			Sprint-TRI 1:08 h		
Summe		2.300		243		63					

Trainingsschwerpunkt: Mitteltriathlon Datum: vom bis								Woche:			
Tag	Gewicht kg (mo)	S		R		L		Sonstige sportliche Betätigung	Kom-men-tar	Puls	Gewicht kg (ab)
		Distanz m	Zeit h	Distanz km	Zeit h	Distanz km	Zeit h			Ruhe/ Bela-stung	
Mo.		2.000	3 x 500			12	0:58 h	*			
Di.				12 + 12							
Mi.				12 + 12		15	1:06 h	*	L Puls flott	141	80,5
Do.	79			70					R sehr ruhig		
Fr.					20er	12	1:05 h				
Sa.				35					R locker		
So.		2.000	0:43 h	86	2:36 h	20	1:25 h	4:44:52 h, stark	Mittel-Triath-lon		
Summe		4.000		239		59					

Trainingsschwerpunkt: Regenerationswoche, Schwimmen im See, Ironman-Vorbereitungen Datum: vom 5.6 bis 11.6								Woche: 6 Mitteltriathlon			
Tag	Gewicht kg (mo)	S		R		L		Sonstige sportliche Betätigung	Kom-men-tar	Puls	Gewicht kg (ab)
		Distanz m	Zeit h	Distanz km	Zeit h	Distanz km	Zeit h			Ruhe/ Belas-tung	
Mo.		1.800	Locker						Müde		
Di.				12 + 12					Müde		
Mi.				12 + 12		15	1:20 h	*	L ruhig	141	80,5
Do.											
Fr.		2.500	See			12			L noch schwer		
Sa.		2.500	See	100	25er						
So.											
Summe		6.800		148		27					

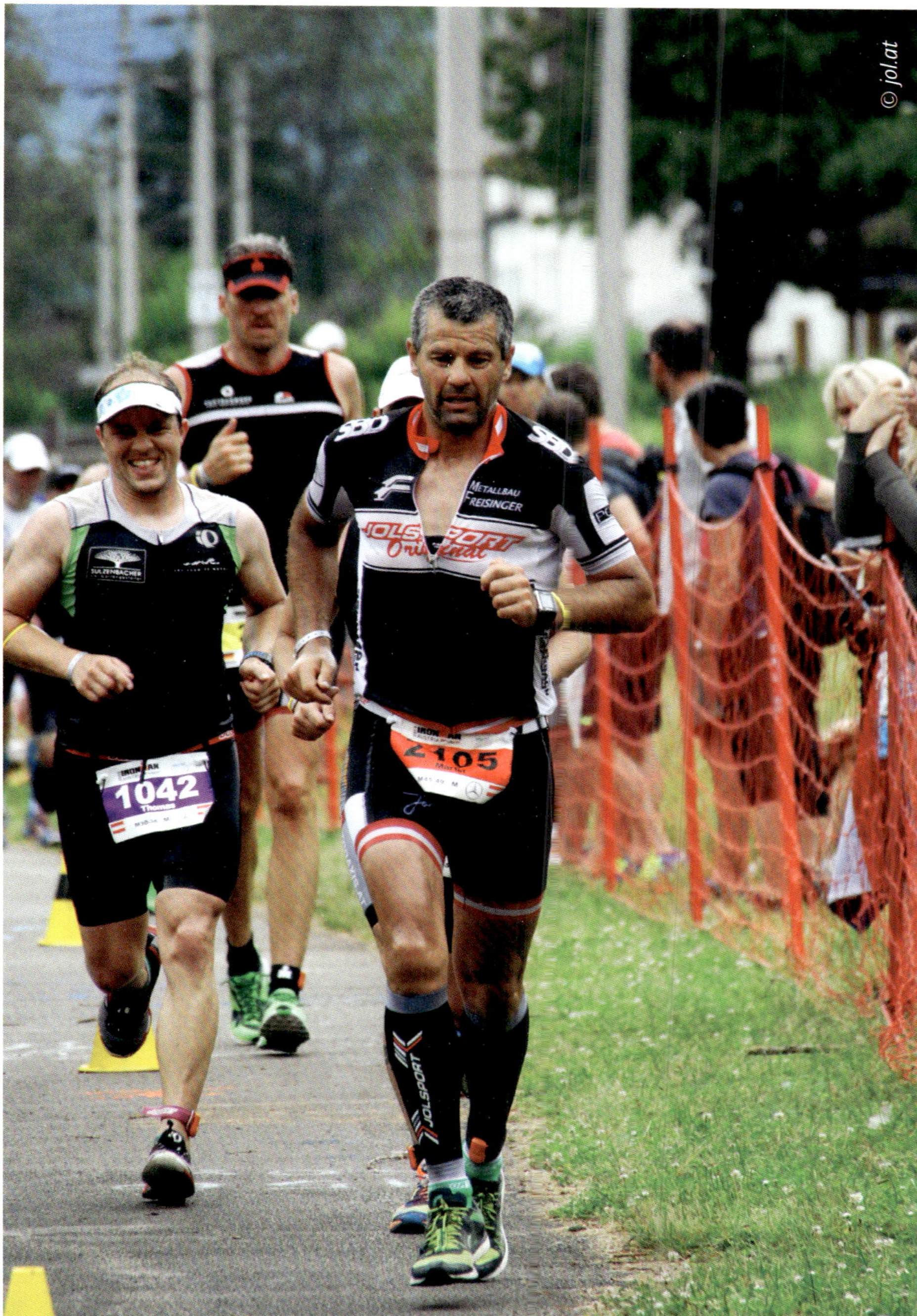
© jol.at
METALLBAU
FREISINGER
1042
JOLSPORT

10.3 LEISTUNGEN AUF DER MITTELDISTANZ IN ABHÄNGIGKEIT VOM ALTER

Wer nun als Master seine Wettbewerbszeiten gegenüber den Hauptklasseathleten einordnen möchte, kann das mit der nachfolgenden Tabelle tun. Mithilfe der Alterskoeffizienten nach Cepelka ergeben sich interessante Aussagen.

Tab. 30: Triathlonleistungen über die Mitteldistanz in Abhängigkeit vom Alter

Alter	Alterskoeffizient	4:00 h	4:20 h	4:40 h	5:00 h	5:20 h
27, 28	1,0000	4:00	4:20	4:40	5:00	5:20
30	0,9927	4:02	4:22	4:42	5:02	5:22
35	0,9690	4:08	4:28	4:49	5:10	5:30
40	0,9410	4:15	4:36	4:58	5:19	5:40
45	0,9132	4:23	4:44	5:07	5:29	5:50
50	0,8854	4:31	4:54	5:16	5:39	6:00
55	0,8575	4:40	5:04	5:27	5:50	6:12
60	0,8252	4:51	5:16	5:39	6:04	6:28
65	0,7817	5:07	5:32	5:58	6:24	6:48
70	0,7253	5:30	5:58	6:26	6:53	7:20

Demnach ist eine Zeit von 4:40 h eines 55-jährigen Athleten vergleichbar mit 4:00 h eines Hauptklasseathleten. Die oben genannten 4:44:52 h des 53-jährigen Athleten lassen sich wie folgt umrechnen:

Alterskoeffizient 53 Jahre:

0,8854 – 0,8575 = 0,0279	(Differenz zwischen 50 und 55 Jahren)
0,0279 : 5 = 0,00558	(Abminderungsfaktor für ein Jahr)
0,00558 x 3 = 0,01674	(für drei Jahre)
0,8854 – 0,0167 = **0,8686**	Alterskoeffizient für 53 Jahre

4:45 h entsprechen 285 Minuten
285 min x 0,8686 = 248 min = 4:08 h

Demnach ist die Zeit von 4:45 h eines 53-jährigen Athleten vergleichbar mit 4:08 h eines Hauptklasseathleten.

Diese Rechnerei ist zwar interessant, sollte jedoch für die sportliche Betätigung eines Masters nicht ausschlaggebend sein. Frauen erhalten zudem auf Grund ihres geringeren Muskelanteils noch einen Bonus von 10 %. Demnach ist eine Zeit von 5:00 h einer Frau vergleichbar mit 4:30 h eines Mannes, ohne Berücksichtigung des Altersklassenkoeffizienten.

5:00 h = 300 Minuten, 10 % entsprechen dann 30 Minuten, die in Abzug gebracht werden.

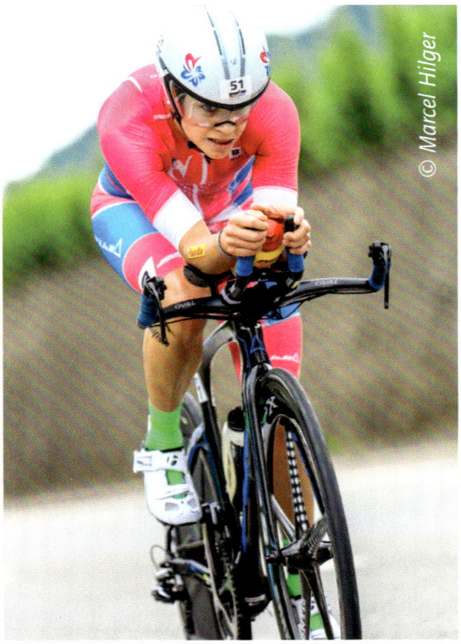

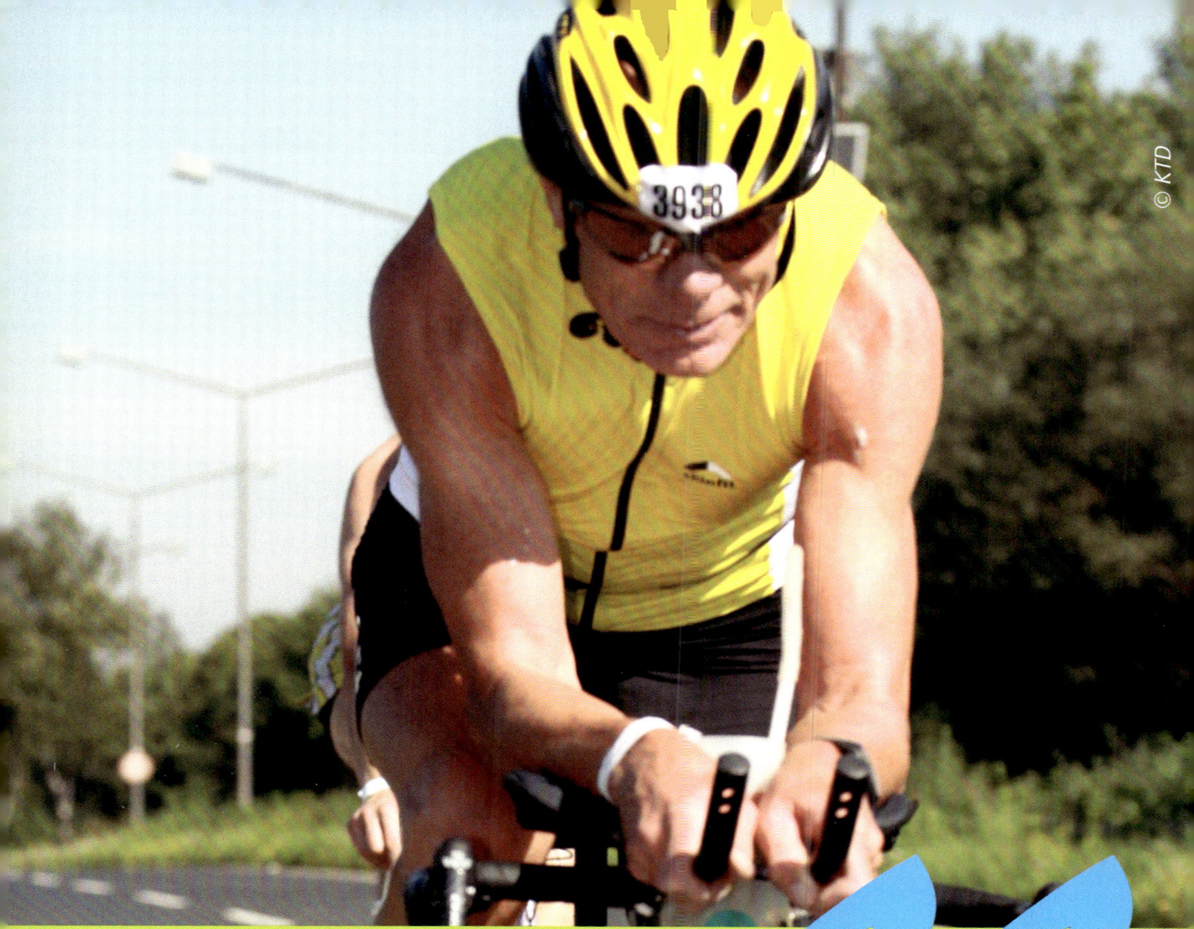

11

DAS TRAINING FÜR DIE LANGDISTANZ

11 DAS TRAINING FÜR DIE LANGDISTANZ

Welcher Triathlet träumt nicht davon, bei einem Langdistanz-Wettbewerb zu finishen und damit in den „Adelsstand der Triathleten" einzutreten. Ein weiterer Traum für viele ist dann die absolute Krönung beim Ironman auf Hawaii.

Diesen Traum können sich zum Glück nicht nur 20-30-jährige Superathleten erfüllen, nein, auch wir Master haben realistische Möglichkeiten, den Traum von einem Langdistanz-Finish zu realisieren.

Diese Zuversicht wird genährt durch die große Zahl der Master, die jährlich an den derzeit weltweit sehr zahlreichen Langdistanz-Veranstaltungen erfolgreich teilnehmen und viele sich davon gar in Hawaii am Kailua-Kona-Pier wiedertreffen.

Wer als Master im Zusammenhang mit der Langdistanz Zeiten von neun und zehn Stunden bewundert und deshalb Probleme mit seiner eigenen Motivation erhält, den möchte ich auf Vergleichszeiten, die ich mithilfe von Alterskoeffizienten errechnet habe, hinweisen. Ich hoffe, dass Sie damit auch Ihre Motivation für das bevorstehende Training steigern können.

Wenn es sich auch nur um ein Zahlenwerk handelt, es stellt die erzielten Zeiten der Master auch jenseits der 12, 13 oder 14 Stunden in ein richtiges Licht.

Mithilfe der Alterskoeffizienten nach Cepelka werden Leistungen der Master vergleichbar mit denen der Hauptklasseathleten.

Tab. 31: Leistungen auf der Langdistanz in Abhängigkeit vom Alter

Alter	Alterskoeffizient	8:00 h	9:00 h	10:00 h	11:00 h	12:00 h
27,28	1,0000	8:00	9:00	10:00	11:00	12:00
30	0,9927	8:04	9:04	10:05	11:05	12:06
35	0,9690	8:16	9:18	10:20	11:22	12:24
40	0,9410	8:30	9:34	10:37	11:41	12:45
45	0,9132	8:46	9:52	10:57	12:03	13:09
50	0,8854	9:02	10:10	11:17	12:25	13:33
55	0,8575	9:20	10:30	11:40	12:50	14:00
60	0,8252	9:42	10:55	12:07	13:20	14:33
65	0,7817	10:14	11:31	12:47	14:04	15:21
70	0,7253	11:00	12:23	13:45	15:08	16:30

Aus der Tabelle lassen sich z. B. folgende Beziehungen herauslesen:

- Wer mit 60 Jahren in der Lage ist, 13:20 h über die Langdistanz zu schaffen, erbringt eine vergleichbare Leistung wie der Hauptklasseathlet, der eine Zeit von 11:00 h erreicht.
- Eine Langdistanz-Zeit von 11:17 h, erzielt mit 50 Jahren, entspricht einer Leistung von 10:00 h eines 26-27-Jährigen.
- Frauen erhalten auf Grund ihres geringeren Muskelanteils generell einen Bonus von 10 %.

Langdistanz = Herausforderung

Die Bewältigung einer 226 km langen Triathlondistanz stellt für jeden Athleten eine große Herausforderung dar. Das gilt nicht nur für den ersten Wettbewerb dieser Größenordnung, sondern immer: Auch die folgenden Wettbewerbe sind etwas Besonderes. Mittlerweile habe ich in 35 Triathlonjahren allein bei 41 Lang- und Ironman-Distanzen gefinisht und weiß, dass man keinen Wettbewerb im Vorhinein bereits als erledigt, als geschafft bezeichnen kann. Niemand bestreitet einen Langdistanz-Wettbewerb im „Vorübergehen".

Aber, keine Sorge, wer sich gut vorbereitet, der wird auch das Abenteuer Langdistanz meistern. Wer bereits einige Mitteldistanzen, eventuell einen oder mehrere Marathonläufe, absolviert hat, der hat bei richtiger Einstellung die besten Chancen, sein Ziel zu erreichen.

Haben Sie die sportlichen Voraussetzungen durch ein mindestens dreijähriges, regelmäßiges Ausdauertraining und die später angegebenen Leistungen erfüllt, und haben Sie Ihr persönliches Umfeld so weit geordnet, dann können Sie sich an die Planung für Ihren Ironman begeben. Diese Planung sollte bereits während des Übergangszeitraums erfolgen. An den langen Herbst- und Winterabenden kann man dann die Vorfreude auf das große Ereignis des nächsten Sommers genießen. Wer noch mentale Einstellungsschwierigkeiten hat, dem sei in Kurzform folgende einfache Hilfsformel empfohlen:

Betrachten Sie die Langdistanz wie ein verlockendes Drei-Gänge-Menü.

Vorspeise:	3,8 km Schwimmen
Hauptgang:	180 km Rad fahren
Dessert:	42,2 km Laufen

Jetzt benötigen Sie nur noch einen kräftigen Appetit, um dieses Menü zu schaffen.

Die nachfolgenden Empfehlungen, Tipps, Hinweise und Ratschläge werden dafür sorgen, dass Sie einen gewaltigen Appetit bekommen.

Vor meiner ersten Langdistanz habe ich mich mehrere Monate mit der Frage beschäftigt, ob ich sie überhaupt packen würde.

Während der ständigen Auseinandersetzung mit den damals für mich unvorstellbaren Distanzen kam mir dann die Idee mit dem vergleichbaren Drei-Gänge-Menü. Es war eine große Hilfe auf dem Weg zu meinem standhaften: „Ja, ja, Hermann, du packst es!"

Erst als ich mental diese 226 km verarbeitet hatte und mir sicher war, diesen Stier zu besiegen, begann ich mit dem notwendigen Training. So sollte es jetzt auch bei Ihnen sein.

Der große Traum konkretisiert sich nun zum Ziel.

Aus dem Traum zum Ziel Langdistanz, so lautet der Weg zum Langdistanz-Finish.

Geträumt haben wir nun schon alle lange genug, also peilen wir als Nächstes ein realistisches Ziel an.

11.1 REALISTISCHE ZIELPLANUNG

Beginnen wir die große Herausforderung mit der Zielplanung. Hier gilt es jetzt, unter Berücksichtigung der vergangenen Wettbewerbe und unter Einschätzung des individuellen Umfelds, ein Ziel zu formulieren. Hierbei gibt es viele Möglichkeiten. Vom Finishen, über eine Wunschzeit, über einen Qualiplatz für Hawaii, bis hin zum Altersklassensieg können die Wünsche und Träume reichen.

Wir Master, gerade wir Master, sollten jedoch so ehrlich uns gegenüber sein und keine Luftschlösser bauen, sondern mit beiden Beinen auf der Erde bleiben. Das erste und oberste Gebot kann nur lauten: Finishen. Das gilt nach wie vor auch bei mir heute noch. Doch auch beim Finishen gibt es angesichts unseres Talents, unserer Eigenschaften und Möglichkeiten große Unterschiede, die sich gerade auf den 226 km bemerkbar machen.

Um das ganze Leistungsspektrum der Master anzusprechen, möchte ich bei den weiteren Trainingsempfehlungen folgende vier Bereiche vorgeben:

a) 14-15 Stunden,

b) 12-13 Stunden,

c) 10-11 Stunden,

d) unter 10 Stunden.

Eine Langdistanz-Zeit von 12-13 Stunden, aber auch sogar 11 Stunden können viele Master bereits in ihrem ersten Wettbewerb dieser Art über die magischen 226 km erzielen. Voraussetzung dafür ist ein systematisches Ausdauertraining und ein geeignetes Umfeld.

Wie mit entscheidend auch das Trainingsalter bei den zeitlichen Aufwendungen ist, werden wir anhand der nachfolgenden Trainingspläne sehen. Dabei möchte ich wiederum nicht auf „Pläne von der Stange" zurückgreifen, sondern möglichst durchgeführte Trainingsumfänge und -intensitäten vorstellen. Hierbei werden dann auch die Ergebnisse des Trainings sichtbar.

Um die 10-Stunden-Marke anzugehen oder zu unterbieten, dazu gehört in der Regel ein deutlich höherer Trainingsaufwand, gute sportliche Möglichkeiten, ein Mehr an Stehvermögen, Willenskraft, Talent zur Ausdauer, langjährige Erfahrung und ein insgesamt positives Umfeld.

Ein Beispiel hierfür ist Karl-Heinz Nottrodt, besser bekannt als Kalli, der Wetterfrosch aus Oberursel. Ihm gelangen zwischen dem 40. und 50. Lebensjahr ständig noch Zeiten, die deutlich die 10-Stunden-Marke unterschritten. Mehr dazu später.

Master, die noch voll im Beruf stehen, eine Familie unterhalten und zudem noch Triathlon bestreiten, müssen ganz anders an die Trainingsplanung herangehen, wie diejenigen, die angesichts erwachsener Kinder und einer geringeren beruflichen Belastung einfach deutlich mehr Zeit für ihr Hobby aufwenden können. Für die erste Gruppe, zu denen mit Sicherheit alle jüngeren Master gehören, habe ich bereits in Kap. 4.4 unter „Partnerfreundlich trainieren" aufgezeigt, wie die zeitliche Belastung durch das Training minimiert werden kann.

Nachfolgende Empfehlungen gelten für einen allgemeinen Langdistanz-Wettbewerb. Es könnte ein Qualifikationswettbewerb sein. Die Planungen und Empfehlungen beziehen sich auf die letzten sechs Monate vor dem Langdistanz-Wettbewerb. Denjenigen, die sich damit für den Ironman Hawaii qualifizieren, ist eine dreiwöchige Regeneration mit nur leichtem Training und einem ähnlich gearteten Neuaufbau für den Tag X auf Hawaii anzuraten. Bedingt durch die extremen Witterungsverhältnisse ist dort sicherlich mit einer Zeit zu rechnen, die bei den Mastern um ca. 30-40 Minuten höher sein wird als bei den Qualifikationswettbewerben. Eine Ausnahme bildet hier wohl Lanzarote mit seiner sehr schwierigen Radstrecke.

11.2 TRAININGSUMFÄNGE UND VORAUSSETZUNGEN FÜR 14-15 H UND 12-13 H

Welche Voraussetzungen sollten in etwa erfüllt sein, um das Ziel 14-15 h und 12-13 h zu schaffen?

Tab 32

Ziel	14-15 h	12-13 h
Schwimmen 2.000 m	50-55 min	45-48 min
Radfahren 90 km	3:20 h; 26 km/h	3:10 h, 28 km/h
10 km	53-54 min	47 min
Halbmarathonlauf 21,1 km	2:00 h	1:44 h
Marathonlauf 42,2 km	4:12 h	3:40 h

In etwa erforderliche Einzelzeiten im Wettbewerb

Tab 33

Ziel	14-15 h	12-13 h
Schwimmen	1:50-2:00 h	1:30 h
Radfahren	7:30 h	6:30 h
Laufen	5:15 h	4:30 h

Trainingsumfänge in den letzten sechs Monaten vor dem Langdistanz-Rennen

Tab 34

Trainingsumfänge in den letzten sechs Monaten	14-15 h	12-13 h
Schwimmen	78 km = 3 km/Wo.	91 km = 3,5 km/Wo.
Radfahren	3.000 km = 115 km/Wo.	3.500 km = 135 km/Wo.
Laufen	1.000 km = 40 km/Wo.	1100 km = 42 km/Wo.
Erf. Zeitaufwand pro Woche (reine Trainingszeit)	10 h/Wo. + Stretching	11 h/Wo. + Stretching

Training im Übergangszeitraum

Oktober, November, Dezember, Januar:

- 2 x wöchentlich lockeres Traben je 1-1:15 h.
- 1-2 x wöchentlich lockeres Schwimmen, eventuell lockere Radausfahrt.
- Analyse der vergangenen Saison, Planung der neuen Saison.

Training im Vorbereitungszeitraum Februar, März, April, Mai

- Grundlagentraining; Schwerpunkt Laufen + Schwimmen, eventuell lockere Radausfahrt.
- Mit Beginn des ersten Teils des Vorbereitungszeitraums steigt der Trainingsumfang bei geringer Belastung, Pulswerte 120-130.
- Chancen zum Skilanglauf nutzen, um Arm- und Rumpfmuskulatur zu trainieren.

Januar

- Laufen ca. 40-50 km/Wo.
- Gleichmäßige Dauerläufe mit Puls 120-130.
- 1 x pro Woche langer, ruhiger Lauf über 20-25 km.
- Gelegentliche Teilnahme an Volksläufen, 90 %.
- Bei offener Witterung 1-1:30 h Radausfahrt.
- Schwimmen 3 km/Wo.

Februar: Schwimmmonat

- Hier gilt es, so oft wie möglich zu schwimmen.
- Z. B. 3 x 1,5-3 km.
- Möglichst unter Anleitung trainieren.
- 1 x pro Woche Ausdauer 2 x 1.000 m, siehe Schwimmprogramme Kap. 8.
- Laufen: 1 x 12 km, 1 x 20 km.

März: Laufmonat

- Normales Schwimmtraining.
- Radausfahrten am Wochenende, 60-80 km lockeres Kurbeln.
- 100 Umdrehungen/min, Rad zur Arbeit nutzen.
- Mittelpunkt Lauftraining, Ziel eventuell Marathonlauf, siehe Lauftraining (60-70 km) Kap. 6. Stretching nicht vernachlässigen!

April: Radmonat

- Schwimmen: 3-4 km/Wo.
- Laufen 30-40 km/Wo.
- Nach dem Marathonlauf ist für zwei Wochen nur lockeres Laufen angesagt. Im Vordergrund steht das Radtraining. An den Wochenenden wird mit kleinem Kettenblatt der runde Tritt geübt. Dabei unbedingt auf eine Drehzahl 100-110 pro Minute achten. Z. B. freitags 60 km, samstags 80 km + 6 km laufen, sonntags 100 km, mittwochs 50 km. Wer Möglichkeiten zu einem Trainingscamp hat, sollte dieses nutzen. Umfang 900-1.200 km in zwei Wochen bilden eine gute Grundlage. Dazu 2-3 x 1 h lockeres Laufen pro Woche.

Mai

- An den Wochenenden Wechsel Rad-Lauf trainieren, jeweils eine Einheit locker, die andere dagegen flott, z. B. 80 km Rad + 10 km laufen; 60 km Rad + 20 km laufen.
- 1 x pro Woche Intervalle auf dem Rad, z. B. 5 km Tempo, 5 km ruhig, 5 km Tempo ...; 2 x 10 km mit je 85-90 % Intensität.
- Normale, normale und regenerative Trainingswochen wechseln einander ab; N N R. Junge Master können auch N N N R durchführen.
- Schwimmen wie im Vormonat, Intervalle, 1 x Dauermethode.
- Laufen: 1 x pro Woche Intervalltraining oder FS, z. B. jeweils 1 km locker traben, bis Puls 110; 2 x 5.000 m 85 %, Pause 10 Minuten, dabei locker traben.
- Laufumfang 40-50 km, dabei unbedingt den zweiwöchentlichen langen 25-28-km-Lauf beibehalten, siehe Lauftraining Kap. 6.
- Ende Mai; Kurztriathlon als Testwettbewerb.

Training im Wettbewerbszeitraum: Ende Mai bis Oktober

Juni, Juli

- Siehe detaillierte Trainingspläne.
- Ziel 14-15 h, siehe Trainingspläne.
- Ziel 12-13 h, siehe Trainingspläne.

Anfang Juni eventuell Mitteltriathlon zur Formüberprüfung. Bei aller körperlichen Vorbereitung das mentale Training nicht vernachlässigen.

Juli/August Langdistanz

- Allen Finishern meine aufrichtige Gratulation!
- War es nicht ein tolles Erlebnis?
- Auf ein Neues im nächsten Jahr!

Jetzt hat jeder Finisher seine Regeneration verdient. 3-4 Wochen heißt es, richtig ausspannen und nur locker trainieren, trotz der nun noch größeren Motivation. Zeit, um alles Liegengebliebene nachzuholen.

September

- Nach 2-3 normalen Trainingswochen 1-2 Kurz- oder Mitteltriathlonwettbewerbe zum Saisonausklang.

11.3 TRAININGSPLÄNE FÜR DIE LANGDISTANZ IN 14-15 H

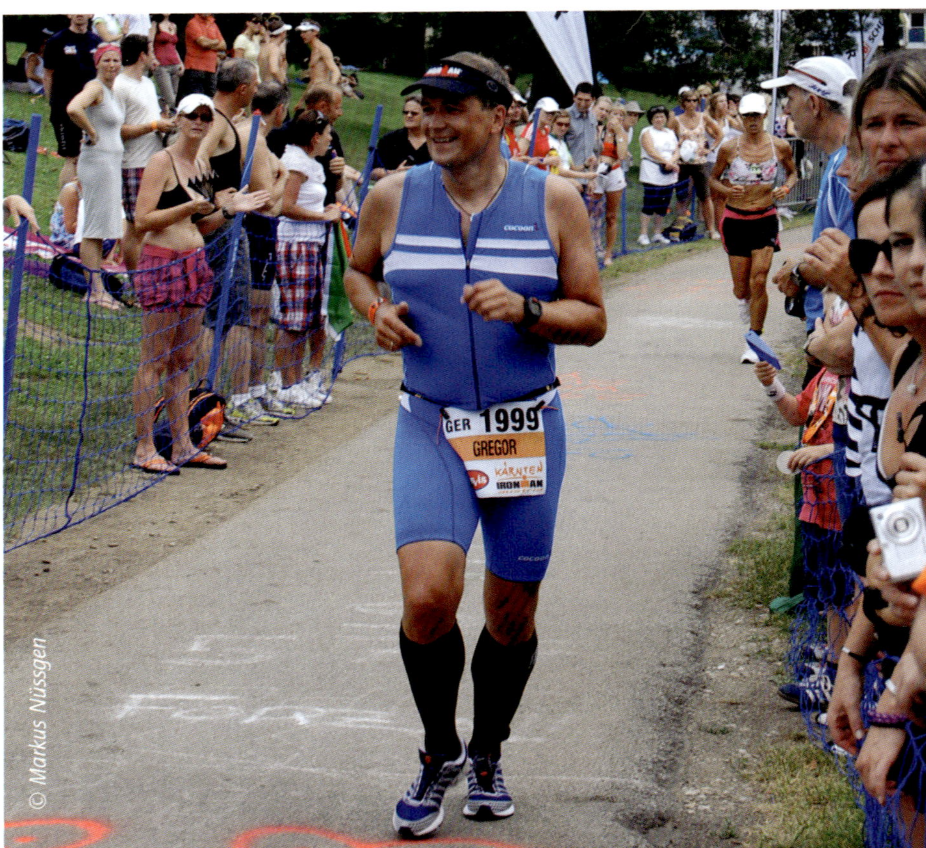

© Markus Nüssgen

Tab. 35

Trainingsschwerpunkt: Mitteldistanztestwettbewerb Datum: vom bis								Woche: 1			
Tag	**Gewicht kg (mo)**	**S**		**R**		**L**		**Sonstige sportliche Betätigung**	**Kommentar**	**Puls**	**Gewicht kg (ab)**
		Distanz m	**Zeit h**	**Distanz km**	**Zeit h**	**Distanz km**	**Zeit h**			**Ruhe/ Belastung**	
Mo.								Stretching*			
Di.				80	Ruhig	8	Flott	*	Wechseltraining R+ L		
Mi.		1.800	Interv.								
Do.				60	Locker	10	Traben	*			
Fr.		1.000	Ausd.								
Sa.									Radpflege		
So.		2.200		90		21		*	Mitteltriathlon 6:30-6:40 h		
Summe		**5.000**		**230**		**39**					

Trainingsschwerpunkt: Regeneration Datum: vom bis								Woche: 2			
Tag	Gewicht kg (mo)	S		R		L		Sonstige sportliche Betätigung	Kom-men-tar	Puls	Gewicht kg (ab)
		Distanz m	Zeit h	Distanz km	Zeit h	Distanz km	Zeit h			Ruhe/ Belas-tung	
Mo.				25	Ganz ruhig						
Di.						10	Ruhig	*			
Mi.		2.000	Ausd.								
Do.											
Fr.		1.500	Interv.								
Sa.				80	Locker						
So.						18	Locker	*			
Summe		**3.500**		**105**		**28**					

Trainingsschwerpunkt: Schwimmen und Radfahren Datum: vom bis								Woche: 3			
Tag	Gewicht kg (mo)	S		R		L		Sonstige sportliche Betätigung	Kommentar	Puls	Gewicht kg (ab)
		Distanz m	Zeit h	Distanz km	Zeit h	Distanz km	Zeit h			Ruhe/ Belastung	
Mo.											
Di.				40	Locker	15	FS	*	Wechseltraining R + L		
Mi.		2.000	Interv.								
Do.				80				*	R: 4 x 5 km flott		
Fr.						25	Ruhig	*			
Sa.				100	Flott						
So.		3.000	Ausd.								
Summe		**5.000**		**220**		**40**					

Trainingsschwerpunkt: Laufen und Radfahren Datum: vom bis								Woche: 4			
Tag	Gewicht kg (mo)	S		R		L		Sonstige sportliche Betätigung	Kommentar	Puls	Gewicht kg (ab)
		Distanz m	Zeit h	Distanz km	Zeit h	Distanz km	Zeit h			Ruhe/ Belastung	
Mo.											
Di.				50	Ruhig	18	Zügig	*	L: 5 x 1.000 m ZT		
Mi.		2.500	Interv.	60	Flott						
Do.						25	Ruhig	*			
Fr.											
Sa.				130	Ruhig	10	Locker	*	Wechseltraining R + L		
So.		2.000	Ausd.								
Summe		4.500		240		53					

Trainingsschwerpunkt: Schwimmen Datum: vom bis								Woche: 5			
Tag	Gewicht kg (mo)	S		R		L		Sonstige sportliche Betätigung	Kommentar	Puls	Gewicht kg (ab)
		Distanz m	Zeit h	Distanz km	Zeit h	Distanz km	Zeit h			Ruhe/ Belastung	
Mo.											
Di.				40	Ruhig	15	FS	*			
Mi.		2.500	Interv.								
Do.		3.000	Ausd.								
Fr.				60	Flotte Abschn.			*			
Sa.				100	Locker						
So.		2.000	Interv.			20	Ruhig	*			
Summe		**7.500**		**200**		**35**					

Trainingsschwerpunkt: Langdistanz Datum: vom bis								Woche: 6			
Tag	Gewicht kg (mo)	S		R		L		Sonstige sportliche Betätigung	Kom-men-tar	Puls	Gewicht kg (ab)
		Distanz m	Zeit h	Distanz km	Zeit h	Distanz km	Zeit h			Ruhe/ Belas-tung	
Mo.											
Di.				40	Ruhig	12		*	L: 3.000 m flott		
Mi.		1.500	Locker								
Do.				30	Ruhig			*			
Fr.											
Sa.		3.800		180		42,2		*	Langdis-tanz 14-15 h		
So.				25	Ganz ruhig				Viel Erfolg! Es klappt bestimmt		
Summe		**1.500 + 3.800**		**95 + 180**		**12 + 42,2**					

Erläuterungen zu den Plänen:
Unter Beachtung der angesprochenen Trainingsgrundsätze münzen Sie die Trainingsempfehlungen auf Ihr individuelles Umfeld um. Die vorgegebenen Empfehlungen können und sollen nur eine Leitlinie darstellen.

11.4 TRAININGSPLÄNE FÜR DIE LANGDISTANZ IN 12-13 H

Tab 36

Trainingsschwerpunkt: Testwettbewerb, Mitteldistanz Datum: vom bis								Woche: 1			
Tag	Gewicht kg (mo)	S		R		L		Sonstige sportliche Betätigung	Kom-men-tar	Puls	Gewicht kg (ab)
		Distanz m	Zeit h	Distanz km	Zeit h	Distanz km	Zeit h			Ruhe/ Belas-tung	
Mo.		2.500	Interv.					Stretching*			
Di.				100	Flott	10	Ruhig	*			
Mi.				60	Locker						
Do.						12	Locker	*			
Fr.		2.000	Ausd.								
Sa.								*			
So.		1.900		90		21			Mittel-distanz		
Summe		**4.500 + 1.900**		**160 + 90**		**22 + 21**					

Trainingsschwerpunkt: Regeneration Datum: vom bis								Woche: 2			
Tag	Gewicht kg (mo)	S		R		L		Sonstige sportliche Betätigung	Kommentar	Puls	Gewicht kg (ab)
		Distanz m	Zeit h	Distanz km	Zeit h	Distanz km	Zeit h			Ruhe/ Belastung	
Mo.								*			
Di.				50	Ruhig						
Mi.		2.000	Ausd.			12	Ruhig	*			
Do.											
Fr.						18	Ruhig	*			
Sa.				80	Locker						
So.		1.500	Interv.								
Summe		**3.500**		**130**		**30**					

Trainingsschwerpunkt: Regeneration/Rad Datum: vom bis								Woche: 3			
Tag	Gewicht kg (mo)	S		R		L		Sonstige sportliche Betätigung	Kom-men-tar	Puls	Gewicht kg (ab)
		Distanz m	Zeit h	Distanz km	Zeit h	Distanz km	Zeit h			Ruhe/ Belas-tung	
Mo.											
Di.				40	Locker	12	FS	*	Wechsel-training R + L		
Mi.		2.000	Interv.								
Do.				60	FS						
Fr.						25	Ruhig	*			
Sa.				100	Flott 12						
So.		2.500	Ausd.			10	Locker	*			
Summe		**4.500**		**200**		**47**					

<table>
<tr><td colspan="7">Trainingsschwerpunkt: Rad + Laufen
Datum: vom bis</td><td colspan="4">Woche: 4</td></tr>
<tr><td rowspan="2">Tag</td><td rowspan="2">Gewicht kg (mo)</td><td colspan="2">S</td><td colspan="2">R</td><td colspan="2">L</td><td rowspan="2">Sonstige sportliche Betätigung</td><td rowspan="2">Kom-men-tar</td><td>Puls</td><td rowspan="2">Gewicht kg (ab)</td></tr>
<tr><td>Distanz m</td><td>Zeit h</td><td>Distanz km</td><td>Zeit h</td><td>Distanz km</td><td>Zeit h</td><td>Ruhe/ Belas-tung</td></tr>
<tr><td>Mo.</td><td></td><td></td><td></td><td></td><td></td><td></td><td></td><td></td><td></td><td></td><td></td></tr>
<tr><td>Di.</td><td></td><td></td><td></td><td>50</td><td>Locker</td><td>18</td><td>Zügig</td><td>*</td><td>L: 5 x 1.000 m ZT</td><td></td><td></td></tr>
<tr><td>Mi.</td><td></td><td>2.500</td><td>Interv.</td><td>40</td><td>FS</td><td></td><td></td><td></td><td></td><td></td><td></td></tr>
<tr><td>Do.</td><td></td><td></td><td></td><td></td><td></td><td>25</td><td>Ruhig</td><td>*</td><td></td><td></td><td></td></tr>
<tr><td>Fr.</td><td></td><td></td><td></td><td>60</td><td>Ruhig</td><td></td><td></td><td></td><td></td><td></td><td></td></tr>
<tr><td>Sa.</td><td></td><td></td><td></td><td>130</td><td>Locker</td><td>10</td><td>FS</td><td>*</td><td>Wechsel-training R + L</td><td></td><td></td></tr>
<tr><td>So.</td><td></td><td>2.500</td><td>Ausd.</td><td></td><td></td><td></td><td></td><td></td><td></td><td></td><td></td></tr>
<tr><td colspan="2">Summe</td><td colspan="2">5.000</td><td colspan="2">280</td><td colspan="6">53</td></tr>
</table>

Trainingsschwerpunkt: Schwimmen
Datum: vom bis **Woche: 5**

Tag	Gewicht kg (mo)	S		R		L		Sonstige sportliche Betätigung	Kommentar	Puls	Gewicht kg (ab)
		Distanz m	Zeit h	Distanz km	Zeit h	Distanz km	Zeit h			Ruhe/ Belastung	
Mo.		2.000	Interv.								
Di.				60	Locker	12	Flott	*			
Mi.		2.400	Interv.								
Do.						18	Ruhig	*			
Fr.				70	Flott						
Sa.		3.000	Ausd.					*			
So.						20	Ganz ruhig				
Summe		**7.400**		**130**		**50**					

Trainingsschwerpunkt: Langdistanz-Wettbewerb Datum: vom bis								Woche: 6			
Tag	Gewicht kg (mo)	S		R		L		Sonstige sportliche Betätigung	Kommentar	Puls	Gewicht kg (ab)
		Distanz m	Zeit h	Distanz km	Zeit h	Distanz km	Zeit h			Ruhe/ Belastung	
Mo.											
Di.				40	Locker						
Mi.		1.500	Locker			15		*	L: 3.000 m sehr flott		
Do.				30	Ruhig						
Fr.											
Sa.											
So.		3.800		180		42,2		***	Langdistanz 12-13 h		
Summe		1.500 + 3.800		70 + 180		15 + 42,2			Viel Spaß, Finisher! Gratulation		

Erläuterungen zu den Plänen:

Unter Beachtung der angesprochenen Trainingsgrundsätze münzen Sie die Trainingsempfehlungen auf Ihr individuelles Umfeld um. Die vorgegebenen Empfehlungen können und sollen nur eine Leitlinie darstellen.

11.5 TRAININGSUMFÄNGE UND VORAUSSETZUNGEN FÜR 10-11 H UND UNTER 10 H

Welche Voraussetzungen sollten in etwa erfüllt sein, um das Ziel 10-11 Stunden und unter 10 Stunden zu schaffen?

Tab 37

Ziel	10-11 h	< 10 h
Schwimmen 2.000 m	38-40 min	< 35 min
Radfahren 90 km	2:30 h; 36 km/h	2:22 h, 38 km/h
10 km	38 min	34-35 min
Halbmarathonlauf 21,1 km	1:27 h	1:18 h
Marathonlauf 42,2 km	3:00-3:10 h	2:45-2:50 h

In etwa erforderliche Einzelzeiten im Wettbewerb

Tab 38

Ziel	10-11 h	< 10 h
Schwimmen	1:10-1:15 h	1:00-1:10 h
Radfahren	5:30 h	5:10-5:20 h
Laufen	3:50-4:00 h	3:20-3:25 h

Trainingsumfänge in den letzten sechs Monaten vor der Langdistanz

Tab 39

Trainingsumfänge in den letzten sechs Monaten	10-11 h	< 10 h
Schwimmen	140 km = 5-6 km/Wo.	200-400 km = 8-15 km/Wo.
Radfahren	5-6.000 km = 210 km/Wo.	6-8.000 km = 270 km/Wo.
Laufen	1.300 km = 50 km/Wo.	1.600 km = 62 km/Wo.
Erf. Zeitaufwand pro Woche (reine Trainingszeit)	12-14 h/Wo. + Stretching	15-20 h/Wo. + Stretching.

Jahresverlauf

Übergangszeitraum: November, Dezember, eventuell Januar

- Erholung, körperlich und geistig.
- 2-3 x wöchentlich lockeres Laufen, 12-15 km, lockeres Schwimmen ohne Uhr. Analyse der vergangenen Saison, Verbesserungsvorschläge und Planung der kommenden Wettbewerbssaison.

Vorbereitungszeitraum: **Januar bis Mitte Mai**

Grundlagenausdauertraining
Mit Beginn des ersten Teils des Vorbereitungszeitraums steigt der Trainingsumfang bei geringer Belastung. Pulswert 130. Um die Arm- und Rumpfmuskulatur zu trainieren, sollten Chancen zum Skilanglauf genutzt werden. Mit Stretching und Krafttraining wird die vielseitige Durchblutung des Körpers unterstützt.

Laufen: 3-4 x wöchentlich 50-60 km bzw. 70-80 km.
Gleichmäßige Dauerläufe. Ein langer, ruhiger Lauf pro Woche mit Puls 130 über 25-30 km.

Radtraining: Bei offener Witterung 1-1:30 h, eventuell Rolle 2 x 45 min.

Stretching: 3 x 20 min.

Schwimmen: 3-4 x Technik + Intervalle + Dauerschwimmen.
Siehe Schwimmprogramme Kap. 8.

Februar: Eventuell Schwimmmonat
Unter Beibehaltung des normalen Trainings wird so oft wie möglich geschwommen.
Umfang: Deutlich höher als in der übrigen Jahreszeit.

Achtung! Jede dritte Woche sollte eine Regenerationswoche sein mit geringerer Intensität und Umfang.

Radausfahrten bei offenem Wetter.

März: Eventuell Laufmonat
Normales Schwimmtraining: 5-6 km/Wo. bzw. 8-15 km/Wo. für unter 10 h. Stretching, Krafttraining noch beibehalten.

Radtraining: Ausfahrten locker kurbeln mit 110 Umdrehungen/min und kleinem Kettenblatt. Radmonat April vorbereiten. Radtraining in die Marathonvorbereitungen einbeziehen.

Schwerpunkt: Laufen mit dem Ziel Ende März/Anf. April Marathonlauf in 3:00 h bzw 3:10 h.
Trainingsanleitungen in Kapitel 6.

April: Eventuell Radmonat

Alternativ: März Radmonat/Februar Laufmonat/Januar Schwimmmonat.
Schwimmen eventuell reduzieren 3-4 km bzw. 6-10 km für Langdistanz < 10 h.

Laufen: Nach erfolgreichem Marathonlauf zwei Wochen nur locker trainieren 2 x 15 km, danach wieder normal.

Radtraining: Schwerpunkt an den Wochenenden und Feiertagen. Wenn möglich, zwei wöchiger Trainingsaufenthalt in wärmeren Regionen mit 1.200 km/zwei Wochen und 70 Laufkilometern in zwei Wochen.

Runder Tritt und Grundlagenausdauer erarbeiten. Während dieser Zeit nur locker schwimmen und laufen. Siehe Trainingstipps Kap. 7.

Mai

An den Wochenenden Wechseltraining:

Flottes Radtraining (80-100 km) + ruhiger 12-20-km-Lauf.
Ruhiges Radtraining (120-150 km) + flotter 8-km-Lauf.

Schwimmen: Neben Intervalltraining zum Dauertraining Freigewässer aufsuchen.

Laufen: 70 km bzw. 70-80 km.
1 x pro Woche Intervalltraining, z. B. 2-3 x 5.000 m, 6 x 1.000 m, 1-, 2-, 3-, 2-, 1-km-Tempo jeweils zwischendurch 1 km lockeres Traben.

Wettbewerbszeitraum: **Mitte Mai bis Mitte Oktober**

- Stabilisierung der sportlichen Höchstform.
- Gezielte Wettbewerbsvorbereitung.
- Die Belastung in den letzten 10-12 Tagen vor dem Wettkampf verringern. 1-2 Kurz-/Mitteltriathlons als Aufbauwettbewerbe im Vorfeld bestreiten (siehe Trainingspläne).

- Mentales Training im Hinblick auf Saisonhöhepunkt nicht unterschätzen.
- Nach dem Wettbewerb ausreichend lange regenerieren:
- Ganz geringe Belastung, Ruhetage, nur 1 x pro Tag locker trainieren, Sauna, Massage, reichlich Flüssigkeit, Mineralien, Vitamine.
- Überlastung durch zu viele Triathlons vermeiden.
- Nach einem Langdistanz-Wettbewerb drei Wochen regenerieren, bis zu 50 % Umfang, kaum Intensität.

11.6 TRAININGSPLÄNE FÜR DIE LANGDISTANZ IN 10-11 H

Hier möchte ich Ihnen zwei interessante Varianten vorstellen.

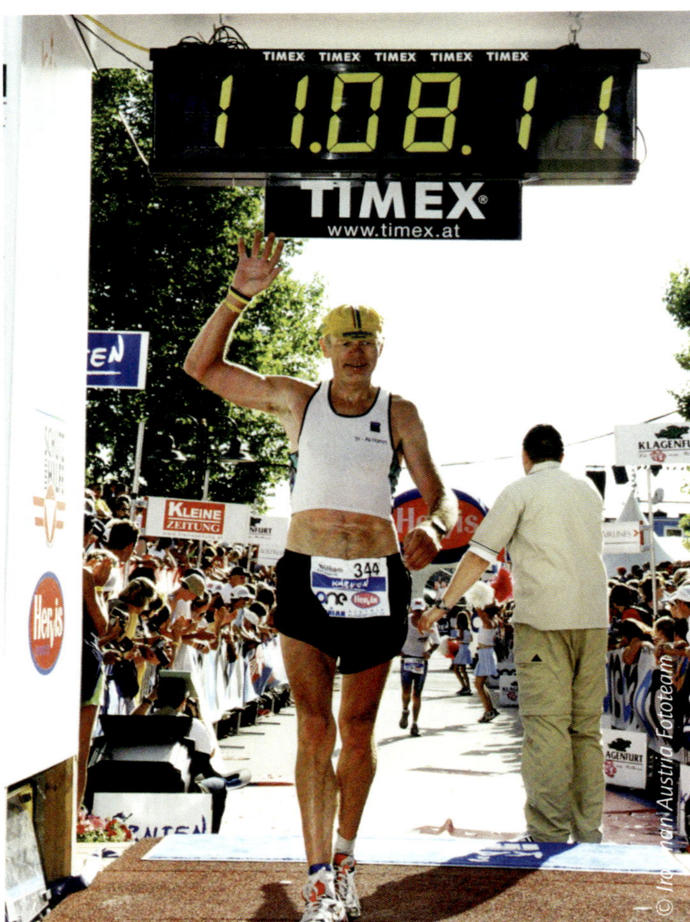

Variante 1

- Hermann, 40 Jahre alt, fünfte Triathlonsaison.
- Im März zwei Wochen Radblocktraining.

Die letzten sechs Wochen vor dem Ironman Zürich

Tab. 40

Trainingsschwerpunkt: Schwimmentraining + Kurztriathlon als Testwettbewerb für die Mitteldistanz Datum: vom 8.6 bis 14.6								Woche: 1a Langdistanz-Training			
Tag	Gewicht kg (mo)	S		R		L		Sonstige sportliche Betätigung	Kom-men-tar	Puls	Gewicht kg (ab)
		Distanz m	Zeit h	Distanz km	Zeit h	Distanz km	Zeit h			Ruhe/ Belas-tung	
Mo.	76,4	3.500	3 x 1.000 m			25	2:00 h				
Di.		1.000		141	4:45 h	18	1:21 h		Feiertag		
Mi.				18 + 18					„Fress-tag"		80,5
Do.		1.000	Müde	18 + 18		18	1:3C h				
Fr.				18 + 18							
Sa.	76	2.000	Pyram.	30						47	
So.		1.000		38		10			Kurztri-athlon 2:13 h		
Summe		8.500		317		71					

Trainingsschwerpunkt: Mitteldistanz als Test für den Ironman-Zürich Datum: vom 15.6 bis 21.6								Woche: 2a Langdistanz-Training			
Tag	Gewicht kg (mo)	S		R		L		Sonstige sportliche Betätigung	Kommentar	Puls	Gewicht kg (ab)
		Distanz m	Zeit h	Distanz km	Zeit h	Distanz km	Zeit h			Ruhe/ Belastung	
Mo.				18 + 43	Flott						
Di.		1.500	Ruhig	18 + 18		18	1:22 h				
Mi.											
Do.						10	0:47 h				
Fr.				30							
Sa.		2.000	40:30 min	92	2:47 h 33er	20	1:19 h	4:52 h	Roth Halbdistanz		
So.				30					Regeneration		
Summe		**3.500**		**249**		**48**					

Trainingsschwerpunkt: eigentlich Regeneration, Straßenlauf im Nachbarort Datum: vom 22.6 bis 28.6								Woche: 3a Langdistanz-Training			
Tag	**Gewicht kg (mo)**	**S**		**R**		**L**		**Sonstige sportliche Betätigung**	**Kom-men-tar**	**Puls**	**Gewicht kg (ab)**
		Distanz m	**Zeit h**	**Distanz km**	**Zeit h**	**Distanz km**	**Zeit h**			**Ruhe/ Belas-tung**	
Mo.		800	Müde	18 + 18		12	0:54 h		Locker		
Di.				18 + 18		18	1:24 h				
Mi.				18 + 18							
Do.	76,9			18 + 18		18	1:21 h				78,9
Fr.						15	54:23 min	Ohne Probleme	15-km-Straßen-lauf		
Sa.		2.000	4 x 500 m je 11	120	26er						
So.						25	1:57				
Summe		**2.800**		**264**		**88**					

Trainingsschwerpunkt: Schwimmen und Radfahren Datum: vom 29.6 bis 5.7								Woche: 4a Langdistanz-Training			
Tag	Gewicht kg (mo)	S		R		L		Sonstige sportliche Betätigung	Kommentar	Puls	Gewicht kg (ab)
		Distanz m	Zeit h	Distanz km	Zeit h	Distanz km	Zeit h			Ruhe/ Belastung	
Mo.		1.000	ein, 3 x 500 m, aus	18 + 18							
Di.		1.000		18 + 18		19	1:28 h				
Mi.		2.500	2 x 1.000 m 22:30 min			18	1:15 h		Schwimm-rhythmus gefunden		
Do.		1.000	Locker	18 + 18		9,1	31:50 min Tempo		Schüler-wette eingelöst		
Fr.	77,2			18 + 18					„Fresstag"		80,5
Sa.		3.000	Locker	140	5:15 h 26,5er	12	57 min		S + R + L alles locker		
So.		1.000				25	1:47 h		4:20 pro km		
Summe		**9.500**		**284**		**83,1**					

Trainingsschwerpunkt: Letzte Formüberprüfung durch Kurztriathlon Datum: vom 6.7 bis 12.7								Woche: 5a Langdistanz-Training			
Tag	Gewicht kg (mo)	S		R		L		Sonstige sportliche Betätigung	Kom-men-tar	Puls	Gewicht kg (ab)
		Distanz m	Zeit h	Distanz km	Zeit h	Distanz km	Zeit h			Ruhe/ Belas-tung	
Mo.		2.000	Pyram.	18 + 18 80	27er						
Di.		500		18 + 18		19	1:34 h Heiß		Völlig lustlos		
Mi.				18 + 18		12	Locker		Lustlos		
Do.				18 + 18							
Fr.		1.200		56							
Sa.		1.000	21:00 min	40		10,8		2:18 h	Kurztri-athlon		
So.	76,9	1.200				25	1:58 h				78,5
Summe		**5.900**		**320**		**66,8**					

Trainingsschwerpunkt: Langdistanz-Wettbewerb Datum: vom 13.7 bis 19.7								Woche: 6a Langdistanz-Training			
Tag	Gewicht kg (mo)	S		R		L		Sonstige sportliche Betätigung	Kommentar	Puls	Gewicht kg (ab)
		Distanz m	Zeit h	Distanz km	Zeit h	Distanz km	Zeit h			Ruhe/ Belastung	
Mo.		2.700	2 x 1.000 m 21:30 h min	18 80					R 1 h Tempo		
Di.				18 + 18		18			3.000-m-Tempo 3:40 min je km		
Mi.				18 + 18		11					
Do.		2.500	See						Ganz ruhig		
Fr.	76,1	1.200									
Sa.		3.800	1:33 h See sehr unruhig	180	5:30 h	42,2	3:24 h	10:34 h	Langdistanz Zürich		
So.		500									
Summe		6.900 + 3.800		170 + 180		29 + 42,2					

Nach meiner heutigen Einschätzung sind mir damals einige gravierende Fehler unterlaufen:
Im Anschluss an die Mitteldistanz wäre eine echte 10-14-tägige Regenerationsphase mit nur lockeren Schwimmen-, Rad- und Laufeinheiten besser gewesen. Sowohl der 15-km-Straßenlauf als auch das ständig sehr hohe Lauftempo sowie der Kurztriathlon eine Woche vor Zürich waren wenig geeignet, Kräfte für den Ironman Zürich zu sammeln.

Wie unterschiedlich auch bei mir die Vorbereitungen auf einen Langdistanz-Wettbewerb aussehen, soll Variante 2 verdeutlichen.

Variante 2

- Hermann, 53 Jahre, 18. Triathlonsaison.
- Im März zwei Wochen Radblocktraining.
- Die letzten 3,5 Wochen vor dem Wettbewerb dienten als Schwimmschwerpunkt, da in den sechs Monaten zuvor insgesamt nur 50 Schwimmkilometer zu Buche standen.

Sechs Wochen vor Ironman Austria

Tab. 41

Trainingsschwerpunkt: Schwimmen und Kurztriathlon als Testwettbewerb Datum: vom 12.6 bis 18.6								Woche: 1b Langdistanz-Training			
Tag	Gewicht kg (mo)	S		R		L		Sonstige sportliche Betätigung	Kommentar	Puls	Gewicht kg (ab)
		Distanz m	Zeit h	Distanz km	Zeit h	Distanz km	Zeit h			Ruhe/ Belastung	
Mo.		2.500	See			16	Puls 122		Pfingsten		
Di.				12 + 57							
Mi.				12 +12		13					
Do.		1.500				10	Ruhig		S-Lustlos		
Fr.						10	Locker				
Sa.				40	27,2er						
So.		1.000	0:21	40	36,5er	9	0:35 h	2:04 h	Kurztriathlon R + L stark		
Summe		**5.000**		**183**		**58**					

Trainingsschwerpunkt: Regeneration + lange Radeinheiten Datum: vom 19.6 bis 25.6								Woche: 2b Langdistanz-Training			
Tag	Gewicht kg (mo)	S		R		L		Sonstige sportliche Betätigung	Kom-men-tar	Puls	Gewicht kg (ab)
		Distanz m	Zeit h	Distanz km	Zeit h	Distanz km	Zeit h			Ruhe/ Belas-tung	
Mo.											
Di.											
Mi.				12 + 12		15	1:14 h			47	
Do.		2.500	See			25	2:05 h				
Fr.	79,1	2.500	See								80,5
Sa.				112	Bergig						
So.				90	27er	10	0:41 h				
Summe		**5.000**		**226**		**50**					

Trainingsschwerpunkt: Urlaubsvorbereitungen, Wochenende lange Lauf- und Radeinheiten Datum: vom 26.6 bis 2.7								Woche: 3b Langdistanz-Training			
Tag	Gewicht kg (mo)	S		R		L		Sonstige sportliche Betätigung	Kom-men-tar	Puls	Gewicht kg (ab)
		Distanz m	Zeit h	Distanz km	Zeit h	Distanz km	Zeit h			Ruhe/ Belas-tung	
Mo.									Keine Zeit		
Di.									Keine Zeit		
Mi.									Keine Zeit		
Do.		2.000	See			10	0:52 h		Urlaub am See		
Fr.		2.000	Mit Neo	48	29,3er	25	2:07 h		S Dauer-schwim-men		
Sa.		2.000		105	27er	10	0:54 h		S mit Neo		
So.		2.000		140	27,2er						
Summe		**8.000**		**293**		**45**					

Trainingsschwerpunkt: Schwimmen + Laufen + Radfahren (Trainingsschwerpunkt, Urlaub am See) Datum: vom 3.7 bis 9.7								Woche: 4b Langdistanz-Training			
Tag	Gewicht kg (mo)	S		R		L		Sonstige sportliche Betätigung	Kommentar	Puls	Gewicht kg (ab)
		Distanz m	Zeit h	Distanz km	Zeit h	Distanz km	Zeit h			Ruhe/ Belastung	
Mo.		2.900	See						Urlaub		
Di.		2.900				26	2:16 h				
Mi.		1.500				25	2:10 h				
Do.		2.900 1.000		80	28,2				S ständig mit Neo		
Fr.		2.500	Interv.								
Sa.						36	3:05 h		L super, ganz locker		
So.		2.000		115	27er						
Summe		15.700		195		87					

Trainingsschwerpunkt: Lange Schwimm- und Laufeinheiten Datum: vom 10.7 bis 16.7								Woche: 5b Langdistanz-Training			
Tag	**Gewicht kg (mo)**	**S**		**R**		**L**		**Sonstige sportliche Betätigung**	**Kommentar**	**Puls**	**Gewicht kg (ab)**
		Distanz m	**Zeit h**	**Distanz km**	**Zeit h**	**Distanz km**	**Zeit h**			**Ruhe/ Belastung**	
Mo.		2.000	See 0:39 h	60	33er				R Tempo Urlaub		
Di.											
Mi.		2.900	0:56 h			30	2:30 h		S + L bärenstark		
Do.		2.900	Neo								
Fr.		2.900	0:57 h	85	27er						
Sa.						25	1:59 h				80
So.						10	0:55 h				
Summe		**10.700**		**145**		**65**					

Trainingsschwerpunkt: Ironman Klagenfurt Datum: vom 17.7 bis 23.7								Woche: 6b Langdistanz-Training			
Tag	Gewicht kg (mo)	S		R		L		Sonstige sportliche Betätigung	Kommentar	Puls	Gewicht kg (ab)
		Distanz m	Zeit h	Distanz km	Zeit h	Distanz km	Zeit h			Ruhe/ Belastung	
Mo.		2.000	0:45 h						Urlaub		
Di.		2.900	0:54 h			14	1:13 h				
Mi.		2.900	0:53 h	53	28,5						
Do.		2.000	0:39 h			10	0:53 h				
Fr.	79										
Sa.		1.500									
So.		3.800	1:09 h	180	5:29	42,2	3:52 h	10:39:12	Ironman Klagenfurt		
Summe		11.300 + 3.800		53 + 180		24 + 42,2					

Erläuterungen zu den Trainingsplänen für 10-11 Stunden

Hier gilt es für uns Master, ein besonderes Augenmerk auf das Aktivalter zu legen. Hochinteressant sind selbst für mich die Gegenüberstellungen zweier Trainingsvarianten. Zum einen geht es um das Training von mir als junger Master für den Ironman Zürich in der fünften Triathlonsaison. Das Ergebnis nach sehr großen Trainingsumfängen in den letzten Wochen war eine Langdistanz-Zeit von 10:34 h. 13 (in Worten dreizehn) Jahre später konnte ich als gereifter Master beim Ironman Klagenfurt mit deutlich geringerem Trainingsaufwand und deutlich reduzierter Intensität eine Zeit von 10:39 h erzielen.

Für mich ist dies der Beweis, dass auch das Aktivalter bei den Mastern eine eminent wichtige Rolle spielt. Die Routine und die Erfahrung ersetzen viele Trainingskilometer. Es ist wirklich so wie mit dem Kapital auf der Bank, das in späteren Jahren noch deutliche Zinsgewinne einbringt.

Das Kapital sind wohl die Trainingskilometer früherer Jahre.

Tab. 42: Vergleich der absolvierten Trainingsumfänge in den letzten sechs Wochen zwischen Variante 1 und Variante 2

Trainings-woche	Variante 1 Ironman Zürich 10:34 h			Variante 2 (13 Jahre nach Variante 1) Ironman Austria 10:39 h		
	Schwimmen	Radfahren	Laufen	Schwimmen	Radfahren	Laufen
1	8,5	290	71	7,5	173	58
2	3,5	248	48	5,0	226	50
3	2,8	264	92	8,0	293	46
4	9,5	427	65	16,2 Urlaub	195	87
5	5,9	316	66	11,7 Urlaub	145	65
6	7,0	170	29	11,3 Urlaub	98	24
Gesamt-km der letzten Wochen	37,2	1.715	371	59,7	1.130	330
Einzelzeit beim Ironman	1:33 h mit kurzem Neo, sehr wellig	5:30 h	3:24 h	1:10 h mit Langarm-Neo	5:29 h	3:52 h
	Ausdauertraining im Jahresmittel 8,4 h/Woche			Ausdauertraining im Jahresmittel 7,7 h/Woche		

Damit Sie sich einen besseren Überblick zu den Plänen verschaffen können, hier ein paar Daten aus meinem Umfeld.

Radfahren nur von Ende **Februar** bis Ende **September**.
Ab **März** täglich 18 km bei Variante 1, täglich 12 km bei Variante 2, zum Dienst und zurück mit dem Rad.
April: Jeweils zwei Wochen Radtrainingscamp mit ca. 1.100 km Rad und 60-80 km laufen.

Persönliche Unzulänglichkeiten:
Nur sporadisch Krafttraining und Stretching. Von Oktober bis Mitte Februar kein Radtraining, auch nicht auf der Rolle. Insgesamt zu wenig Schwimmtraining. Wenig Intervalltraining auf dem Rad oder beim Laufen.

Persönliche Stärken:
Kontinuierliches Training; mentale Stärke; sehr gutes Gefühl bei der Wettkampfeinteilung.

Unter Beachtung der angesprochenen Trainingsgrundsätze münzen Sie die Trainingsempfehlungen auf Ihr individuelles Umfeld um. Die vorgegebenen Empfehlungen können und sollen nur eine Leitlinie darstellen.

11.7 TRAININGSPLÄNE FÜR DEN IRONMAN HAWAII IN 9:48 H

Hier ein konkretes Trainingsbeispiel für den Neun-Stunden-Bereich bzw. 9:48 h beim Ironman Hawaii.

Wer als Master einen eine Langdistanzzeit von 9-10 Stunden anstrebt, der muss – wenn er kein Profi ist – in der Lage sein, nahezu alle positiven Einflüsse auf sich zu vereinigen. Als da wären: Talent, Durchsetzungsvermögen, Willenskraft, gute Trainingsmöglichkeiten, Zeit, Ehrgeiz, Trainingsfleiß, physische und psychische Stärke, Motivation. Demnach weist er ein insgesamt leistungsförderndes Umfeld auf. Ein Beispiel für solch einen Erfolgstyp ist Karl-Heinz Nottrodt. Er ist einer der wenigen Athleten, die weltweit mit knapp 50 Jahren selbst auf Hawaii noch unter der 10-Stunden-Marke nach 226 km finishen. Bei seinem Leistungsvermögen finisht er bei anderen Ironman-Veranstaltungen noch in 9-9:15 h.

Hier einige Eckdaten seines Trainings:

Regenerationsmonate: November und Dezember
Im Winter 2 x wöchentlich Krafttraining und 2-3 x Aerobic/Gymnastik.

Sein Frühjahrstraining:

Ab Januar: Schwerpunkt Laufen (80-100 km/Woche) + Schwimmen (15-20 km/Woche), Radfahren nur bei gutem Wetter und Temperaturen von +5° C und aufwärts.

März: Zwei Wochen Radschwerpunkt in sonnigen Gebieten.

Mai: Nochmals 10 Tage Radschwerpunkt.

Durchschnittliche Trainingsdauer: „Fast 20 Stunden pro Woche".

Jahresumfang in der dargestellten Saison:

Schwimmen:	690 km
Radfahren:	11.500 km
Laufen:	2.800 km

Um die Trainingsaufzeichnungen von **Kalli Nottrodt** besser zu verstehen, hier ebenfalls seine sportlichen Eckdaten.

Geburtsjahr 1952, Triathlet seit 1984, zuvor Wettkampfschwimmer mit Bestzeiten von 1:09 min über 100 m Brust und 2:31 min. über 200 m Brust.

1.000-m-Schwimmbestzeit:	13:00 min ohne Neo
1.500 m:	19:30 min ohne Neo
10.000-m-Laufbestzeit:	33:50 min
40-km-Radfahrbestzeit:	60 min
180 km Rad:	4:48 h.

Mehrfach Ironman-Zeiten von unter neun Stunden erzielt.

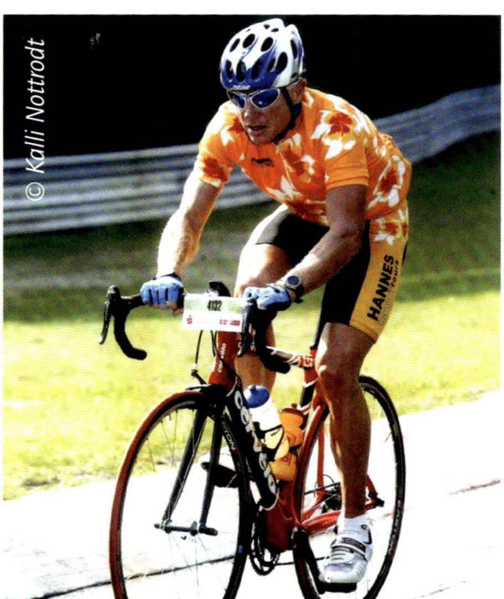

Im Einzelnen sah die spezielle Vorbereitung von Kalli auf den Ironman Hawaii wie folgt aus:

Die letzten sechs Wochen vor Hawaii

Tab. 43

Kalli Datum: vom 4.9 bis 10.9								Woche: 1 Ironman Hawaii			
Tag	Gewicht kg (mo)	S		R		L		Sonstige sportliche Betätigung	Kom-men-tar	Puls	Gewicht kg (ab)
		Distanz m	Zeit h	Distanz km	Zeit h	Distanz km	Zeit h			Ruhe/ Belas-tung	
Mo.		4.000	0:80 h	71	2:20 h	10	0:44 h				
Di.		3.100	0:60 h	56	2:20 h						
Mi.	72					14	1:00 h				
Do.		3.600	0:70 h	69	2:20 h	15	1:10 h				
Fr.	73			118	4:00 h	14	1:10 h		R/L Koppel		
Sa.											
So.		3.300	0:60 h	70		16	1:00 h		R/L Koppel		
Summe		**14.000**		**384**		**69**					

Kalli Datum: vom 11.9 bis 17.9								Woche: 2 Ironman Hawaii			
Tag	Gewicht kg (mo)	S		R		L		Sonstige sportliche Betätigung	Kom-men-tar	Puls	Gewicht kg (ab)
		Distanz m	Zeit h	Distanz km	Zeit h	Distanz km	Zeit h			Ruhe/ Belas-tung	
Mo.		3.800	1:10 h	93	3:00 h				R: Interv. 10 x 2 min		
Di.		3.200	1:00 h	175	6:00 h	20	1:30 h		Hartes Training R/L		
Mi.	72	3.200	1:00 h								
Do.	71	2.600	0:50 h	30	1:00 h	14	1:00 h				
Fr.	73										
Sa.						16	1:20 h		Regen-wetter		
So.				102	4:00 h	14	1:00 h		Koppel L schnell		
Summe		**12.800**		**400**		**64**					

Kalli Datum: vom 18.9 bis 24.9								Woche: 3 Ironman Hawaii			
Tag	Gewicht kg (mo)	S		R		L		Sonstige sportliche Betätigung	Kom-men-tar	Puls	Gewicht kg (ab)
		Distanz m	Zeit h	Distanz km	Zeit h	Distanz km	Zeit h			Ruhe/ Belas-tung	
Mo.		3.000	1:00 h								
Di.	72	1.500	0:30 h	93	3:00 h	14	1:00 h		R: Interv. 12 x 2 min		
Mi.		4.000	1:20 h	90	3:00 h	14	1:00 h				
Do.		4.400	1:30 h						S: 20 x 100 m		
Fr.	73	2.800	0:50 h	56	2:00 h	13	1:00 h				
Sa.		3.500	1:10 h	93	3:00 h	17	1:15 h				
So.	72	2.800	0:50 h						S: nur locker		
Summe		22.000		332		58					

Kalli **Datum: vom 25.9 bis 1.10**								**Woche: 4 Ironman Hawaii**			
Tag	**Gewicht kg (mo)**	**S**		**R**		**L**		**Sonstige sportliche Betätigung**	**Kom-men-tar**	**Puls**	**Gewicht kg (ab)**
		Distanz m	**Zeit h**	**Distanz km**	**Zeit h**	**Distanz km**	**Zeit h**			**Ruhe/ Belas-tung**	
Mo.				71	2:30 h	27	2:10 h				
Di.		3.000	1:00 h	101	3:10 h	14	1:00 h		R: 6 x 12 min Tempo		
Mi.	72,5	4.000	1:30 h			17	1:15 h				
Do.		4.300		70	2:20 h	6	0:30 h		R/L Koppel L Tempo		
Fr.		3.200	1:00 h			17	1:15 h				
Sa.	73								Abflug Hawaii		
So.		2.000	0:40 h						Ankunft Hawaii		
Summe		**16.500**		**242**		**81**					

Kalli Datum: vom 2.10 bis 8.10								Woche: 5 Ironman Hawaii			
Tag	Gewicht kg (mo)	S		R		L		Sonstige sportliche Betätigung	Kom-men-tar	Puls	Gewicht kg (ab)
		Distanz m	Zeit h	Distanz km	Zeit h	Distanz km	Zeit h			Ruhe/ Belas-tung	
Mo.		2.500	0:50 h	70	2:20 h	11	0:50 h	Training auf Hawaii			
Di.		3.000	0:50 h	52	2:00 h	12	0:60 h				
Mi.		2.200	0:40 h								
Do.		3.200	1:00 h	110	3:40 h	11	0:50 h				
Fr.		2.200	0:40 h	63	2:00 h	13	0:60 h				
Sa.		1.800	0:30 h	116	3:40 h	10	0:50 h				
So.		2.000	0:40 h								
Summe		16.900		411		57					

Kalli Datum: vom 9.10 bis 15.10								Woche: 6 Ironman Hawaii			
Tag	Gewicht kg (mo)	S		R		L		Sonstige sportliche Betätigung	Kom-men-tar	Puls	Gewicht kg (ab)
		Distanz m	Zeit h	Distanz km	Zeit h	Distanz km	Zeit h			Ruhe/ Belas-tung	
Mo.		2.000	0:40 h								
Di.		2.000	0:40 h	43	1:30 h	6	0:30 h		R: 6 x 2 min Laktat-schwelle		
Mi.		1.500	0:30 h	52	2:00 h	6	0:30 h		R + L locker		
Do.		500	0:10 h								
Fr.				30							
Sa.		3.800	57:12 h	180	5:30 h	42,2	3:15 h		Ironman Hawaii 9:48 h		
So.											
Summe		**6.000 + 3.800**		**125 + 180**		**12+42,2**					

Eine typische Regenerationswoche im **Winter** gestaltet sich bei Kalli wie folgt:

Tab. 44

Kalli: Regeneration im Winter Datum: vom bis								Woche:			
Tag	**Gewicht kg (mo)**	**S**		**R**		**L**		**Sonstige sportliche Betätigung**	**Kom-men-tar**	**Puls**	**Gewicht kg (ab)**
		Distanz m	**Zeit h**	**Distanz km**	**Zeit h**	**Distanz km**	**Zeit h**			**Ruhe/ Belas-tung**	
Mo.		2.000	0:40 h			10	0:50 h	Tae-Bo			
Di.		3.000	0:60 h								
Mi.		2.000	0:40 h					Spinning			
Do.											
Fr.		2.000	0:40 h								
Sa.				60							
So.						10	0:50 h				
Summe		**9.000**		**60**		**20**					

Eine typische Regenerationswoche im **Sommer** gestaltet sich bei Kalli wie folgt:

Tab. 45

Kalli: Regeneration im Sommer Datum: vom bis								Woche:			
Tag	Gewicht kg (mo)	S		R		L		Sonstige sportliche Betätigung	Kom-men-tar	Puls	Gewicht kg (ab)
		Distanz m	Zeit h	Distanz km	Zeit h	Distanz km	Zeit h			Ruhe/ Belas-tung	
Mo.		2.000	0:40 h	60	2:00	10	0:50 h				
Di.		2.000	0:40 h								
Mi.		3.000	0:60 h								
Do.				60	2:00	10	0:50 h				
Fr.		2.000	0:40 h	70	2:30						
Sa.		3.000	0:60 h	60	2:20	6	0:30 h				
So.											
Summe		**12.000**		**250**		**26**					

Als Vergleich möchte ich Ihnen mein Training für eine Zeit von 9:55 h aufzeigen. Diese Zeit erzielte ich mit 46 Jahren beim Ironman Europa.

11.8 TRAININGSPLÄNE FÜR DEN IRONMAN EUROPA IN 9:55 H

Die letzten fünf Wochen vor dem Ironman Europa

- Hermann, 46 Jahre, 11. Triathlonsaison.
- Im März zwei Wochen Radblocktraining.
- Wöchentliche Trainingszeit im Jahresmittel 13,8 h.
- Triathlonjahr mit insgesamt vier Langdistanzen und Duathlon Zofingen.

4.04.	Australien	10:55 h (nur 700 Radkilometer Training bis zum Wettbewerb)
16.05.	Zofingen	8:07 h
10.07.	Roth	9:55 h
15.08.	Embrun	12:47 h
11.09.	Podersdorf	10:09 h

Weitere Daten zu meinem Umfeld sind unter Kap. 11.6 bereits genannt.
Mit einem ähnlichen Trainingsaufwand finishte ich beim Ironman auf Hawaii in 10:44 h.

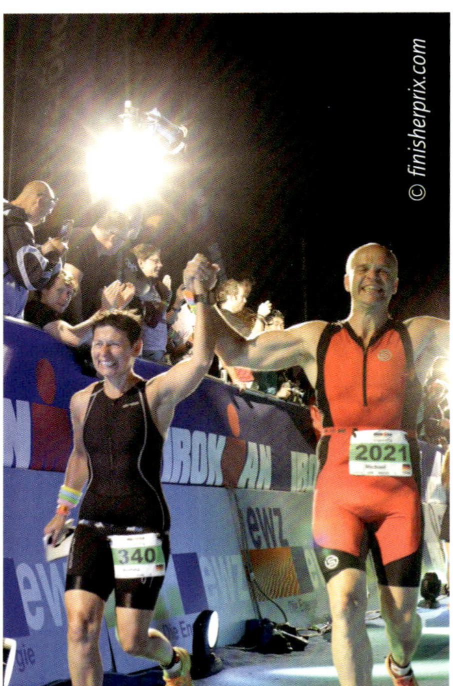

Tab. 46

Schwerpunkt: Triathlonmitteldistanz **Datum: vom 7.6 bis 13.6**								**Woche: 1**			
Tag	**Gewicht kg (mo)**	**S**		**R**		**L**		**Sonstige sportliche Betätigung**	**Kom-men-tar**	**Puls**	**Gewicht kg (ab)**
		Distanz m	**Zeit h**	**Distanz km**	**Zeit h**	**Distanz km**	**Zeit h**			**Ruhe/ Belas-tung**	
Mo.		2.000	See Neo	18 45		18	1:16 h		Heiß, völlig lustlos		
Di.									Lustlos	52	
Mi.		2.000		18 45		18	1:30 h		Lustlos		
Do.				75					Lustlos		
Fr.				18 18	27er				Lustlos	46	
Sa.		2.000	0:37 h Neo	80	2:20 h 34,2er	20	1:20 h	Spaß gemacht	**Mittel-distanz 4:22 h, prima**		
So.											
Summe		**6.000**		**317**		**56**					

Trainingsschwerpunkt: Regeneration + lange Radeinheiten Datum: vom 14.6 bis 20.6								Woche: 2			
Tag	Gewicht kg (mo)	S		R		L		Sonstige sportliche Betätigung	Kommentar	Puls	Gewicht kg (ab)
		Distanz m	Zeit h	Distanz km	Zeit h	Distanz km	Zeit h			Ruhe/ Belastung	
Mo.											
Di.				25 30		13					
Mi.				18 18		12					
Do.				18 18							
Fr.	78,5	2.000	See			25	2:00 h				80,5
Sa.				155	5:10 h						
So.		1.500	26:40 min	38		10	38:50 min		Kurztriathlon 90 %		
Summe		3.500		320		60					

Trainingsschwerpunkt: Schwimmen + Radfahren Datum: vom 21.6 bis 27.6								Woche: 3			
Tag	Gewicht kg (mo)	S		R		L		Sonstige sportliche Betätigung	Kom-men-tar	Puls	Gewicht kg (ab)
		Distanz m	Zeit h	Distanz km	Zeit h	Distanz km	Zeit h			Ruhe/ Belas-tung	
Mo.				18 60							
Di.		2.000	10 x 200 m	18 18		12			L. schwer		
Mi.				18 18		12				47	
Do.		3.800	1:14 h	18 18					S: Test mit Neo		
Fr.		3.800	1:12 h	18 18		15	1:12 h		S: Test mit Neo		
Sa.				125	29,2er						
So.						29	2:14 h			133	
Summe		**9.600**		**347**		**68**					

Trainingsschwerpunkt: Schwimmen + Laufen + Radfahren Datum: vom 28.6 bis 4.7								Woche: 4			
Tag	Gewicht kg (mo)	S		R		L		Sonstige sportliche Betätigung	Kom-men-tar	Puls	Gewicht kg (ab)
		Distanz m	Zeit h	Distanz km	Zeit h	Distanz km	Zeit h			Ruhe/ Belas-tung	
Mo.		3.000	See Neo	60 70					Urlaub		
Di.				18 40		12					
Mi.		2.000	See			12					
Do.						12					
Fr.		3.000	See	18 40							
Sa.						26	2:00 h				
So.				120	3:52 h						
Summe		**8.000**		**366**		**62**					

Trainingsschwerpunkt: Schwimmen + Radfahren Datum: vom 5.7 bis 11.7								**Woche: 5**			
Tag	**Gewicht kg (mo)**	**S**		**R**		**L**		**Sonstige sportliche Betätigung**	**Kommentar**	**Puls**	**Gewicht kg (ab)**
		Distanz m	**Zeit h**	**Distanz km**	**Zeit h**	**Distanz km**	**Zeit h**			**Ruhe/ Belastung**	
Mo.				25 18					Urlaub		
Di.				18 45		6					
Mi.		3.000	See Neo			12					
Do.											
Fr.											
Sa.		3.800	1:07 + 5 h	180	5:13 + 2 h	42,2	3:28 h	Regen Kälte	**Ironman Europe 9:55.01 h**		
So.	78,8								Toll!		
Summe		**3.000 + 3.800**		**106 + 180**		**18 + 42,2**					

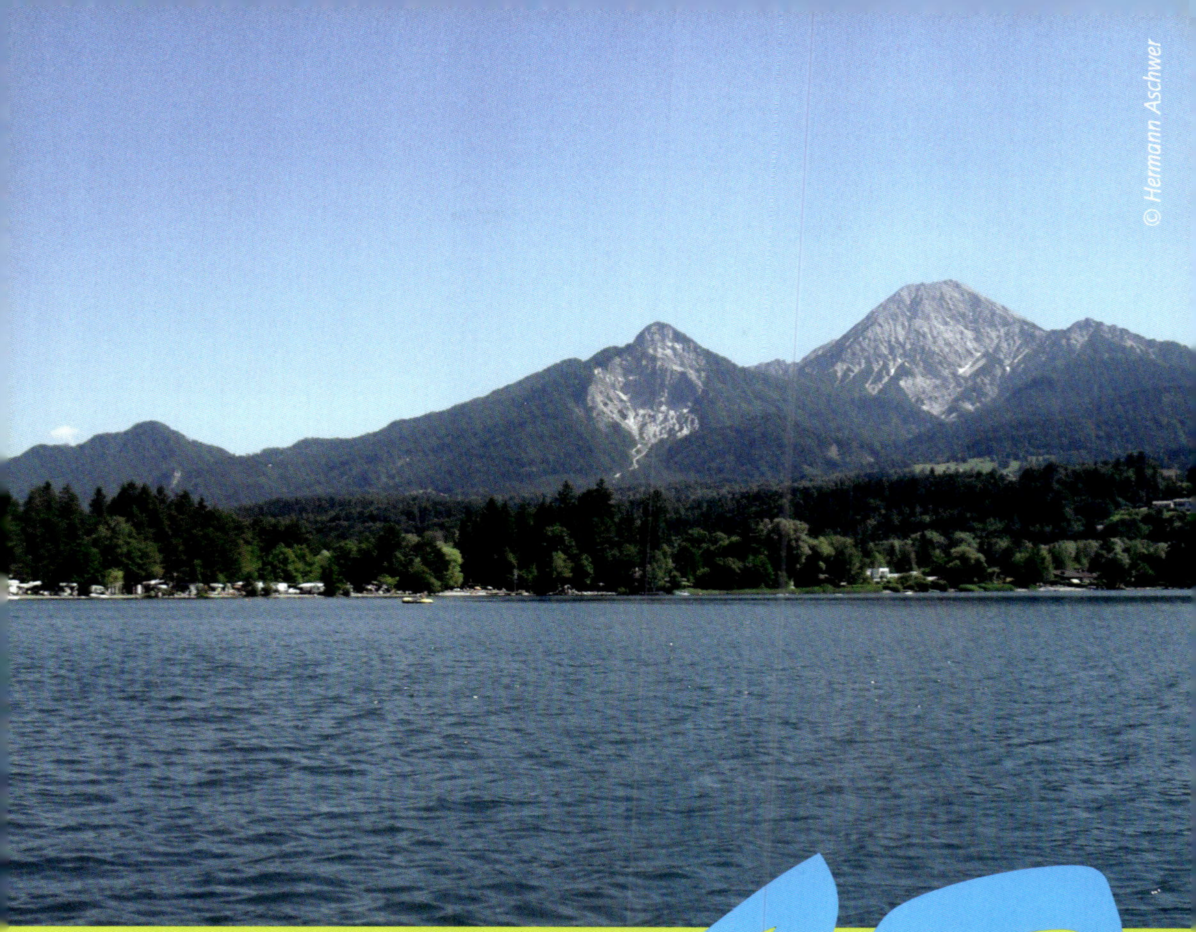

12

OHNE TRAININGSGRUNDSÄTZE GEHT ES NICHT

12 OHNE TRAININGSGRUNDSÄTZE GEHT ES NICHT

Bei der detaillierten Trainingsplanung und -gestaltung gilt es, nicht den Überblick zu verlieren. Hilfreich können dabei die wichtigsten Trainingsgrundsätze in Kürze sein.

Die häufigsten Trainingsfehler sollten unbedingt vermieden werden: zu viel, zu oft, zu schnell, zu unkritisch gegenüber dem eigenen Körper und zu unkritisch gegenüber unserem individuellen Umfeld.

Ein **Trainingsverbot besteht bei** Fieber und Schmerzen über dem Brustbein.

Unter Beachtung von beruflichem und privatem Stress sowie familiären Belastungen ist es wichtig, Folgendes zu beherzigen:

- Triathlonwettbewerbe sind ein Miteinander, kein Gegeneinander und keine Kämpfe.
- Mit Spaß und Freude trainieren, nie mit Gewalt.
- Das Training richtig dosieren.
- Die richtigen Laufschuhe tragen.
- Auf Körpersignale rechtzeitig achten.
- Eine ausgekühlte Muskulatur nicht überfordern.
- Regelmäßiges Stretching durchführen.
- Die richtige Rahmengeometrie beim Rad wählen.
- Das Training richtig dosieren.
- Dem Körper angemessene Ruhephasen gönnen.
- Regelmäßig trainieren.
- Die schwächste Disziplin bevorzugt trainieren, möglichst in der Gruppe.
- Langsame Erhöhung des Trainings.
- Zuerst den Trainingsumfang, dann die Intensität erhöhen.
- Regenerationsmaßnahmen in die Trainingsplanungen einbeziehen und auch tatsächlich durchführen.
- Trainingsschwerpunkte ausreichend vorbereiten.
- Sich bewusst ernähren, möglichst viel Eiweiß und wenig Fett.

- Immer in den Körper hineinhorchen. Dadurch entwickelt sich ein gutes Gefühl für die richtige Belastung im Training und im Wettbewerb.
- Kleine Verletzungen sorgsam beachten.
- Das Training stets abwechslungsreich gestalten.
- Ausreichend Ruhetage einplanen.
- Die Trainingsempfehlungen niemals als Dogma ansehen. Stets die Gesamtbelastung aus Beruf, Privatleben und Sport berücksichtigen.
- Je länger die Trainingsbelastung andauert, umso geringer ist die Intensität.
- Nach einer intensiven Laufeinheit sollte als Nächstes eine lockere Rad- oder Schwimmeinheit folgen, da beide für den Bewegungsapparat weniger belastend sind.
- Bei Mittel- und Langdistanzen liegt der Trainingsschwerpunkt in der vierten bis zur zweiten Woche vor dem Wettbewerb.
- Die letzte Woche vor dem Triathlonwettbewerb nur noch locker, entspannt, regenerativ und wenig trainieren.
- Rechtzeitige Flüssigkeits- und Nahrungsaufnahme im Training und im Wettbewerb.
- Ein Tag vor Wettbewerben reichlich trinken, verhalten essen.
- Am Tag X sich morgens mit wasserfestem Sonnenschutz eincremen, Schutzfaktor 30. Die Stirn jedoch unbedingt freihalten.
- In Wettbewerben nur Bewährtes einsetzen. Dies gilt für Getränke, Verpflegung und Ausrüstung.
- Triathlonwettbewerbe entscheiden sich oft im Kopf, daher mentale Stärke beweisen.
- Bei Ortswechseln den dritten Tag der aktiven Ruhe gönnen.
- Werden Sie nie zu einem Schwimm-Rad-Läufer der nur Sport, Sport, Sport kennt.
- Werden Sie nicht zu einem Trainingsweltmeister, der nur hartes Training kennt, wenig Regeneration, hohe Trainingsumfänge, jede Pulsrate überprüft, sich hohem Erwartungsdruck aussetzt, verbissen und mit Härte seinen Sport ausübt und dadurch sein privates und berufliches Umfeld ruiniert.
- Sportler führen drei Leben: ein Familienleben, ein Berufsleben und ein Sportlerleben.
- Wie bereits an anderer Stelle begründet, sollten Master, die das 60. Lebensjahr überschritten haben, Belastungen über 85 % des maximalen Pulswerts vermeiden.

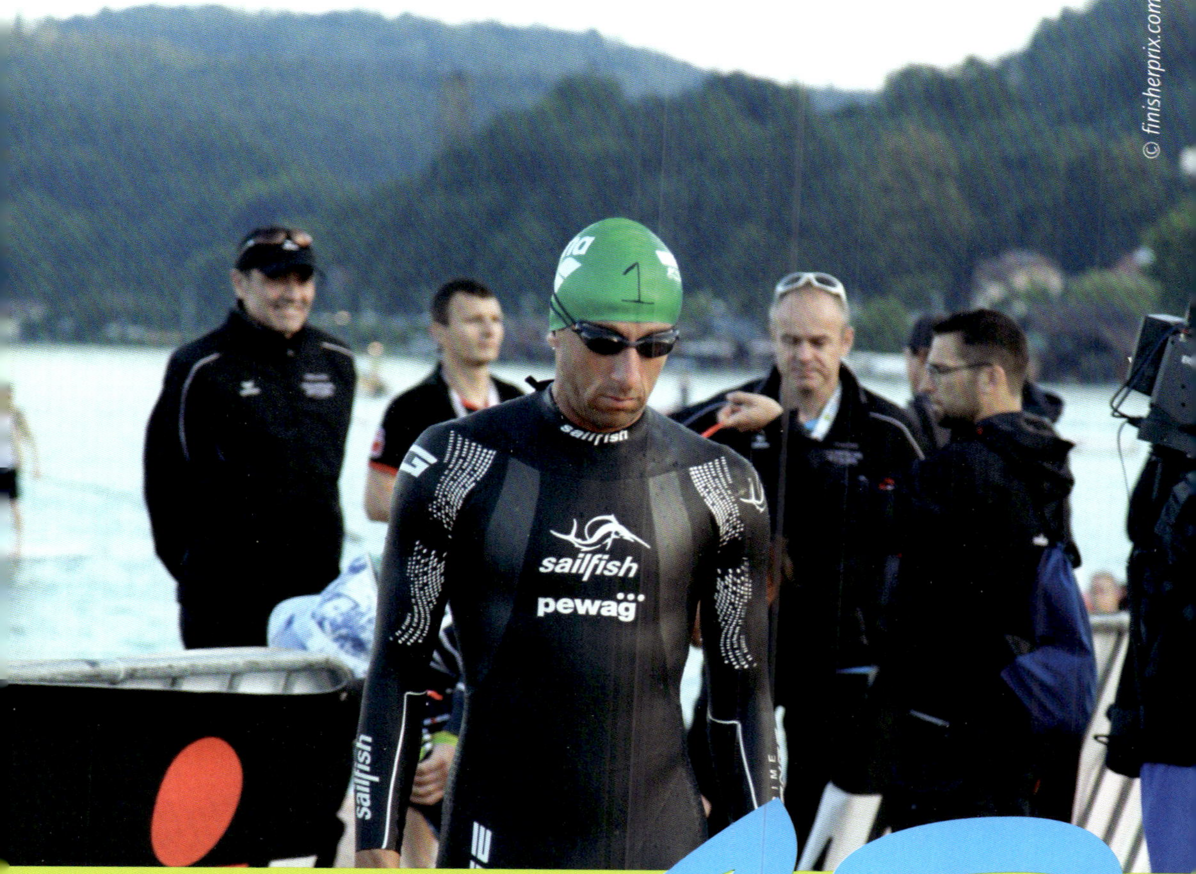

13

ENDLICH IST ES SO WEIT!

13 ENDLICH IST ES SO WEIT!

13.1 DIE LETZTEN ZWEI TAGE VOR EINER LANGDISTANZ

An Tag zwei vor einer Langdistanz sollte spätestens die Anreise erfolgen, um die umfangreichen Vorbereitungen in Ruhe erledigen zu können. Wer meint, alles am Vortag erledigen zu können, irrt gewaltig. Durch Hektik und Stress beraubt man sich seiner antrainierten Energien und mindert damit seine Erfolgsaussichten. Wer zur eigenen Beruhigung noch einen 5 km Lockerungslauf in den ausgewählten Rennsocken und Rennschuhen oder eine 25 km lange, lockere Radausfahrt benötigt, sollte das tun. Warnen möchte ich davor, die Radstrecke noch mal eben in einer Gruppe abzustrampeln. Häufig entwickelt sich daraus eine gnadenlose Hetzjagd, weil man ja den Mitstreitern beweisen will, soll oder muss, was man so draufhat. Was für junge, leistungsstärkere Athleten eine lockere Ausfahrt darstellt, kann für einen Master eine Tempobolzerei sein.

Die obligatorische Pastaparty am Abend bietet Gelegenheit, sich mit Bekannten zu treffen und das bevorstehende Fest in Ruhe anzugehen. Das regelmäßige Trinken sollte den ganzen Tag über nicht vergessen werden.

Tag **eins** vor dem Langdistanz-Wettbewerb ist mit der Organisation und Kontrolle sowie der Zurechtlegung der Wettbewerbsbekleidung und -ausrüstung voll und ganz ausgefüllt. Angefangen mit den Schwimmutensilien, gefolgt von der umfangreichen Radausrüstung bis hin zur Laufgarnitur und den Laufschuhen muss alles auf seine Funktionsfähigkeit überprüft werden. Für den Check-in des Rades sollten Sie zwei volle Stunden einplanen. Er bietet gleichzeitig die Gelegenheit, sich intensiv mit der Wechselzone auseinanderzusetzen. Nicht wenige Triathleten irren minutenlang in der Wechselzone umher, weil sie sich nicht intensiv genug mit der konkreten Situation vertraut gemacht haben. Bei mehr als 2.000 Startern ist die Wechselzone schon mal etwas unübersichtlich. Auf Grund der jetzt vorhersehbaren Witterung lassen sich Zeitpläne anpassen und für kühlere Witterungsverhältnisse lässt sich wärmere Sportbekleidung zurechtlegen.

Gegessen wird leichte Kost, getrunken den üblichen Gewohnheiten entsprechend. Verzicht auf Alkohol, Kaffee und Tee. Rechtzeitig schlafen gehen, da um vier Uhr der Wecker klingelt. Sex ist nicht schädlich, sondern beruhigt eher.

13.2 DER MAGISCHE TAG X (THE RACE DAY)

Endlich ist es so weit. Der große Tag. Der lang herbeigesehnte Tag. Der Tag, für den man lange geplant, trainiert und sich bestens vorbereitet hat. Es wird für alle Athleten ein merkwürdiger Tag. Ein Tag, den man wahrscheinlich nicht hundertfach erlebt, sondern nur ein, zwei oder auch drei Mal in einem Sportlerjahr.

Um Ihnen als Leser, aber auch dem zukünftigen Langdistanz-Finisher, einen Eindruck von den extremen Verhältnissen auf Hawaii zu geben, können die persönlichen Eindrücke und Erlebnisse des Autors interessant und hilfreich sein. Daher werden nachfolgend die individuellen Probleme, Schwierigkeiten, aber auch Gedanken und Gefühle während des 226 km langen Abenteuers aufgezeigt. Diese gestatten dem Leser einen tiefen Einblick in das Wettbewerbsgeschehen, aber auch in das Gefühls- und Seelenleben eines Finishers.

„Der magische Tag X, der lang herbeigesehnte Tag der Wahrheit, the Race Day, ein unvergessenes Abenteuer startet für mich um vier Uhr in der Früh. Drei Stunden vor dem Start in Kailua-Kona beginnt der Tag mit ein paar gymnastischen Übungen und dem üblichen Vorwettbewerbsfrühstück. Müsli, Brot mit Honig und Zuckerrübensirup. Kohlenhydratreich und den Magen nicht allzu sehr belastend muss es sein. Dazu mein Kraftdrink, bestehend aus Brottrunk®, Apfelsaft und Wasser.

Das Meer ist zu dieser Zeit noch angenehm ruhig. Eigentlich ist für mich das Schwimmen die ungeliebte Disziplin. Hier, auf Hawaii, ist jedoch alles anders. Aus dem geliebten Marathonlauf wird plötzlich eine ungeliebte Disziplin, aus der ansonsten ungeliebten Schwimmdistanz wird schlagartig eine Lieblingsdisziplin.

In dem 26-27° C warmen Pazifikwasser fühlte ich mich in den letzten Tagen immer sehr wohl, obwohl mir gerade das Schwimmtraining daheim in den letzten Wochen enorm schwergefallen ist. Vor den 42,195 Laufkilometern habe ich hier einen gehörigen Respekt. Grund dafür ist die große Hitze, die hohe Luftfeuchtigkeit und die verdammte Eintönigkeit der Lavawüste.

Gedanken an ein Aufgeben existieren in diesen frühen Morgenstunden absolut nicht oder werden sie bewusst verdrängt? Ich will finishen, also durchkommen, lautet mein eigener Tagesbefehl. Insgesamt erhoffe ich bei meinem zweiten Start eine gute Gesamtzeit; wenn, ja, wenn alles normal verläuft.

Aber was ist hier auf Big Island schon normal? Seit einer Woche bin ich hier und habe keine Stunde festen Schlaf gefunden. „Hoffentlich werde ich nicht bereits nach wenigen Stunden müde", sage ich unsicher zu meiner Frau. „Ach, jetzt ist alles egal, Hermann, du wolltest es doch so!"

„Ja, genau, so wollte ich es. Wenn doch nur nicht das verdammt frühe Aufstehen erforderlich wäre", ergänze ich kleinlaut. Ich bin hier und gebe heute mein Bestes, so und nicht anders ist es! Basta! Hauptsache Finishen; Hauptsache Finishen; hoffentlich hält das Rad, wird die „Keulerei" im Wasser nicht zu heftig, wird es nicht zu heiß, spielt der Mumukuwind heute nicht verrückt. Tausend Dinge gehen mir am frühen Morgen durch den Kopf.

Finishen, das wünschen wir Athleten uns alle untereinander. Selten in meinem Leben habe ich wirklich so ernst gemeinte Wünsche gehört.

Ich bin voll davon überzeugt, dass dieser Gruß ehrlich gemeint ist. Jeder Wettkämpfer weiß selbst zu genau, wie groß der Trainingsaufwand ist, um hier den Langdistanz-Triathlon zu packen.

Um 5:30 Uhr gehen wir zum „Check-in".
Die Spannung ist unbeschreiblich.

Noch ist es dunkel. In Scharen ziehen Athleten und Betreuer zum Pier von Kailua-Kona. Tausende von Zuschauern finden sich hier ein. Ich komme mit vielen Athleten kurz ins Gespräch. Zum Schluss heißt es stets: „Viel Glück, viel Glück!" Die Tribünenplätze sind sehr früh belegt. Auf den Kaimauern sitzen und stehen die Zuschauer und warten geduldig. Wir Athleten bekommen unsere Startnummern auf beide Oberarme und beide Oberschenkel geschrieben. Die Reifen werden auf 9 bar aufgepumpt. Gefüllte Radflaschen werden angebracht, vier Kraftriegel klebe ich mit Tesakrepp an meinem Fahrradrahmen fest.

Der ganze Start- und Zielbereich ist taghell erleuchtet. Amerikanische Fernsehgesellschaften übertragen dieses Spektakel live. Die vielen aufgestellten Toiletten sind stark frequentiert. Ein reges Treiben spielt sich hier – immer noch bei Dunkelheit – am Pier ab.

Die hohen Wellen schlagen gegen die Kaimauer und bespritzen Schaulustige, Betreuer und Athleten. Wenn ich doch schon wieder zurück wäre – ach, nein, erst möchte ich noch „einiges" erleben. Einiges ist gut – sind spontane Gedankengänge von mir. Die Fabel vom Ironman-Stier schwebt mir vor Augen, diesen gilt es heute zu zähmen.

Immer mehr athletische Gestalten, zu rund 80 % Männer und 20 % Frauen, sammeln sich am Kailua-Kona Pier, insgesamt 1.400 austrainierte Athleten. Eine Riesenmenge, wie ich sie sonst nur noch in Roth erlebe. Ein Blick zur Uhr zeigt 6:50 Uhr. Noch 10 Minuten. In eine Plastiktüte, die mit meiner Startnummer versehen ist, gebe ich mein T-Shirt und meine Latschen hinein. Alle reibenden Körperstellen werden schnell noch einmal mit Fett behandelt, ein letztes Küsschen für meine geduldige Frau, dann aber ab ins Wasser. Gleichzeitig genieße ich die ersten warmen Sonnenstrahlen, die über den umliegenden Vulkanen auftauchen und gehe freudig-gespannt und erwartungsvoll ins warme Wasser.

In einem Ameisenhaufen muss es ähnlich zugehen, wie bei den vielen hundert Triathleten am Schwimmstart. Fünf Minuten vor dem Start plötzlich Ruhe unter den Zuschauern und Teilnehmern. Das in Amerika obligatorische Gebet vor dem Start – ein ergreifender Moment. Ich spüre eine innere Dankbarkeit, dieses Ereignis hier erleben zu können. Gleichzeitig hoffe ich auf die Kraft, Ausdauer, physische und psychische Energie, um das unmittelbar bevorstehende Abenteuer gut zu überstehen.

Mittlerweile erklingt die amerikanische Nationalhymne aus allen Lautsprechern, diese bewirkt eine leichte Gänsehaut bei mir. Zeit, um weiter nachzudenken. Jetzt heißt es, „nur" noch all das umzusetzen, was ich mir in den vielen Monaten, in unzähligen Trainingsstunden im Wasser, auf dem Rennrad und zu Fuß antrainiert habe, um die 226 Kilometer schwimmend, radelnd und laufend zurückzulegen. Kein Pappenstiel, jedoch mit etwas Glück zu packen.

Mein selbst gewähltes Drei-Gänge-Triathlonmenü für heute sieht wie folgt aus:

- 3,86 km Schimmen im Pazifischen Ozean,
- 180,2 km Radfahren in der Lavawüste von Big Island und
- 42,195 km Marathonlauf.

Es wird mir nun in wenigen Minuten „serviert".

Jeder Triathlet drückt seine Stoppuhr auf null und sucht im dichten Gedränge eine möglichst günstige Ausgangsposition. Wir drücken uns noch einmal die Hände und wünschen uns aufrichtig: „Finishen". Eine weitere bewegende Situation. Die Hubschrauber mit den Fernsehkameras schwenken über die Menge, der Countdown läuft, einige Athleten winken und jubeln, zählen mit.

Dann noch eine Minute, noch 30 Sekunden, noch 20, noch 10, Kanonendonner, AB GEHT'S.

Wie eine ausgehungerte Horde Wölfe stürzen die gelben und roten Badekappen los. Als wolle man den Pazifischen Ozean umpflügen. Das Meer brodelt, die aufgewühltesten Schwimmmeilen in allen Meeren liegen vor uns Athleten. 2.800 Arme und 2.800 Beine setzen sich gleichzeitig in Bewegung. Aufgewühltes Wasser, das schäumt, brodelt und von Millionen Luftblasen durchsetzt ist, umgibt mich. Ich, Hermann, als mäßiger Schwimmer inmitten dieser 1.400 Kraftprotze.

Unter den vielen schlagenden Armen und Beinen in nur einigen Metern Tiefe begleiten uns ganze Fischschwärme. Sie bedauern uns sicherlich wegen unseres ungestüm wirkenden Schwimmstils, geht es mir durch den Kopf. Der schwarz-grüne, unebene, für mich wenig reizvolle Meeresboden, der in einigen Metern Tiefe glasklar zu erkennen ist, lenkt ein wenig von dem nicht endenden Geschlage ab.

Auf den ersten 1.000 m ist ein normales Schwimmen kaum möglich. Danach versuche ich, mein Tempo im angenehm warmen Pazifikwasser zu schwimmen, so weit das möglich ist. Ruhiges, gleichmäßiges Schwimmen heißt die Parole, nur nicht zu früh verausgaben. Der Tag ist noch sehr, sehr lang. Die beiden polynesischen Boote in 1,9 km Entfernung vom Pier umschwimme ich immer noch im Gedränge, aber ohne Probleme. Auf dem Rückweg ist das Ziel kaum auszumachen. Daher versuche ich, mich in der Mitte der auf breiter Front schwimmenden Athleten einzureihen. Häufig korrigiere ich meine Richtung. Wer hat denn die Ideallinie? Wahrscheinlich nur die vorn schwimmenden Profis, tröste ich mich selbst. Also, weiterschwimmen, schwimmen und nochmals schwimmen. Ruhig und ohne allzu große Hektik. Ich werde meine ganze Kraft nicht hier im Pazifik vergeuden.

Das „Triathlonfrühstück", 3,86 km Schwimmen, wird bewusst ruhig und problemlos verspeist. Nach einigen Wirren deutet sich das Ziel in der Ferne an. Bin mit meinen Gedanken bereits auf der 180 km langen Radstrecke.

Ruhig und gleichmäßig weiterschwimmend erreiche ich das erste Ziel heute. Die Zeit ist mit 1:24 h nicht zufriedenstellend. Insgeheim hatte ich mit ca. 1:20 h gerechnet. Nur die Ruhe bewahren, der Tag wird noch sehr, sehr lang werden. Im Laufschritt geht es, leicht wankend, durch die Zeitnahme hinauf in die Wechselzone. Abduschen des Salzwassers, Helfer reichen mir meinen Kleiderbeutel, abtrocknen, umkleiden, Radhelm, Radhose, Socken, Radschuhe, Handschuhe und Helm. Alles klappt wie am Schnürchen. Eifrige Helfer cremen mich gegen die zu erwartende, intensive Sonnenbestrahlung ein. Laufe zu meinem Rad, das mir weitere Helfer reichen. Ja, es ist das Richtige. An der markierten Stelle schwinge ich mich aufs Rad und fahre mit flotter Drehzahl durch die Tausenden von Zuschauern und erkenne dabei kurz meine Frau, die mich liebevoll anfeuert: „Gut, Hermann!" Für diesen Wechsel habe ich doch wieder fast fünf Minuten benötigt, na ja!

Ich fühle mich topfit, die Wüste und die 180,2 km können kommen. Auf den ersten Kilometern überhole ich gleich eine Reihe von Athleten. Dadurch wird meine aufkommende Euphorie noch gesteigert. Von meinem dreigängigen Triathlonmenü wird mir also jetzt die Hauptspeise, das 180 km Einzelzeitfahren, serviert. Das bei Radrennen übliche Windschattenfahren ist generell beim Triathlon verboten und führt bei Nichtbeachtung zur Disqualifikation. An den ersten Steigungen feuern uns frenetische Zuschauermassen an. Danach geht's hinaus in die schattenlose Lavawüste. Die zu fahrende Wendepunktstrecke führt 90 km aus Kona hinaus bis nach Hawi. Die ersten 50 km kenne ich von mehreren Trainingsfahrten und vom letzten Start besonders gut, anschließend folgen richtige Anstiege und der dort oben an der Nordseite der Insel nahezu ständig blasende Mumukuwind.

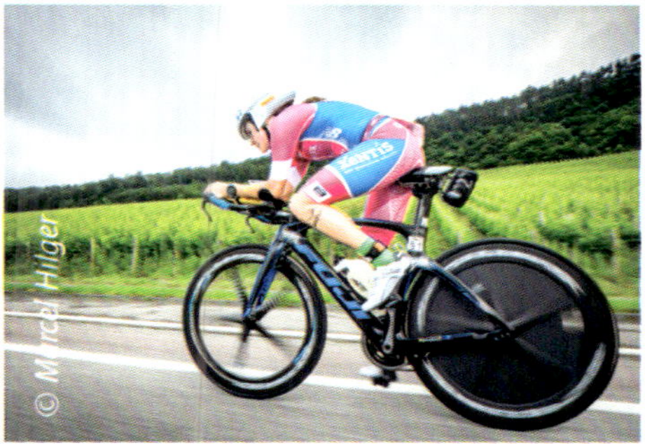

Dieser Mumukuwind ist der ärgste Feind auf der Radstrecke, weil er unberechenbar ist und genau immer dann besonders kräftig bläst, wenn man ihn am wenigsten gebrauchen kann. Big Island hat in puncto Wind einiges zu bieten. Morgens treten bevorzugt Fallwinde auf, die von den Höhen der Vulkane hinunter über den schutzlosen Highway 19 fegen. Genau dort, wo wir Triathleten uns befinden. Zwischendurch stören Seitenböen aus irgendwelchen entfernten Tälern und später lauert besonders für die weniger gut Platzierten Hawaiis berühmter Wind, der Mumuku.

Ich fahre ein forsches Tempo, entlang der Westküste Hawaiis unterhalb des über 4.000 m hohen Vulkans Mauna Kea. Bereits auf den ersten 5 km trinke ich meine beiden Radflaschen leer und verspeise die ersten Happen meiner Kraftriegel. Trinken, trinken und nochmals trinken lautet jetzt auf der Radetappe meine Devise. Ich habe mir vorgenommen, an jeder Verpflegungsstelle eine neue Radflasche, jeweils 0,5 l Inhalt, aufzunehmen, diese auf den folgenden fünf Meilen auszutrinken und wieder gegen eine gefüllte auszutauschen. Das bedeutet, jede 15 Minuten 0,5 l Flüssigkeit aufnehmen. Bis auf wenige Ausnahmen habe ich dieses Vorhaben realisiert und somit meinem Körper in jeder Stunde 2 l an Flüssigkeit zugeführt: jeweils im Wechsel Elektrolytgetränk und Wasser.

Auf den ersten 20-30 km der Radstrecke herrscht leichter Gegenwind. Die Anstiege auf der gut ausgebauten und an diesem Tag nahezu verkehrsfreien Straße sind selbst für Flachländer lang, allerdings nicht steil. Bisher eine leichte Sache, das ändert sich langsam. Die Temperaturen steigen, der Gegen- bzw. Seitenwind wird stärker. Vor mir sehe ich das lange, lange Band der Straße, das sich durch diese schrecklich monotone schwarze Steinwüste zieht. Links und rechts der Straße ödes, abweisendes Lavagestein, von dem die Hitze zurückstrahlt.

So geht es stundenlang. Ich erfreue mich bereits an jedem blühenden Strauch, der hin und wieder trotz der harten Gesteinsbrocken sein Dasein fristet, „So zäh wie diese Sträucher musst du heute sein, Hermann, dann schaffst du es!" Ein paar vertrocknete Grasbüschel werfen bei mir die Frage auf, wie lange es wohl hier nicht mehr geregnet hat. Obwohl der Himmel an einigen Tagen, so wie heute, stellenweise leicht verhangen ist, herrschen trotzdem Temperaturen zwischen 32 und 35° C im Schatten. Schatten, den es in der Lavawüste nirgends gibt. Noch mehr zu schaffen macht mir die hohe Luftfeuchtigkeit, eben dieses Saunaklima.

Ich fühle mich nach meiner mäßigen Schwimmzeit weiterhin gut und überhole ständig weitere Athleten. Von den Anhöhen bewundere ich die unendlich lange Kette der radelnden Menschen, einfach hübsch anzusehen. Zahlreiche, mit Motorrädern ausgestattete, Ironman-Marschalls kontrollieren, ob die Windschattenregelung eingehalten wird. 10 m Abstand zum Vordermann und 2 m zum Seitenmann heißt es darin.

Am Fuße der nach Hawi hinaufführenden Berge bläst dann der berüchtigte **Mumukuwind** immer kräftiger. Jedoch keinesfalls so, wie bei meiner ersten Ironman-Teilnahme. 5-6 % Steigung und der Wind bläst mal von vorn, mal von der Seite. Mein bisher gefahrenes Stundenmittel geht nun mächtig in die Binsen, ärgere ich mich ein wenig. Zum Glück haben jedoch alle Mitstreiter diese Probleme. Auf diesem Streckenabschnitt kommen mir die Spitzenleute entgegen. In verwegener Fahrt, die Gesichter noch alle vom Aufstieg gezeichnet, rasen sie zu Tal. Ich freue mich gleichzeitig auf diesen Streckenabschnitt.

Diese Wendepunktstrecke auf Hawaii gibt mir die Möglichkeit, eine meiner üblichen Gewohnheiten, das Zählen der vor mir liegenden Athleten, beizubehalten. Das Zählen der mir entgegenkommenden Fahrer liefert mir ein wenig Abwechslung bei der doch monotonen Kurbelei auf meinem Rad.

Nach insgesamt vier Stunden Wettkampfdauer verspüre ich erste Ermüdungserscheinungen. Die große Euphorie der ersten Wettkampfstunden ist teilweise verflogen oder sind es die Auswirkungen des fehlenden Schlafs der vergangenen acht Tage? Trotzdem freue ich mich, hier auf Hawaii dabei sein zu dürfen. Auch beim zweiten Mal ist es für mich bisher ein Riesenerlebnis, einfach „top".

Trotz allem erwarte ich sehnsüchtig die Wendestelle und freue mich diebisch auf die bevorstehende Abfahrt. Aber noch heißt es Treten, Kämpfen, Kämpfen und Treten. Hier oben in der kargen Bergwelt ist nicht mehr das eintönige Wüstengrau zu bewundern, sondern rechts und links der Straße leichter Grasbewuchs und tatsächlich vereinzelte Häuser. Diese Tatsache nährt meine Vermutung, dass dann doch bald die Ortschaft Hawi folgen muss. Ich steige mit noch größerem Krafteinsatz in die Pedale und hoffe dabei, dass ich mich auf der Rückfahrt bergab wieder etwas regenerieren kann. Hier oben beobachte ich die ersten Radpannen. Hoffentlich bekomme ich keinen Plattfuß. Das würde mich immerhin 6-8 Minuten Zeit kosten, und wenn ..., davon geht die Welt eigentlich auch nicht unter. Mit diesem Problem muss halt jeder Triathlet leben.

Während dieser Gedankenspielereien, die für einige Zerstreuung sorgen, zähle ich weiter alle mir entgegenkommenden Athleten. Eine endlos erscheinende Radfahrerkette kommt mir in unregelmäßigen Abständen entgegengerauscht. „Bald hast du diesen verdammten Streckenabschnitt geschafft", mache ich mir weiter Mut. Die Steigung wird langsam geringer. Das könnte, ja, müsste doch bald der Gipfel mit dem Ort Hawi sein.

Große Erleichterung, als wenn ich bereits den Langdistanz-Wettbewerb gepackt hätte, tritt bei mir auf, als ich den Wendepunkt am Horizont erkenne. „Ach, endlich", schnaufe ich. Bin mit meiner Leistung bis hierher zufrieden. Hoffentlich war der Kräfteverschleiß in den ersten vier Stunden nicht zu groß!

Erst jetzt, hier in Hawi, beginnt der eigentliche Ironman, hatte ich mir im Vorfeld eingeredet. Ist das wirklich der Fall, zweifle ich? Helfer reichen mir kurz hinter dem Wendepunkt meine morgens deponierte Verpflegung. Einige weitere – mir wohlschmeckende Riegel und mein Energiegetränk aus Brottrunk® und Apfelsaft – wird mir während meiner verlangsamten Fahrt gereicht. Ich schöpfe damit sowohl physische als auch psychische Energie. Mit dem großen Kettenblatt geht es auf den Rückweg, dazu noch bergab, frohlocke ich innerlich.

Gestern, am Tag vor dem Rennen, konnte ich mir eine sportliche Betätigung jeglicher Art bei diesem Klima absolut nicht vorstellen. Aber jetzt, ... geht es doch, wird mir hier oben klar.

An jeder der zahlreichen „Aid-Stations", Verpflegungsstellen, setzte ich unvermindert meine Flüssigkeitsaufnahme fort. Ob durstig oder nicht, hinein mit der Flüssigkeit, ist meine Devise. Ab und an schütte ich mir den Inhalt einer Wasserflasche auch über den Kopf, das hilft für einige Minuten. Bei km 110 habe ich die gefürchteten Berge gut hinter mich gebracht und erfreue mich, trotz aller Anstrengungen, an den sporadisch auftauchenden, uns Athleten ermunternden Menschen hier auf der Sonneninsel Hawaii.

Die vielen, vielen Triathleten durchfahren wieder das kleine Städtchen Kawaihae. Der Wind bläst und lässt wieder nicht nach. Trotzdem will ich mich nicht daran gewöhnen und empfinde ihn nach wie vor als massiv-störend, ja, als meinen Feind, den ich zwar bekämpfen, aber nicht besiegen kann. Die endlos lange, schnurgerade Straße mit geringen, aber langen Steigungen liegt abermals vor mir. In zwei Stunden müsste ich am Ziel sein, nein, am zweiten Ziel, dem Wechselpunkt Rad-Lauf. Dann nur noch 42,195 km, mein Triathlondessert.

Dass ich mich mit meiner laufenden Wettkampfzeit ständig im „grünen Bereich" befinde, also besser unterwegs bin als geplant, baut mich mächtig auf. An einigen Verpflegungsständen nehme ich eine Banane an und esse sie. Jede Stunde einen Kraftriegel, so hatte ich geplant. Diesen Plan werfe ich über den Haufen, weil ich einfach genug von diesem süßen Zeug habe. Die Getränkeaufnahme behalte ich stur bei. Trotz dieser enormen Flüssigkeitsmenge verspüre ich keine sonst üblichen menschlichen Bedürfnisse. Als besonders stark transpirierender Mensch überrascht mich das wenig. Die aufgebauten Toilettenhäuschen werden von mir nicht genutzt.

Ab km 130 läuft es bei mir wieder recht ordentlich, weil ich mir sage – nur noch – 50 Radkilometer. Eine kleinere Trainingseinheit nur noch: „Also, Hermann, treten, treten und nochmals treten. Du hast es ja so gewollt!" Drei oder vier Meilen vor dem Airport, der wiederum sieben Meilen außerhalb von Kailua-Kona liegt, erkenne ich während der Fahrt den Wendepunkt der Laufstrecke. Hier fühle ich mich wieder heimisch. Sofort erhöht sich meine Radgeschwindigkeit. Wenn ich doch schon wieder hier wäre, dann hätte ich es bald geschafft, dann zählt nur noch das Ziel, dann heißt es nur noch Finishen, dann ..., dann ..., dann. Ich träume bereits vom Zieleinlauf, wie so oft in diesem Jahr. Vornehmlich bei den langen Trainingseinheiten habe ich unzählige Male an diesen Augenblick gedacht. Wie viele hundert Stunden habe ich für diesen Tag trainiert? Jetzt und in den nächsten Stunden muss es sich zeigen, ob ich ein Ironman bin.

Mir fallen die vielen guten Wünsche meiner Triathleten, meiner großen Zahl von Bekannten und Freunden ein. Ich hatte immer den Eindruck, dass sie ehrlich gemeint waren. Aus diesem Grund tun sie mir jetzt, wo es ernst wird, sehr gut. Durch das überaus große entgegengebrachte Vertrauen dieser Leute fühle ich mich sicher, diese selbst gestellte Herausforderung zu meistern.

Hier, am Flughafen, war ich in der letzten Woche häufiger und fühle mich deshalb fast heimisch. Trotz allem macht sich nach nunmehr fünf Stunden auf dem Rad meine Nacken- und Schultermuskulatur bemerkbar. Mit Armkreisen, Kopfrollen und Handschütteln versuche ich, die Verspannungen zu beheben.

Kurz vor Kailua-Kona kommen mir die ersten Profis in langen, ausdauernden Schritten entgegengelaufen. Mark Allen und Dave Scott liefern sich ihr „Jahrhundertduell". Sie machen auf mich einen Eindruck, als wenn sie vorher weder 3,86 km geschwommen noch 180 km Rad gefahren wären. Einfach unglaublich. Später erfahre ich, dass sie für die Marathonstrecke 2:40 bzw. 2:41 h gelaufen sind. Schneller als meine bisherige Bestzeit von 2:44 h. Natürlich werden diese beiden Superathleten von Presse-/Kamerawagen und einem Hubschrauber auf Schritt und Tritt verfolgt.

Dann endlich Kailua-Kona. Tausende von Menschen jubeln, kreischen und muntern uns nicht mehr taufrische Athleten auf. Noch 8 km bis zum zweiten Wechselpunkt nach 180,2 km auf dem Rad. Die letzten Meilen auf dem Rad fallen mir doch recht schwer. Ich freue mich gleichzeitig auf das abschließende Laufen. Nur die in und um Kona herum blühenden Hecken und grünen Bäume sorgen für eine angenehme Abwechslung. Hier in der Kleinstadt steht regelrecht die Luft, von der heißen Wüstenlava ist nichts mehr zu spüren. Gleichzeitig kommen mir immer mehr Athleten, die sich bereits auf der Marathonstrecke befinden, entgegen. Erstaunlich viele Läufer verfallen jetzt bereits in einen Gehschritt. Dann, 1 km vor dem Ziel eine – die letzte – kräfteraubende Steigung. „Muss das denn auch noch sein?", kommt es nicht sehr ermutigend über meine Lippen. Die Organisatoren oder der liebe Gott haben uns verdammt viele Schikanen in den Weg gelegt! Vor mir kippt ein Triathletin regelrecht von ihrem Rad, sie ist bereits jetzt platt. „Was soll das noch werden?", frage ich mich. Mit erstaunlichem Schwung fahre ich ins Radziel ein, der euphorische Ansager verkündet: „Hermann Aschwer from Germany." Der gleichzeitig ertönende Beifall tut mir echt gut. Geschafft, geschafft. Nein, noch fehlt die letzte und dritte Etappe meines heutigen „Rittes". 5:39 h habe ich genau auf dem Rennsattel verbracht. Bin sehr zufrieden mit mir.

Wie beim ersten Wechsel nehme ich mir auch für diese Phase des Wettkampfs Zeit. Mehr Zeit, als es die Profis tun. Glatte vier Minuten benötige ich für den Schuh- und Trikotwechsel. Meine Laufzeit beträgt daher bereits vier Minuten, als ich den dritten und letzten Teil, die 42,195 km lange Laufstrecke – mein „Triathlondessert" – angehe, genauer gesagt, anlaufe.

Nach insgesamt 7:12 h bin ich doch ziemlich geschafft. Das Klima und die 180 km auf dem Rad haben ihre Spuren hinterlassen. Trotzdem laufe ich auf den ersten, stark ansteigenden 500 m recht zügig an. Die meisten Athleten gehen hier schnellen Schritts hoch. Jede Meile in acht Minuten laufen, hämmere ich mir zu Beginn der Laufstrecke regelrecht ein. Aus vielen Marathonläufen weiß ich, was bei km 32 noch O. K. ist, kann bei km 35 schon den K. o. bedeuten. An jeder Ecke dieser 42,195 km lauert halt der „Marathonteufel", rufe ich mir in Erinnerung. Über eine mögliche Platzierung mache ich mir nach mehr als sieben Stunden hier draußen in der Lavawüste keine ernsthaften Gedanken. Dies ist spätestens jetzt völlig unbedeutend. Finishen heißt die Devise, ankommen im Ziel von Kailua-Kona. Ich gerate bereits in eine Siegeseuphorie, ohne zu erahnen, was noch auf mich zukommt. An eine Marathonzeit von rund drei Stunden und 30 Minuten glaube ich trotz aller Vorsicht. Aber, auch die müssen unter dieser glühenden Sonne des Pazifikarchipels erst gelaufen werden, wird mir gleichzeitig klar.

An jeder der 2 km auseinanderliegenden Verpflegungsstellen greife ich mir einen Becher mit Wasser und einen elektrolytgefüllten. Häufig nehme ich zusätzlich eine halbe Scheibe Brot, mit Marmelade bestrichen, als Wegzehrung mit. Als ich meine Frau mit einigen anderen Betreuerinnen erkenne, wird mein Schritt sofort raumgreifender. Mit ein paar lustigen Bemerkungen, dem Victory-Zeichen meiner rechten Hand oberhalb des Kopfs und dem Hinweis, dass ich heute noch bei Tageslicht zurück sei, laufe ich zügig weiter. „Ganz schön mutig bist du heute, Hermann", bestätige ich mir selbst.

Nach ca. 45 Minuten Laufzeit geht es wieder in die nahezu vegetationslose Lavawüste hinaus. Noch 33 km, gut 10 Meilen hin und nur noch 10 Meilen zurück. 193 von meinen 226 km habe ich bereits gepackt, läppische 33 fehlen noch zu meinem Glück. Bei meinem eingeschlagenen Laufrhythmus befinde ich mich ständig auf der Überholspur. Das tut gut und motiviert weiterhin.

Die Sonne senkt sich langsam am Horizont, ein malerisches Bild für einen außenstehenden Betrachter. Dazu ist die endlos lange Küstenstraße mit laufenden, trabenden und gehenden Triathleten bestückt. Jetzt am Nachmittag herrscht ein leichter Wind und kaum sinkende Temperaturen. Von Kilometer zu Kilometer wird auch für mich das Laufen schwer und schwerer. Ich tröste mich mit offensichtlich noch größeren Problemen der heutigen Mitstreiter aus aller Welt. An jeder Verpflegungsstelle die gleiche Prozedur. Griff zu den Trinkbechern, danach einige schnelle Schritte gehend, damit ich möglichst die gesamte Flüssigkeit aufnehmen kann und weiterlaufen. Was man da so laufen nennt. Nein, nein bei meinem mittleren Lauftempo von ca. fünf Minuten pro Kilometer ist das immer noch ein etwas behäbiges Trainingstempo, tröste ich mich selbst. Einigen der Überholten werfe ich ein paar aufmunternde Worte zu, ohne deshalb in Atemnot zu geraten.

Der Flughafen wird passiert. Sehnsüchtig erwarte ich den Wendepunkt bei km 26. „Der muss doch bald kommen, es kann nicht mehr weit sein", rede ich mir kontinuierlich ein. Aber, auf der vor mir endlosen erscheinenden, langen Straßengeraden kommt kein Wendepunkt in Sicht, ich werde langsam ungeduldig. Liegt er denn tatsächlich erst hinter der nächsten Erhebung? Auf Meilensteine achte ich nun nicht mehr. Der Wendepunkt, der Wendepunkt, er wird fast zum fixen Teilziel für mich. Dann sind es doch nur noch 10 Meilen oder 16 km für mich. Die 10 Meilen gefallen mir besser, nur noch 10, wenn ich an der Wende bin. Diese Gedanken lenken ein wenig von meinen immer schwerer werdenden Beinen ab. Vor allem jeder Höhenmeter macht mir zu schaffen.

Ich beobachte Triathleten, die offenbar noch mehr zu kämpfen haben als ich. „Du wirst es schaffen, Hermann, du wirst den Hawaii-Triathlon abermals packen." Mir fallen wieder die guten Wünsche der vielen „Mitleidenden" daheim ein.

„Der Wendepunkt, der Wendepunkt", frohlocke ich. Er ist in Sichtweite, das baut wieder mächtig auf. Trotz aller Schwierigkeiten überhole ich weiterhin. Kurz vor dem Wendepunkt kommt mir ein jüngerer Athlet, mehr taumelnd als laufend, entgegen. Der könnte fast mein Sohn sein. Er ist kreidebleich und hat so furchtbar tief liegende Augen. Ganz offensichtlich ist er am Ende seiner Kraft angelangt. „Die zahlreichen Helfer werden sich schon um ihn kümmern", beruhige ich mich selbst ein wenig. „Aber, muss das denn sein?", frage ich mich? „Muss das denn wirklich sein? Ist das denn noch Sport? Nein, so weit lässt du es nicht kommen", versichere ich mir selbst. Es gibt doch noch wichtigere Dinge im Leben als in einer guten Zeit beim Langdistanz-Wettbewerb zu finishen!

Zum Glück sind meine eigenen Schwierigkeiten heute beim zweiten Start in Hawaii bei weitem nicht so gravierend wie beim ersten Mal. Hatte ich vor vier Jahren noch elf absolut tote Punkte zu überwinden, so sind meine diesjährigen Schwierigkeiten massiv geringer als damals. Sicherlich eine Auswirkung meines verbesserten Trainingszustandes, aber auch meiner bewussteren Nahrungsaufnahme in den letzten beiden Jahren. Hier hat sich das regelmäßige Trinken meines Brottrunks® positiv auf meinen so wichtigen Stoffwechsel ausgewirkt. Von daher ist diesmal das völlige Ausbleiben der absoluten Tiefpunkte, an denen ich ein Gefühl wie ein abgestorbener Motor zu verzeichnen hatte, eine positive Überraschung.

Auf dem Rückweg in Richtung Ziel passiere ich nun heute zum vierten und letzten Mal den Flughafen. Wie lange habe ich diesen Zeitpunkt herbeigesehnt? Die restlichen sieben Meilen schaffe ich, bin ich mir nun ganz sicher. Meine Verpflegungsstrategie halte ich nach wie vor ein. Habe mittlerweile ca. zwei Wassereimer an Flüssigkeit aufgenommen und war nur auf der Laufstrecke 2 x austreten. Der menschliche Körper ist doch ein Wunderwerk.

Das fehlende Netzhemd kommt mir dahin gehend zugute, dass ich meinen Oberkörper ungehindert mit Wasser bespritzen kann. Seit dem Wendepunkt nehme ich zum obligatorischen Wasser und Elektrolytgetränk noch einen Becher Coca-Cola auf. Dieses, für Ausdauersportler untypische Getränk hat nur den Zweck, den mittlerweile sehr stark abgesunkenen Blutzuckerspiegel anzuheben. Obwohl die Beine nicht leichter werden, erreiche ich mit nahezu gleich bleibender Laufgeschwindigkeit das Schild, das die letzten drei Meilen anzeigt. Nur noch 5 km und meine Endzeit wird eine 10 vor dem Komma tragen, jubiliere ich. Sollte es mir heute gelingen, eine ganze Stunde schneller zu sein als vor vier Jahren?

Ich fange an, diese verdammte und trotzdem faszinierende 226 Kilometer lange Hawaii Ironman-Distanz zu lieben. Bewusst koste ich diese restlichen drei Meilen richtig aus, zumal immer mehr Zuschauer den Rand des Highway 19 säumen, um uns als Finisher in Kailua-Kona willkommen zu heißen. Mein Laufschritt wird lockerer und damit raumgreifender. Noch kann ich das Zielband, wie versprochen, bei Tageslicht erreichen. An einer Reihe von Triathleten „fliege" ich auf diesen letzten Kilometern regelrecht vorbei.

Nach mehr als 10,5 Stunden Kampf mit den Wellen des Pazifischen Ozeans, den 1.400 Schwimmern, der Lavawüste, den Steigungen, dem Wind, der Hitze, der Luftfeuchtigkeit, der 180,2 km langen Radstrecke und der Marathonstre-cke fliege ich regelrecht dem Ziel entgegen. Die immer frenetischer werdenden Zuschauer kündigen das so lang herbeigesehnte Ziel an. Noch sind zwei Straßenzüge in Kailua-Kona zu durchlaufen, der Jubel wird unbeschreiblich. „Meinen die vielen Menschen wirklich mich?", befrage ich mich selbst.

Dann biege ich auf die Zielgerade ein, bin immer noch in der Lage, Teilnehmer zu überholen. Ein irres Gefühl. Das ist es, was uns Triathleten hierher treibt, bin ich mir plötzlich sicher.

Im tosenden Jubel vernehme ich nur noch im Unterbewusstsein: „Hermann Aschwer from Germany." Jubel in mir und um mich herum. Fantastisch, ich bin im ZIEL des Hawaii Ironman-Triathlon, nach 10:44 h.

Ein unbeschreibliches Gefühl! Irre! Traumhaft! Einmalig!
Hier gelten alle Superlative gleichzeitig.
Ein einfach unbezahlbares Ereignis, sprich Abenteuer!

Mit sehr viel Stolz lasse ich mir den hawaiianischen Lei umhängen. Tatsächlich habe ich bei Tageslicht das Ziel erreicht. Das unbezahlbare Finisher T-Shirt erhalte ich von einem der zahlreichen, farbenfroh gekleideten Hawaiimädchen, die hinter der Ziellinie immer lächelnd ihren Dienst versehen. Gleichzeitig werde ich zur Massagebank geführt und von allen wie ein Finisher, das ist auf Hawaii gleichbedeutend mit Sieger, gefeiert.

Nach diesen, für mich tollen 10 Stunden, 44 Minuten und 21 Sekunden ist für mich der Tag keinesfalls vorbei. Neben der so wohltuenden Massage erwartet mich und alle anderen Teilnehmer und Zuschauer ein weiterer Höhepunkt, das Finale. Dieses Mitternachtsspektakel werde ich mir diesmal nicht entgehen lassen, obwohl ich im Moment physisch einfach leer bin.

Die Zeit bis kurz vor Mitternacht vergeht wie im Fluge. Nach der Massage heißt es, die entleerten Kohlenhydratspeicher zu füllen. Alle nur erdenklichen Nahrungsmittel stehen für uns Athleten dafür zur Verfügung. Überall treffe ich Triathleten, überall wird von den Erfahrungen der letzten Stunden berichtet. Kalli Nottrodt, der Wetterfrosch, der in seiner Altersklasse in Hawaii immer ganz vorne zu finden ist, erzählt von seinen Eindrücken des heutigen Tages. Nach Einbruch der Dunkelheit finisht in besonders lockerer Weise mein Freund Georg Kroeger, der zum dritten Mal in Folge hier auf Hawaii finisht. Wir amüsieren uns immer noch köstlich über unsere seltsame Begrüßung vor wenigen Tagen draußen im Pazifischen Ozean. Georg, mit einer leuchtendroten Badehose seines Klubs Non-Stop Köln ausgestattet, erkannte ich bei meinem ersten Schwimmtraining morgens um 8 Uhr ganz plötzlich weit draußen im Ozean. Die beiderseitige Begrüßung fiel dann so heftig aus, dass wir beide dabei eine Menge Wasser zu uns nehmen mussten.

Großartig auch das Twin-Team, Barbara und Angelika Warren aus San Diego, die in ihrer Age-Group ganz weit vorne landen.

Mit einigen weiteren Triathlonfreunden suchen wir uns für die letzte Wettbewerbsstunde einen Platz auf der Tribüne und beobachten jubelnd die immer und immer noch eintreffenden Triathleten. Jeder genießt die Stunden nicht ohne eine Gänsehaut. Hier ließen sich viele Superlative auflisten, einfach phänomenal!

Dann kurz vor Mitternacht. Alle Zuschauer, Athleten, Betreuer und auch die Helfer toben. Alle sind sie fast 20 Stunden auf den Beinen und haben jeden einzelnen Athleten bejubelt. Helfer, die vom amerikanischen und kanadischen Festland angereist sind, um hier Aufgaben zu übernehmen. Athleten, die den ganzen Tag mit der Hitze und der Strecke teilweise bis zum Umfallen gekämpft haben. Sportler, die aufgeben mussten, weil sie Raddefekte hatten, weil sie sich nicht richtig eingeschätzt haben, weil sie sich zu sehr mit den Konkurrenten beschäftigt haben, weil sie gesundheitliche Probleme zu verzeichnen hatten, weil ..., weil, ... weil. Waren sie eben noch dem Heulen nahe, jetzt werden sie von einer unglaublichen allgemeinen Euphorie mitgetragen. Der mittlerweile krächzende Wahnsinnsansager, der seit 6 Uhr in der Frühe mit seinem enormen Elan diesen Wettbewerb auch für die Zuschauer zu einem Erlebnis machte, unterbricht für ein paar Takte die grölende Reggaemusik, nach der bereits Hunderte die Hüften wiegen und ruft in die Nacht: „Hey, ihr da draußen. Wer immer ihr seid – ihr habt noch zwei Minuten bis zum Zeitlimit. Beeilt euch, sonst fällt der Vorhang." Alles brüllt mit: „Komm an, es geht noch, komm an, komm an." Noch eine Minute. Die Menge rast. Da unterbricht der Sprecher wieder die alles übertönende Musik. „Ich kann einen Läufer erkennen, ein Läufer kommt. Helft ihm, Freunde, helft ihm." Die Menschen grölen, jubeln in die Hawaiinacht. Das Meeresrauschen wird fast völlig unterdrückt.

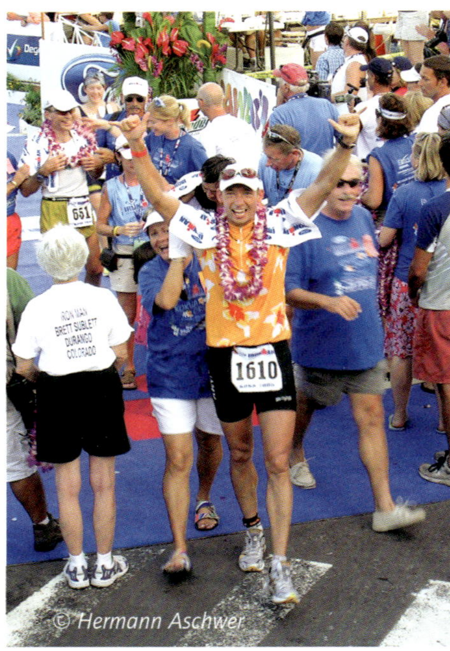

© Hermann Aschwer

Noch 30 Sekunden. Die Läuferin erscheint am Ende der Tribünen. Keiner sitzt mehr auf seinen Plätzen. 20 Sekunden, ein Spurt. Die Japanerin kämpft und jubelt zugleich, noch 10 Sekunden. Sie rast förmlich über die Finishlinie. Das Publikum dreht völlig durch. Der letzte Finisher des diesjährigen Wettbewerbs. Deadline!

Uns allen läuft es heiß und kalt über den Rücken. Schade um jeden, der auch nach 17 Stunden noch draußen mit der Marathonstrecke kämpft und nun vom Besenwagen eingesammelt wird."

So und ähnlich ergeht es jedem, der das kalkulierbare Abenteuer Langdistanz-Triathlon angeht. Ein Abenteuer, welches selbst mit dem dicksten Portmonee auch heute nicht zu kaufen ist. Man muss es halt selbst tun, mithilfe des eigenen Willens, der eigenen antrainierten physischen und mentalen Stärke.

Sei es auf Hawaii, in Österreich, in der Schweiz, in Florida, in Deutschland, in Kanada, auf Lanzarote, in Malaysia oder sonstwo, weltweit haben Sie die Möglichkeit, dieses Abenteuer zu erleben.

13.3 DER TAG NACH EINER LANGDISTANZ

Der Vortag war ein strapaziöses, abenteuerliches Ereignis. Die Nacht war kurz und sämtliche Glieder verlangen nun nach ein wenig Bewegung. Vorsichtiges Stretchen ist angesagt. Das Frühstück kann gar nicht üppig genug ausfallen. Man hat es sich ja schließlich verdient. Jetzt gilt es, den Erfolg auszukosten, nach innen und außen. Stolz darf jeder Finisher auf seinen Erfolg sein, auch wenn es hier und dort nicht ganz gepasst hat. Probleme mit der erreichten Zeit haben viele Athleten. Muss das eigentlich sein? Ist nicht das Erlebnis, die tief greifenden Erfahrungen, die man auf der 226 km langen Strecke gesammelt hat, mehr wert als die nackte Zeit?

Sicherlich ist auch die erzielte Zeit ein Erfolgsfaktor, zum Glück jedoch nicht der Einzige, nicht der Wichtigste!

Vielleicht lässt sich eine kleine, ganz lockere Schwimmeinheit realisieren, wenn es sowieso sehr warm ist, vielleicht tut auch eine kleine Radtour gut oder aber sogar ein gemütliches Läufchen.

Heute gibt es bei der Siegerehrung, auf der Triathlonmesse, mit den Betreuern, mit den Freunden und Bekannten überaus reichlichen Gesprächsstoff. Heute darf jeder für sich ein kleiner Held sein.

Der Triathlonadelstitel Ironman steht jedem gut, der es geschafft hat, aus eigener Muskelkraft 3,8 km zu schwimmen, 180 km Rad zu fahren und abschließend noch 42,2 km zu laufen.

Wer dieses Drei-Gang-Menü gepackt hat, ist ein echter Ironman und darf bereits heute schon vom nächsten Ironman träumen.

Wie war noch der Weg? TRAUM – ZIEL – FINISHLINE.

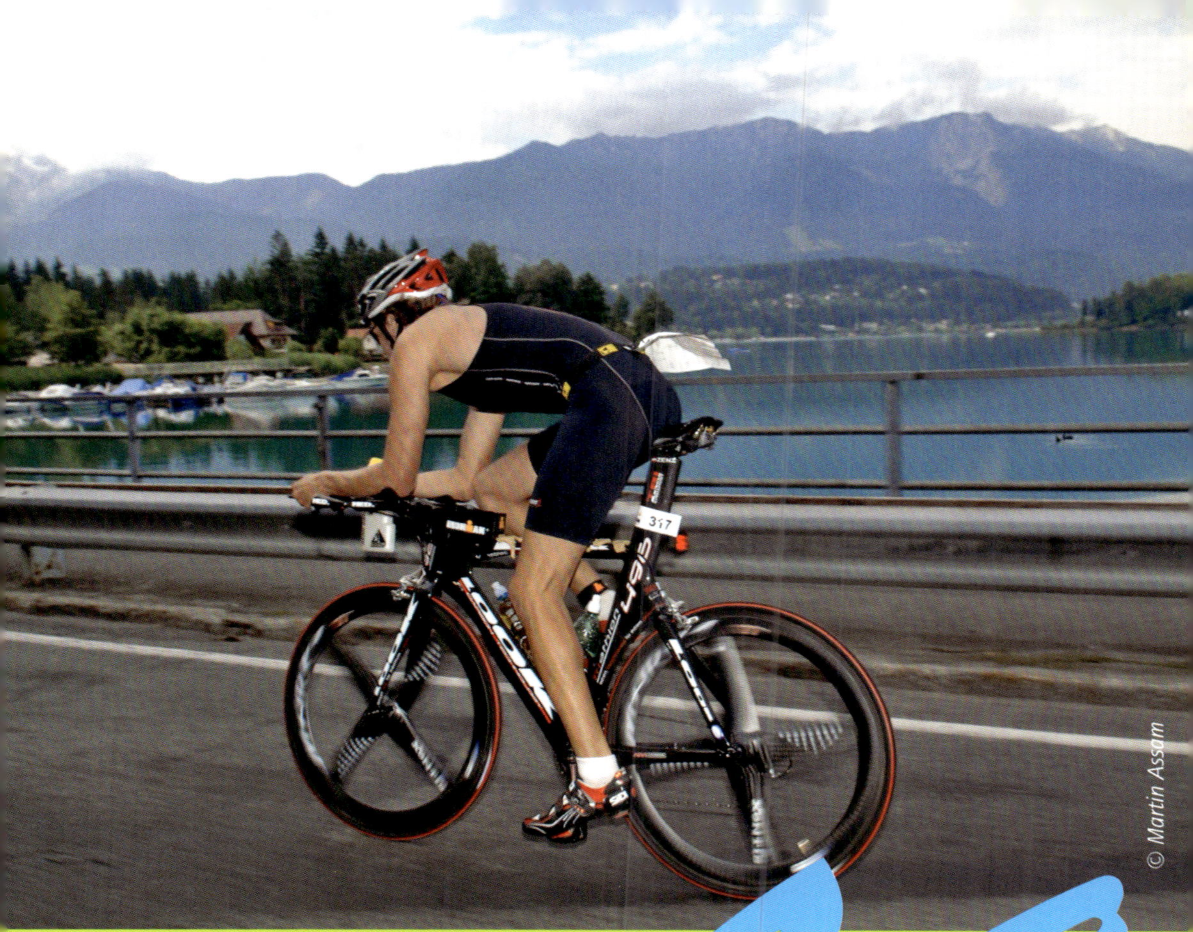

© Martin Assam

14

IST EIN TRAININGSCAMP NOTWENDIG?

14 IST EIN TRAININGSCAMP NOTWENDIG?

Die relativ hohen Trainingsumfänge für Triathleten bringen viele Master in eine oft missliche Situation. Beruf, Familie, Freunde und das zeitraubende Training unter einen Hut zu bringen, ist schon ein hartes Stück Arbeit und bedarf mancher Kompromisse. Vor allem das umfangreiche Radtraining bereitet den meisten Triathleten einige Probleme.

- „Da bietet sich doch ein Trainingscamp mit möglichst vielen Rad-, Lauf- und Schwimmkilometern an!
- Meine Konkurrenten werden sich in diesem Jahr aber wundern, was ich im Sommer draufhabe!
- Die Hawaiiqualifikation und Hawaii sind dann aber fällig!"

So und ähnlich lauten oft die Vorstellungen einiger (vieler?) Athleten, die später häufig von der Realität ganz schnell eingeholt werden.

Bei geschickter Planung und Durchführung bewirkt solch ein Trainingscamp für den weiteren Saisonverlauf eine deutliche Verbesserung der Grundlagenausdauer. Vor allem dann, wenn man aus witterungstechnischen oder zeitlichen Gründen das Radfahren für einige Monate unterbrechen muss.

Wer die Möglichkeit zu einem Trainingscamp hat, sollte dieses rechtzeitig planen. Dabei gilt es, einige Punkte zu beachten, wenn das Camp sportlich ein Erfolg werden soll.

1. So ein Trainingslager muss vom Training her vorbereitet werden. Kein Athlet, schon gar kein Master, kann innerhalb von wenigen Tagen seinen Trainingsumfang von fünf, sechs oder auch 10 Stunden pro Woche auf 30-40 Stunden steigern. Das heißt ganz konkret, einige längere Radausfahrten und einige hundert Radkilometer benötigt jeder im Vorfeld, damit der höhere Umfang realisiert werden kann.

2. Die Intensität kann bei einer deutlichen Umfangssteigerung nur unwesentlich gesteigert werden. Hohe Intensitäten sind also trotz des schönen Wetters nicht zu realisieren und führen zwangsläufig schnell ins Übertraining.

3. Der runde Tritt auf dem Rad sollte während der ersten Woche überwiegend im flachen oder im leicht hügligen Gelände trainiert werden. Kraftraubende Bergpässe sollten eher verhalten gefahren werden und, wenn möglich, erst in der zweiten Woche ins Programm aufgenommen werden.

4. Überwiegend sollte an der Grundlagenausdauerfähigkeit gearbeitet werden. Aber auch die oft vernachlässigten Bereiche wie Technik, Gymnastik und Stretching sollten Inhalt des Trainingslagers sein.

5. Um nicht frühzeitig ausgebrannt zu sein, empfiehlt sich für Master folgender Rhythmus: zwei Tage Belastung, ein Ruhetag, drei Tage Belastung, ein Ruhetag. Also 2:1:3:1 usw. oder aber auch das Verhältnis 2:1:2:1 ist zu empfehlen.

6. Auch die Umfänge sind, je nach Leistungsvermögen, moderat zu steigern. Jeden Tag die Raddistanz von 180 km abzustrampeln, ist selbst für ausgewachsene Profis zu viel des Guten.

7. Bei der Auswahl des Trainingsortes sind auch die Faktoren wie sportlich angepasste Ernährung, sportliche Betreuung, Trainingsangebote in verschiedenen Leistungsklassen, klimatisch angenehme Bedingungen, Erfahrungsaustausch und alternative Sportangebote mit zu berücksichtigen.

Wer ein Trainingscamp mit Partner oder Familie durchführen möchte, sollte diese Personen in die Planungsphase mit einbeziehen. Wie dies möglich ist, möchte ich kurz anhand eigener Erfahrungen schildern.

Mehrfach bin ich mit meiner vierköpfigen Familie über Ostern in ein Trainingscamp gefahren und auch geflogen. Nach dem gemeinsamen Frühstück absolvierte ich meine Radkilometer, während meine Familie entweder am Pool, am Strand oder mit Shopping beschäftigt war. Nachmittags dann gemeinsame Aktivitäten oder auch an den freien Tagen. Seit einigen Jahren fahren meine Frau und ich sowohl in unterschiedlichen Radgruppen, aber auch mal gemeinsam Rad ohne die anderen Gruppenmitglieder. Wichtig erscheint uns dabei, eine passende Gruppe zu finden. Dieses Problem lösen wir bereits ein halbes Jahr im Voraus, indem wir uns selbst eine Gruppe mit 10-12 Leuten für das Trainingscamp zusammenstellen. Dabei steht nicht nur das Training im Vordergrund der Reise, sondern auch die gemeinsame Erholung und der Kontakt zu den Bekannten und Freunden.

Durch die doppelseitige Ausrichtung dieser zwei- oder dreiwöchigen Aufenthalte ist mir bislang ein Übertraining erspart geblieben. Für meine Triathlonwettbewerbe war ich nach diesen Trainingscamps immer bestens gerüstet.

Die antrainierte Grundlagenausdauer, gepaart mit der in der zweiten Woche trainierten Kraftausdauer – durch verschiedene Bergfahrten – war stets eine Basis, auf die ich mich in der gesamten Triathlonsaison verlassen konnte.

Wichtiges Ziel war und ist es für mich, auch am letzten Tag eines Trainingscamps noch gerne und mit Spaß zu trainieren.

Die weiteren Vorteile des Radschwerpunkts sind bereits innerhalb des Radtrainings angesprochen worden.

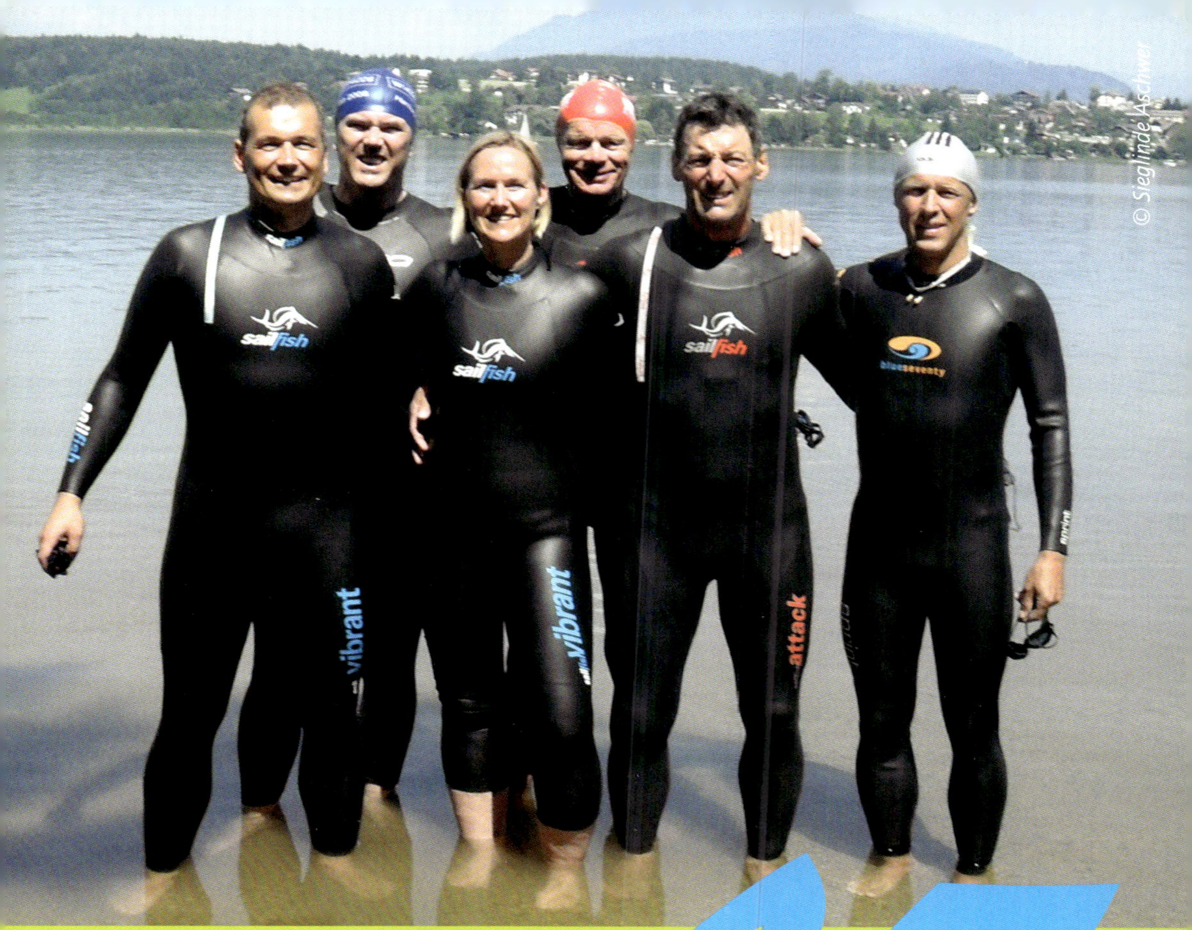

15

REGENERATION – BASIS FÜR EIN LEISTUNGSORIENTIERTES TRAINING

15 REGENERATION – BASIS FÜR EIN LEISTUNGSORIENTIERTES TRAINING

Die Zeitdauer zwischen zwei Trainingseinheiten spielt für den Ausdauersportler eine enorm wichtige Rolle. In dieser Zeit soll sich der Körper, aber auch die Psyche vom letzten Training erholen. Ist diese Pause zu kurz, führt dies unweigerlich zum Übertraining. Zu lange Pausen hingegen führen zur Leistungsminderung. Beides ist für einen leistungsbezogenen Athleten von Nachteil. Die große Kunst des ausgewogenen Triathlontrainings liegt für jeden Athleten im Finden des richtigen Verhältnisses von sportlicher Belastung und Erholung.

Als Vertiefung zu den allgemeinen Aussagen der Regeneration im Handbuch Triathlon für Master, Kap. 15, soll nachfolgend auf die Regeneration I und Regeneration II eingegangen werden.

Zur besseren Strukturierung möchte ich folgende Regenerationsarten unterscheiden:

Regeneration I

- Regeneration nach einer Trainingseinheit.
- Regeneration innerhalb einer Trainingswoche.
- Regeneration innerhalb eines Trainingsmonats.
- Regeneration nach einem Wettbewerb.

Regeneration II

- Jährliche Regenerationsphase oder große Regeneration im Übergangszeitraum (s. Kap. 5).

Die zu ergreifenden Maßnahmen, die die volle Leistungsfähigkeit rasch wiederherstellen sollen, sind dabei teilweise recht unterschiedlich. Einige Maßnahmen müssen unbedingt beachtet werden, andere dagegen können ergriffen werden.

15.1 REGENERATION NACH EINER TRAININGSEINHEIT

So wie bei allen sportlichen Leistungen, bei denen es Athleten mit viel Talent und Athleten mit weniger Talent gibt, – der Grund hierfür liegt sicherlich in der genetischen Veranlagung – so gibt es auch Athleten, die sich schnell regenerieren und solche, die sich eben langsamer erholen.

Trotzdem gibt es wichtige Grundsätze, die bei Befolgung die Erholungszeit verringern. Dazu gehört eine ganze Reihe von Maßnahmen.

Da diese für Master besonders wichtig sind, werden diese nachfolgend ausführlich dargestellt. Jeder Athlet hat nun die Möglichkeit, für sich die Maßnahmen zu wählen, die ihm den größtmöglichen Nutzen bringen.

Master, die sich schnell regenerieren, sind frühzeitig in der Lage, ihr normales Trainingspensum wieder aufzunehmen. Sie trainieren effektiver und sind daher leistungsfähiger als andere, die nach einem anstrengenden Training eben eine längere Pause benötigen.

Die ermüdeten und erschöpften Muskeln werden durch die Bildung von Milchsäure und Harnstoffen schlechter als normal durchblutet. Leichte bis mittelschwere Aktivitäten nach der sportlichen Belastung fördern die Sauerstoffversorgung und damit die Durchblutung der ermüdeten Muskulatur.

Aus diesen Gründen ist eine aktive Regeneration wirkungsvoller als eine passive Regeneration, nämlich die Ruhe.

15.2 AKTIVE REGENERATIONSMASSNAHMEN

Abwärmen ist die erste Möglichkeit eines aktiven Regenerationstrainings. Für den Läufer verbessert ein 10-15-minütiges Auslaufen in einem ruhigen bis sehr ruhigen Tempo nachweislich die Muskeldurchblutung und trägt somit zum Laktatabbau bei. Die Laktatbildung ist die Ansammlung von Milchsäure im Muskelgewebe, wodurch letztlich das Ermüdungsgefühl beim Sport entsteht.

Für den Triathleten kann es heißen, 30 Minuten locker auszuradeln oder 500 m locker auszuschwimmen und abschließend einige leichte Dehnübungen zu praktizieren.

Trockene Trainingsbekleidung gehört unbedingt zu den ersten Regenerationsschritten, um den Körper vor zu schneller Auskühlung und eventueller Erkältungsgefahr zu schützen. Obwohl mir dieser Sachverhalt bewusst ist, vergesse ich meine guten Vorsätze ab und an, z. B. bei einer interessanten Unterhaltung nach der sportlichen Betätigung, und werde durch eine leichte 2-3-tägige Erkältung bestraft.

Flüssigkeitsaufnahme und Ernährung

Durch Schweißverluste ist der Wasser- und Elektrolythaushalt gestört. Die Stoffwechselabbauprodukte Milchsäure und Harnstoff sollen möglichst schnell wieder abgebaut werden. Die natürliche Erholungszeit lässt sich nun durch geeignete Flüssigkeitsaufnahme verkürzen. Vor, während und nach dem Training bzw. Wettbewerb – dies gilt in ganz besonderem Maße für die warme Jahreszeit – muss jeder Athlet reichlich Flüssigkeit zu sich nehmen. Stille Wasser, Apfelschorle und besonders ein Gemisch aus gleichen Teilen Brottrunk® und Apfelsaft haben sich hier bewährt, ebenso Elektrolytgetränke.

Zur Auffüllung der Glykogenspeicher in Muskeln und Leber ist eine kohlenhyd-ratreiche Ernährung im Anschluss an das Training unverzichtbar. Sie hat entscheidenden Einfluss auf eine möglichst baldige Wiederbelastung. Durch ein intensives Training oder einen Wettbewerb dicht an der anaeroben Schwelle von rund 1,5 Stunden sind die Glykogenvorräte im Körper erschöpft. Bei einer anschließenden Mischkost dauert die Wiederauffüllung der Glykogenspeicher annähernd drei Tage, bei kohlenhydratreicher Ernährung nimmt die so wichtige Auffüllung nur noch 30 Stunden in Anspruch. Nach 2-3 Tagen sind die Speicher bei einer kohlenhydratreichen Kost – wohlgemerkt bei einer kohlenhydratreichen Kost – sogar überfüllt.

Nach Beendigung des Trainings sollten die verbrauchten Energien so schnell wie möglich wieder aufgefüllt werden. Abgebautes Eiweiß muss wieder ersetzt werden.

Ausreichender Schlaf

Der Schlaf stellt für einen Ausdauersportler eine natürliche Regenerationsquelle dar. Schlafforscher sprechen von der körperlichen und psychischen Funktion des Schlafens. Zur körperlichen Funktion gehört die Erholung von Muskeln, Bändern, Sehnen und die Wiederherstellung der Energiespeicher sowie die Stärkung des Immunsystems. Zur psychischen Funktion gehört die Wiederherstellung des seelischen Gleichgewichts. Ebenso werden Informationen im Gedächtnis verfestigt und abgespeichert.

Die erforderliche Schlafdauer ist von Mensch zu Mensch unterschiedlich und liegt bei mindestens fünf Stunden und höchstens 10 Stunden. Ausdauersportler haben zumeist einen tieferen Schlaf als Nichtsportler. Jedoch kann hartes Training am späten Abend zu Schlafstörungen führen. Weiterhin können Schlafstörungen erste Anzeichen von Übertraining sein.

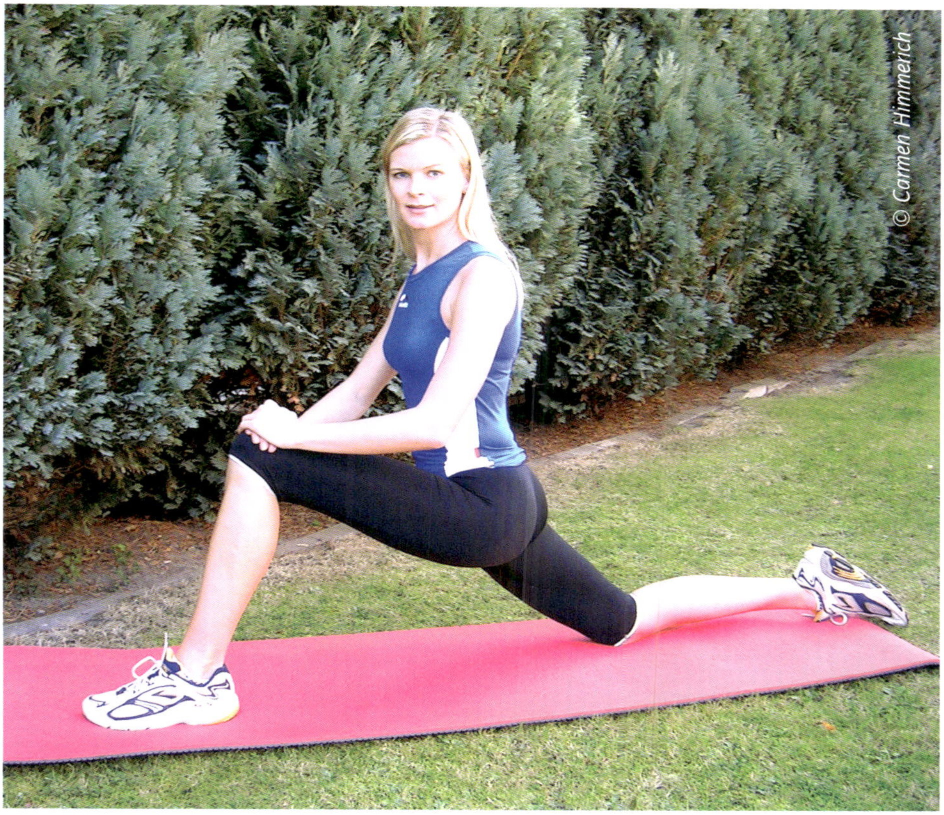

Dehnen/Stretchen

Regelmäßiges Dehnen (Stretchen) nach dem Training, insbesondere nach Wettbewerben, verbessert das Wohlbefinden, das Körpergefühl und trägt damit zur schnelleren Regeneration bei. Durch Dehnungen werden Muskelverspannungen abgebaut und die Gelenkbeweglichkeit verbessert. Exakte Übungsanleitungen dazu finden Sie im Kapitel „Stretching" in *„Triathlon für die Mitteldistanz"*.

Massagen

Was Freizeitsportler als Luxus ansehen, gehört für zahlreiche Leistungssportler zum festen Bestandteil ihres Trainings, die Massage. Die nachfolgende Auflistung der physischen und psychischen Effekte verdeutlicht den Stellenwert dieser regenerationsfördernden Maßnahme.

1. Gelenke, Sehnen und Bänder werden belebt.
2. Verspannungen in der Muskulatur werden gelockert.
3. Psychische Spannungen und Nervosität können reduziert werden.
4. Der Stoffwechsel wird verbessert.

Eine Ganzkörpermassage sollte stets am Vorabend eines Triathlons stattfinden, da unmittelbar nach der Massage das Erregungsniveau gehemmt ist. Erst einige Stunden später sorgt das erhöhte Erregungsniveau für eine verbesserte Leistungsbereitschaft und Leistungsfähigkeit. Triathleten mit starker Beinbehaarung ist zu raten, sich vor der Massage zu rasieren, um der Gefahr einer Haarwurzelentzündung zu entgehen.

Erwärmungsbäder, Entspannungsbäder, Entmüdungsbäder muss man nach langen Trainingseinheiten einfach genießen. Sie leisten innerhalb der ersten drei Stunden nach der Belastung einen nicht zu unterschätzenden Beitrag zur besseren Durchblutung der Muskulatur. Gleichzeitig dienen sie der Entspannung.
Entmüdungsbäder mit Temperaturen um 37° C beeinflussen durch die angenehme Wärme und die Auftriebswirkung des Wassers die Erholung positiv. Bei besonders langen Trainingseinheiten oder nach Wettbewerben, wenn die Muskulatur stark übersäuert und verspannt ist, empfiehlt sich ein besonders heißer Wannengang.

Hierfür gibt es nach Dr. van Aaken ein einfaches, aber wirkungsvolles Rezept. Ein wenig heißes Wasser in die Badewanne geben, 500 g einfaches Salz hinzugeben, sich hineinsetzen und so viel heißes Wasser zulaufen lassen, wie man vertragen kann. Nach einigen Minuten, in denen das Wasser leicht abkühlt, wiederum heißes Wasser zulaufen lassen. Auf diese Weise werden die unteren Extremitäten, die vornehmlich beim Laufen und Radfahren beansprucht werden, hervorragend durchblutet.

Das Salz verbessert dabei den Wärmefluss im Körper. Anfänger sollten hierbei Vorsicht walten lassen und nicht zu lange in der Wanne verharren. Der Kreislauf wird bei dieser Methode arg strapaziert.

Sauna, Whirlpool®

Regelmäßiges Saunieren unterstützt die Regeneration beträchtlich. Die Abhärtung und Aktivierung des Immunsystems, die größere Gelenkbeweglichkeit, die verbesserte Dehnbarkeit der Muskulatur sowie die Entspannung werden durch den richtigen Saunaeinsatz positiv beeinflusst. Saunagänger härten sich gegen Erkältungskrankheiten ab, weil durch die eingeatmete heiße Luft die Schleimhäute besser durchblutet werden und die Sekretabsonderung gefördert wird. Das kurbelt wiederum die Produktion aktiver körpereigener Abwehrstoffe gegen Bakterien und Viren an.

Über die Zahl der Saunagänge, die Saunatemperatur und die Zeitdauer entscheidet das persönliche Wohlbefinden. Anhaltswerte hierfür sind:

1. Maximal drei Saunagänge von jeweils höchstens 15 Minuten.
2. Saunatemperatur 90-100° C und eine Luftfeuchtigkeit von maximal 20 %.
3. Die Ruhezeit zwischen den Saunagängen sollte doppelt so lang sein wie der eigentliche Saunagang.
4. Bei Herzrasen oder einer Erkältung sollte die Sauna gemieden werden.

Zwei Tage vor Wettbewerben sollte auf die Sauna verzichtet werden, nach dem Training oder nach Wettbewerben sind die Saunagänge auf ein oder zwei zu beschränken.

Die starken Wasserverluste nach der Sauna sollten mit mineralhaltigen Getränken ausgeglichen werden. Durch alkoholische Getränke wird die Regeneration beeinträchtigt, da Alkohol die aufbauenden Prozesse während der Regeneration hemmt.

Elektrische Muskelstimulationsgeräte (EMS)

Vor allem nach Wettbewerben oder harten Trainingseinheiten kommen elektrische Muskelstimulationsgeräte immer häufiger zum Zuge. Die besonderen Regenerationsprogramme, z. B. von COMPEX-SPORT, dauern etwa 25 Minuten und ermöglichen, dass die Milchsäure (Laktat) beseitigt, die Durchblutung gesteigert und somit die Muskelleistung schneller wiederhergestellt wird. Dabei werden die Muskeln nicht kontrahiert (zusammengezogen), sondern sie unterliegen einer Serie von Vibrationen.

Beschäftigung mit anderen Dingen als mit dem Sport

Spaziergang, Wanderung, Radtour mit der Familie, Besuch im Wellenbad, lesen, basteln, sich mit Familienangehörigen beschäftigen, handwerkern, all das kann (nicht muss) zur Regeneration beitragen. Außerdem können ein Kurzurlaub und das Erkennen, dass es im Leben noch andere, wichtigere Dinge gibt als Schwimmen, Radfahren, Laufen, Gymnastik und Krafttraining zur körperlichen und besonders zur geistigen Regeneration sehr stark beitragen.

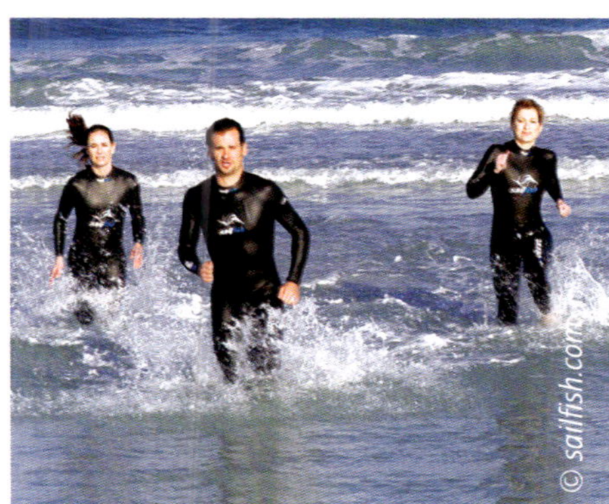

Nach einer intensiven Belastung benötigt der Athlet auch eine intensive Erholung.

15.3 REGENERATION INNERHALB EINER TRAININGSWOCHE

In das wöchentliche Trainingsprogramm müssen Regenerationsmöglichkeiten mit eingeplant werden. Für die Trainingsbelastung bedeutet dies, eine gute, richtige, möglichst individuell abgestimmte Form zu finden, insbesondere für Master. Auf einen langen Trainingstag darf niemals ein harte Belastung folgen, auf einen harten Trainingstag niemals eine lange Belastung. Der wöchentliche Trainingsumfang wird in kleinen Rationen besser verkraftet als in Form von Gewaltaktionen. So ist es für einen Anfänger sinnvoller, 3 x 40 Minuten zu laufen als 2 x 60 Minuten oder gar 1 x 120 Minuten.

Die aktive Erholung zwischen den Trainingseinheiten innerhalb einer Woche ist nicht mit stundenlangen Fernsehabenden oder nächtelangen Diskobesuchen zu gestalten (obwohl auch diese Aktionen nicht verwerflich sind und sogar für Abwechslung sorgen können), angebracht ist eher ein Sportartwechsel. Nach langen, belastenden Läufen eignet sich auf Grund der Wirbelsäulenentlastung beim Schwimmen eben ein Besuch im Bad bzw. im See. Das Radfahren weist ähnlich gute Eigenschaften auf. Ein Besuch im Fitness- oder Kraftstudio kann auch für Abwechslung und Steigerung der Motivation sorgen. Gleiches gilt für Skilanglauf, Inlineskating, Aquajogging u. a. Bei all diesen Überlegungen muss vorausgesetzt werden, dass die entsprechende Zeit dafür vorhanden ist. Ist dies nicht der Fall, vergrößert sich der Stress und aus der kurzen Erholungsphase wird eine zusätzliche Belastung. Ein Teufelskreis bahnt sich an, der mit Sicherheit beim Übertraining enden wird.

Also, wählen Sie Ihre regenerativen Maßnahmen so, dass auch tatsächlich ein Erholungseffekt eintritt!

Auch innerhalb einer anstrengenden Trainingswoche sollten regenerative Maßnahmen nicht zu kurz kommen. Lassen Sie mich eine Bemerkung zum Begriff hart machen. Hiermit meine ich eine anstrengende Trainingswoche, die man im sportlichen Sinne gerne als hart bezeichnen kann. Ansonsten ist der Begriff der Härte im Master-Sport weniger angebracht. Hart kann das Leben sein, niemals ein selbst gewählter, spaßbetonter Sport.

Für *ambitionierte* Wettbewerbssportler können sich die Trainingstage innerhalb einer Woche wie folgt verteilen:

1. Zwei Tage hintereinander Training (Di./Mi.).
2. Ein Tag Regeneration (Do.).
3. Drei Tage Training (Fr./Sa./So.).
4. Ein Tag Regeneration (Mo.)

Also 2:1:3:1.

Selbstverständlich gelten die zuvor genannten, einzelnen aktiven Regenerationsmaßnahmen auch innerhalb einer Trainingswoche.

15.4 REGENERATION INNERHALB EINES TRAININGSMONATS

Während es für Hauptklasseathleten im Wettbewerbszeitraum neben normalen Trainingswochen (N), Regenerationswochen (R) auch harte Trainingswochen gibt, sollten Master aus den zuvor genannten Gründen auf harte Trainingswochen verzichten.

Hier empfiehlt sich für die jungen Master folgender Trainingsrhythmus innerhalb eines Monats:

- Normale Trainingswoche (N).
- Normale Trainingswoche (N).
- Normale Trainingswoche (N).
- Regenerationswoche (R), also N/N/N/R, N/N/N/R usw.

Für die reiferen Master-Jahrgänge eher:

- Normale Trainingswoche (N).
- Normale Trainingswoche (N).
- Regenerationswoche (R), also N/N/R, N/N/R usw.

Der Trainingsrhythmus richtet sich selbstverständlich nach Leistungsstand, Alter, Vorbereitungszeitraum, Wettkampfzeitraum, nach dem persönlichen Umfeld u. a.

Wie für die einzelnen Ansprüche der Master die jeweiligen Trainingswochen aussehen können, dazu siehe die konkreten Trainingsvorschläge.

> Generell gilt aber für die Regenerationswochen:
> Umfänge und Intensität drastisch reduzieren.

15.5 REGENERATION NACH EINEM WETTBEWERB

Sobald die Ziellinie überquert wurde, sollte mit der Durchführung eines Regenerationsprogramms begonnen werden. Nachdem die einzelnen Elemente zuvor bereits erläutert wurden, hier die zu empfehlende Reihenfolge:

1. Kurze Verschnaufpause und Aufnahme von Elektrolytgetränken.
2. Trockene Trainingsbekleidung anziehen.
3. Dehn- und Stretchübungen.
4. 5-10 Minuten austraben oder eventuell 500 m lockeres Ausschwimmen.
5. Duschen.
6. Eventuell Massage.
7. Reichlich Elektrolytgetränke.
8. Kohlenhydratreiche Kost.
9. Eventuell heißes Bad.
10. Eventuell elektrische Muskelstimulation.

„Nach dem Wettbewerb ist vor dem Wettbewerb“, lautet die Devise. Die zuvor genannten Punkte dienen zur Lockerung der strapazierten Muskeln, was wiederum den Abbau von Stoffwechselschlacken fördert. Für eine wirkungsvolle und schnelle Regeneration sind Elektrolytgetränke und kohlenhydratreiche Ernährung von entscheidender Bedeutung.

Ansonsten gelten hier die gleichen Prinzipien wie bei den Regenerationsmaßnahmen nach dem Training.

Nach einem Wettbewerb sollten in den darauf folgenden Tagen nur Trainingseinheiten mit einer sehr geringen Intensität ausgeführt werden. Schwimmen und Radfahren sind gegenüber dem Laufen zu bevorzugen, da diese Sportarten den Körper weniger belasten. Schwimmen weist die kürzeste Regenerationszeit auf, da hierbei relativ kurze muskuläre Belastungen auftreten.

Nach zehrenden Wettbewerben umfasst die Regeneration nicht nur einige Tage, sie kann auch mehrere Wochen in Anspruch nehmen. Erst danach sollte wieder ganz normal trainiert werden. Für die Zeitdauer der Regeneration gibt es keine feste Formel. Sie ist abhängig u. a. von der Wettbewerbsdauer, der Zahl der Trainingsjahre, vom Trainingszustand, von der genetischen Veranlagung.

Tab. 47: Anhaltswerte für Regenerationszeiten der Master.

Distanz	Einsteiger	Fortgeschrittene
10-km-Lauf	1-2 Wochen	Eine Woche
Marathonlauf	Vier Wochen	Zwei Wochen
Triathlonmitteldistanz	Drei Wochen	Zwei Wochen
Langdistanz	Vier Wochen	Drei Wochen

Während dieser Regenerationszeit ist die Trainingsintensität und der Trainingsumfang deutlich vermindert. Im Anschluss an diesen Zeitraum kann jeder Athlet wieder ganz normal trainieren. Neben dem Pulsmesser gibt natürlich auch das Trainingsgefühl wichtige Aufschlüsse zum regenerierenden Training. Während der allgemeinen Regenerationszeit geht es nicht nur um die physische, sondern ebenso wichtig ist die psychische Erholung.

Wer als Master seinem Körper und seiner Psyche keine ausreichende Regeneration gönnt, zudem sein Training zu schnell steigert und zu viele Wettbewerbe bestreitet, der wird über kurz oder lang mit dem Problem des Übertrainings konfrontiert.

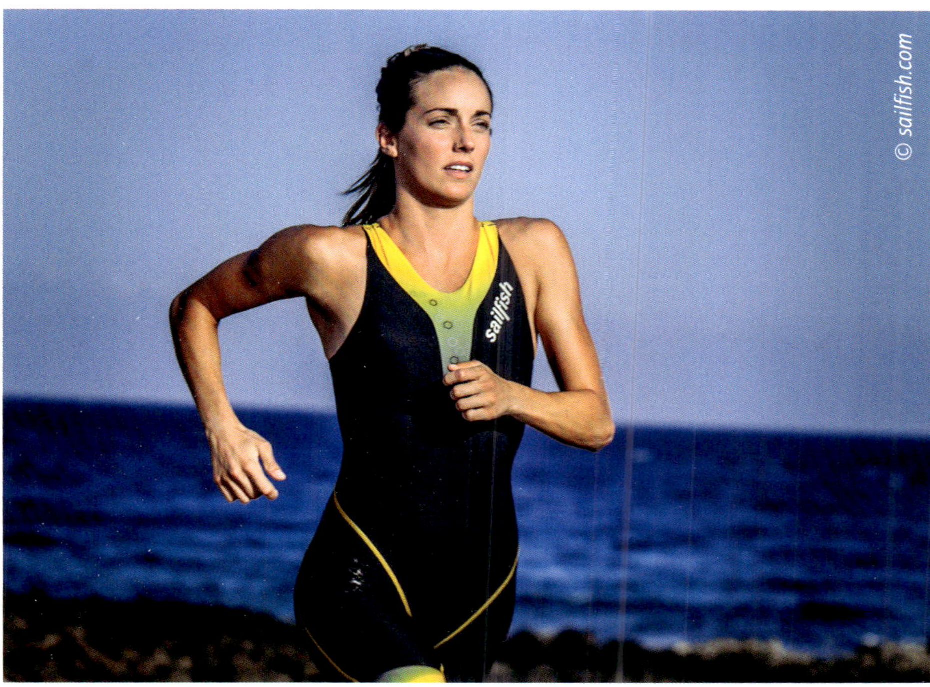

© sailfish.com

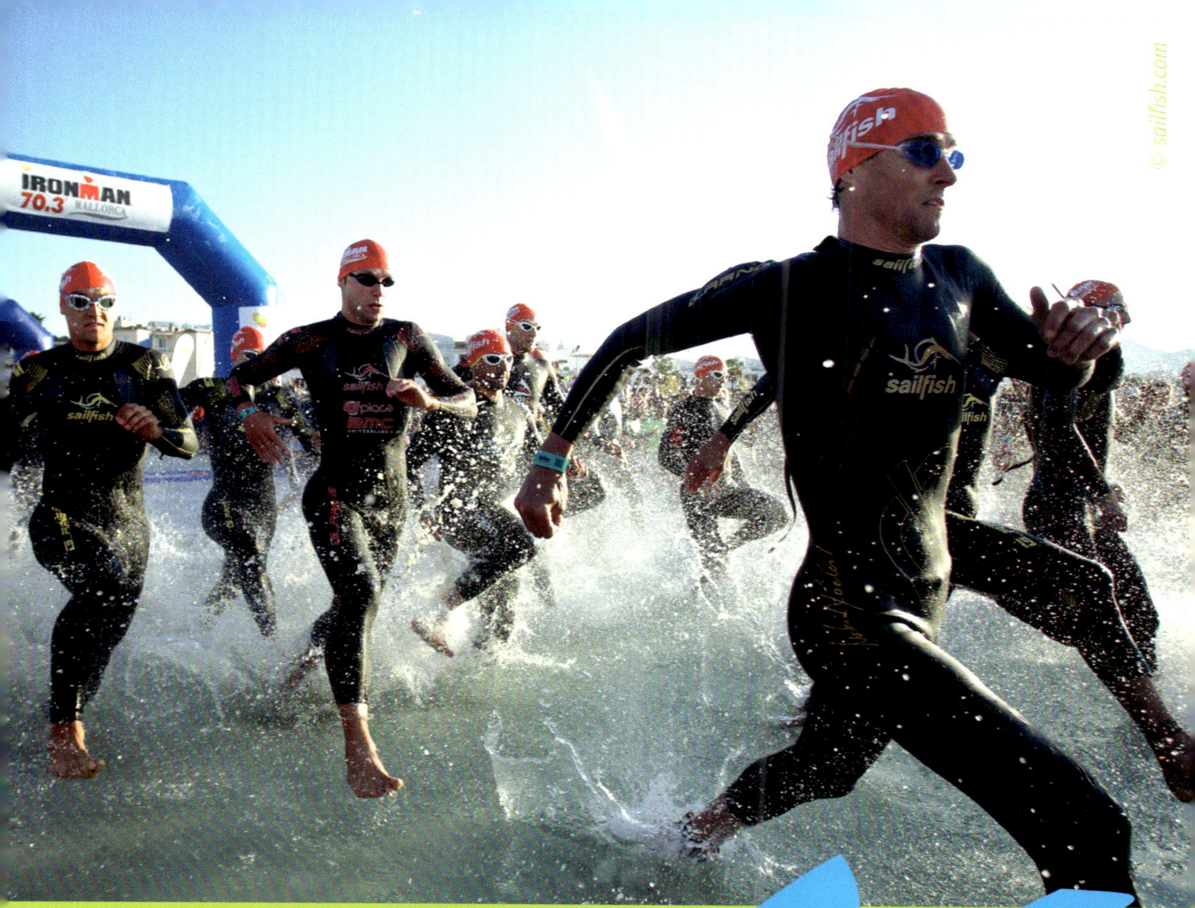

© sailfish.com

16

WER ZU VIEL WILL! ÜBERTRAINING

16 WER ZU VIEL WILL! ÜBERTRAINING

Treten beim Triathlontraining anstatt der erwarteten Leistungssteigerungen deutliche Leistungsverschlechterungen auf, ohne dabei organisch krank zu sein, so liegen eindeutige Anzeichen eines Übertrainings vor. Wer als Master Triathlon leistungsbetont betreibt, sollte sich mit dem Risiko des Übertrainings auseinandersetzen.

Feststellbar ist Übertraining bei einem medizinischen Check-up durch die zu messende Harnstoffkonzentration im Blut. Liegt dieser Wert über 50, so ist der Athlet übertrainiert.

Welche Master sind besonders gefährdet? Diejenigen, die

1. keine ausreichende Basis für ihr intensives Training besitzen, also die Grundlagenausdauer vernachlässigt haben.
2. den Sport zu „ernst" nehmen.
3. ihre beruflichen und privaten Belastungen bei der Trainingsgestaltung außer Acht lassen, also ihr persönliches Umfeld ignorieren.
4. mit zu hoher Intensität trainieren.
5. sich keine ausreichende Regeneration gönnen.
6. zu viele Wettbewerbe bestreiten.

Auch ohne medizinische Untersuchungen lässt sich der Zustand des Übertrainiertseins durch eine Reihe von Symptomen selbst erkennen.

1. Unlust zum Training, Gleichgültigkeit.
2. Häufiges Auftreten von Erkältungen, Fieber.
3. Leistungsabfall trotz gesteigerten Trainings.
4. Infragestellung des sportlichen Trainings.

5. Unfähigkeit zur Entspannung.
6. Erhöhter Ruhepuls um 10-15 Schläge.
7. Nachtschweiß, Durchfall, Verstopfung.
8. Kraftlosigkeit beim Training.
9. Störungen beim Einschlafen.
10. Unkonzentriertheit, Depressionen.
11. Unruhiger Nachtschlaf.
12. Muskel- und Gelenkschmerzen.
13. Appetitlosigkeit, Gewichtsverlust.

Mit welchen Maßnahmen kann ich nun erfolgreich diesen Zustand des Übertrainings beheben?

Was ist zu tun, damit es nicht zum Übertraining kommt?

Ohne eine feste Rangfolge anzugeben, kommen dafür folgende Punkte infrage:

1. Mehr Ruhetage einplanen und auch einhalten.
2. Nur noch regenerativ trainieren, d. h. im unteren Intensitätsbereich 50-60 %.
3. Den Grundsatz: „Sport soll doch Spaß machen" auch tatsächlich praktizieren.
4. Sich einer Trainingsgruppe anschließen, die ruhiger trainiert.
5. „Tapetenwechsel" praktizieren, d. h. Urlaub oder Kurzurlaub einlegen.
6. Wettbewerbe erst nach mehrmonatiger Vorbereitung mit Training im unteren und mittleren Intensitätsbereich bestreiten.
7. Verzicht auf Alkohol und Nikotin.
8. Im Wettbewerbszeitraum den Trainingsumfang deutlich reduzieren.
9. Die Regenerationswochen nach Wettbewerben unbedingt einhalten.
10. Ein Trainingstagebuch führen, um eine Kontrollmöglichkeit zu haben.
11. Den Übergangszeitraum (große Regenerationsphase) ausreichend lang wählen.

12. Die Anzahl der Wettbewerbe im Jahr deutlich reduzieren.
13. Für ausreichend Schlaf sorgen.
14. Das Training abwechslungsreicher gestalten. Häufiger in der Gruppe trainieren.
15. Nicht jeden Triathlon „toternst" nehmen. Es gibt wichtigere Dinge im Leben als Schwimmen, Radfahren und Laufen.
16. Wettbewerbe nicht unbedingt immer mit 100 % Einsatz bestreiten. 85-90 % können auch ausreichen, um Spaß daran zu haben.
17. Lieber mal eine Trainingseinheit ausfallen lassen, als unbedingt sein Programm durchzuziehen.
18. Nach Verletzungen darf nur eine langsame Erhöhung der Trainingsbelastung erfolgen.

Wer einen Teil dieser Maßnahmen beherzigt und sich immer wieder klar macht, dass doch der Sport der Gesundheit zu dienen hat und nicht die Gesundheit dem Sport, der wird nach einiger Zeit wieder mit mehr Spaß und Freude seiner sportlichen Betätigung nachgehen können. Wie lang dieser Übertrainingszustand mit all seinen negativen Folgen bei Ihnen anhält, – ob Wochen oder Monate – hängt ganz allein von Ihnen ab.

Erkennen Sie das Problem des Übertrainings relativ schnell, so haben Sie auch gute Chancen, sich wieder ziemlich schnell zu regenerieren. Fahren Sie jedoch Ihren „Karren über Wochen und Monate in den Dreck", also in das Übertraining hinein, wollen dies auch lange Zeit nicht wahrhaben, so kann Sie dies unter Umständen eine ganze Saison kosten.

Oft ist es so, dass die verbissenen Athleten die Schuld für ihre unerwartet schwachen Wettbewerbsergebnisse bei anderen suchen, wie bei der Trainingsgruppe, beim Wetter, bei der vielen Arbeit, bei der Familie, beim zu langsamen Training usw.

Generell ist es zwar einfacher, die Schuld anderen zu geben, ehrlicher und Erfolg versprechender ist es jedoch, bei sich selbst anzufangen und sich anhand der zuvor genannten Punkte selbstkritisch zu überprüfen. Noch ein Tipp dazu, bitten Sie einen erfahrenen Sportfreund um Mithilfe bei der Suche nach der Ursache für Ihren Übertrainingszustand. Die Ursache gilt es herauszufinden, erst danach kann die entsprechende Therapie beginnen.

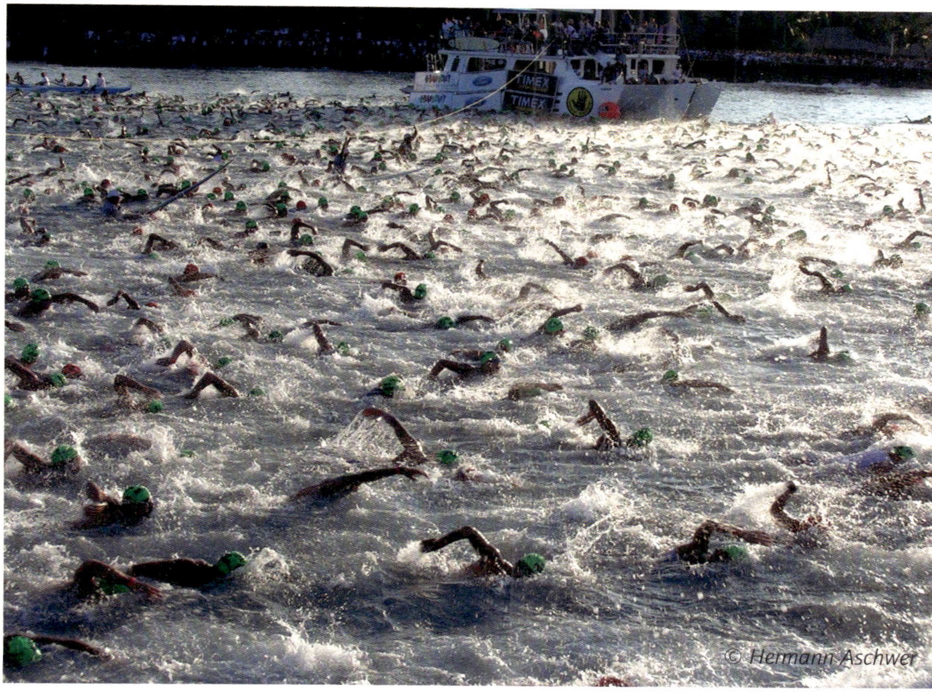
TIMEX
TIMEX
© Hermann Aschwer

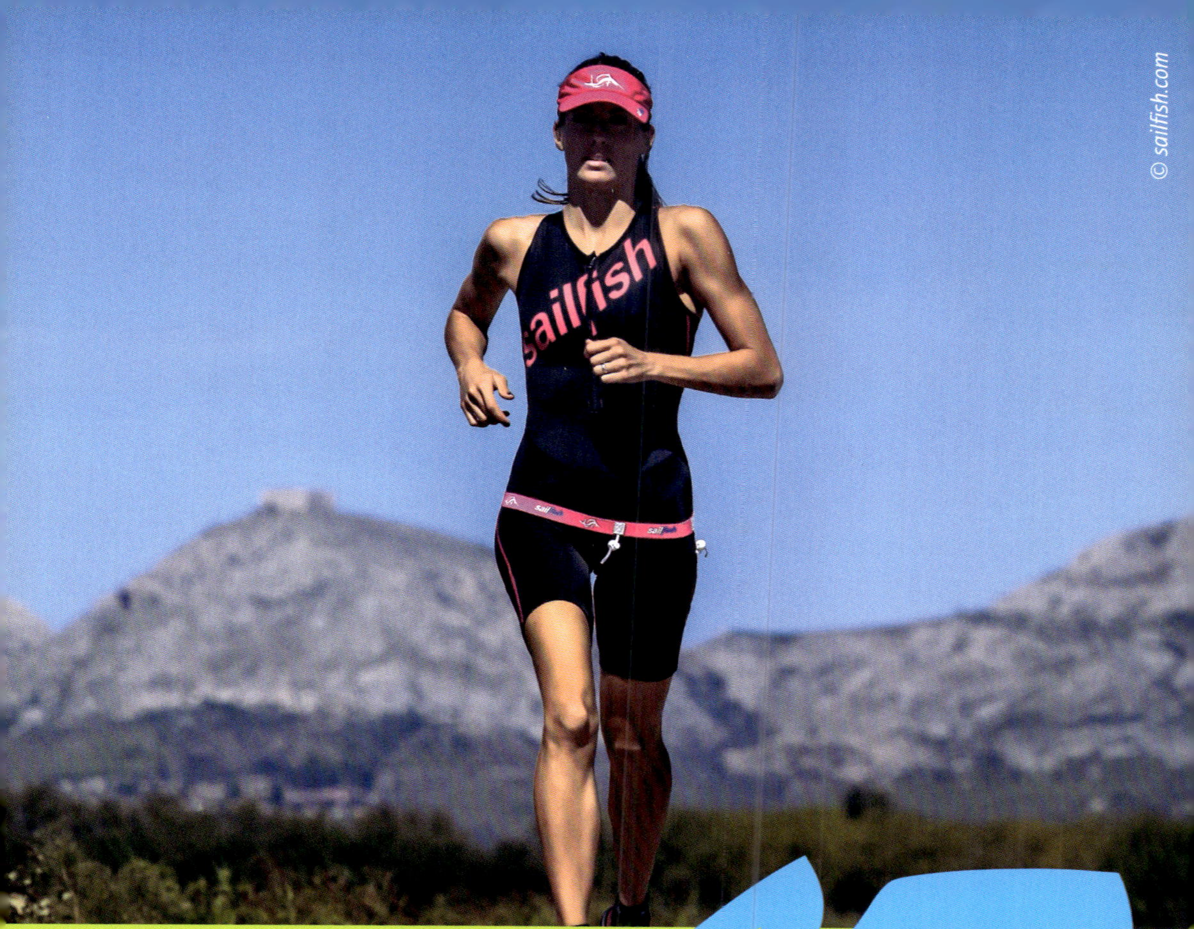

© sailfish.com

17

ECHTE TRAININGSALTERNATIVEN UND NEUE TRAININGSREIZE

17 ECHTE TRAININGSALTERNATIVEN UND NEUE TRAININGSREIZE

Sollte es aus verschiedenen Gründen, Verletzung, Urlaub, fehlende Ausrüstung, mal nicht möglich sein, ein systematisches Training – zumindest in einer oder zwei Triathlondisziplinen durchzuführen, so ergeben sich oft Alternativen, die der sportlichen Fitness nicht abträglich sind. Oft ist es genau die so wichtige Abwechslung, der Reiz des völlig Neuen, der nicht nur physisch trotz ungewohnter Belastung und neuer Anstrengungen eine Erneuerung darstellt, sondern vielmehr im mentalen Bereich ungeahnte Kräfte frei macht.

Zu diesen aktiven Alternativsportarten können gehören:

1. Aquajogging, Wassersport für verletzte Läufer.
2. Skilanglauf, ein sinnvolles Ergänzungstraining für alle Ausdauersportler.
3. Duathlon, eine Ergänzung im Sportangebot für Triathleten.
4. Skaten, das Training auf acht Rollen.

17.1 AQUAJOGGING: WASSERSPORT NUR FÜR VERLETZTE ATHLETEN?

Aquajogging lässt sich mit „Jogging im Wasser" übersetzen. Es bietet eine interessante Trainingsergänzung sowohl für Triathleten, Duathleten und insbesondere für die reinen Läufer.

Die vier Lauftechniken Schrittlauf, Schreitlauf, Kniehebelauf und Robo-Jogg verdeutlichen diese ziemlich neue Sportart.

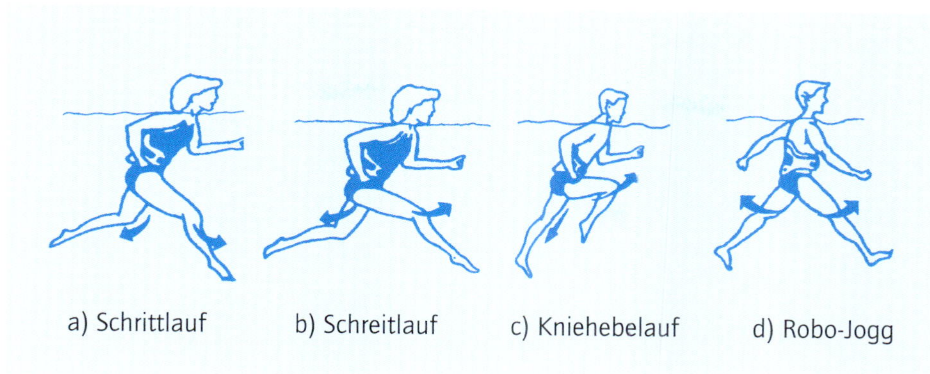

Abb. 2: Die vier Lauftechniken (aus: Birkner & Roschinsky, 2000)

Schrittlauf, Schreitlauf und Kniehebelauf haben die schwunghafte Armbewegung im Schultergelenk gemeinsam. Der Schrittlauf a) entspricht einer Kombination aus einer Lauf- und Radfahrbewegung. Die Unterschenkel werden jeweils gegen den Wasserwiderstand nach vorne und hinten geschwungen. Der Schreitlauf b) ist durch das Nachvorneführen des ausgestreckten Fußes charakterisiert. Dagegen wird beim Kniehebelauf c) das Knie mit hoher Frequenz bis zur Waagerechten des Oberschenkels angehoben und sofort wieder nach hinten gestreckt. Bei der Robo-Jogg-Technik d) werden die ausgestreckten Beine abwechselnd nach vorne geführt. Diese Technik eignet sich besonders für Sportler mit Kniebeschwerden. Für Sportler mit Rückenbeschwerden ist der normale Schrittlauf und gelegentlich der Kniehebelauf reizvoll.

Aquajogging stellt sowohl zur physischen als auch zur psychischen Regeneration eine recht wirksame Methode dar.

Bis vor etwa 10 Jahren wurde dieses Training im Wasser nahezu ausschließlich in Rehabilitationszentren ausgeführt. Mittlerweile hat sich diese Trainingsart selbst bei wasserscheuen Langläufern herumgesprochen, wenn es darum geht, Verletzungspausen möglichst gut und ohne großen Substanzverlust zu überbrücken. Selbst Dieter Baumann weiß diese alternative Trainingsform zu schätzen.

Generell gibt es zwei Möglichkeiten, im Wasser zu laufen. Bei der ersten Art bewegt sich der Athlet im flachen, hüftbrusttiefen Wasser und hat dabei stets Bodenkontakt. Die zweite Art ist die Tiefwasservariante des Aquajoggings. Sie erfordert eine Auftriebshilfe in Form einer Weste oder eines Gürtels. Diese Form hat sich allgemein durchgesetzt. Zur Ausübung ist ein Auftriebsgürtel für ca. 50 € erforderlich.

Vorteile des Aquajoggings:

1. Gelenkschonendes Herz-Kreislauf-Training.
2. Intensive Belastungen sind möglich.
3. Extrem geringe Verletzungsgefahr.
4. Hoher Energieumsatz.
5. Leicht erlernbar.
6. Als Gruppentraining durchführbar.
7. Kurze Regenerationsphase nach der Belastung.
8. Bei geringerer Intensität ausgezeichnete Regenerationsmaßnahme.
9. Bestens geeignet für Sportler mit Rücken- und Kniebeschwerden.

17.2 SKILANGLAUF – EINE INTERESSANTE VARIANTE FÜR TRIATHLETEN

Skilanglauf bietet für Triathleten und Ausdauersportler eine hochinteressante Abwechslung ihrer sportlichen Betätigung, da sie die winterliche Natur anders als in ihrer gewohnten Sportart erfahren. Ausdauersportler in Nord-, West- und Ostdeutschland, die in der Regel wenig Erfahrung auf Skiern besitzen und daher häufig versuchen, den Winter mit Trainingsaufenthalten in südlichen Regionen Europas zu gestalten, sollten sich mal Gedanken darüber machen, ob nicht auch eine Woche oder auch nur ein paar Tage im Schnee eine Menge Spaß, Abwechslung und Trainingsvorteile mit sich bringen.

Ich als „Fachländer" bin sicher, dass auch Ihnen ein Aktivkurzurlaub im Schnee Ansporn und neue Motivation für die kommende Saison bringen wird.

Der Skilanglauf bietet eine hervorragende Möglichkeit, in der grauen Jahreszeit sowohl die Grundlagenausdauer als auch die Kraftausdauer zu verbessern. Zudem lassen sich auf Ski auch für Anfänger relativ schnell größere Trainingsumfänge verwirklichen.

Sind es beim Laufen zwei Drittel der gesamten Körpermuskulatur, die beansprucht werden, so sind es beim Skilanglauf sogar bis zu 90 %. Gleichzeitig werden die wichtigen, aber oft vernachlässigten Rücken- und Bauchmuskeln bevorzugt bewegt.

17.2.1 IN WELCHER STILART SOLLTE GELAUFEN WERDEN?

Grundsätzlich gibt es zwei Stilarten, in denen der Skilanglauf ausgeübt werden kann: zum einen die klassische Technik, die bereits vor 130 Jahren am Holmenkollen ausgeführt wurde, bei der der Diagonalschritt praktiziert wird; zum anderen die erst seit ca. 20 Jahren bekannte Freistilart, das Skaten.

Während Skiwanderer nur den Diagonalschritt praktizieren, können sportliche Läufer sowohl den klassischen Stil als auch den Freistil ausüben. Echte Wintersportler trainieren beide Stile. Dagegen ist für einen sportlichen Gelegenheitsläufer, der vielleicht 5-6 Tage im Jahr auf Skiern steht, der Diagonalschritt schneller und leichter zu erlernen, da diese Stilart Ähnlichkeit mit den gewohnten Geh- und Laufbewegungen hat. Weitere Vorteile sind:

1. Geringe Gefahr von Überlastungsschäden.
2. Größeres Loipenangebot in vielen Regionen.
3. Die hierbei trainierte Hüftbeweglichkeit kommt dem Läufer sehr entgegen.
4. Die kurze Abstoßphase und die schnelleren Bewegungsabläufe erfordern eine hohe Bewegungsdynamik.
5. Preisgünstige Ausrüstung (ab ca. 200 €).
6. Einfach und schnell zu erlernen.

Als Nachteil kann die Wachsproblematik und das Vorhandensein einer gezogenen Loipe angesehen werden.

Das Skaten gilt optisch als dynamischer und ist für gut trainierte Wintersportler sicherlich die schnellere skisportliche Fortbewegungsart. Hier lässt sich ein Vergleich zum Schwimmen anführen. Das Freistilschwimmen (Kraulen) ist für Sportler, die die Technik einigermaßen beherrschen, sicherlich die schnellere Disziplin gegenüber dem Brustschwimmen. Trotzdem schwimmen Anfänger und Gelegenheitsschwimmer überwiegend im langsameren Bruststil und fühlen sich auch dabei wohl und profitieren ebenso von der sportlichen Betätigung wie ihre schnelleren Mitstreiter. Zurück zu den Vorteilen des Skatens:

1. Sportlich schnellere Fortbewegungsart.
2. Keine Loipe, sondern nur eine festgewalzte Schneeschicht erforderlich.
3. Der Aufwand für das Wachsen der Ski ist verhältnismäßig gering.

Dagegen muss die ca. doppelt so teuere Ausrüstung an Ski, Schuhen und Stöcken sowie das Erlernen der Skatingtechnik als Nachteil angesehen werden.

17.2.2 AUSRÜSTUNG LEIHEN ODER KAUFEN?

Für die ersten Langlaufversuche im Schnee, wofür womöglich nur ein verlängertes Wochenende zur Verfügung steht, ist sicherlich das Leihen einer kompletten Langlaufausrüstung zu empfehlen. Ein paar Übungsstunden in der Langlaufskischule erleichtern für viele den Zugang zu einer herrlichen Ausdauersportart. Zu einem Skiset gehören immer drei Ausrüstungsgegenstände, die Ski einschließlich der Bindung, die Skischuhe und die Skistöcke. Fachliche Beratung ist beim Neukauf auf jeden Fall zu empfehlen, da die Ski neben der richtigen Länge auch die richtige – dem Körpergewicht angepasste – Skispannung besitzen müssen. Für eine klassische Skiausrüstung ist zwischen dem für Anfänger zu empfehlenden Nowax- oder Schuppenski und dem Wachsski für Ambitionierte zu unterscheiden. Skatingski sind dagegen deutlich kürzer, die dazugehörigen Stöcke deutlich länger als bei der klassischen Technik.

Weiterhin gehört unbedingt eine Sonnenbrille dazu, weil sie bei Sonnenschein vor Schneeblindheit schützt und bei bedecktem Wetter für bessere Kontraste sorgt. Die Bekleidung dürfte für Läufer kein Problem darstellen. Nutzen wir unsere Winterlaufbekleidung, insbesondere die funktionelle Winterunterwäsche. Wichtig zudem sind geeignete Handschuhe.

17.2.3 DER DIAGONALSCHRITT, DIE KLASSISCHE TECHNIK

Der Bewegungsablauf beim klassischen Stil, der Diagonalschritt, stellt keine besonderen Anforderungen an den Anfänger, sondern ist eine Bewegung, die jedem Menschen angeboren ist. Diagonal heißt hier konkret: Der rechte Arm und der linke Fuß (diagonal) schwingen gleichzeitig nach vorne oder umgekehrt. Dabei wird der betonte Beinabdruck durch die gleichzeitige Abdruckbewegung des Arms unterstützt. Der Läufer gleitet immer auf einem Bein. Das Gleitbein darf nicht nach vorne geschoben werden, da aus dem Gleiten dann ein Rutschen wird. Der Oberkörper ist angewinkelt. Das zweite Bein hebt sich deutlich vom Boden ab (auf einem Bein gleiten) und wird erst wieder in Höhe des Gleitbeins in die Spur gesetzt.

Der Hauptfehler beim Diagonalschritt besteht im fehlerhaften Verteilen des Körpergewichts. Das „Gleitbein" wird dabei zu weit nach vorne geschoben. Dadurch liegt der Körperschwerpunkt nicht mehr über dem gleitenden Fuß.

17.2.4 DAS SKATEN, DIE FREISTILTECHNIK

Für das Skaten ist der Abstoß vom gleitenden Ski das charakteristische Merkmal. Der Vortrieb erfolgt seitlich versetzt wie beim Inlineskaten. Besonders wichtig ist hierbei die starke Verlagerung des Körperschwerpunkts von einem Ski auf den anderen. Zu Beginn des Skatens ist nicht so sehr auf die Geschwindigkeit zu achten, sondern vielmehr darauf, das Gleichgewicht zu finden. Mit Zunahme der Übungsdauer werden die Abstoßkräfte stärker und die Gleitphasen länger, dadurch stabilisiert sich das Gleichgewicht des Skilangläufers.

Weiterführende Literatur: Fritsch & Willmann: Skilanglaufmethodik. Aachen 2001.

17.3 DUATHLON, EINE ERGÄNZUNG IM SPORTANGEBOT FÜR TRIATHLETEN

Duathlon, wie der Begriff (duo = zwei) bereits aussagt, handelt es sich um die Kombination zweier Sportarten, die ebenfalls in den 80er Jahren in den USA entstanden ist. Eine Kombination aus den beiden Ausdauersportarten Laufen und Radfahren. Gegenüber dem Triathlon fehlt das Schwimmen. Für wettbewerbsfreudige Athleten kann der Duathlon die Triathlonsaison verlängern, da die Durchführung des Schwimmens im Frühjahr und im Herbst auf Grund unangenehm kühler Temperaturen ein Problem darstellen kann. Für wenig geübte Athleten im Schwimmen bzw. Schwimmanfänger ist der Duathlon oft der Einstieg in den Triathlon.

Das Duathlontraining unterscheidet sich auch nur wenig vom Triathlontraining. Selbst reine Duathleten nutzen oft das Schwimmtraining als willkommene Abwechslung zum reinen Lauf- und Radtraining oder betrachten es als ausgezeichnete Regenerationssportart.

Die Beanspruchung im Duathlon ist relativ hoch. Der erste Lauf kann den Athleten so herausfordern, dass die Muskulatur bereits übersäuert. Beim Radfahren kann sich diese laufspezifische Muskulatur zwar teilweise erholen, beim abschließenden Lauf wird sie dann noch einmal beansprucht.

Grundsätzlich gelten für den Duathlon ähnliche Trainingsprinzipien wie für den Triathlon. Anstatt der drei unterschiedlichen Ausdauersportarten Schwimmen, Radfahren und Laufen wie beim Triathlon kann der Athlet sich beim Duathlon eben auf zwei Ausdauersportarten, nämlich Radfahren und Laufen, konzentrieren.

17.4 INLINESKATEN – DAS TRAINING AUF ACHT ROLLEN

Sowohl bei jungen als auch bei älteren Menschen entwickelt sich das Inlineskaten zu einer neuen Trendsportart. Viele Triathleten, Duathleten und Läufer sind von der Skatingwelle erfasst und nutzen das schnelle Sportgerät, um noch mehr Abwechslung in ihr Training zu bringen.

Das flotte Laufgefährt mit den acht Rollen eignet sich hervorragend für ein gelenkschonendes Herz-Kreislauf-Training. Die koordinativen Grundtechniken des Laufens und vor allem das Bremsen lassen sich schnell erlernen.

Bevor man sich jedoch mit den Inlineskates in den fließenden Straßenverkehr begibt, sollte man die Grundtechniken wirklich beherrschen. Empfehlenswert für Anfänger sind vor allem Streckenprofile, die nicht zu hohe Anforderungen stellen. Auf diesen möglichst ebenen Strecken lassen sich die Lauf- und vor allem die Bremstechniken leichter und unfallfreier erlernen. Da die Unfallgefahren sehr eng mit einer angemessenen Ausrüstung verknüpft sind, zuerst einige wesentliche Punkte zur richtigen Wahl des Skates und zur optimalen Schutzbekleidung.

„Welcher Skate ist der Richtige für mich?", fragt sich der Anfänger.

Der sportlich ambitionierte Ausdauersportler möchte zuerst die Grundlagen erlernen und dann auf den Rollen die eine oder andere Trainingseinheit absolvieren. Hierfür eignen sich zunächst die Fitnessskates. Die schnelleren Speedskates, die mit dem reinen Wettkampfschuh eines Leistungsläufers zu vergleichen sind, sind eher für ambitionierte Sportler bestimmt, die auch Inlineskatingwettbewerbe absolvieren möchten

Bewährt haben sich in der Praxis nicht die Billigskates, sondern die Standardmodelle mit je vier Rollen. Das Preisgefüge beginnt hier bei ca. 150 €. Bei der Kaufentscheidung sollte neben dem Preis auch die richtige Passform eine wichtige Rolle spielen. Wer sich in den Skates nicht wohl fühlt, wird sie auch nicht viel nutzen.

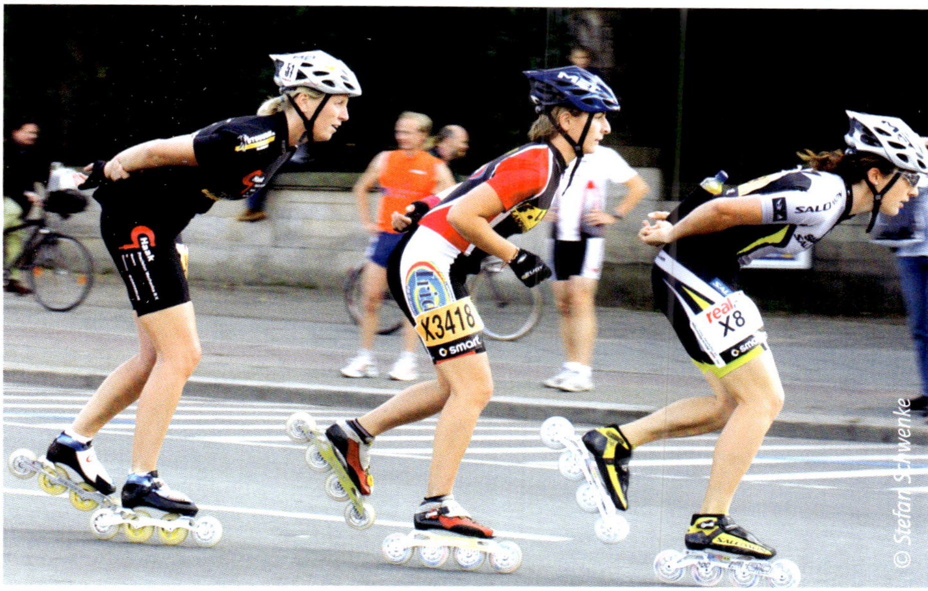

Die Speedskates sind Spezialroller mit fünf anstatt der üblichen vier Rollen. Die größere Auflagefläche sorgt bei höheren Geschwindigkeiten für mehr Stabilität. Natürlich sind diese Flitzer auch leichter gebaut, kostspieliger und durch die fünfte Rolle in der Wendigkeit stärker eingeschränkt: eben etwas für Inlineskatekönner.

Wichtiger als die Frage, ob man vier oder fünf Rollen nehmen sollte, ist die richtige Schutzkleidung. Nach dem Fußballspiel und vor dem Skifahren steht Inlineskating (lt. ADAC) auf Rang zwei der Sportverletzungen. Die am meisten gefährdeten Körperteile sind Arme, Schultern, Handgelenke, Kopf, Hüftbereich und die unteren Extremitäten.

Als Gründe für Verletzungen werden angegeben:

1. Fehlende oder ungenügende Schutzkleidung. Nur 3 % der Anfänger tragen einen Helm.

2. Mangelnde Fahrtechnik, auch Anfänger erreichen schnell Geschwindigkeiten von 20 km/h, was für viele Anfänger einfach zu schnell ist.

3. 92 % der Unfälle werden selbst verschuldet.

Demzufolge ist folgende Schutzkleidung unbedingt für das Inlineskaten erforderlich:

1. Helm, hierfür eignen sich auch die üblichen Fahrradhelme.
2. Handgelenkprotektoren.
3. Ellbogenprotektoren.
4. Knieprotektoren.

Wichtig zu erwähnen ist noch, dass nach einem Sturz der Helm ausgetauscht werden sollte, da er unsichtbare Haarrisse aufweisen kann und dadurch in seiner Schutzwirkung beeinträchtigt ist.

Bevor Sie losfahren, sollten Sie auf eine ausreichende Kräftigung und Dehnung Wert legen. Vor allem die Dehnfähigkeit im Adduktorenbereich ist eine wichtige Voraussetzung für verletzungsfreies Skaten.

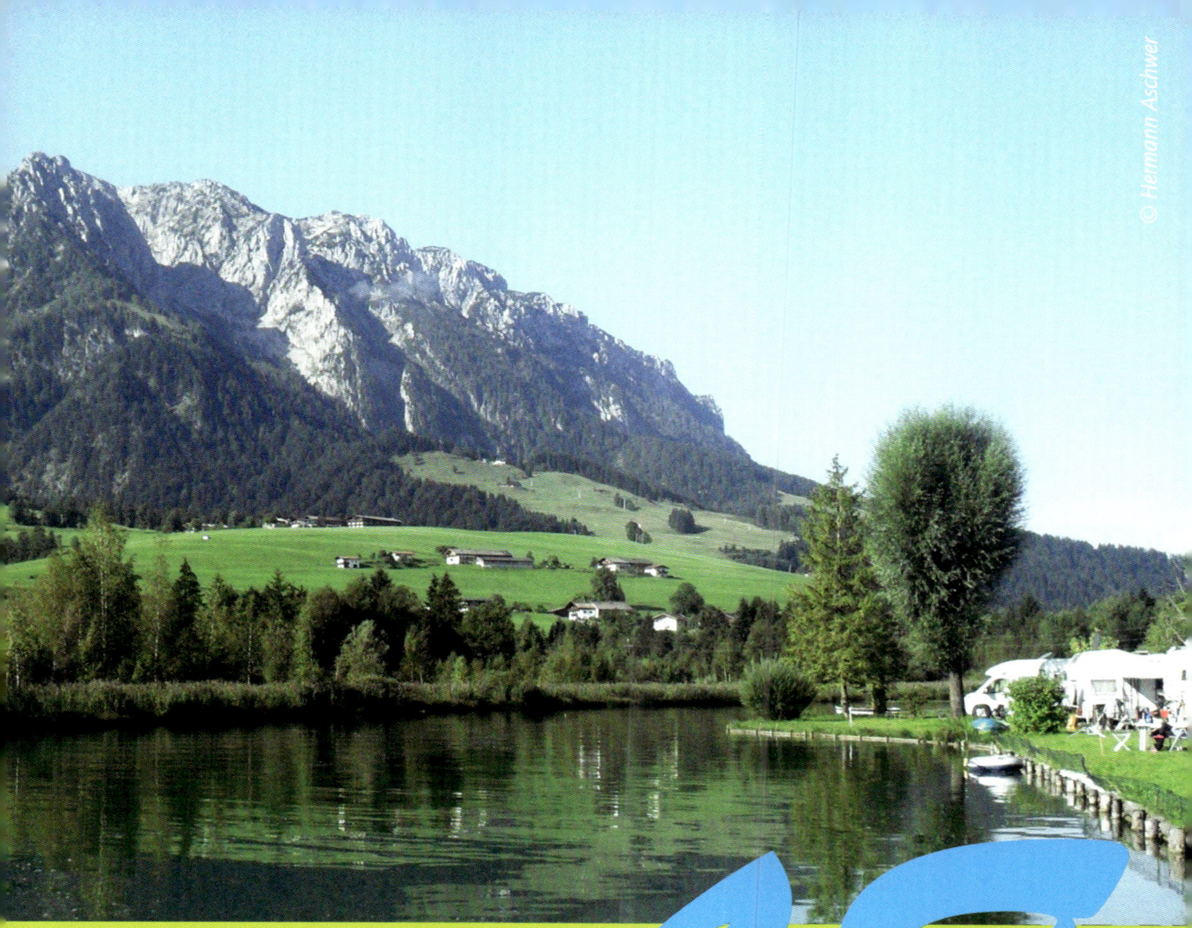

18

URLAUB UND TRAINING – PROGRAMMIERTER STRESS ODER IDEALKOMBINATION?

18 URLAUB UND TRAINING – PROGRAMMIERTER STRESS ODER IDEALKOMBINATION?

Wer träumt als Freizeitsportler nicht davon, über einige Wochen mal wie ein Profi trainieren zu können, um den nächsten Altersklassensieg einzufahren, um beim nächsten Lieblingswettbewerb besonders gut auszusehen, um es seinen jungen Vereinskollegen einmal richtig zu zeigen, um ..., um ..., um ..., um ....

Ja, wenn da nicht das fast unlösbare Problem Familie – Freizeit – Training im Raum stehen würde.

Keine Sorge, bei entsprechender Planung lässt sich das Training auch prima mit einem Familienurlaub kombinieren, wenn rechtzeitig für Klarheit innerhalb der gesamten Familie gesorgt wird.

Bis auf die wenigen Profisportler wird für jeden von uns das Ausdauertraining von einem gewissen Zeitproblem beeinflusst. Wie kann ich Beruf, Familie und Sport miteinander verknüpfen und in allen drei Bereichen möglichst erfolgreich sein?

Die kostbaren Urlaubswochen bedeuten für die meisten Sportler weniger Arbeit, mehr Zeit für die sportliche Betätigung und endlich wieder mehr Zeit für die Familie. Um größere Konflikte während der Urlaubszeit zu vermeiden, sollte bereits im Vorfeld mit dem Partner, mit der Familie, offen abgeklärt werden, wie diese kostbaren Wochen des Jahres gestaltet werden. Soll es nun der lang herbeigesehnte Urlaub mit dem Partner und den Kindern werden oder soll es ein Trainingslager als Vorbereitung für einen wichtigen Wettbewerb sein? Hierbei muss man sich die Frage stellen, ob man es der Familie zumuten kann, dass sie zwar mit in den Urlaub fahren kann oder darf, aber höchstens bei regenerationsfördernden Maßnahmen mit einbezogen werden soll. Wer hier nicht bereits vor dem Urlaub für Klarheit sorgt, der darf sich über berechtigten Urlaubsstress nicht wundern.

Nur bei wenigen Ausdauersportlern trifft es zu, dass zwei ähnlich fitte Partner zusammen ihr Trainingsprogramm absolvieren können.

18.1 SCHWERPUNKT FAMILIE

Gilt es, Versäumnisse innerhalb der Familie wettzumachen, ist dafür neben der Zeit auch Raum für gemeinsame Aktivitäten einzuplanen, dann sollte der Sport zurückstehen und der Familie eindeutig Vorrang einräumen. Was nützen mir gute Platzierungen bei sportlichen Wettbewerben und persönliche Bestzeiten, wenn die Familie darunter leidet oder gar zerbricht?

Keiner sollte der Illusion unterliegen, heimlich 15, 20 und mehr Stunden in der Woche trainieren zu wollen, während die anderen Familienmitglieder noch schlafen oder zum Shopping abgeschoben werden können. Geschieht das im Einvernehmen mit der Familie, die diese Zeit gerne am sonnigen Strand verbringt, so ist ja alles o. k. Jeder Triathlet, ob Gesundheitssportler oder Spitzensportler, der eine eigene Familie hat, sollte dieser während der Urlaubszeit oberste Priorität einräumen.

Ein effektives und unbeschwertes Training kann nur erfolgen, wenn das gesamte Umfeld stimmt. Einen entscheidenden Faktor hierbei macht die eigene Familie aus. Probleme in diesem Bereich wirken sich mit Sicherheit negativ auf die sportliche Leistung aus.

Wer kleine Kinder zu seiner Familie zählen darf, der hat zudem für eine geeignete Kinderbetreuung zu sorgen, wenn er mit dem Partner gemeinsam Sport treiben möchte. Heranwachsende Kinder bzw. den Partner kann man teilweise sehr leicht in das eigene Trainingsprogramm einbinden. Sich beim Laufen von den eigenen Familienmitgliedern per Fahrrad begleiten zu lassen, ist eine gute Möglichkeit, gemeinsam die wertvolle Urlaubszeit zu nutzen. Wenn es gelingt, diese Trainingseinheiten auch durch kleine Sprinteinlagen oder Bergwertungen für alle interessant zu gestalten, so wird hierdurch die Urlaubsstimmung keinesfalls getrübt, sondern gefördert. Auch gemeinsame Radausfahrten oder Laufeinheiten, bei denen der Schwächste das Tempo bestimmt, bieten Raum für eine intensive Kommunikation. Wer das einmal ausprobiert hat, wird feststellen, dass sich bei ruhigem Ausdauertraining nicht nur der Körper entspannt, sondern auch die Psyche. Bei derartigen Familienausflügen kommen besonders lustige Familien-, Schul- oder sonstige Angelegenheiten zur Sprache. Zudem stellen die Kinder schnell fest, dass die Eltern während dieser gemeinsamen Sportzeit für besondere Wünsche recht aufgeschlossen sind. Das wissen heranwachsende Kinder zu schätzen.

Bei solch einem gemeinsamen Training braucht niemand um seine gute Form zu bangen. Dem vermeintlich schnelleren Vater kommen diese Familieneinheiten aus mehreren Gründen zugute. Zum einen kann er es als gute Regenerationseinheit nach einem härteren Training am Vortag ansehen (dieses kann niemals zu langsam sein), zum anderen sollte er neben seiner eigenen körperlichen Ertüchtigung auch an die zwischenmenschliche Ertüchtigung seiner Familie denken.

Kann man im nächsten Wettbewerb nicht besser auf ein paar Sekunden verzichten als auf eine intakte Familie?

Bei einer Familienradtour verhält es sich ähnlich. Der besonders ehrgeizige Vater kann seine heranwachsenden Kinder einige hundert Meter abschleppen, womöglich noch bergauf. Ein guter Trainingseffekt und wichtige Pluspunkte bei den Kindern sind das Resultat. Beim Lauftraining lässt sich mit ein wenig Fantasie leicht ein Fahrtspiel durchführen. Versteckspiel oder Fangen heißen hier die Zauberformeln. Dem Vater gelingt es dabei leicht, durch längere Wege auch auf seine Kilometer zu kommen. Besonderen Spaß bereitet das Fangen im Wasser.

Schwimmen, Radfahren und Laufen muss nicht immer mit der Stoppuhr in der Hand und allein betrieben werden. Die Einbeziehung der Familienangehörigen kann sehr viel gemeinsamen Spaß bedeuten und fördert somit das Familienleben, anstatt es durch engstirniges Training zu belasten.

Nicht zu unterschätzen ist bei all dem Familientraining die spielerische Komponente. Diesbezüglich können wir Erwachsene von den Kindern viel lernen. Kinder schwimmen, fahren Rad und laufen spielerisch und sind fit dabei. Diese Fitness müssen wir uns als Erwachsene erst wieder erarbeiten. Dabei sollten wir das kindliche Spiel oft als Vorbild nehmen und nicht jede Stunde, Minute und Sekunde tierisch ernst nehmen und nur noch Stoppuhr, Kilometer, Durchschnittsgeschwindigkeit und Pulswerte kennen. Wer so engstirnig vorgeht, der kann keine große Lebensqualität für sich beanspruchen. Vergessen wir nie, Sport soll Spaß machen und nicht zu einer reinen Quälerei ausarten.

18.2 BADEURLAUB (MITTELMEERRAUM, KARIBIK, FERNREISEN)

Bis auf ein ausgiebiges Schwimmtraining, eventuell sogar Schwimmblocktraining, ist im sonnigen Süden oft nicht an Training zu denken. Ein sinnvolles Rad- und Lauftraining ist eigentlich nur in der Früh möglich, vorausgesetzt, entsprechende Trainingsstrecken sind überhaupt vorhanden. Lauf- und Radtraining in der Hitze tagsüber ist wegen der erhöhten Pulswerte oft weniger wirkungsvoll. Das Laufen am Sandstrand führt wegen des schrägen Untergrunds sehr schnell zu Knie- und Achillessehnenproblemen. Sollten Sie trotzdem eine Gelegenheit finden, Ihr Rad- und Lauftraining zu absolvieren, so ist unbedingt auf wirkungsvollen Sonnenschutz zu achten. Beim Radfahren ist auf jeden Fall ein Radtrikot zu empfehlen. Einmal der Sonne wegen und zweitens zur einfacheren Mitführung von fester Nahrung und Sonnencreme. Auch beim Laufen sollte nicht mit nacktem Oberkörper oder Top gelaufen werden, sondern mit einem geeigneten T-Shirt.

Auf ausreichenden Sonnenschutz muss immer wieder hingewiesen werden, da es für viele einfach in ist, bei hohen Temperaturen mit nacktem Oberkörper zu laufen oder zu radeln. Mit bösen Folgeerscheinungen: Schon der Schweiß auf der Haut hat eine Art Brennglasfunktion, sodass schon manchmal ein halbstündiger Lauf in der prallen Sonne den Grundstein für ernsthafte Hauterkrankungen bilden kann.

Wenn dann ein Lauf oder eine Radtour während der heißen Tageszeit stattfinden muss, so ist unbedingt ein Sonnenschutzmittel mit Schutzfaktor > 20 (besser 30) aufzutragen. Diese Creme sollte dann bereits eine halbe Stunde vor dem Training aufgetragen werden. Dabei bitte nicht die Ohren und die Nase vergessen!

Wichtiger Tipp:

Bereits bei der Reiseplanung Kontakt mit den einheimischen Sportvereinen aufnehmen. Wenn möglich, auch Rücksprache mit anderen urlaubenden Sportlern pflegen.

Im feuchtheißen tropischen Klima kann man versuchen, die allgemeine Fitness durch ein regelmäßiges Schwimmtraining einigermaßen zu erhalten, an ein ordentliches Lauf- und Radtraining ist aber wohl kaum zu denken. Hier bleibt, wie zuvor erwähnt, diese Phase als Zwischenregeneration zu nutzen. Ernste Gefahren lauern hier durch Tropenkrankheiten und Magen- und Darmprobleme, weniger ernste vom All-Inclusive-Büfett durch größere Gewichtszunahme und die Belastung durch Klima- und Zeitumstellung. Zu beachten ist weiterhin bei Fernreisen der sogenannte Jetlag. Während der Normaltourist dieses Problem durch ein paar Tage am Pool löst, ist die Leistungsfähigkeit des trainierten Athleten für einige Tage beeinträchtigt.

Hier gilt: Die Leistungsfähigkeit des Athleten ist etwa für einen Tag pro eine Stunde Zeitumstellung beeinträchtigt. Zwischen Deutschland und Florida beträgt die Zeitverschiebung sechs Stunden, demnach hat der Athlet zirka sechs Tage mit Leistungseinschränkungen zu rechnen. Dies gilt sowohl für den Hin- als auch für den Rückflug.

Da beim reinen Badeurlaub kaum ein umfangreiches Rad- und Lauftraining möglich ist, sollte dieser Aufenthalt in erster Linie als Regeneration genutzt werden, damit Sie danach wieder wirkungsvoll trainieren können. Gleichzeitig kann man den Schwerpunkt dieser Erholungsphase auf die Familie verlagern.

18.3 KULTUR- UND BESICHTIGUNGSTOUREN (PKW, BUS, FLUGZEUG, BAHN)

Langes Sitzen im PKW oder die Teilnahme an tage- und nächtelangen Busrundreisen ist das Schlechteste für den Triathleten. Nutzen Sie die alle drei Stunden verordnete, 10-minütige „Pinkel-Fotografier-Kombinationspause", um sich aktiv zu bewegen und zu stretchen. Versuchen Sie, in den Abend- oder Nachtstunden ein paar Kilometer zu traben. Während der Flugreise nehmen Sie pro Stunde 0,5 l Flüssigkeit zu sich. Die trockene Luft macht dies erforderlich. Gehen Sie auch so oft wie möglich im Bus oder Flugzeug herum. Das vermeidet Verspannungen und Thrombosen. Äußerst angenehme Erfahrungen habe ich in letzter Zeit mit dem Tragen von Stützkniestrümpfen während längerer Reisen gemacht. Auch ohne medizinische Notwendigkeit kann ich dies nur jedermann dringend empfehlen.

Bei langen Urlaubsfahrten mit dem Auto sollten Sie alle zwei Stunden eine Pause einlegen, sich ein wenig stretchen und auch lockeres Traben nicht vergessen.

18.4 BADE- UND WANDERURLAUB OHNE KLIMAWECHSEL

Im persönlichen Einzugsbereich von bis zu 1.000 km, z. B. beim Urlaub in Deutschland, Österreich, Oberitalien oder der Schweiz, ist die Verbindung Urlaub und Training am einfachsten zu realisieren. Der Wegfall der Zeit- und Klimaumstellung ist ein wertvoller Gewinn. Insbesondere gilt dies für kürzere Urlaube bzw. lange Wochenenden. Auch während heißer Sommer kann hier bei etwas Geschick noch gut trainiert werden. Die Ernährung erfordert üblicherweise auch keine große Umstellung und kann gegebenenfalls sportartgerecht angepasst werden.

Bei einem Wanderurlaub sollten Triathleten auf folgende Dinge achten

Manch ein Triathlet wird sich wundern, wie er mittels ausgiebiger Wanderungen seine Form über einige Wochen beibehalten kann. Bei diesen langen Wanderungen wird er feststellen, dass der Puls oft nur 10-20 Schläge pro Minute niedriger ist als bei den ruhigen Dauerläufen. Damit kann der Athlet zwar seine Form nicht verbessern, halten kann er sie jedoch allemal, zumal es im Wanderurlaub sicherlich die Möglichkeit gibt, ab und an eine kleine Laufeinheit einzulegen. Wer 3 x in der Woche eine solche halbstündige Lockerungseinheit einlegt, dem sind auch ein paar kurze Steigerungsläufe zu empfehlen.

Mit ausgedehnten Bergtouren, zumal noch mit großem Rucksack, um alle Utensilien für die ganze Familie mitzunehmen, sind wir voll im Grundlagentraining und im Fettstoffwechsel.

Die üblichen Aufstiegshilfen wie Seilbahnen und Sessellifte sollten eher für den Abstieg genutzt werden, da die Oberschenkelmuskulatur und die Kniegelenke beim Bergabgehen ungewohnt belastet werden und somit Muskelkater die Folge sein kann. Wichtig ist der Flüssigkeitsbedarf beim Bergwandern oder Bergsteigen. Durch geeignete Sportgetränke wird die Erholungszeit wesentlich verkürzt. Oft ist mit Trinkwasserquellen unterwegs zu rechnen. Hier empfiehlt sich die Mitnahme von Getränkepulver und eines Behälters, um beträchtliches Gewicht einzusparen.

Bei einem Badeurlaub sollten Triathleten auf folgende Dinge achten
Seen, Bergseen und Talsperren eignen sich in besonderer Weise für das Training von Triathleten. Ist mit der Familie alles abgestimmt und hat jedes Familienmitglied seinen individuellen Freiraum, so ergeben sich für den Triathleten während der Urlaubszeit professionelle Möglichkeiten.

In der Regel gibt es auch dort, wo sich Badeseen befinden, Möglichkeiten zum Rad- und Lauftraining. Also alles das, was sich ein Triathlet nur wünschen kann. Aber, Vorsicht, soll der Urlaub auch unter sportlichen Aspekten ein Erfolg werden, so ist er entsprechend vorzubereiten. Kein Triathlet wird es verkraften, wenn er mit wenigen Trainingsstunden pro Woche in den Urlaub reist und dort glaubt, alles Versäumte nachholen zu wollen. Das alles möglichst noch in zwei Wochen. Einen Trainingsumfang von beispielsweise fünf Stunden in der Woche kann man nicht ad hoc auf 30 Stunden ausdehnen, um diesen dann möglichst drei oder vier Wochen beizubehalten. Der Körper holt sich seine Ruhephasen entweder durch Verletzungen, durch Erkältungen oder durch eine zu starke Schwächung des Immunsystems. Der Kopf wird auch nicht allzu lange mitspielen. Unlust wird sich nach einer gewissen Zeit breitmachen.

Wie ich persönlich den jährlichen Sommerurlaub im Süden Österreichs nutze, zeigt die nachfolgende Zusammenstellung. Vorwegschicken muss ich, dass hier Absprachen innerhalb der Familie zu Grunde liegen. Mit meiner ein wenig Sport treibenden Frau lassen sich viele Trainingseinheiten gemeinsam absolvieren. So begleitet sie mich bei vielen Läufen per Rad.

Die nachfolgende Trainingsübersicht zeigt das Training während eines vierwöchigen Kärntenurlaubs. Nach Absolvierung des Ironman Kärnten erfolgte eine dreiwöchige Regenerationsphase mit anschließender Vorbereitung auf noch 5-6 Kurztriathlons.

Tab. 48

Tag	Schwimmen km	Radfahren km	Laufen km	Kommentar
Mo.	2,0	–	–	Tag nach dem Ironman Kärnten
Di.	–	–	10	Lauftreff, Seerunde
Mi.	0,5	–	–	
Do.	–	–	10	Lauftreff, Seerunde
Fr.	–	–	–	
Sa.	–	–	–	
So.	2,0	–	20	Laufbegleitung, locker
Summe:	**4,5**	**–**	**40**	

Tag	Schwimmen	Radfahren	Laufen	Kommentar
Mo.	2,9	–	11	Lauftreff
Di.	–	50	–	
Mi.	2,0	–	6	Mit Familie
Do.	2,0	–	–	
Fr.	2,0	–	12	Eichwaldsee
Sa.	2,0	45	10	Lauftreff, Seerunde
So.	1,5	–	–	
Summe:	**12,4**	**95**	**39**	

Tag	Schwimmen	Radfahren	Laufen	Kommentar
Mo.	0,5	–	15	Lauftreff
Di.	3 x 0,5	–		
Mi.	3 x 0,5	50	11	Lauftreff
Do.	3 x 0,5	–	20	Ganz ruhig
Fr.	3 x 0,5	–	–	
Sa.	–	25	–	Radtreff mit Familien
So.	0,750 1,250	–	6	Lauftreff, mit Anfängern gelaufen, Puls 105
Summe:	**8,5**	**75**	**52**	

Tag	Schwimmen	Radfahren	Laufen	Kommentar
Mo.	0,5	–	–	
Di.	1,0	–	8	Fahrtspiel
Mi.	2,0	–	–	Rückfahrt aus dem Urlaub
Do.	–	–	–	
Fr.	–	–	15	
Sa.	–	–	–	
So.	1,0	43	10	Thülsfe der Talsperre, Kurztriathlon 2:12 h, mittlerer Puls 150
Summe:	**4,5**	**43**	**33**	

Bei Wassertemperaturen von 25-26° C und vielfach 30° C Lufttemperatur bedeutete das für das Schwimmen kein Training, sondern ein reines Urlaubsvergnügen.

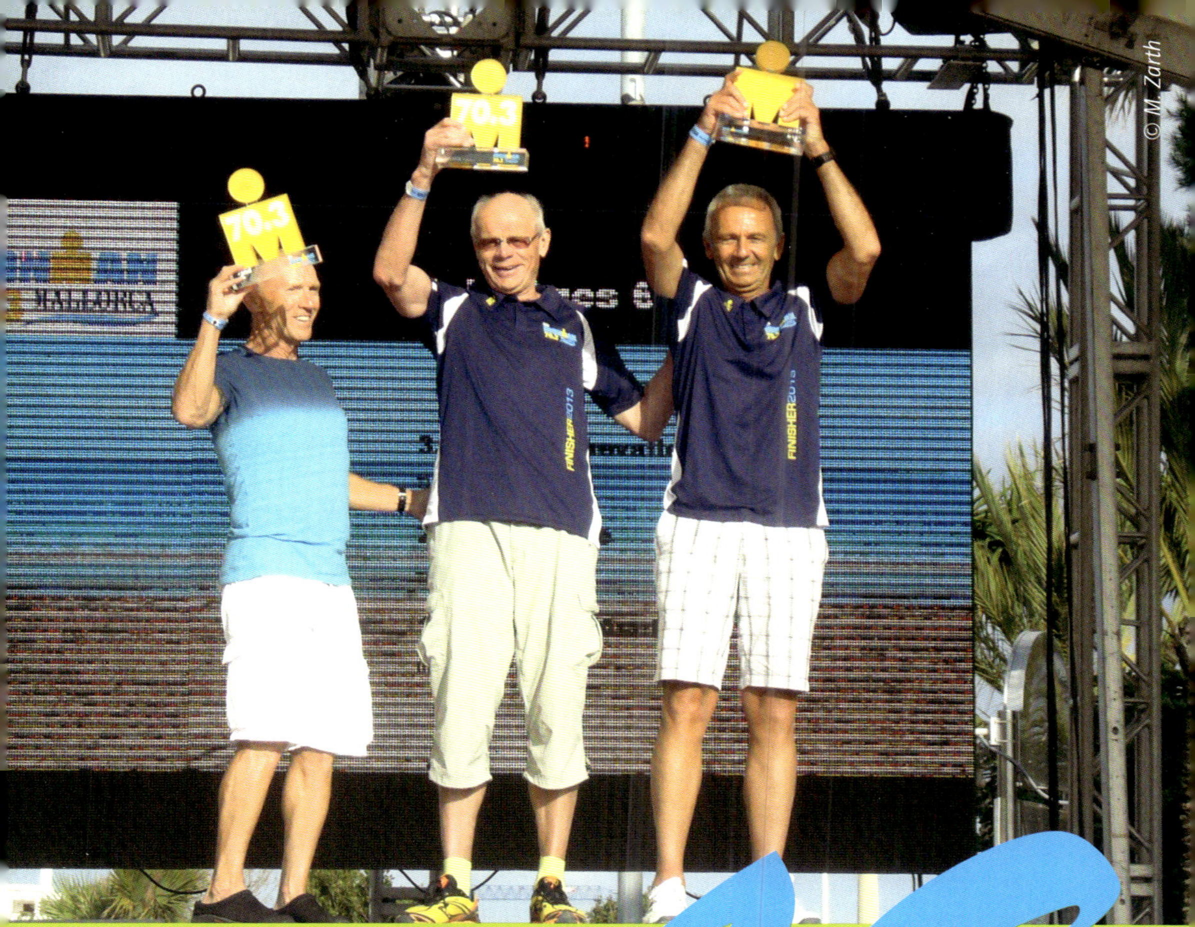

© M. Zarth

19

MACHT TRIATHLON SÜCHTIG?

19 MACHT TRIATHLON SÜCHTIG?

Immer wieder geistert es durch die Medien: „Süchtig durch Laufen, süchtig durch Ausdauersport, süchtig durch Triathlon". Was ist dran an diesen offensichtlich medienwirksamen Schlagzeilen? Sind die Endorphine, um die es hier geht, eine Gefahr für uns Ausdauersportler?

Ist es die Sucht, die ehemalige Leistungssportler aus dem Ausdauerbereich motiviert, ihrem Sport nach Beendigung ihrer Karriere, wenn auch in reduziertem Ausmaß, treu zu bleiben?

Jeder Ausdauersportler hat es bereits mehrfach erlebt. Nach einem trägen Start – sei es beim Schwimmen, Laufen oder Radfahren – bekommt man plötzlich Flügel. Der Sport fällt einem unglaublich leicht, man könnte Bäume ausreißen, man fühlt sich wie im siebten Himmel.

Das so angenehme – ja, fast berauschende – Gefühl, das während einer langen Trainingseinheit auftreten kann, ist auf körpereigene Endorphine zurückzuführen. Diese gehören zu den innerlichen Opiaten. Die Endorphine weisen eine große Ähnlichkeit mit der Droge Morphin auf und wirken ähnlich wie dieser Stoff oder wie Heroin. Morphin hat ein hohes Suchtpotenzial, wirkt stark schmerzlindernd und gehört zu den bekannten Medikamenten zur Schmerzbekämpfung bei Herzinfarkt- und Krebspatienten. Tatsächlich verfügen die körpereigenen Morphine, die Endorphine, über die zuvor genannten Wirkungen. Diese Endorphine sind also keine geheimnisumwitterte Substanz, sie gehören zu den uralten Überlebenshilfen des Menschen. Sie vermögen, in extremen Angst- und Stresssituationen Schmerzen auszuschalten und ermöglichen somit trotz schwerer Verletzungen die Flucht.

Verantwortlich für die Wirkung der Endorphine ist selbstverständlich die Menge. In geringer Konzentration – wie bei einer größeren Anstrengung – ist diese für die euphorische Wirkung verantwortlich, in hoher Konzentration unterdrücken Endorphine den Schmerz. Verschiedene Untersuchungen haben sowohl eine Erhöhung der Endorphinkonzentration nach einem einstündigen, langsamen Dauerlauf als auch nach kurzen, intensiven Läufen im anaeroben Bereich festgestellt.

Eine massive Suchtgefahr besteht bei den körpereigenen Endorphinen jedoch nicht, da die Wirkungszeit sehr gering ist. Die aus den Pflanzen gewonnenen Opiate weisen dagegen eine sehr viel längere Wirkungszeit auf, was dann schließlich zu den allseits bekannten Suchtproblemen führt.

Das heißt also ganz konkret: Nicht das Suchtverhalten treibt uns Ausdauerathleten zum sonntäglichen Long-Jog, sondern der Spaß und die Freude am Triathlon.

Weitere Wirkungen, die man den körpereigenen Endorphinen zuschreibt:

Nach einem anstrengenden Arbeitstag und einem ruhigen, langen Ausdauerlauf soll die Erhöhung der Endorphinkonzentration eine abbauende Wirkung auf die Stresshormone aufweisen. Beides fördert schließlich das Ein- und Durchschlafvermögen.

Also:

Die körpereigenen Endorphine können auf Grund ihrer geringen Wirkungszeit zu keiner Sucht werden. Die aus Pflanzen gewonnenen Opiate zeigen angesichts ihrer großen Wirkungszeit dagegen die bekannten Suchtprobleme auf.

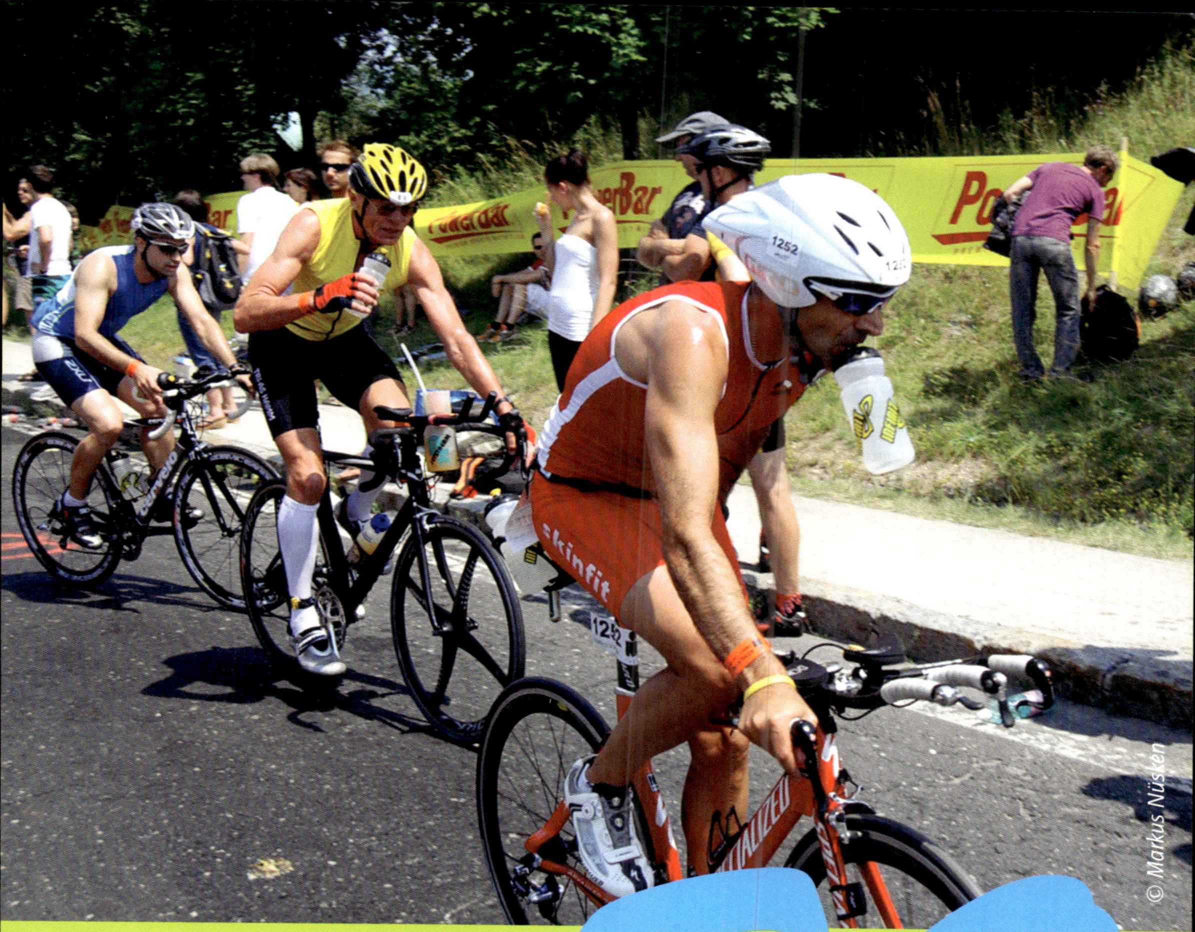

© Markus Nüsken

20

TRIATHLON – SCHADEN ODER SEGEN FÜR UNSER IMMUNSYSTEM?

20 TRIATHLON – SCHADEN ODER SEGEN FÜR UNSER IMMUNSYSTEM?

Triathlontraining kann sich, abhängig von der Intensität und vom Umfang, ganz unterschiedlich auf unser Immunsystem auswirken. Bei einem anhaltend hohen Trainingsumfang mit vielen intensiven Phasen (Übertraining) sind Infekte vorprogrammiert. Eine unzureichende Ernährung unterstützt dieses Problem, die Immunschwäche. Aus diesem Grund sollten rechtzeitige Regenerationsmaßnahmen selbstverständlich sein.

Die individuelle Belastbarkeit hängt von folgenden Faktoren ab:

1. Genetische Faktoren,
2. Ernährungszustand,
3. Trainingszustand (Trainingsumfang und -intensität),
4. sonstige Belastungen des Immunsystems: Stressbelastung, Schlafmangel, sowie
5. Lebensalter (junge Menschen regenerieren schneller als ältere Menschen).

Bei Berücksichtigung folgender Fakten kann ein leistungsorientiertes Training, welches auch intensivere Belastungen enthält, unser Immunsystem stärken. Das bedeutet andererseits, dass bei Beachtung bestimmter Faktoren, eine Schädigung des Immunsystems verhindert werden kann und somit die positiven Auswirkungen des Ausdauertrainings auf den Organismus ohne negative Folgen genossen werden können.

1. Vermeidung von Immunsystembelastungen wie Rauchen, übermäßiger Alkoholkonsum, Stress, Schlafmangel, langes Sonnenbaden.
2. Beachtung der individuellen Trainingsbelastbarkeit.
3. Angemessene Regeneration.
4. Ausgewogene Ernährung, fettarm, eiweißreich, vitalstoffreich.
5. Ausreichende Flüssigkeitszufuhr.

6. Richtiges Verhalten im Falle von Verletzungen und Erkrankungen.

7. Verletzungsvorbeugung.

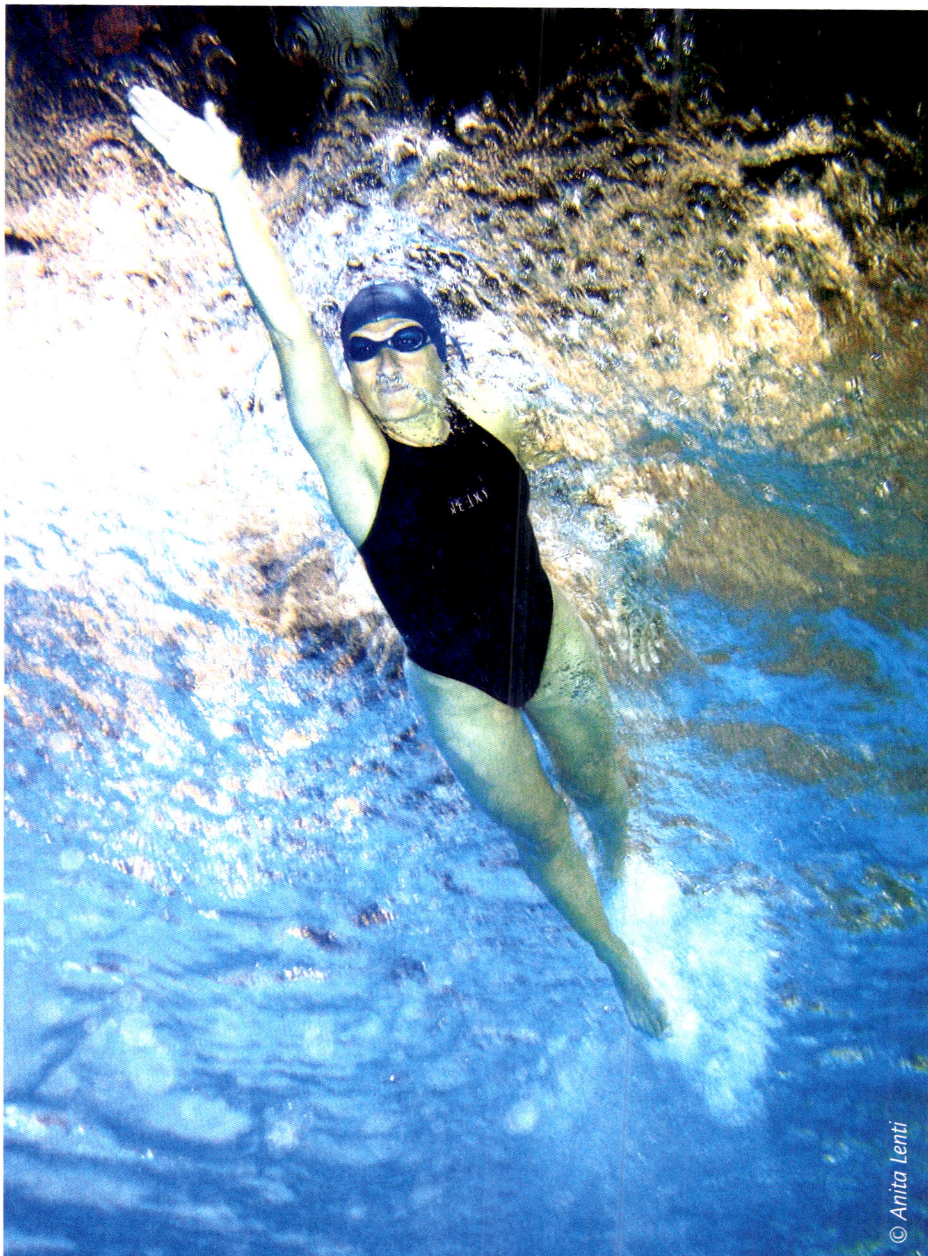

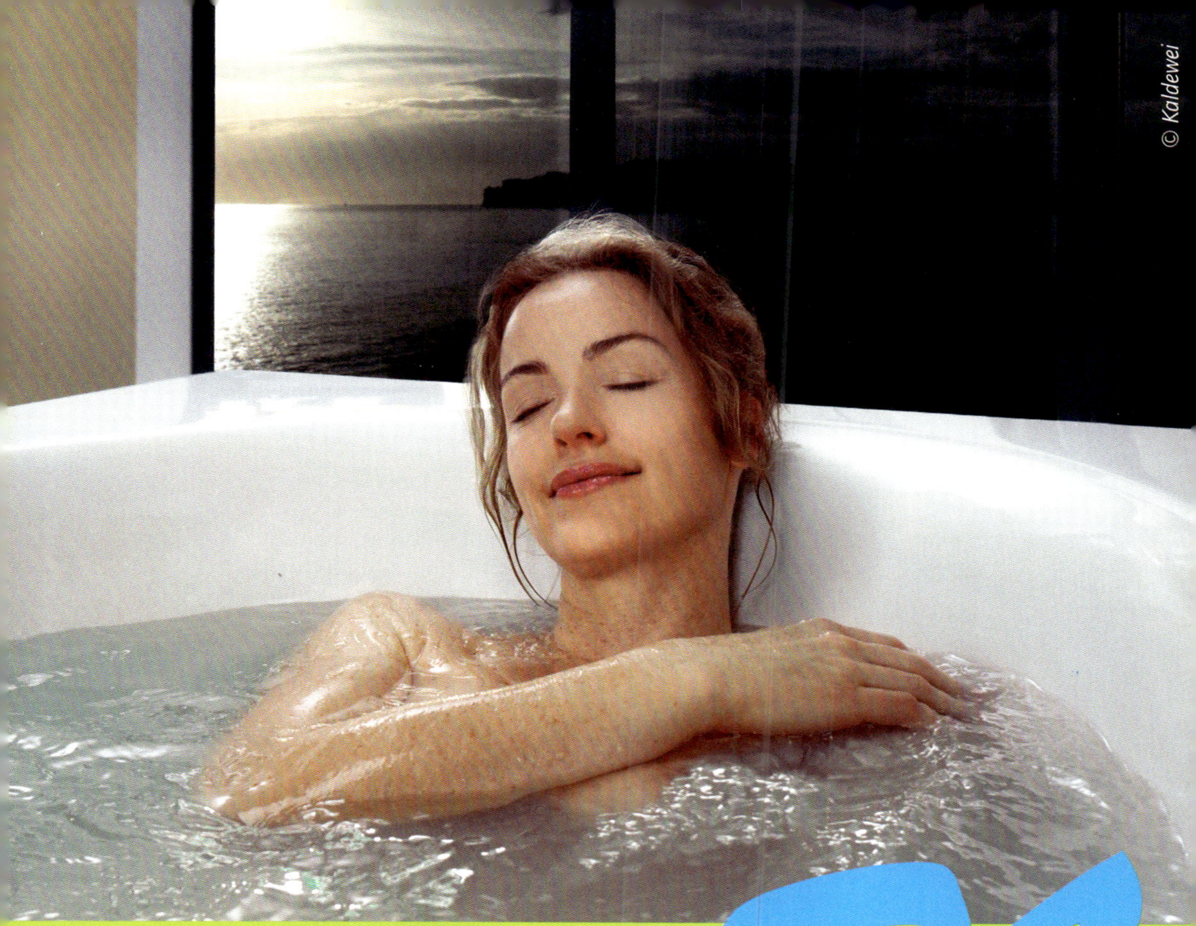

21

VERLETZUNGSVORBEUGUNG

21 VERLETZUNGSVORBEUGUNG

Die verbreitete Ansicht, dass Triathlon abhärtet, durch stressfreies Training die Abwehrkräfte des Körpers stärkt und die Psyche stabilisiert, ist mittlerweile durch viele medizinische Studien belegt. Diese Aussagen gelten für den Bereich des Breitensports. Stark leistungsorientierte Triathleten, die mehrmals wöchentlich oder auch täglich trainieren und sich feste Ziele stecken, fordern sehr viel von ihrem Körper. Auf einem hohen Belastungsniveau kann unser Körper daher anfälliger sein und es kann zu Anpassungsproblemen und Überlastungsschäden kommen. Der Grund hierfür liegt in einer unterschiedlichen Anpassungsstruktur der einzelnen Organsysteme bei sich wiederholenden Belastungen.

Unsere Atmung, der Stoffwechsel, die Verdauung und der Wasserhaushalt passen sich sehr schnell wiederholenden Belastungen an, unser Herz-Kreislauf-System mit einer gewissen Verzögerung. Diese zeitliche Verzögerung wird bei der Muskelanpassung noch größer. Eine ganz langsame Anpassung ist dagegen bei unserem Sehnen-Band-Apparat sowie bei den Gelenken festzustellen.

Aus dieser Tatsache heraus können sich für den leistungsorientierten Triathleten Anpassungsprobleme oder sogar Verletzungen bemerkbar machen, die bei entsprechender Prävention zu vermeiden sind.

Anmerkung: Ich bin kein Arzt und nicht qualifiziert, medizinischen Rat zu erteilen. Da ich aber seit knapp 38 Jahren laufe und seit 35 Jahren Triathlon betreibe, habe ich in meinem sportlichen Umfeld eine Reihe von typischen Sportlerproblemen erfahren. Was in diesem Kapitel folgt, ist als Rat von einem Triathleten zum anderen zu verstehen und nicht als professioneller medizinischer Rat zu sehen. Sollte jemand irgendwelche Zweifel wegen einer Verletzung hegen, so ist selbstverständlich ein Arztbesuch anzuraten.

Persönlich muss ich für mich feststellen, dass es mir in mehr als 30 Jahren systematischen Triathlontrainings gelungen ist, bis auf einige kleinere Zerrungen (auf Grund mangelhafter Dehnung) und zwei Radstürze mit Rippenprellungen und dem Bruch eines Schlüsselbeins, verletzungsfrei zu bleiben.

Triathlon ist eine Ausdauersportart, mit deren Hilfe das Herz-Kreislauf-System gestärkt und viele Muskelgruppen gekräftigt werden. Wer jedoch nach langen Jahren sportlicher Abstinenz mit einem systematischen Training beginnen will, sollte vorab einen Arzt aufsuchen. Dabei ist es empfehlenswert, einen Mediziner zu Rate zu ziehen, der dem Sport gegenüber möglichst positiv eingestellt ist.

Allerdings kann es auch bei diesen Ärzten vorkommen, dass – wenn der Begriff Triathlon erwähnt wird – diese nur an den medienträchtigen Ironman-Hawaii-Triathlon denken und dann einem Anfänger mit Skepsis begegnen. Klären Sie dann Ihren Mediziner dahin gehend auf, dass der Triathlon mit Anfänger- und Jedermanndistanzen von 500 m Schwimmen, 20 km Radfahren und 5 km Laufen beginnt und auch hierbei schon ein regelmäßiges Training erfordert.

Obwohl beim Triathlon die Gefahren von Sportverletzungen relativ gering sind, ist niemand dagegen gefeit. Eine absolute Trainingspause sollte bei fieberhaften Erkältungskrankheiten, bei Grippe oder Magen-Darm-Infektionen erfolgen. Nach dem Abklingen der Infektion ist es ratsam, noch zwei oder drei Tage zu pausieren und dann erst wieder mit einem ruhigen und leichten Training zu beginnen.

Vorbeugung, Prävention von Verletzungen

Wer im Training und Wettkampf einige simple und einleuchtende Grundsätze beherrscht, kann selbst in hohem Maße zum verletzungsfreien Zustand beitragen. Hierzu gehören:

- Gut sitzendes und richtig gedämpftes Schuhwerk tragen.
- Trainingskilometer beim Laufen um nicht mehr als 10 % pro Woche steigern.
- Nach harten Trainingstagen stets einen lockeren oder trainingsfreien Tag folgen lassen.
- Regelmäßig Flexibilitätstraining und Dehnübungen durchführen.
- Niemals ohne Radhelm fahren.
- Zuerst den Trainingsumfang, dann die Trainingsintensität steigern.

Der einmalige Vorteil des Triathleten besteht ja darin, dass Probleme beim Laufen immer noch das Rad- und Schwimmtraining zulassen. Ähnlich verhält es sich mit den anderen Sportarten. Trainingsnachteile in einer Disziplin können zumeist durch verstärktes Training in den anderen Disziplinen kompensiert werden. Außerdem helfen häufig die guten alten Prinzipien „Ruhe und Erholung" oder „Dr. Zeit und Dr. Schonung" erstaunlich schnell, gut und zudem recht preiswert.

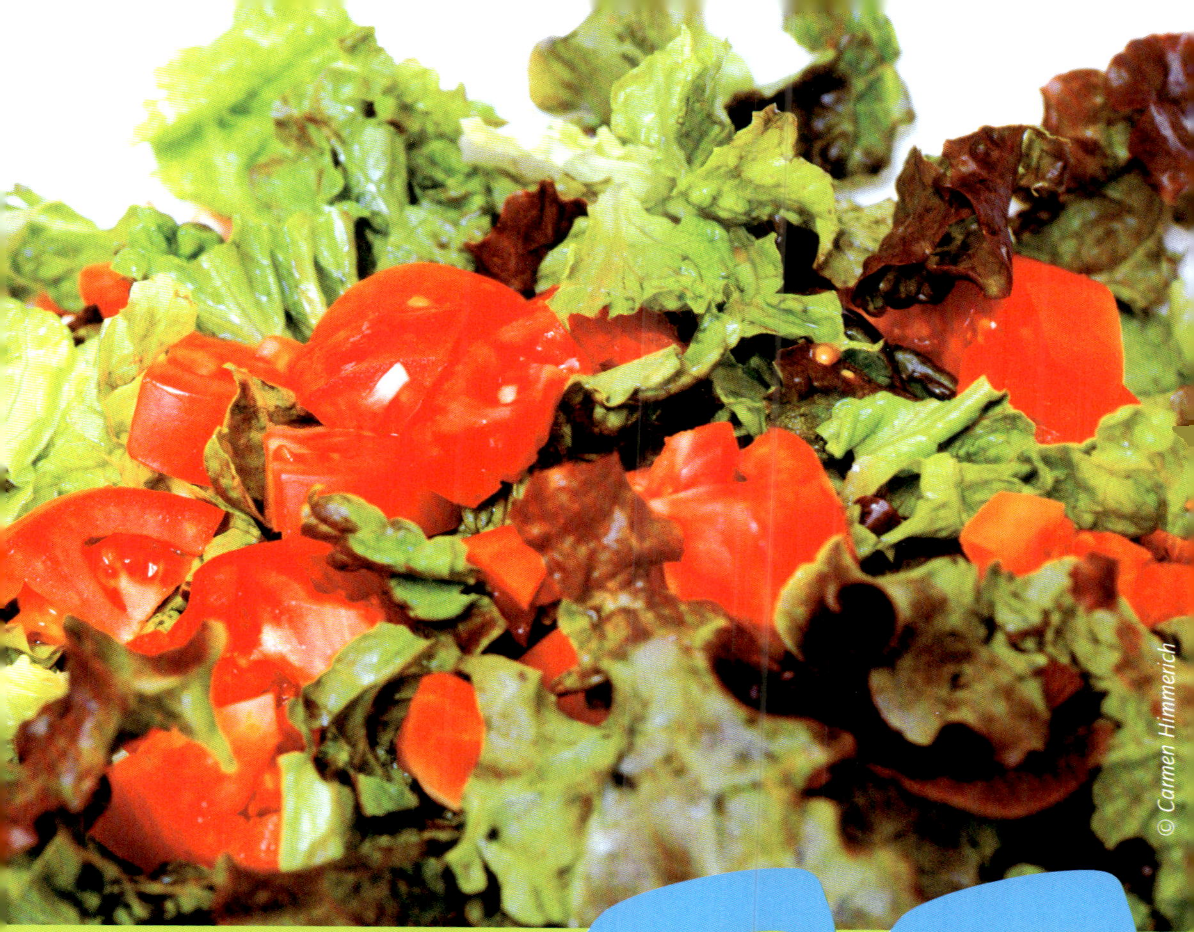

© Carmen Himmerich

22

TRIATHLON UND ERNÄHRUNG

22 TRIATHLON UND ERNÄHRUNG

Grundsätzliche Aspekte zur Ernährung des Triathleten und auch die unmittelbar mit Training und Wettbewerb zusammenhängenden Fragen sind bereits ausführlich in *Triathlontraining* angesprochen worden. Daher folgen hier nur noch ein paar zusammenfassende Tipps.

- Beim Laufen mit völlig entleerter Harnblase kann es zu Verletzungen an der Blasenschleimhaut kommen. Die Folge ist nach dem Wettbewerb rötlich verfärbter Urin.
- Vor dem Wettbewerb einen Versorgungsplan aufstellen.
- Alle 15-20 Minuten 150-200 ml aufnehmen (kann man sich gut merken)!
- Bis 800 ml pro Stunde kann der Körper aufnehmen.
- 2-3 km vor längeren Anstiegen einen kräftigen Schluck Flüssigkeit aufnehmen.
- Das richtige Sportgetränk bietet ein ausgewogenes Verhältnis an Mineralien und Vitaminen, da über den Schweiß Mineralien und wasserlösliche Vitamine verloren gehen.
- Besonders wichtige Elektrolyte sind Magnesium und Kalzium (effektive Muskelfunktion, Schutz vor Krämpfen).
- Kalium und Natrium dienen dem Wasserhaushalt im Körper.
- Trotz Wasseraufnahme kann es im Körper zu einer Wasserverarmung (Dehydratation) kommen, wenn kein Natrium im Wasser enthalten ist.
- Fünf Minuten vor dem Start 300-600 ml Flüssigkeit aufnehmen.

Während der langen Wettbewerbe, vor allem auf der Radstrecke, hat sich bei mir ein Mix aus Elektrolytgetränk plus Kohlenhydratzusatz plus Brottrunk® bewährt.

Dabei werden die notwendigen Elektrolyte durch das überall gereichte Elektrolytgetränk und den selbst mitzuführenden Brottrunk® ersetzt, die notwendigen Kohlenhydrate durch ein entsprechendes Konzentrat, z. B. Peeroton®. Diesen Mix stelle ich mir innerhalb meines Trinksystems am Lenker selbst her. Zusätzlich können Kohlenhydrate durch Kraftriegel und Brot aufgenommen werden.

Im Wettbewerb COLA?

Cola ist zu elektrolytarm. Cola enthält zwar mit 460 kcal/l viel Energie, jedoch nur in Form von Einfachzucker, der den Blutzuckerspiegel sprunghaft erhöht. Dies führt wiederum zur verstärkten Insulinausschüttung aus der Bauchspeicheldrüse. Gleichzeitig wird die Glukoseabgabe aus der Leber gehemmt. Die zugeführte Glukose ist sehr schnell aufgenommen, der Nachschub aus der Leber ist jedoch zu gering. Folglich fällt der Blutzuckerspiegel wieder ab, manchmal sogar unter das Ausgangsniveau, es kommt zur Erschöpfung.

Also, entweder regelmäßig (alle 10-15 Minuten) für Nachschub sorgen oder lieber ein Getränk mit langkettigen Kohlenhydraten aufnehmen.

Diese gelangen langsamer ins Blut und halten den Insulinspiegel relativ konstant. Das gleiche Prinzip sollte auch für feste Nahrung gelten.

Daher wichtig:

1. Getränke im Training auf ihre Verträglichkeit testen.
2. Nachfragen, welche Getränke an den offiziellen Verpflegungsständen gereicht werden.
3. Eventuell Eigenverpflegung bereitlegen.
4. Getränke dürfen nie eiskalt sein.

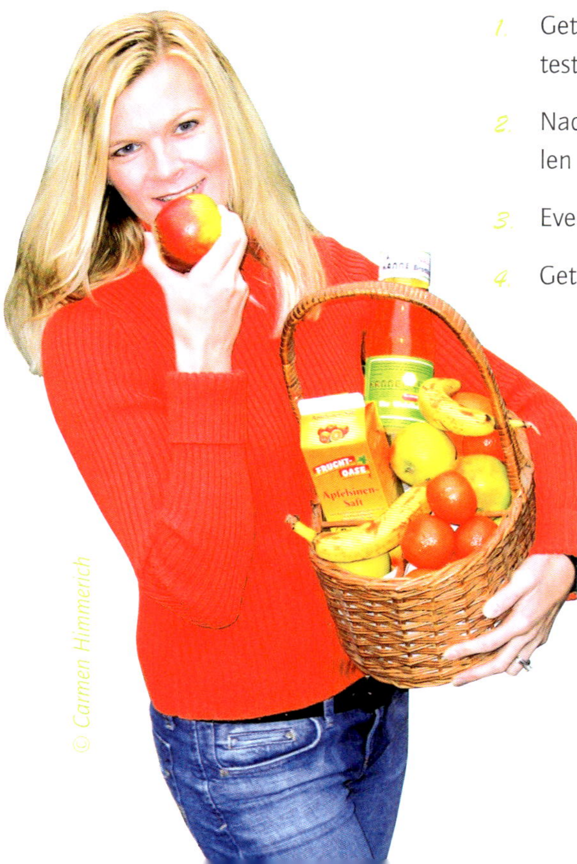

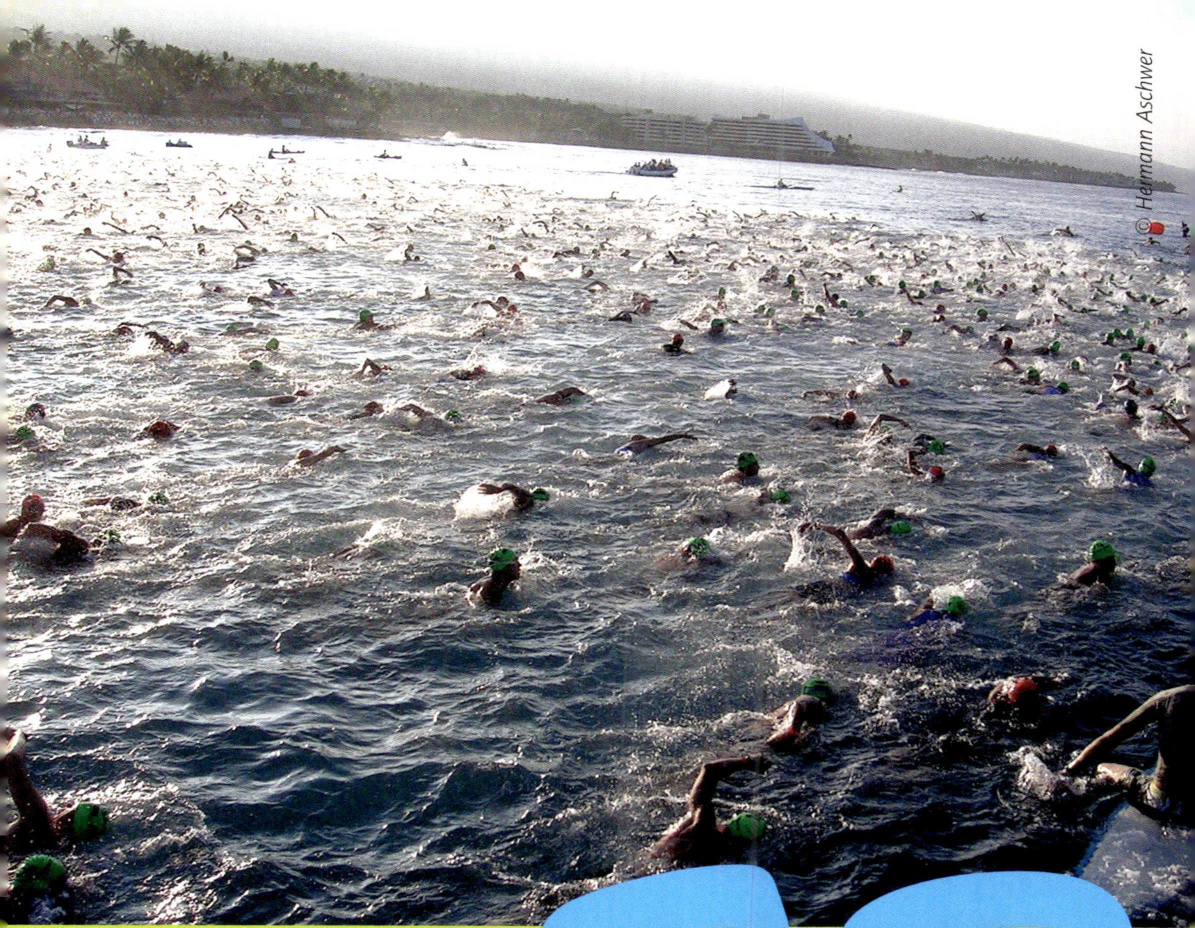

© Hermann Aschwer

23

DIE FASZINATION DES IRONMAN HAWAII-TRIATHLONS

23 DIE FASZINATION DES IRONMAN HAWAII-TRIATHLONS

Die aktuellen Ergebnisse, sämtliche Informationen rund um den Ironman Hawaii und seine Qualifikationswettbewerbe finden Sie im Internet unter

www.ironmanlive.com

Derzeit gibt es weltweit zahlreiche Ironman-Veranstaltungen, bei denen man sich über die einzelnen Altersklassen für die Ironman-Weltmeisterschaften auf Hawaii qualifizieren kann.

Was steckt eigentlich dahinter, wenn Triathleten, Betreuer, Zuschauer und andere Eingeweihte über den Ironman Hawaii Aussagen tätigen wie:

- Ironman, more than a race!
- Das Wimbledon der Triathleten liegt auf Hawaii!
- Ironman – Triathlon pur!
- Ironman, die absolute Herausforderung!
- Ironman ist wie heiß und kalt, wie schwarz und weiß, wie gut und schlecht zusammen. Gut, weil es so intensiv ist wie in einer großen Familie, schlecht, weil man darin gefangen ist und nicht entkommen kann.

Aus all diesen Äußerungen wird eines recht deutlich: Irgendetwas Besonderes, etwas Mystisches, Eigenartiges, Einmaliges muss dieser Ironman auf Hawaii für die Triathleten besitzen.

Nachfolgend wird nun versucht, diese Geheimnisse des Ironman-Hawaii-Triathlons zu erklären, den Geist von Hawaii – the Spirit of Hawaii Ironman Triathlon – zu deuten, zu visualisieren oder einfach verständlich zu machen, um dem Leser Eindrücke zu vermitteln, warum der Ironman etwas Magisches und Gigantisches ist.

Für nahezu jeden Triathleten gilt der Ironman auf der Paradiesinsel Hawaii als die Krönung seiner sportlichen Betätigung. Der „Wettbewerb" der Wettbewerbe übt mit seinem einzigartigen Flair, seinen außergewöhnlichen klimatischen Verhältnissen, seiner perfekten Organisation und seinen ungemein freundlichen Helfer- und Zuschauermassen magische Kräfte auf Athleten aus aller Welt aus.

Die Entscheidung, Triathlon als olympische Sportart im Jahre 2000 zu präsentieren, hat der Kombinationssportart neue Impulse verliehen. Das Medieninteresse am Triathlon ist sowohl durch die leistungssportlichen Highlights wie Hawaii und seine 23 weltweit durchgeführten Ironman-Veranstaltungen deutlich angestiegen, aber auch eine Studie der Universität Wien, die 50 Sportarten untersuchte, hat für Furore gesorgt. Diese Sportanalyse hat dem Triathlon auf Grund des hohen Gesundheitswerts, der Verletzungsarmut und der Umweltfreundlichkeit eine gute Zukunft attestiert und ihn dabei an die erste Stelle gesetzt.

Nach Einführung der offiziellen internationalen Weltmeisterschaften gab es Stimmen, die Hawaii bereits totsagten. Andere waren der Meinung, dass sich Hawaii nach vielen Jahren „totlaufen" würde, die Athleten hätten die Nase voll von immer dem gleichen Ort, denselben Bedingungen ... ja, denselben Siegern? Rein theoretisch wäre so etwas tatsächlich möglich und hat sich auch in vielen Fällen bereits bewahrheitet. Alles, was sich dauernd wiederholt, muss zwangsläufig irgendwann out sein.

All diese Theorien gelten für den Ironman Hawaii ohne Wenn und Aber absolut nicht. Was in Hawaii abläuft, ist Triathlon pur. Nirgendwo auf der Welt existiert eine derart faszinierende Ambiance um einen Triathlonwettkampf wie auf Big Island, Hawaii; weder für die Athleten noch für die Zuschauer.

Der angeblich härteste Wettkampf der Welt, die mit Sicherheit aufgewühltesten Schwimmmeilen in allen Meeren, die heißeste Radstrecke, der extremste Marathon – die sportlichen Superlativen zieht magisch all diejenigen an, für die der Triathlon mehr als nur Sport geworden ist. Passion, Faszination, Trip für jeden Athleten.

Was einmal nichts anderes als eine großspurige Idee einiger frustrierter Freizeitsportler war, ist innerhalb von wenigen Jahren zu einem Sport geworden, der Millionen begeistert und den weltweit mittlerweile Millionen praktizieren. Triathlon gewinnt nach wie vor immer neue Fans.

Triathlon ist zu einem Trendsport geworden.

Dieses kurz beschriebene Hawaii-Phänomen ist keine Eintagsfliege mehr, sondern ein realer Zustand, der nunmehr 25 Jahre anhält und dabei von Jahr zu Jahr noch stärker, noch intensiver, noch herausfordernder geworden ist.

Im Laufe von 20 Jahren durfte, konnte ich persönlich feststellen, dass es trotz Absolvierung von 30 Hawaii-Distanzen in aller Welt, trotz Bewältigung einer doppelten Hawaii-Distanz und trotz 75 Marathonläufen NICHTS GLEICHWERTIGES gibt. Der Hawaii-Triathlon ist einfach das Nonplusultra der Ausdauersportler, der Ausdauerkönige. Einige Jahre ohne den Ironman Hawaii zeigen auch bei mir deutliche Entzugserscheinungen auf. Diese äußern sich in der Weise, dass meine Kreativität so weit gefragt ist – nach realistischen Möglichkeiten zu suchen, um abermals Hawaii in die persönlichen Planungen einzubeziehen. Besonders deutlich zeigen sich die Entzugserscheinungen dann, wenn zu unseren nächtlichen Stunden der Ironman auf Hawaii tobt. An Schlaf ist absolut nicht zu denken, da nicht nur die Gedanken bei den knapp 2.000 Triathleten auf Hawaii sind, sondern auch die Arme und Beine am liebsten mitschwimmen, -radeln und -laufen würden.

Für alle Triathleten ist der Hawaii-Triathlon die Herausforderung schlechthin. Verbunden mit den magischen Eindrücken der Südseeinseln, sind hier alle Superlative zulässig und machen eine Beschreibung von daher nicht ganz einfach.

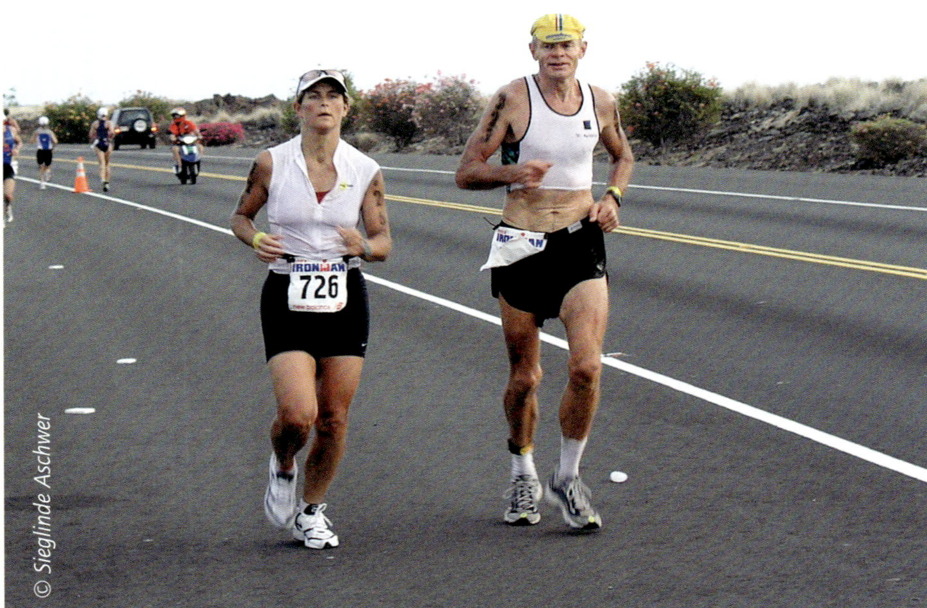

© Sieglinde Aschwer

Lassen Sie mich an dieser Stelle einige gesammelte Aussprüche der vergangenen Jahre von Triathleten, Betreuern, Kommentatoren, Zuschauern und Mitreisenden zitieren, die mithelfen können, die Faszination des Ironman Hawaiis zu beschreiben. Des Weiteren sollen nachfolgende Bekundungen helfen, die im Zusammenhang mit meinem ersten Buch, Mein Abenteuer Hawaii-Triathlon, getätigt wurden, sowie Gesprächsnotizen, Äußerungen bei Vorträgen und Diskussionen, wenn es um den Hawaii-Triathlon oder einen seiner zahlreichen Qualifikationswettkämpfe ging, die Hintergründe zu verstehen.

- Ausgerechnet auf Hawaii (Big Island), der größten unc heißesten der Hawaii-Inseln, finden die Ironman Triathlon Worldchampionships über die unendlichen 3,86 km Meeresschwimmen, 180 km Radfahren und einen Marathonlauf von 42,195 km statt.
- Man muss nicht unbedingt Hawaii-Finisher sein, um in den Bann des Langdistanz-Wettbewerbs zu geraten. Jeder Nichttriathlet lässt sich allein von den Distanzen und den klimatischen Verhältnissen Hawaiis beeindrucken. Der Kampf gegen den inneren Schweinehund ist nicht alles, was den Langdistanz-Wettbewerb zum bedeutendsten Triathlon auf der Welt macht.
- Der Mythos Hawaii wird weiterhin bestehen bleiben, trotz Olympia und Weltmeisterschaften.
- Hawaii-Triathlon, als extreme Nonstopausdauerprüfung bekannt, bietet als Kombination der beliebtesten Ausdauersportarten Schwimmen, Radfahren und Laufen auch die Möglichkeit, sich psychisch und mental voll zu fordern.
- Nur mitmachen kann auf Hawaii seit 1988 schon lange nicht mehr jeder. Weltweite Vorqualifikationen entscheiden und trennen die Spreu vom Weizen. Es müssen schon die Könner des Triathlons sein, die an den Ironman-Weltmeisterschaften teilnehmen dürfen.
- Wenn in Kona, Big Island, das Ironman-Fieber ausbricht, dann handelt es sich keineswegs um eine lasche Erkältungswärme, sondern um eine Hitzewallung bis zum Delirium. Ironman und Triathlon sind Zauberwörter, die auch bei jedem Hawaiianer leuchtende Augen hervorrufen. Triathlon ist dermaßen in, dass es fast schon zu viel ist. Ironman-Menü in jedem Restaurant, Ironman-Cocktail an der Bar, Ironman-T-Shirts auf gestählten Brustkörben und schlaffen Bäuchen, Ironman-Eisbecher, Ironman-Pizza und gepfefferte Ironman-Preise.
- Wer Triathlon erleben möchte, der kann dies in Kailua-Kona bis zum schier Extremen. Einen besseren Ort gibt es wohl dafür kaum.
- Wer jemals als Ironman oder Ironwoman durch den Pazifik pflügte und die Lavafelder radelnd und laufend durchquerte, ist vom Kona-Fieber endgültig gepackt, wird

es nie wieder los. Und wer sowieso in seinem Leben davon geträumt hat, einmal auf den „Sandwich-Inseln" herumzustreifen, der sollte es so einrichten, dass er am Race Day abends, lange nach Sonnenuntergang, im Zielbereich ist. Was sich dort an Stimmung, Begeisterung und sportlichem Spaß abspielt, sucht weltweit tatsächlich seinesgleichen.

- Der Ironman in Kona. Gral des Triathleten schlechthin, das Nonplusultra im Dreikampf, der Wettkampf der Wettkämpfe, „the Date", Trendsetter und Stimmungsbarometer für die kommende Saison ... was hat dieses Event nicht schon alles für Bezeichnungen erfahren.
- Hawaii ist die absolute Herausforderung für den menschlichen Körper. Hawaii zu gewinnen, bedeutet mehr als ein Olympiasieg.
- Noch jetzt frage ich mich manchmal, wenn ich beim Radtraining da draußen gegen den Wind oder beim Laufen mit dieser Affenhitze kämpfe, wie es eigentlich am Renntag möglich ist, hier durchzukommen.
- Für dieses Rennen bin ich beim Triathlon. Das sagt doch alles über die Bedeutung aus!
- Auf einer Kurzdistanz tritt man in erster Linie gegen die anderen an, auf Hawaii und einer Langstrecke nur gegen sich selbst.
- Die magische Anziehung des Ironmans ist trotz oder gerade wegen Olympia unverstärkt wirksam, da mit dem Begriff Ironman Hawaii nach wie vor der Nonplusultrawettbewerb für Ausdauersportler gemeint ist. Dieses Rennen vereinigt den Mythos aller nur denkbaren anderen sportlichen Highlights auf sich und in sich. Als da sind
  - das Wimbledon-Turnier für Tennisspieler,
  - die Tour de France für Radfahrer,
  - den Admiral's Cup der Segler,
  - eben, das „Trauma", die „Krönung", der „Triathlongipfel" schlechthin.

Abschließend bleibt zu fragen: „Was ist eigentlich eisern am schwimmenden, radelnden und laufenden Ironman?"

- Das eiserne Herz? Wohl kaum, bei dem erforderlichen Ausdauertraining.
- Die eiserne Lunge? Bei 8-17 h Wettkampfdauer wäre dies eine Unmöglichkeit.
- Die eisernen Muskeln? Sie werden pausenlos gefordert und müssen damit genau das Gegenteil von eisern und statisch, nämlich elastisch und dehnbar sein.

Bleibt also nur der eiserne Wille übrig, der erforderlich ist, um trotz aller Schwierigkeiten das Ziel nach 226 km schwimmend, radelnd und laufend zu erreichen.

Diesen Geist vom Ironman Hawaii, diese Faszination des Hawaii-Triathlons, muss man als Triathlet, Betreuer, Funktionär, Trainer, Reporter, Familienangehöriger oder einfach als Urlauber erlebt haben, um den Wert dieses imposanten Abenteuers nachvollziehen zu können.

Ich hoffe, Ihnen einen kleinen Eindruck von alledem in Kap. 13.2 vermitteln zu können.

Für all diejenigen, für die Hawaii aus welchen Gründen (sportlich, finanziell, beruflich, familiär) auch immer, nicht erreichbar ist, gibt es ja die Möglichkeit, weltweit bei einer der großen Ironman-Veranstaltungen zu finishen und sich damit den Traum vom Ironman zu erfüllen.

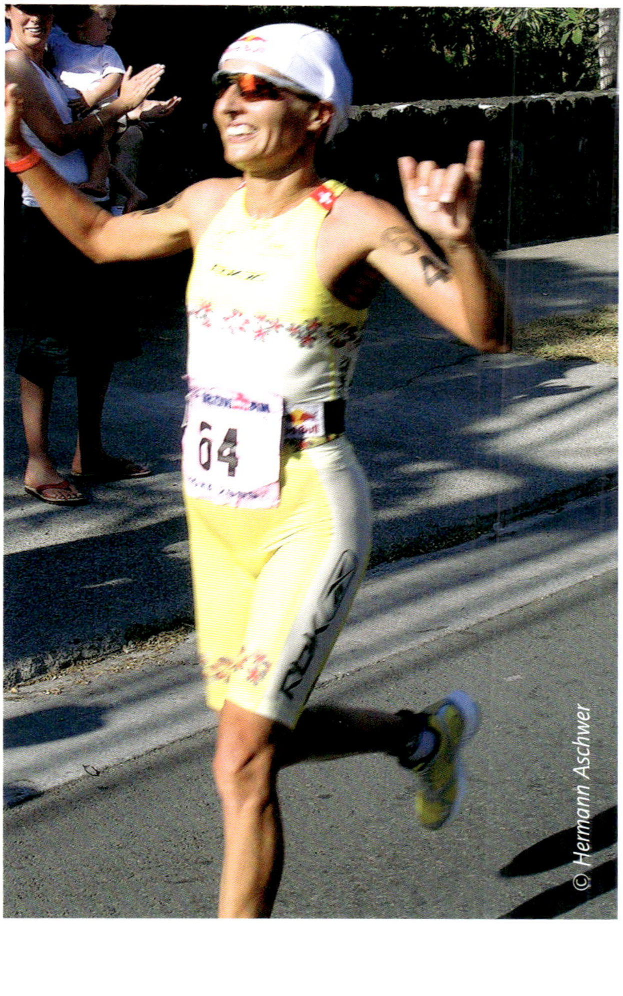

© Hermann Aschwer

ANHANG

TABELLEN

Für die Steuerung des Trainings ist es wichtig, seinen tatsächlichen maximalen Pulswert für das Laufen und das Radfahren zu kennen. Gesunde Master sollten sich nicht auf die grobe Formel 220 – Lebensalter für Männer und 226 – Lebensalter für Frauen verlassen und nach den bereits beschriebenen Methoden zumindest 2 x jährlich ihre Werte überprüfen. Einmal bietet es sich innerhalb des Vorbereitungszeitraums an und zu Beginn des Wettbewerbszeitraums. Für mich sind das die Monate Februar/März und Juni/Juli.

Mithilfe dieser recht einfachen, selbst zu ermittelnden Werte lässt sich das Trainingsspektrum in sechs Bandbreiten oder Stufen unterteilen. Je nach Trainingszustand, Alter, Trainingszeitraum, den bevorstehendem Wettbewerb und Umfeld sind jetzt die unterschiedlichen Intensitäten zu kombinieren. Nähere und konkrete Vorschläge finden wir in den Trainingsempfehlungen wieder vor.

Tab. 49: Die sechs Pulsfrequenzstufen für unterschiedliche Trainingsansprüche

Stufe	Beschreibung des Trainings	Lauftraining % vom max. Pulswert	Radtraining % vom max. Pulswert	Trainingsform	Lauftraining z. B. max. Puls 173	Radtraining z. B. max. Puls 168
1	Mühelos, erholsam Regeneration	60-70	55-65	Fettverbrennung, Grundlagenausdauer	104-121	93-109
2	Ruhiges Training	70-75	65-70	Grundlagenausdauer	121-130	109-118
3	Lockeres Training	75	70	Grundlagenausdauer	130	118
4	Flottes Training	75-80	70-75	Ausdauertraining	130-138	118-126
5	Sehr flottes Training (zügig)	80-85	75-80	Schnelligkeitsausdauertraining	138-147	126-134
6	Hartes Training	85-90	80-85	Tempodauerlauf Tempofahrt	147-156	134-143

Aus den beiden rechten Spalten der Tabelle lässt sich eine einfache Merkregel ableiten:

- Bei gleicher Trainingsstufe ist der Pulswert beim Radfahren um 10 % niedriger als beim Laufen!

Erläuterungen der sechs Pulsfrequenzstufen für unterschiedliche Trainingsansprüche
Wer mit dem Ausdauertraining beginnt, muss folglich in anderen Bereichen trainieren als die leistungsorientierten Athleten. Während für Anfänger die Stufen 1-2 von besonderer Wichtigkeit sind, stellen für die fortgeschrittenen und leistungsorientierten Master die Stufen 1-5 die Hauptanteile ihres Trainings dar.

Stufe 1

Der Fettverbrennungsbereich mit einem Puls von etwa 60-70 % des Maximalpulses

Bei dieser Belastung hat der Körper die Möglichkeit, als Hauptenergielieferant die Fette heranzuziehen. Dies ist dann der Fall, wenn die Belastungsdauer mindestens eine Stunde beträgt. Die Trainingsintensität ist nicht so hoch, dass das anfallende Laktat die Fettverbrennung behindert. Für leistungsorientierte Athleten verkörpert dieser Bereich das regenerative Training.

Stufe 2, 3, und 4

Der aerobe Bereich mit einem Puls von etwa 70-80 % des Maximalpulses

Dieser Bereich gilt im Training als derjenige, in dem Triathleten sich zeitlich am häufigsten bewegen. Er gilt als Standardtrainingsbereich. Das Training in diesem Bereich wird als „mittlere Belastung" oder schon als „Anstrengung" empfunden. Wenn Sie sich hinsichtlich Ihrer Leistung verbessern wollen, also schneller im Laufen, Radfahren oder Schwimmen werden wollen, ist dieser Bereich besonders wichtig. Die Energien für die Fortbewegung werden aus den Fetten und den Kohlenhydraten bereitgestellt. Je intensiver die Belastung, umso mehr Kohlenhydrate werden zur Energielieferung benötigt.

Stufe 5 und 6

Der anaerobe Bereich mit einem Puls von etwa 80-90 % des Maximalpulses

In diesem Bereich sollten Sie nur dann trainieren, wenn Sie Ihre anaerobe Kapazität verbessern möchten. Dies gilt für leistungsorientierte Athleten. Das Training in diesem Bereich wird als „hart" oder „sehr anstrengend" empfunden. Voraussetzung für diese Trainingsart ist eine sehr gut entwickelte aerobe Grundlagenausdauer und eine absolute Gesundheit. Auf die Einschränkungen für die reiferen Master-Jahrgänge habe ich bereits unter dem Punkt „Maximalpuls" hingewiesen.

Pulswerte für das Schwimm-, Rad- und Lauftraining

Zu beachten ist jedoch, dass die maximalen Pulswerte in allen drei Disziplinen unterschiedlich sind. Hilfreich ist es, diese nach dem ersten Teil des Vorbereitungszeitraums und im Wettbewerbszeitraum zu überprüfen.

Meine individuellen maximalen Pulswerte

Tab. 50

Datum	z. B. 03.03.2017	z. B. 30.06.2017
Max. Puls Schwimmen	160	
Max. Puls Rad fahren	168	
Max. Puls Laufen	175	

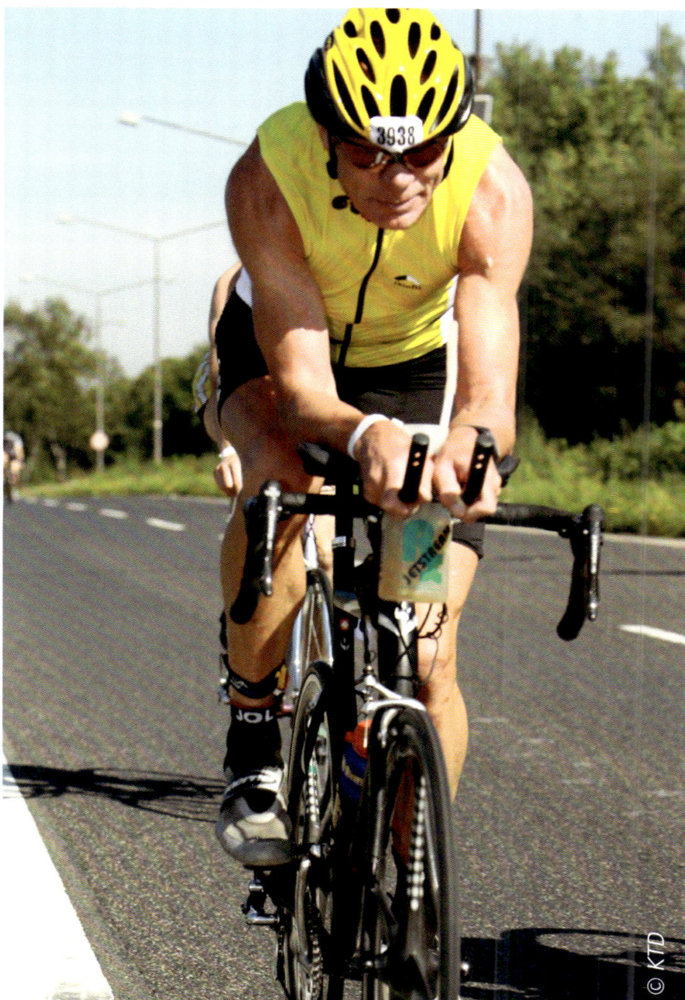

Tab. 51

100 %	95 %	90 %	85 %	80 %	75 %	70 %	65 %	60 %
190	181	171	162	152	143	133	124	114
188	179	169	160	150	141	132	122	113
186	177	167	158	149	140	130	121	112
184	175	166	156	147	138	129	119	110
182	173	164	155	146	136	127	118	109
180	171	162	153	144	135	126	117	108
178	169	160	151	142	134	125	116	107
176	167	158	150	141	132	123	115	106
174	165	157	148	139	130	122	113	104
172	163	155	146	138	129	120	112	103
170	162	153	144	136	127	119	110	102
168	160	151	142	134	126	118	109	101
166	158	149	141	133	124	116	108	100
164	156	148	140	131	123	115	107	98
162	154	146	138	130	122	113	105	97
160	152	144	136	128	120	112	104	96
158	150	142	134	126	118	111	103	95
156	148	140	132	125	117	109	102	94
154	146	139	131	123	116	108	100	92
152	144	137	130	122	114	106	98	91
150	143	135	128	120	112	105	97	90

100 %	95 %	90 %	85 %	80 %	75 %	70 %	65 %	60 %
148	141	133	126	118	111	104	96	89
146	139	131	124	117	110	102	95	88
144	137	129	122	115	108	101	94	86
142	135	127	120	113	107	99	92	85
140	133	126	119	112	105	98	91	84
138	131	124	117	110	104	97	90	83

LITERATUR

Aaken, E. (2000): *Programmiert für 100 Lebensjahre.* Meyer & Meyer, Aachen.

Aschwer, H. (2011): *Triathlon-Training. Vom Jedermann zum Ironman.* 9. Auflage Meyer & Meyer, Aachen.

Aschwer, H. (2001): *Handbuch für Triathlon.* 5., überarb. Auflage. Meyer & Meyer, Aachen.

Aschwer, H. (2004): *Tipps für Triathlon.* 3., überarb. Meyer & Meyer, Aachen.

Aschwer, H. (2006): *Einfach fit – Die 2 %-Formel.* Meyer & Meyer, Aachen.

Aschwer, H. (2002): *Handbuch Triathlon für Master.* Meyer & Meyer, Aachen.

Aschwer, H. (1986): *Mein Abenteuer Hawaii-Triathlon.* Meyer & Meyer, Aachen. (Nur noch beim Autor erhältlich)

Aschwer, H. (1997): *Ironman – Der Hawaii Triathlon.* Meyer & Meyer, Aachen. (Nur noch beim Autor erhältlich).

Aschwer, H. (2000): *The Complette guide to Triathlon Training.* Meyer & Meyer, Aachen.

Aschwer, H. (2001): *Tipps Success for Triathlon.* Meyer & Meyer, Aachen.

Aschwer, H. & Himmerich, C. (2004): *Gymnastik für Kids.* 2. überarb. Auflage. Meyer & Meyer, Aachen.

Aschwer, H. (2000): *El Entrenamiento Del Triathlon.* Paidotibo, Barcelona

Ash, H. & Warren, B. (2005): *Triathlon Éxito de por vida.* Tutor, Madrid

Ash, H. & Warren, B. (2003): *Lifelong Success. Training for Masters.* Meyer & Meyer, Aachen.

Ash, H. & Warren, B. (2004): *Lifelong Training. Advanced Training for Masters.* Meyer & Meyer, Aachen.

Birkner, H-A. & Rschinsky, J.: (2000): *Handbuch für Aquajogging.* Meyer & Meyer, Aachen.

Castella, R. (1998): *Laufen mein Leben.* Meyer & Meyer, Aachen.

Czioska, F. (2002): *Der optimale Laufschuh.* 2., überarb. Auflage. Meyer & Meyer, Aachen.

Diem, Carl-J. (2001): *Laufen Grundlagen des Laufsports.* Meyer & Meyer, Aachen.

Diem, Carl-J. (2002): *Tipps für Laufanfänger.* Meyer & Meyer, Aachen.

Feldt, V. (2001): *Fit und gesund ab 30.* Meyer & Meyer, Aachen.

Fritsch, W. & Willmann, T. (2004): *Skilanglaufmethodik.* Meyer & Meyer, Aachen.

Galloway, J. (2000): *Richtig Laufen mit Galloway.* Meyer & Meyer, Aachen.

Giehrl, J. (2000): *Richtig Schwimmen.* BLV München.

Himmerich, C. (2005): *Keep fit exercises Kids.* Meyer & Meyer, Aachen.

Hollmann,W. (1999): *Condition 5/99.* Meyer & Meyer, Aachen.

Hottenrott, K. (2001): *Duathlon Training.* Meyer & Meyer, Aachen.

IWD: *Institut der deutschen Wirtschaft,* Köln 48/2000.

Jasper, B. (1998): *Brainfitness: Denken und Bewegen.* Meyer & Meyer, Aachen.

Jordan, A. (1997): *Entspannungstraining.* Meyer & Meyer, Aachen.

Kanne, W. (1998): *Krebs und Krieg ... ein Stoffwechselproblem.* Max Deni Druck, Thannhausen.

Kirchner, G. & Rohm, A. & Wittemann, G. (1998): *Seniorensport Theorie und Praxis.* Meyer & Meyer, Aachen.

Kirchner, G. & Schaller, H-J. (1996): *Motorisches Lernen im Alter.* Meyer & Meyer, Aachen.

Kleinmann, D. (2002): *Condition 10/01.* Meyer & Meyer, Aachen.

Michaelis, P. (2001): *Moderne Funktionelle Gymnastik.* Meyer & Meyer, Aachen.

Neumann, G. (2006): *Ernährung im Sport.* 5. Auflage. Meyer & Meyer, Aachen.

Neumann, G. & Pfützner, A. & Hottenrott, K. (2000): *Alles unter Kontrolle.* Meyer & Meyer, Aachen.

Neumann, G. & Hottenrott, K. (2005): *Das große Buch vom Laufen.* 2., überarb. Auflage. Meyer & Meyer, Aachen.

Penker, M. & Aschwer, H. (2007): *Triathlon für Frauen.* Meyer & Meyer, Aachen

Schaller, H-J. & Wernz P. (2000): *Bewegungskoordination in der Lebensmitte.* Meyer & Meyer, Aachen.

Steffny, M. (2000): *Marathontraining.* Schmidt, Mainz.

Strunz, U. (1999): *forever young.* Gräfe und Unzer, München.

Uhlenbruck, G. (2002): *Spiridon 2/02,* Düsseldorf

BILDNACHWEIS

Covergestaltung:	Katerina Georgieva
Umschlaggestaltung, Layout & Satz:	Katerina Georgieva
Umschlagfoto:	Marcel Hilger
Lektorat:	Dr. Irmgard Jaeger

Fotos Innenteil:

Hermann Aschwer: S. 76, 79, 149, 285, 304, 329, 343, 369, 375
Sieglinde Aschwer: S. 58, 115, 192, 195, 313, 372
Simon Kiefel: S. 24
Marlies Penker: S. 32
Ironman Austria Fototeam: S. 40, 175, 183, 254
Sailfish: S. 13, 69, 77, 101, 177, 183, 289, 319, 323, 325, 331
Stefan Schwenke: S. 339
Anita Lenti: S. 359
Carmen Himmerich: S. 317, 365, 367
Markus Nüsken: S. 29, 238, 357
finisherprix.com: S. 98, 126, 153, 278
jol.at: S. 37, 172, 224
Doris: S. 111
KTD: S. 15, 229, 379
Marcel Hilger: S. 155, 227, 295
pewag.com: S. 11 (Martin Assam), 109 (Martin Assam), 137, 162 (Anton Peinhaupt), 196 (Markus Unterweger), 201 (Trimax Magazine)
Trimax Magazine: S. 137
M. Zarth: S. 353
Kaldewei: S. 361
Martin Assam: S. 307
Kalli Nottrodt: S. 269